Primary School Mathematics
Teaching Research

小学数学教学研究

周海银　孙秀玲　孙能利　◎编著

北京大学出版社
PEKING UNIVERSITY PRESS

图书在版编目(CIP)数据

小学数学教学研究 / 周海银，孙秀玲，孙能利编著. --北京：北京大学出版社，2025.5. -- ISBN 978-7-301-35815-3

Ⅰ. G623.502

中国国家版本馆 CIP 数据核字第 2024DR3760 号

书　　　名	小学数学教学研究
	XIAOXUE SHUXUE JIAOXUE YANJIU
著作责任者	周海银　孙秀玲　孙能利　编著
策 划 编 辑	韩兆丹　王显超
责 任 编 辑	李娉婷
数 字 编 辑	金常伟
标 准 书 号	ISBN 978-7-301-35815-3
出 版 发 行	北京大学出版社
地　　　址	北京市海淀区成府路 205 号　100871
网　　　址	http://www.pup.cn　新浪微博:@北京大学出版社
电 子 邮 箱	编辑部 pup6@pup.cn　总编室 zpup@pup.cn
电　　　话	邮购部 010-62752015　发行部 010-62750672　编辑部 010-62750667
印 刷 者	北京市科星印刷有限责任公司
经 销 者	新华书店
	787 毫米×1092 毫米　开本　19.25 印张　433 千字
	2025 年 5 月第 1 版　2025 年 5 月第 1 次印刷
定　　　价	66.00 元

未经许可，不得以任何方式复制或抄袭本书之部分或全部内容。
版权所有，侵权必究
举报电话：010-62752024　电子邮箱：fd@pup.cn
图书如有印装质量问题，请与出版部联系，电话：010-62756370

《小学数学教学研究》编写委员会

主　　　任：孙春晖

副 主 任：孙永华　杨先顺　刘小倩

执行主任：周海银　孙秀玲　孙能利

成　　员：（以姓氏笔画为序）

王金凤　王新如　田海花　曲海舟　乔资萍　孙　娜

李晓梅　范　萌　呼声波　侯鲁男　董凤龙　韩道广

翟昌恒　潘　净　薄　海

前　言

本书秉持"继承、发展、创新"的学术态度，密切关注国内外小学教育教学前沿理论，立足小学数学教学实际，阐述小学数学教学的基本原理和基本方法，以使学习者获得系统的小学数学教学知识，并能运用所学的理论和方法解决小学数学教学中的实际问题，提高从事小学数学教学与研究的综合素质。

在编写过程中，本书注意处理好以下几对关系。

一是思想性与科学性的关系。每门课程都要守好一段渠、种好责任田。本书在保证小学数学教学研究的知识系统性和逻辑严谨性前提下，挖掘小学数学教学中蕴含的思政元素，培养学习者的理性思维、创新精神、良好的道德品质以及社会责任感。

二是前沿性与基础性的关系。本书落实《义务教育数学课程标准（2022年版）》的课程理念和教学要求，在较为全面地梳理小学数学教学基本理论的同时，反映国内外小学数学教学研究的最新成果。

三是理论性与可读性的关系。本书以可读化的理论性为目标，在保持小学数学教学理论体系的基础上，以具有启发性、典型性、新颖性的教学案例帮助学习者理解相关理论，务期使其学有启迪，学有所得。

本书配备了在线学习平台，读者可通过电脑、平板或手机等终端，随时随地进行学习。读者可通过网址：https：//sdnusx.jijiaool.com 或者扫描右侧二维码访问学习平台。

本书可作为普通高等院校小学教育专业本科生、专科生的教材，也可作为高等教育小学教育专业自学考试的教材，同时也是小学数学教师、教研人员进行教学研究的参考用书。但仓促付梓间，恐有疏漏谬误之处，祈望读者不吝指教是幸。

《小学数学教学研究》编写组
2024 年 11 月 6 日

目 录

第一章 小学数学教学研究概述 ... 1
- 第一节 小学数学教学研究的内涵、特点与价值 ... 1
- 第二节 小学数学教学研究的历史演进与发展趋势 ... 4
- 第三节 小学数学教学研究的对象、内容与方法 ... 10

第二章 《义务教育数学课程标准（2022年版）》解读 ... 15
- 第一节 小学数学课程标准修订的背景与原则 ... 15
- 第二节 小学数学课程的性质与理念 ... 18
- 第三节 小学数学课程目标、课程内容与学业质量标准 ... 23

第三章 小学数学教师专业素养 ... 47
- 第一节 小学数学教师专业素养概述 ... 47
- 第二节 小学数学教师专业素养的基本要求 ... 49
- 第三节 小学数学教师专业素养的提升路径 ... 63

第四章 小学数学学习理论与学习过程 ... 73
- 第一节 小学数学学习概述 ... 73
- 第二节 小学数学学习理论 ... 79
- 第三节 小学数学学习过程 ... 90

第五章 小学数学教学基本原理 ... 101
- 第一节 小学数学教学过程 ... 101
- 第二节 小学数学教学原则 ... 103
- 第三节 小学数学教学方法 ... 109
- 第四节 小学数学教学组织 ... 122

第六章 数与代数内容分析与教学研究 ... 135
- 第一节 数与代数教学概述 ... 135
- 第二节 数与代数的教学内容 ... 140
- 第三节 数与代数的教学策略 ... 145
- 第四节 数与代数的教学案例 ... 152

第七章 图形与几何内容分析与教学研究 ········· 159

第一节 图形与几何教学概述 ········· 159
第二节 图形与几何的内容要求 ········· 166
第三节 图形与几何的教学策略 ········· 170
第四节 图形与几何的教学案例 ········· 175

第八章 统计与概率内容分析与教学研究 ········· 187

第一节 统计与概率概述 ········· 187
第二节 统计与概率的教学内容 ········· 191
第三节 统计与概率的教学策略 ········· 196
第四节 统计与概率的教学案例 ········· 203

第九章 综合与实践内容分析与教学研究 ········· 212

第一节 综合与实践教学概述 ········· 212
第二节 综合与实践的教学内容 ········· 217
第三节 综合与实践的教学策略 ········· 223
第四节 综合与实践的教学案例 ········· 233

第十章 小学生数学核心素养的培养 ········· 241

第一节 数感的培养 ········· 241
第二节 量感的培养 ········· 244
第三节 符号意识的培养 ········· 248
第四节 运算能力的培养 ········· 251
第五节 几何直观的形成 ········· 253
第六节 空间观念的形成 ········· 256
第七节 推理意识的培养 ········· 260
第八节 数据意识的培养 ········· 263
第九节 模型意识的培养 ········· 266
第十节 应用意识的培养 ········· 268
第十一节 创新意识的培养 ········· 271

第十一章 小学数学教学评价 ········· 276

第一节 小学数学教学评价的概述、分类与发展趋势 ········· 276
第二节 小学数学课堂教学评价 ········· 283
第三节 小学数学学习的评价 ········· 294

参考文献 ········· 300

第一章

小学数学教学研究概述

> **学习目标**
>
> 1. 理解小学数学教学研究的内涵与特点。
> 2. 理解小学数学教学研究的价值。
> 3. 了解小学数学教学研究的历史演进与发展趋势。
> 4. 掌握小学数学教学研究的对象、内容与方法。

第一节 小学数学教学研究的内涵、特点与价值

数学是研究数量关系和空间形式的科学,是人们认识自然与社会的工具,是社会发展与进步的动力。小学数学是数学教育的重要内容,在基础教育中占有重要地位。研究小学数学教学对推进数学课程改革、丰富数学研究理论、促进小学数学教师专业发展具有重要意义。

一、小学数学教学研究的内涵

数学教育作为一个研究领域,是在过去二百多年间发展起来的。在数学教育发展过程中,数学家和教育家越来越关注教学问题,比如:在学校里,应该教和学哪些数学以及怎样教和怎样学。相应地,数学教育研究所要解决的主要问题是,在学校教育的不同阶段,应该设计什么样的数学?让学生学习什么样的数学?以及这些数学以怎样的方式让学生加以掌握?

小学数学教学研究以教育学的基本理论和一般教学论为基础,从小学数学教学的实际出发,总结小学数学教学的经验,分析小学数学教学的特点,揭示小学数学教学的规律,并对小学数学教学的效果开展科学评价。

二、小学数学教学研究的特点

小学数学教学研究既与数学教育密切联系,又属于教育科学研究的范畴,具有以下特点。

(一)综合性

所谓综合性,是指小学数学教学研究与数学、哲学、教育学、心理学、逻辑学等学

科关联密切。但小学数学教学研究不是这些学科的随意拼凑与组合，而是从数学与数学教学的特点出发，运用这些学科的原理、结论、思想、观点和方法，来解决小学数学教学本身的问题。

研究数学教学需要有一定的数学素养，而且数学素养越高，越能把握数学内部的精髓，从这个意义上说，研究数学教学一刻也不能离开数学。但需要指出的是，数学教学有其自身的规律性。以数学学习为例，数学学习是一个特殊的认知过程，它受制于一般的认知规律。但是数学学习的对象有其自身的特点，如抽象性、概括性较强，基本上是演绎的体系，知识的前因和后果联系比较紧密，等等。因此，数学学习有其特殊性。数学教学研究的综合性就是这种一般性与特殊性的高度统一。这种统一不是简单地把特殊性作为一般性的肯定例证，换言之，不是一般性结论加数学教学方面的例子，而是在教育学、心理学等一般性理论指导下，从数学教学的特殊性出发，引出适合数学教学的必要结论，从而充实、丰富一般性结论。

小学数学教学研究的综合性特点要求我们必须注意与数学教学密切相关的学科的发展。例如，形式逻辑已较普遍地吸取了数理逻辑的一些研究方法和成果，认知心理学派提出关于数学认知结构的观点，教学论吸收了许多系统论、信息论与控制论的观点，等等，都要引起我们的注意与研究。

（二）实践性

小学数学教学研究主要是研究小学数学教学的规律，包括教师教的规律、学生学的规律、教与学的评价等，以期更有效地提高小学数学教学质量。其实践性主要表现在以下方面。

第一，小学数学教学研究要以广泛的实践经验为背景。实践始终是数学教学研究的源泉，离开了实践，数学教学就成为无源之水、无本之木。例如，在概念教学中，教师总结出许多方法，如揭示概念本质特征的对比、类比及正反例论证的方法，在体系中掌握概念的知识结构与内在联系的方法，等等。这些都是我们研究概念教学与学习的丰富背景。离开这些背景，只是从理论到理论的论述，是不能解决教学实际问题的。但是，任何实践经验，都带有一定的局限性，它一般是与当时特定的情景、条件联系在一起的，因此，有必要对其加以提炼、概括，把它们上升为适用范围较广的理论，而这正是数学教学研究的任务之一。

第二，小学数学教学所研究的问题来自实践。数学学习和教学就有许多悬而未决的问题需要去研究。例如，数学学习具有怎样的心理规律？解决数学问题的心理机制是什么？如何通过数学教学培养学生的创新意识和实践能力？现代化教学手段对教学内容的选择、教学材料的组织、教学进度的安排有什么影响？对学生学习态度、学习方法又有什么影响？等等。这些都是数学教学应该研究的问题。

第三，小学数学教学研究要能指导小学数学教学实践，并通过实践检验其理论。由于小学数学教学研究是对小学生学习数学知识、发展数学思维的规律以及数学教学规律的研究，其理论必将给小学数学教师的教学实践提供依据，指导教师的教学实践，并受小学数学教学实践的检验。

（三）理论性

小学数学教学研究具有实践性并不意味着小学数学教学研究是脱离理论指导的盲目实践。小学数学教学研究的理论性体现在，小学数学教学研究要符合学习、教学的一般规律，以及数学学习、数学教学的特殊规律，对小学数学教学问题给予系统的回答。数学教学过程的一般规律是客观存在的，问题在于规律是否已被人们所认识，认识的深度如何。由于人们认识的深度、角度不同，对于同一个问题可能会有不同的看法。对于数学而言，同一个问题虽然方法不同，但正确的结论是唯一的。对于数学教学研究而言，同一个问题，可能有许多种处理方法，而这些方法都可能得到不同的、较为理想的结果。

（四）发展性

小学数学教学研究的发展性体现在数学教学研究要跟上时代发展的步伐。由于社会的不断发展，对基础教育不断提出新的要求，数学教学的目的、内容及教学方法也要不断地革新。同时，随着教育科学、教育技术的进步，数学教学研究新成果的不断出现，以及教学经验的积累，数学教学研究的理论也会更加丰富。

事实上，小学数学教学研究的四个特点有其各自的作用。综合性是小学数学教学理论研究的依托，实践性是小学数学教学研究的出发点与归宿，理论性是小学数学教学研究的基本要求，发展性是使小学数学教学研究理论不断丰富的源泉。四个特点本身也是相关的，没有实践性与发展性就谈不上理论性，实践性、理论性本身就有小学数学教学研究的因素。因此，我们应该在数学教学的整体视角下辩证地来考虑这四个特点。

三、小学数学教学研究的价值

开展小学数学教学研究，不仅有利于推进小学数学教学改革，提升小学数学教师专业素养，还有利于促进小学数学教学理论的发展。

（一）推进小学数学教学改革

小学数学教学是一种理论性和实践性、科学性和艺术性都很强的综合性活动，在实际教学中不可避免地会出现这样或那样的问题，因此，教学改革往往十分艰苦而复杂。要解决这些问题，顺利推进小学数学教学改革，最有效的办法是加强小学数学教学研究，以科学的理论为指导，找出产生这些问题的根本原因和解决问题的科学方法。开展小学数学教学研究，可以有目的、有计划、有重点地总结数学教学改革的经验，提高小学数学教师对数学教学的理念目标、内容结构、实施方法、评价标准及各环节之间关系的逻辑判断能力和调节能力，并在实践中观察和思考小学数学的教学过程，提出、反思并解决小学数学教学中的问题，根据小学数学教学理论灵活地选择和运用教学方法，自觉而有效地指导学生的数学学习。这对于实施和推进小学数学教学改革与实践，提高小学数学的教学质量，提高我国小学数学教育水平具有重要意义。

（二）提升小学数学教师专业素养

未来的教师不仅是知识的传授者，而且是知识的创造者，教学研究是教师提升自身专业素养的重要途径。小学数学教学研究可以帮助教师廓清一系列的问题，包括小学阶段为什么要学习数学？如何认识小学数学学科的特点？小学生数学学习的认知特征与一般过程是什么？如何对小学数学教学内容进行组织与评价？等等。对这些内容的学习可以促进教师用理性的思维去思考数学教学中的实际问题，通过总结教学经验、切实解决教学中存在的各种问题，并把感性经验上升为理性认识，从而理解和掌握小学数学教学基本理论与方法，深化对小学数学教学规律的认识，提高运用教育理论去分析问题、研究问题和解决问题的能力，树立正确的数学教育观念，提升自身专业素养，成长为学者型教师。

（三）促进小学数学教学理论的发展

目前，小学数学教学理论尚有许多空白需要填充，但理论的建立一般要经过"实践—经验—理论"的认识过程。教师的教学工作是一种创造性的劳动，广大教师在教学实践中自觉或不自觉地创造了很多教学经验，这些经验既是指导教学工作、解决教学实际问题的宝贵财富，也是认识教学规律、构建新的教学理论的重要基础，因此，发现、研究和总结这些优秀的教学经验具有特别重要的意义。但是，总结教学经验并不是对教学实践中的现象和事实加以简单的描述和罗列，而应通过调查、观察、分析和概括等方法去发现现象中的规律，探索事实中的本质，将经验上升为具有广泛指导意义的普遍原理。总结教学经验既是教学研究的重要任务，也是教学研究的必然产物。因为教学研究本身就是一个继承与创新的过程，继承从本质上来讲就是对过去已有经验进行概括与提炼，并用它们更好地为当前的教学工作服务。通过教学研究，教师不但要把教学实践中的经验总结出来，上升为教学理论，而且还要在总结教学经验的基础上通过创造性的思考，超越旧观念，建立新思想，发展和创立新的数学教学理论。

第二节　小学数学教学研究的历史演进与发展趋势

一、小学数学教学研究的历史演进

数学教学历史悠久，其发展源头可上溯到古代中国的"六艺"（礼、乐、射、御、书、数）教育和西方的"七艺"（文法、修辞、逻辑学、算术、几何、天文、音乐）教育。随着社会政治、经济、文化、科学、技术和生产的发展，数学本身已枝繁叶茂，数学教学研究也呈现出勃勃生机的景象。

（一）萌芽期（公元前6世纪以前）

之所以称作萌芽期，是因为在这一时期的数学教育中，并没有明确的教育制度、教学目的，甚至缺乏必要的教学手段。因此，这一时期的数学教育只是一种原始的、不定型的教育，是一种萌芽状态的教学行为。其中，古埃及、古巴比伦、古印度与中国，可看作世界数学教育的几大源流。不过，这一时期的数学知识只是观察的结果和经验的总结，是片段的、零碎的且缺乏逻辑的，并没有严密的体系，人们接受和承认数学的准则是因为这些数学知识和法则在实际中具有适用性。数学的发展也是从社会发展需要中得到动力的。

在这一时期的数学教育中，一些原始的数学知识曾长期地成为传授给青年一代的重要内容，数学是作为一种有助于解决各种农业、手工业、商业和航海业等方面的生产及生活中所遇到的实际问题的工具而传授给下一代的。因此，几何的初步知识被看成"测地术"，算术的基础知识被视为"计算术"。这一时期的数学教育表现出强烈的功利倾向，这种数学教育观是由当时落后的生产力发展水平所决定的。

（二）形成期（公元前 6 世纪—16 世纪）

任何一个民族的科学文化都有其产生和发展的历史渊源，因而表现出不同的风格和特点。在西方，虽然古希腊数学受到古巴比伦和古埃及的影响很大，但其所孕育的推崇理性思辨的趋向使得希腊数学家并不满足于经验数学的结论和法则，而是将"数学结果必须加以证明"视为重要原则，这是数学发展的一大进步。这种思想的出现，使得理性主义倾向迅速崛起并占据主导地位。而中国传统文化则注重经世致用，把经纶天下、治国救民作为理想目标，思维方式以实用性为重要特征，具体表现为思维的直观性和非思辨性。

中西两种旨趣迥异的传统文化产生了两种极端化的数学思想，以思辨性、逻辑性为特征的演绎体系（以《几何原本》为代表）和以实用性、计算性为特征的算法化体系（以《九章算术》为代表）是当时两种数学思想的缩影。欧几里得的《几何原本》建立了一套严格的论证体系，用公理、定义和严密的逻辑方法进行论证，标志着数学从具体的实验阶段过渡到抽象的理论阶段，数学逐步成为一门独立的演绎学科；阿拉伯数字系统传到欧洲大陆，对数学发展产生了深远影响。在中国，《周髀算经》已有关于勾股定理的记载，《九章算术》比较系统地总结和概括了这段时期人们在数学实践中积累的数学成果，几乎包括了现代小学算术的大部分内容以及中学数学的相当多一部分内容，形成了风格独特的完整数学体系。《几何原本》和《九章算术》在漫长的岁月里曾被作为标准教科书传授给下一代，深深地影响了数学教育思想的发展。

我国古代的数学教育，曾长期地把解决实际问题作为终极目标，提倡一切从实际问题出发，经过分析综合，形成概念与方法，精炼成极少数一般性原理，并进一步应用于多种多样的问题；数学教材中知识的展开也不受演绎框架的限制，而是形成了一种以归纳方法为主的算法化体系。这种数学教育思想，注重数学知识的实用性，强调数学的工具价值，着重培养人解决问题的能力，体现出强烈的功利倾向。隋代首次在国子寺增设了算学，标志着我国古代国家数学教育体系初步形成。唐代在国子监内设立算学馆，置博士、助教，指导学生学习数学。北宋时期，首次雕版印刷数学教科书，并制定了算学条例。南宋末期，数学家、数学教育家杨辉在其所著《乘除通变本末》中为初学者编写了"习算纲目"，被认为是中国乃至世界上目前发现的第一个关于数学的"教学计划"或"数学教学法"。它阐述了数学学习或数学教学的基本原则，具体指出和规定了数学学习的基本内容以及各部分知识的学习方法、时间、参考书、学习中的一些重点和难点，是杨辉多年从事数学教育工作的经验总结，蕴含了杨辉在数学教育研究领域中的独到见解，在现今的学校数学教育中仍有重要参考价值。金代，民间数学研究与传习相当普遍，促使了天元术的诞生。明代程大位所著的《算法统宗》对数学知识的传播起到了重要作用，在国内外产生了很大影响。但整体而言，这一时期中国的数学教育规模很小且效果并不好，稍有名望的数学家、天文学家，如刘焯、刘炫、刘佑、王孝通、李淳风、一行、边冈等，都不是经过正规的官学（数学）教育培养出来的。与中国不同，西方受当时社会沿袭的理性主义的影响，在数学教学中强调逻辑演绎思维能力的培养，而轻视甚至排斥数学的应用；提倡一切从公理而不是从问题出发，以推理论证而不是以解决问题为主旨。

两种独特的数学教育观分别代表了遥遥相对的东西方数学教育价值倾向，在数学教育发展的历史长河中各领风骚，但未能此消彼长、互为补充。在西方，数学教育的主要目标是训练心智，通过数学抽象去理解世界的实质和本原，这种理性倾向占主导地位的数学教育一直延续至16世纪。在中国，数学教育则强调数学的工具价值，着重培养人解决问题的能力，直到明末清初的"西学东渐"为止，数学教育一直是功利倾向占主导地位。这一时期，数学教育主要是由数学家在从事数学研究的同时兼教数学。这主要是因为学数学的人并不多，没有（也没有必要）形成专职数学教师队伍，自然就不需要对数学教育（学）进行系统的研究。

（三）变革期（17世纪—20世纪60年代）

17、18世纪，西方经济发展空前繁荣，数学和其他自然科学也随之出现了前所未有的兴盛局面，数学理论在实践中显示出了巨大的威力，数学教育中的功利倾向明显得以体现，并得到了一定程度的加强，数学教育开始步入理性主义倾向与功利主义倾向并举的局面，同时也标志着理性主义的数学教育思想开始受到功利主义的挑战。尤其是到了19世纪前半期，古典教育和科学教育之间的斗争前所未有的激烈。坚持古典教育的人主张教育应以形式为目的，应开发那些能够训练学生官能的智力练习，轻视实用的知识；而倡导科学教育的人则强烈要求学校课程应以实用的知识代替传统的不切实际的装饰性知识。正是在这样的背景下，片面重视训练心智、培养思维的西方传统数学教育思想日益受到人们的斥责和非难，随之实用性目的得到重视，功利主义的数学教育观得到了加强。到19世纪后半期，一些国家的数学教育又出现了理性倾向占主导地位的趋势，但同时也酝酿着更大的改革和进步。这一时期，瑞士教育家裴斯泰洛齐提出把数学教育过程从教育过程中分离出来，作为一门独立的科学加以研究，数学教育理论体系开始创立。以科学为中心的学校课程体系逐渐建立起来，数学也因其与自然科学存在密不可分的联系而在学校教育中占有了重要地位。到了19世纪末，人们充分认识到，数学教师除了懂数学还要懂得教学法才能胜任数学教师这份工作。"会数学不一定会教数学""数学教师是有别于数学家的另一种职业"观念逐渐被认同。

如果说西方国家数学教育思想的变化是出自社会的召唤和人们的自主反省，那么，以中国为代表的一些东方国家则完全不同，其数学教育思想的变化更多的是由于外来文化的影响。其中，欧几里得《几何原本》传入中国，也是中西方两种异质异构数学教育思想交融的开始。这种不用筹算、不用珠算，而用笔算的抽象的系统的数学，令中国数学家耳目一新。徐光启非常推崇《几何原本》，认为这是一本训练思维的好书,举世无一人不当学,对中国的初等数学教育产生了重要影响。西方数学大规模的传入始于洋务运动时期,至维新运动时期达到鼎盛。中国最早的数学教育理论学科叫作"数学教授法",京师大学堂里最先设有"算学教授法"课程。1897年,盛宣怀创办南洋公学,内设师范院,也开"教授法"课程。伴随着西方数学的大量引进,传统的中国数学教育思想发生了巨大的变化,数学教育中的理性倾向很快得以确立,并逐渐占据主导地位。

20世纪上半叶,我国的数学教育较多地受到日本、美国、苏联等的影响。小学数学教学研究非常活跃,研究范围涉及教材、教法和各种教学法的实验。1917年,北京大学就有专门研究数学教授法的学者胡睿济。20世纪20年代前后,任职于南京高等师范学校的陶行知先生,提出改"教授法"为"教学法"的主张,在社会上产生了广泛影响。"教学法"一名一直延续到20世纪50年代末,但无论是"教授法"还是"教学法",实际上都只是讲授各学科通用的一般教学法。学者积极引进美国教学理论和教学法,包括美国教育家克伯屈创立的设计教学法,美国教育家帕克赫斯特创行的道尔顿制等,整个小学数学教育界争相实验各种教学法,迈出了中国小学数学教育由模仿到自我改造、由创立走向发展的第一步。20世纪30年代至40年代,中国曾陆续出版了一些具有代表性的数学教学研究著作,如《复兴算术教学法》《小学珠算科教材和教法》《小学算术教学法》等。虽然这些书多半是作者根据前人关于教学法的研究所得,以及自己的教学实践总结而来,教育理论并未成熟,但依然是我国教育界在小学数学教学方面孜孜不倦地努力研究的结果。中华人民共和国成立后,数学教育从教育理论到教学大纲、教材、教学方法全面学习苏联。但这种机械的、形式主义的照搬严重脱离了中国的实际,之后学者开始探索立足于本国实际的小学数学课程教学体系。

(四)发展期(20世纪70年代至今)

经过两次世界大战,各国对科学技术在现代战争中的巨大作用有了深刻的认识,形成了社会各界支持发展科学教育和数学教育的风尚,为数学教育改革创造了有利环境。在世界范围内,传统的教育也发生着深刻的变化,各种教育改革不停地进行,各种教育理论和流派不断地出现,集中表现为"新传统教育"和"现代教育"两大教育流派的论战。这两种教育思想始终以不同的表现形式不断反复交替,并深深影响着各国的数学教育,使得理性主义倾向和功利主义倾向在数学教育中不断呈现出冲突与更迭,并在此过程中初步出现了相融合的趋势。"新数学"运动成为国际数学教育改革的重要标志,主要表现为数学教育思想和内容结构的转变。在数学教育思想上,"新数学"重视学生能力的培养和知识结构的学习;在内容结构上,"新数学"主张在精简传统数学内容的同时增加集合、函数、统计等现代数学内容。"新数学"运动推动了全球数学教育的现代化,但也导致了学生数学基础的下降,引起了社会的广泛批评。学人越来越认识到:理性主义倾向和功利主义倾向的对立永远也不会完善数学教育,它不仅会导致理论上的偏颇,更会造成实践中的失误,历史已印证了这一点。只有扬长避短,实现两种倾向的有机结合,才能真正把握好数学教育的基调。从20世纪70年代起,数学教育开始步入稳步改革和发展的时期。尤其是针对前一阶段改革中出现的诸多问题,各国都在进行经验教训的总结和改革策略的调整,其显著的特征是理性主义倾向和功利主义倾向的结合更加紧密了。进入20世纪80年代,数学教育界又提出了诸多纲领性的口号,这实际上都是对理性主义倾向和功利主义倾向进一步结合的召唤和实践。各国都在这些口号的指导下,积极、审慎地进行着数学教育的改革和实践,以期切实有效地改善数学教育的现状,提高数学教育的质量。

在20世纪80年代,我国的数学教学研究不仅与国际数学教育共同发展,而且无论在数学教学活动还是在数学教育理论研究方面都形成了自己的特色。尤其是我国数学素质教育理论的提出,更为我们提供了一个全新的视角,使人们对数学教育的价值和功能的认识更加全面、完整,即数学教育既不能单纯追求其社会工具价值,或过分强调其育人功能,又不能将两者简单地综合起来。数学教育的使命,说到底在于对人的整体发展的一种成全,而人的整体发展也可以说是人在自己的对象世界和内在世界中赢得自由。从这个意义上讲,数学教育就是要通过培养社会需要的、具有一定个性的人来实现其价值和功能。2001年,教育部制订《全日制义务教育数学课程标准(实验稿)》作为我国21世纪初期义务教育阶段数学教育工作的纲领性文件,标志着我国基础教育课程改革的正式启动。2022年,为更好地体现新时代全面育人的教育理念,落实立德树人根本任务,教育部印发了《义务教育数学课程标准(2022年版)》,进一步凸显了数学学科在促进学生发展中的作用,小学数学教学研究面临新的挑战,需要在已构筑的框架基础上不断深入和拓宽。

二、小学数学教学研究的发展趋势

近年来,在数学教育领域受到研究者着重关注和探讨的主题包括:问题解决和问题提出、数学学科教学知识(MPCK)和数学教师专业发展、国际学生评估项目(PISA)与国际数学与科学趋势研究项目(TIMSS)的相关研究、中国数学教学特点和中美数学教育比较。在这四个方面的研究趋势反映了当前国际数学教育研究前沿,也能够为我国数学课程与教学的研究提供一定的借鉴和参考。①

(一) 从"问题解决"到"问题提出"

各国研究者都将中小学生的问题解决能力作为其数学核心素养,认为相对于传统的基本数学能力如运算能力、逻辑思维能力、空间想象能力而言,问题解决能力具有更强的实践意义,更能够培养学生的高阶思维。

近年来,在研究问题解决的过程中,研究者逐步关注到问题提出的重要性,认为问题提出不仅是数学课程的重要部分,而且是学生数学创造能力的重要体现,对于激发学生的批判性和创造性思维具有潜在的作用。因此,培养学生的问题提出意识和能力具有重要的数学教育价值。目前,如何实施"问题提出"活动成为学校教学实践最为关注的问题。

---

① 孔企平、许自强、陈志辉等:《近十年来国际数学教育研究趋势》,《全球教育展望》2015第12期。

（二）从理论走向数学课堂

数学课程的应用性和实践性是当前国际数学课程改革的一个基本趋势，许多国家都在数学课程中增加了现代数学中具有广泛应用性的内容，以增强课堂教学中的操作、实验等实践环节的教学效果。小学数学教学研究也不断从理论走向数学课堂。

自从舒尔曼创造性地提出学科教学知识（PCK）概念以来，这一概念在课堂上的应用引起了研究者的广泛关注。研究者从不同的视角出发，围绕学科教学知识概念的内涵进行了研究，提出了"教师关于内容与学生的知识"（KCS），论证了它与已有的学科教学知识的其他组成部分（如CCK，SCK，KCT等）之间的界限，最后得到关于数学教学知识的结构图，如图1-1所示。基于对学科教学知识概念内涵的研究，研究者建构了数学教学知识的结构图，并对大规模测试的结果进行了讨论分析，发现数学教学知识与教师特征（包括领导能力和不同水平级别的学历）存在着重要的实质性关系，教师特征（教师数学知识、性别、专业教育技能等）与教师信念、教师对学生的数学处理意识之间也存在着显著的线性关系。

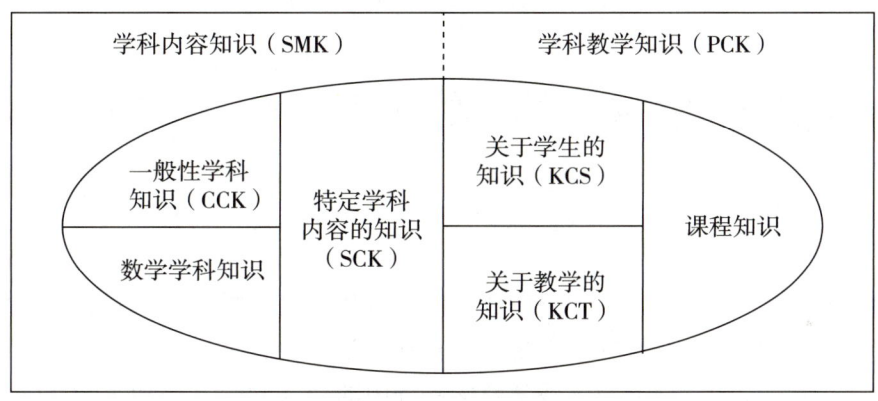

图1-1　数学教学知识（MKT）的结构图

（三）评价研究聚焦学生的数学素养

数学素养是现代社会每一个公民应该具备的基本素养，具有良好数学素养的人善于把数学中的概念结论和处理方法应用于一切客观事物。提高学生的数学素养是提高民族素质、丰富人才资源的重要途径，也是社会发展与经济建设的需要，可以为学生的终身发展打下基础。

作为大规模学业成绩的评估，国际学生评价项目（PISA）为"素养"这个概念提供了更广义的界定，包括学生在关键学科中运用知识和技能的能力、分析推理能力和在不同情境中有效地提出问题、解释问题和解决问题的能力。同时，该评价项目引入了学生背景、学习态度、学校特点、家庭情况等影响各级各类学生学业成绩的相关因素，从而为国际数学教育的评价研究提供了丰富的数据资源，拓展了相关的研究视角。

有关PISA的数学教育研究主题聚焦于学生数学素养的发展，同时关注不同国家和地区数学教育对学生素养的影响。PISA建立了一个规模相当庞大的数据库，这些数据不仅反映了不同国家和地区学生在阅读、数学和科学领域的学业表现，而且能够反映出这些国家或地区整个教育系统的优势和缺陷，从而推动各国引进国际数学教育质量标准，进行教育体制改革。

PISA不仅为数学教育的实证研究提供了珍贵的数据，还引发了参与测评的国家（地区）的数学教育研究者对本国（地区）学生学业成就表现进行因素分析的热潮，在学校与社会领域为研究者带来了新的研究思路与灵感。

（四）中国数学教学经验走向国际舞台

东亚地区学生的数学学业成绩普遍要比其他地区更加出色，这也致使世界各地的研究者开始关注东亚地区的数学教育，尤其关注中国的数学课堂教学，探究促进中国学生数学学业成绩优异的因素，强调数学教育应该给学生提供相互联系、连贯的知识结构和思维方式。

中国古代数学教育也是数学教育研究领域的研究热点之一。从象形符号，到算筹计数，再到计算，中国的数学历史极其悠久。数学教育研究者从历史的视角，将中国古代数学作为学术作品进行探究，为世界数学教育改革提供了中国经验。

第三节　小学数学教学研究的对象、内容与方法

一、小学数学教学研究的对象

小学数学教学研究是研究小学阶段数学教学过程中教与学的联系及其相互作用的理论。即研究小学数学教学系统的诸因素——教师、学生、教材、教学手段是怎样有机地联系成一个和谐整体的，研究小学数学教学系统中的教与学、掌握知识与培养能力、智能培养与全面发展是怎样相互依存、相互作用、达到统一的。简单来说，小学数学教学研究的研究对象就是小学数学教学中的问题，这既不同于数学的研究对象，又不同于教学论的研究对象。

二、小学数学教学研究的内容

小学数学教学研究关注"教什么""怎样教"以及指导学生"怎样学"等问题，研究内容包括以下几个方面。

（一）小学数学课程的研究

认识小学数学这门学科首先要解决的是"为什么教和学"的问题，在小学阶段为什么要开设数学课程，数学作为一门课程，它的目标是什么？曾经有人提出，小学不必学习算术知识和技能，随着学生年龄增长，所接触事物不断增加，他们所需的数学是可以通过经验而习得的。为此，20世纪中期，有人进行了关于"有意义的算术"的研究[①]，

[①] 格劳斯：《数学教与学研究手册》，陈昌平、王继延、陈美廉，等译，上海教育出版社，1999，第48页。

表明小学阶段对学生进行数学教育是必要的，对学生今后的学习和自身的发展有着重要的意义。这使人们从理论与实践方面深入认识了数学教育的意义与目的。数学作为科学是人们认识自然与社会的工具，与人们日常生活有密切的联系。小学阶段是学生成长的重要阶段，这个阶段学生需要掌握将来进一步学习和走上社会需要的知识、技能、方法与能力，数学是其中不可缺少的一个部分。对小学数学课程目标的研究包括：分析和理解数学课程目标的组成，分析影响数学课程目标的因素，确定数学课程目标的结构，等等。

数学科学有其自身的内容结构体系，而实现小学数学课程目标，需要从中选择一部分最合适的内容。因此，小学数学教学研究还要解决的问题包括：教什么和学什么，确定选择哪些内容才能实现小学数学课程目标，小学阶段的学生应当和可以学习哪些内容，这些内容的深度与广度应当如何，这些内容应当怎样组织。这就需要我们从理论上研究课程内容的选择、确定与组织的影响因素，在现实背景下分析这些因素对小学数学课程产生的作用。

（二）小学数学教学的研究

小学数学教学研究要研究怎样教的问题，就是要研究用什么样的方法和手段使小学生学好数学，达到数学课程目标的问题。把握小学数学教学的基本原则，是有效地组织小学数学教学活动的理论基础。选择和确定有效的方法进行小学数学教学，是提高小学数学教学质量的保证。

同时，分析与评价数学课程的教学目标、内容与实施过程，评价具体的小学数学课堂教学效果，评价学生的学习过程与结果，也是小学数学教学研究应关注的问题。研究者应从理论和实践相结合的层面去研究评价的观念、评价的原则，以及具体的评价方法和评价结果处理方式等问题。

（三）小学数学学习的研究

学生是学习过程的主体，数学课程与教学改革的关键在于充分理解学生的学习特点，一切从学生成长和发展的角度考虑问题。无论目标和内容的设计还是教学的组织与评价，都应当从学生发展的实际出发。学生的发展既是数学教育的出发点，也是数学教育的归宿。从学生的心理发展特征和现有的知识能力水平出发，思考和理解数学课程与教学问题，是小学数学教学研究的一个基本原则。

以上所述都是小学数学教学研究的内容。正确认识这些问题，有助于我们正确地理解和认识小学数学教学规律，自觉地按照科学的方式设计、组织和评价小学数学教学过程。

三、小学数学教学研究的方法

对小学数学教学规律的研究是教育科学研究的组成部分，教育科学一般的研究方法都可以用于研究小学数学。同时，小学数学教学研究既具有理论性又具有实践性，应结合小学数学学科本身的特点，选择与小学数学教学问题相适应的研究方法。常见的小学数学教学研究方法包括：调查研究法、观察研究法、实验研究法、经验总结法、案例研究法、行动研究法等。

（一）调查研究法

调查是有目的、有计划地针对现实问题收集资料，进而分析概括某些特征和规律的方法。调查研究法分为全面调查法、抽样调查法、典型调查法等类型，具有目标确定性、范围指定性、过程探查性等特点。通过使用调查研究法，教育者可以了解到教学的真实情况，为教学研究提供第一手材料，为教学决策提供依据。

进行小学数学教学研究，特别是研究一些热点问题和有争议的问题时，研究者可以使用调查研究法对现实问题进行具体描述，亲自接触和广泛了解教育现状，对取得的第一手资料进行分析，从而认识问题的普遍性特征和发展趋势。例如对小学数学教师课程改革适应情况调查，对数学学习过程中学生自我评价能力调查，等等。

（二）观察研究法

观察研究法是指研究者有目的、有计划地通过感官和辅助仪器，对处于自然状态的客观事物进行系统考察，从而获取经验事实的一种科学研究方法。教育中的观察研究属于科学观察，具有目的性、客观性和能动性的特点。

数学教学研究具有很强的实践性，研究者可以通过不同的方式对小学数学教学实践活动进行深入具体的观察，有目的、有计划地亲自接触某一小学数学教学活动，从而认识数学教学特征，总结数学教学规律。在小学数学教学研究中，观察研究法具有多种作用：一是有助于研究课题的选择与形成，二是有助于检验原有理论观点的正确性，三是有助于细致、深入地了解教育现象。观察研究的内容可以是一节数学课，也可以是课外活动，还可以是对教师备课、上课、辅导等活动的全方位观察。

（三）实验研究法

实验研究法是指研究者按照研究目的，合理地控制或创设一定的条件，人为地影响研究对象，从而验证假设、探讨事物因果关系的方法。作为一种特殊的实验活动，实验研究法一般可分为自然实验研究法和实验室实验研究法两种，具有可控制性、可重复性和可验证性。

实验研究法在小学数学教学研究中有比较广泛的应用，并已成为小学数学教学研究的重要方法。例如，证实某种新的小学数学课堂教学方法构想的可行性和科学价值，或研究、解决某种小学数学课堂教学方法的有关问题，都可以采用实验研究法。通过使用实验研究法，研究者可以检验现有的教育理论和教学方法是否有效，检验自己的设想是否可行，检验他人的经验和成果是否适用，从而总结出小学数学教学过程的某些规律。

（四）经验总结法

实践是认识的源泉，是感性认识上升到理性认识的基础。没有实践经验为基础，就不会有教学的理论。经验总结法是人们在不受控制的自然状态下，对实践中形成的感性认识进行分析和概括，使之上升为理性认识的方法。它可以分为具体经验总结法、一般经验总结法和科学经验总结法等类型，具有真实性、回溯性、实践性等特点。

小学数学教学研究是实践性很强的活动，一线教师在教学实践中积累了丰富的经验，这些经验是探讨小学数学教学规律、理解小学数学教学问题的宝贵财富。及时总结数学教师的经验，特别是优秀教师的经验，对提出小学数学教学问题和认识小学数学教学规律很有价值，可以大大丰富小学数学教学研究。

（五）案例研究法

案例研究法是指研究者以具体的个人、事件等为研究对象，在了解、认识、分析的基础上，探索其特殊性及其隐含的一般规律的方法。它具有特殊性、描述性、诠释性、归纳性等特点。

在小学数学教学中，案例研究法的使用有助于教师对某一具体的教育对象或现象进行观察、分析、诊断、解读，加深对教育理论的理解，促进对自身行为的反思，提升教学工作的专业化水平。

（六）行动研究法

行动研究法将改革行动与研究工作结合起来，体现出为行动而研究、在行动中研究、由行动者研究的特点。作为一种应用性研究方法，行动研究法关注的是教育实践工作者在日常教学中遇到的、亟待解决的实践问题，其目的并非建立理论、归纳规律，而是通过研究者的自我反省调整对教育实践与理论的认识，进而改变教育环境。

在小学数学教学中，行动研究法是数学教育理论和实践工作者，以研究解决数学教育教学的实际问题为根本目的，以对行动进行研究、以研究促进行动为基本方法的数学教育教学实践研究方法。

阅读与拓展

1. 张奠宙，宋乃庆．数学教育概论［M］．3版．北京：高等教育出版社，2016.

该书分为理论篇和实践篇。理论篇内容包括与时俱进的数学教育、数学教育的基本理论、数学教育的核心内容、数学教育研究的一些特定课题、数学课程的制定与改革、数学问题与数学考试、数学教育研究；实践篇内容包括数学课堂教学观摩与评析、数学课堂教学的基本技能训练、数学教学设计、数学教育实习前的准备等。

2. 宋乃庆，张奠宙．小学数学教育概论［M］．北京：高等教育出版社，2008.

该书概述了小学数学教育基本理论与实践，目的是帮助具有数学专业知识的学生获得小学数学教育有关的基本知识和技能。它不再只是"教材教法"的说明书式的记叙，而是阐述数学教育的基本规律，具有自己的学科体系。

3. 柯朗，罗宾．什么是数学：对思想和方法的基本研究［M］．左平，张饴慈，译．上海：复旦大学出版社，2020.

该书是世界著名的数学科普读物，它搜集了许多经典的数学珍品，对整个数学领域中的基本概念与方法，做了精深而生动的阐述。

4. 高向斌．小学数学教学与研究［M］．北京：人民教育出版社，2011．

该书全面、系统地介绍了小学数学教学与研究的基本理论与方法，内容涉及小学数学教学与研究的对象和方法、小学数学教学目标、小学数学教学内容、小学生的数学认知心理分析、小学数学教学原则、小学数学教学过程、小学数学教师的教学研究等。

5. 曾小平．小学数学课程与教学［M］．北京：中国人民大学出版社，2023．

该书深入浅出地阐述了小学数学课程与教学的基本原理，并用生动的教学案例进行解析，包含"课程基础""教学原理"和"教学实践"三个依次递进的模块，每个模块分解为三个相互关联的章节。"课程基础"主要包含认识数学与数学教育、认识《义务教育数学课程标准（2022年版）》和分析小学数学教材；"教学原理"包含小学数学的学习过程、教学设计的基本方法和教学实施的原理；"教学实践"包含小学"数与代数""图形与几何"和"统计与概率"等具体领域的课程要求、内容理解和教学建议。

第二章

《义务教育数学课程标准（2022年版）》解读

> **学习目标**

1. 了解义务教育数学课程标准修订的背景与原则。
2. 理解小学数学课程的性质与理念。
3. 了解我国小学数学课程目标的演进，掌握现行小学数学课程目标。
4. 掌握小学数学课程内容的含义与选择依据。
5. 掌握我国现行小学数学课程目标、内容与学业质量标准。

第一节 小学数学课程标准修订的背景与原则

数学课程改革与发展是一个长远而持续的过程，受社会、政治、经济、教育教学理论、数学与数学教育研究以及教育技术手段变革等因素的影响。数学课程标准的修订，正是数学课程改革与实施的重要标志和集中体现。

一、小学数学课程标准修订的背景

（一）数学课程改革与发展

1. 我国数学课程改革的推进

课程改革是21世纪开始的基础教育改革的核心，主要体现在课程标准的制定与落实上。2001年，教育部制定《全日制义务教育数学课程标准（实验稿）》，进一步完善了基础教育数学课程体系，为基础教育的发展提供了重要动力，但在实施过程中也引起了一定的争议和挑战，掀起了数学教育研究、数学课程改革与实验的热潮。

2. 国际数学课程研究的启示

自20世纪数学课程改革以来，对国内外数学课程的比较与研究一直是我国学者关注的重点。近年来，关于国际数学课程研究的热点议题主要聚焦在四个方面：培养学生的数学素养、数学能力；关注学生的学习，特别是强调学生合作交流、问题解决能力的形成和发展；强调创新和应用的能力，重视跨学科和整合课程的教学，重视探究学习；

评价方式的多元化。这为我国数学课程标准的修订提供了启示与借鉴。

（二）社会发展的新需求

在信息化时代，人工智能不断升级并逐渐渗透到经济、政治、教育等各个领域，而数学作为科技进步的基础和关键，被人们寄予厚望。数学被认为是自然科学的基础，也是重大技术创新发展的基础。① 随着社会的发展和科技的进步，社会各领域都对数学提出了新的发展要求。

1. 科技发展的需求

2020年，习近平同志在科学家座谈会上指出，要"不断向科学技术广度和深度进军"。科技发展的前提是数学的发展，数学促进了科技进步，开启了信息技术与人工智能世界的大门，而信息技术和人工智能的发展也催生了数学的发展，为其注入了新鲜血液。二者相辅相成，推动了科技与社会的进步。尤其是在高科技迅速发展的今天，自然科学的各研究领域都进入更深的层次和更广的范畴，这就更加需要数学的发展，数学与自然科学和科技的关系从未像今天这样密切。

2. 社会经济生活发展的需求

数学具有广泛的应用性。"宇宙之大，粒子之微，火箭之速，化工之巧，地球之变，生物之谜，日用之繁，无处不用数学。"在我们的社会经济、日常生活之中，数学一直扮演着至关重要的角色。目前，数字经济已经上升为国家战略，数字社会已成为未来社会的重要发展趋势，对经济发展、社会治理、国家管理、人民生活都产生了重大影响，数学推动社会经济发展的价值和作用愈加突出。

3. 新兴交叉学科的需求

学科交叉是历史自然发展的阶段，如今到了需要多个方向知识汇合的时期。一些重要科学问题的解决和关键核心技术的突破已不单纯属于某一学科或领域，而是涉及多个学科或领域知识的综合复杂问题，许多学科进一步分化，学科深度与交叉融合势不可挡。作为一切科学的基础，数学将在未来持续充满生命力，诸多发达国家把保持数学领先地位和可持续性发展作为自己的战略需求，而我国也需抓住学科交叉融汇这一新契机，加速从数学大国向数学强国转变的步伐。

（三）数学课程实施面临的问题与挑战

在肯定以往数学课程改革取得的成绩和数学课程对社会发展的贡献的基础上，本次课程标准修订着力关注数学课程改革面临的新问题与新挑战，主要表现在以下三个方面。

1. 信息时代对学生学习的新要求

学习是教育活动的核心和目的，为了落实立德树人的根本任务，教师必须了解学生学习的特点、方式等。在信息化时代，知识获取的渠道和方式相较以往更加丰富和便捷，相对于知识学习，学生的学习能力提升和综合素养培养变得愈发重要。学生不仅

---

① 关于加强数学科学研究工作方案，https：//www.gov.cn/zhengce/zhengceku/2019－12/03/content_5457772.htm.

需要学会学习，还需要终身学习，需要具备应对复杂多变的实际问题的能力。此外，学生的个性化学习、在线学习、自我调节学习等具有当代社会特征的学习方式受到广泛关注。人们越来越强调学生学习的自主性、发展性，学习的持续性、多样性、个性化、可选择性，以及对学生学习能力的培养。

2. 人工智能时代对数学教学方式的影响

2019 年 2 月，中共中央、国务院印发《中国教育现代化 2035》，部署面向教育现代化的十大战略任务，其中之一即"加快信息化时代教育变革"。随着技术的不断进步，各种人工智能或信息化设备逐渐开发并应用于教育行业，刺激并冲击着传统的教学方式，信息技术越来越成为一项基本的教学工具，对教师的信息技术素养提出了更高的要求。同时，科学技术和信息技术的发展也有利于开展合作学习、情境学习或研究式学习，对学生综合素养和问题解决能力有较高要求。

3. 素养导向对评价方式的改革需求

教育评价可以判断课程与教学计划在多大程度上实现了教育目标，具有指导教师调整教学安排、影响课程改革的重要意义。素养导向的数学课程目标达成情况需要进行多元评价，要过程性评价与结果性评价并重，评价主体多元化和评价方式多样化并举。

二、小学数学课程标准修订的基本原则

根据新时代人才全面发展的基本要求以及社会发展、数学与科学技术的时代特征，本次课程标准修订在充分调研的基础上，主要依据以下四个方面的基本原则进行。①

（一）以核心素养为导向，落实立德树人的根本任务

党的十八大提出以"立德树人"作为我国教育的根本任务。课程是教育思想、教育目标和教育内容的主要载体，是学校教育教学活动的基本依据，直接影响人才培养质量，在课程标准中落实"立德树人"对深化教育教学改革、提高基础教育质量有重要的价值和意义。发展学生的核心素养是党的教育方针的具体化，明确了立德树人的重要途径和关键环节，是落实立德树人重要任务的中间桥梁。《义务教育数学课程标准（2022 年版）》以核心素养为导向完善课程标准，全面学习贯彻习近平新时代中国特色社会主义思想，全面落实有理想、有本领、有担当的时代新人培养要求，将社会主义先进文化、革命文化、中华优秀传统文化、国家安全、生命安全与健康等重大主题教育有机融入课程，坚持正确的政治方向和价值导向，增强了课程的思想性，是推进大中小学课程教材建设的有益实践。义务教育阶段的课程标准结合核心素养更具体清晰地勾画了学生发展目标，增加了表现标准，从而更有助于教师开展教学，更客观、公正地评价学生学习成效，保证课程标准的可操作性。

（二）继承和保持数学课程改革取得的成效

数学课程标准作为一个时期内数学教育的指导性文件，必须保持一定的稳定性，这是有效开展教育教学的保证，也是检验这个时期内课程标准有效性的前提。我国数学课

---

① 曹一鸣、刘冰：《〈义务教育数学课程标准（2022 版）〉修订的基本原则》，《教育评论》2022 年第 5 期。

程改革与实施已经取得了卓越的成效，其中积累的成功经验和方法符合中国国情和传统文化，与社会主义人才培养目标相吻合，推进了我国数学教育改革发展，改善了教师教学和学生学习。对以往课程改革进行充分总结与反思，有助于课程改革的持续发展，形成中国特色的课程改革之路。

（三）从实际出发，解决数学课程改革中的问题

任何事物的发展都是一个螺旋上升的过程，呈现阶段性，数学课程改革也是如此。随着科学技术的日新月异，我国社会飞速发展，课程标准在实施过程中难免会出现一些新的问题，这也是课程改革需要持续进行的原因之一。坚持一切从实际出发，切实解决数学课程改革中存在的关键问题，必须作为数学课程标准修订的基本原则。本次课程标准修订坚持问题导向，全面梳理了课程改革的困难与问题，明确了修订的重点和任务，注重对实际问题的有效回应；遵循学生身心发展的规律，加强一体化设置，促进学段衔接，提升课程的科学性和系统性；进一步精选对学生终身发展有价值的课程内容，减负提质；细化育人目标，明确实施要求，增强课程指导性和可操作性。

（四）放眼世界，研制中国特色数学课程标准

当今世界正经历百年未有之大变局，我国发展处于重要战略机遇期，面临的国内外环境正在发生深刻且复杂的变化。课程是国家意志的体现，数学课程标准的修订一方面要坚守本心，立足国内实际情况，继承我国课程建设的成功经验，发挥特色与优势，探索解决现有困境，制定符合我国国情的数学课程标准；另一方面要放眼世界，积极了解国际数学教育的发展动态和改革趋势，充分借鉴国际先进教育理念与课程改革新成果，更新课程内容，体现课程的时代性。

第二节　小学数学课程的性质与理念

《义务教育数学课程标准（2022年版）》认为，数学是研究数量关系和空间形式的科学，并强调了数学的抽象性，即"数学源于对现实世界的抽象，通过对数量和数量关系、图形和图形关系的抽象，得到数学的研究对象及其关系"。这在以往的数学教学大纲或课程标准中并无先例。传统数学教学往往强调培养学生的运算能力、逻辑思维能力和空间想象能力，但创新型人才的培养要求教师不仅要关注学生是否掌握了知识技能，还要引导学生感悟数学的基本思想，其要素之一就是数学抽象思想。抽象结构是现代数学的基本形式，人们基于抽象结构对研究对象进行逻辑推理，形成数学的结论和方法，"帮助人们认识、理解和表达现实世界的本质、关系和规律"。这意味着，义务教育阶段的数学教育要关注数学的抽象性，特别要关注数学如何对数量和数量关系、图形和图形关系进行抽象，如何得到和表达数学的研究对象。在小学阶段，教师要引导学生感悟数学抽象的过程，建立符号意识、空间观念，培养数感、量感、几何直观等核心素养。

"数学不仅是运算和推理的工具，还是表达和交流的语言。"数学语言是数学思维的载体，是数学思想的表现形式。数学教育家斯托利亚尔在《数学教育学》中指出："如果认为懂得数学就意味着会用它解决生活中、各科学技术领域以及实践中产生的各种问题，那么，十分清楚，数学教学就是数学语言的教学。"[①] 掌握了准确、简洁的数学语言，就相当于掌握了进行数学思维的工具，能够更好地描述现实世界，就为进一步提高数学教学质量奠定了基础。

"数学承载着思想和文化，是人类文明的重要组成部分。数学是自然科学的重要基础，在社会科学中发挥着越来越重要的作用，数学的应用渗透到现代社会的各个方面，直接为社会创造价值，推动社会生产力的发展。"数学以其高度的抽象性、特有的逻辑严谨性、应用的广泛性，形成了独特的数学文化，并与其他文化一起构成了人类的文化世界。随着大数据分析、人工智能的发展，数学研究与应用领域不断拓展，良好的数学教育不仅要关注学生对数学知识、技能的掌握情况，还要关注学生数学思想、方法的形成发展情况，发挥小学数学课程独特的育人功能，提升现代公民的数学素养。

一、小学数学课程的性质

小学数学课程的性质是小学数学课程区别于其他课程的本质属性。正确认识小学数学课程的性质，有助于教师在小学数学教学中把握正确的方向，采用合理的教学方法，更好地完成小学数学课程的教学任务。《义务教育数学课程标准（2022年版）》明确指出，义务教育数学课程具有基础性、普及性和发展性，学生通过数学课程的学习，掌握适应现代生活及进一步学习必备的基础知识和基本技能、基本思想和基本活动经验；激发学习数学的兴趣，养成独立思考的习惯和合作交流的意愿；发展实践能力和创新精神，形成和发展核心素养，增强社会责任感，树立正确的世界观、人生观、价值观。

（一）基础性

小学数学课程的基础性体现在两个方面：一方面，小学是义务教育的初级阶段，是基础教育的基础，小学数学是数学学科的一部分，是学校教育中一门重要的基础学科，是学习其他课程的基础；另一方面，无论是数学知识和技能的积累，数学思维以及应用能力的培养，还是对数学的认识、自信心的树立、实事求是的科学态度的形成等，在小学阶段都是非常必需的，能为学生的终身发展打下良好的基础。

（二）普及性

作为义务教育阶段的一部分，小学的教育是面向全体适龄儿童的，因此，小学的数学课程也是面向每一个学生的，具有普及性。

（三）发展性

由于每个学生具有不同的兴趣、知识体验和生活积累，对数学的需求也不尽相同，

---

① 曹一鸣：《数学课堂教育实证系列研究》，广西教育出版社，2009，第47页。

小学的数学课程应为学生对数学的不同需求提供助力，实现学生的个性发展。

二、小学数学课程理念

课程理念是小学数学课程设计的基本遵循，阐述了数学教育对于促进学生发展的基本价值追求，以及制定课程目标、设计课程内容、实施教学活动、探究评价方式等方面的基本思路。

（一）小学数学课程设计的基本理念

《义务教育数学课程标准（2022年版）》指出，义务教育数学课程以习近平新时代中国特色社会主义思想为指导，落实立德树人根本任务，致力于实现义务教育阶段的培养目标，使得人人都能获得良好的数学教育，不同的人在数学上得到不同的发展，逐步形成适应终身发展需要的核心素养。因此，义务教育阶段的数学教育要关注学生对数学知识技能的理解与掌握、学生数学思维的形成和活动经验的积累、对学生理想信念和价值观的引领，逐步引导学生提升核心素养，在目标、内容、方法和评价等方面体现数学课程的育人功能。

1. 确立核心素养导向的课程目标

课程设计首先要解决的问题是课程目标的确定。教育理念、课程理念不同，课程目标必然不同。《义务教育数学课程标准（2022年版）》遵循"坚持全面发展，育人为本；面向全体学生，因材施教；聚焦核心素养，面向未来"等基本原则，提出"义务教育数学课程应使学生通过数学的学习，形成和发展面向未来社会和个人发展所需要的核心素养"。

核心素养作为制定课程目标的基本依据，是在数学学习过程中逐渐形成和发展的，且在不同领域和不同学段表现不同。《义务教育数学课程标准（2022年版）》确定的课程目标以学生发展为本，以核心素养为导向，进一步强调学生获得数学基础知识、基本技能、基本思想和基本活动经验（简称"四基"），发展运用数学知识与方法发现、提出、分析和解决问题的能力（简称"四能"），形成正确的情感、态度和价值观。

2. 设计体现结构化特征的课程内容

根据学科培养学生的目标和课程价值取向确定合理的课程结构是课程组织的要点之一。结构决定功能，不同的课程理念会有与之相对应的课程结构。每一类课程组织又有不同形式的课程结构，如单一学科结构、多学科结构、跨学科结构等。课程内容的结构化处理既要考虑数学学科的系统化特征，又要遵循学习者的学习特征和课程目标的要求。《义务教育数学课程标准（2022年版）》提倡核心素养导向的学科内容结构化重整，并加强跨学科主题学习，把学科知识整合和跨学科实践体现在课程内容的选择、组织与呈现中。

第一，课程内容的选择以发展学生核心素养为导向，充分考虑学生发展的需求、数学学科的特点和社会科技的发展。一方面，数学学科具有很强的逻辑性和系统性，课程改革要保持相对稳定的学科体系，同时也要关注数学学科发展前沿与数学文化，反映现代科学技术与社会发展的需要。另一方面，课程内容要符合学生的认知规律，要有助于学生理解和掌握数学的基础知识和基本技能，形成数学基本思想，积累数学基本活动经验，发展核心素养。

第二，课程内容的组织要有助于学生的理解与掌握，促进学生核心素养的形成。《义务教育数学课程标准（2022年版）》强调将具有一致学科本质特征的内容整合为一个主题，有助于学生整体理解和把握课程内容；注重学习内容之间的关联，通过核心概念的掌握促进学生对学习内容的理解和迁移，发展学生的核心素养；重视数学结果的形成过程，处理好过程与结果、直观与抽象、直接经验与间接经验的关系。

第三，课程内容应采用适合学生年龄特征和促进学生学习的呈现方式。注重数学知识与方法的层次性和多样性，适当考虑跨学科主题学习；根据学生的年龄特征和认知规律，适当采取螺旋式的方式，体现选择性，逐渐拓展和加深课程内容，适应学生的发展需求。

3. 实施促进学生发展的教学活动

教学活动的设计与实施是使课程从文本到实践转化的重要环节，是实现课程目标的基本途径。课程改革的实际效果往往取决于课堂教学方式是否真正发生变化，指向学生素养的学习是否真正发生。《义务教育数学课程标准（2022年版）》阐释了教学活动的本质，以及核心素养导向的教学的基本特征。

第一，在教学活动中，教与学是辩证统一的。有效的教学活动是学生学和教师教的统一，学生是学习的主体，教师是学习的组织者、引导者与合作者。在实际的教学活动中，教师要根据具体的学习任务和学生的准备情况选择恰当的教学组织方式。

第二，学生的学习应是一个主动的过程，认真听讲、独立思考、动手实践、自主探索、合作交流等是学习数学的重要方式。教学活动应注重启发性，激发学生学习兴趣，引发学生积极思考，鼓励学生质疑问难，引导学生在真实情境中发现问题和提出问题，利用观察、猜测、实验、计算、推理、验证、数据分析、直观想象等方法分析问题和解决问题；促进学生理解和掌握数学的基础知识和基本技能，体会和运用数学的思想与方法，获得数学的基本活动经验，培养学生良好的学习习惯，形成积极的情感、态度和价值观，逐步形成核心素养。

4. 探索激励学习和改进教学的评价

评价是检验课程实施效果的重要一环，也是考查学习目标达成及学生成长状况的重要手段。《义务教育课程方案（2022年版）》要求"强化素养导向，注重对正确价值观、必备品格和关键能力的考查，开展综合素质评价。倡导评价促进学习的理念，注重提高学生自我评价、自我反思的能力，引导学生合理运用评价结果改进学习"。这意味着要建立与核心素养和课程目标一致的学业质量标准，并落实在具体的教学实践中。为此，《义务教育数学课程标准（2022年版）》在制定课程目标和确定课程内容时，特别将核心素养的表现融入其中，以此作为评价的起点和目标。每一个内容主题的"内容要求""学业要求""教学提示"都明确了相应核心素养的表现，形成阶段性评价的主要依据。

5. 促进信息技术与数学课程融合

信息技术的迅猛发展，大数据的广泛应用，人工智能的不断升级，在为教育提供有力的技术支持的同时，也提出了新的挑战。在数学课程与教学的改革中，应当探索利用信息技术创造更有效的学习环境，使信息技术与数学学科更好地融合，发挥信息技术对数学课程教学质量的提升作用，提高学生的信息素养。《义务教育数学课程标准（2022年版）》从利用信息技术丰富学习资源、设计生动教学活动、变革教学形式、创设信息化学习环境等方面阐述了信息技术与数学课程教学的融合。

（二）小学数学课程理念的主要特征[①]

1. 突显核心素养统领

《义务教育数学课程标准（2022年版）》指出，义务教育数学课程应使学生通过数学的学习，形成和发展面向未来社会和个人发展所需要的核心素养。核心素养是在数学学习的过程中逐渐形成和发展的，是制定课程目标的基本依据。

《义务教育数学课程标准（2022年版）》明确将"三会"作为义务教育阶段数学学科的核心素养，即"会用数学的眼光观察现实世界，会用数学的思维思考现实世界，会用数学的语言表达现实世界"。核心素养是数学课程目标的导向，也是数学教育追求的学生发展的长远目标。

《义务教育数学课程标准（2022年版）》提倡指向核心素养的学科内容结构化重整，并加强跨学科主题学习。数学学科是系统性相对比较强的学科，多年来形成代数、几何、统计等学科主线，建构了相对完善的数学学科体系。内容结构化体现了学科本质的一致性，通过内容的整体分析和教学设计，实现对核心概念的掌握，促进学习内容的理解和迁移，发展学生的核心素养。

课程改革的实际效果取决于课堂教学方式的改进，促进指向核心素养的学习真正发生。《义务教育数学课程标准（2022年版）》提出"改变过于注重以课时为单位的教学设计，推进单元整体教学设计，体现数学知识之间的内在逻辑关系，以及学习内容与核心素养表现的关联"。

2. 体现课程标准的连续与发展

在核心素养导向的课程目标统领下，《义务教育数学课程标准（2022年版）》延续了"四基""四能""情感态度价值观"等核心要素。

在课程内容的组织和呈现上继续保留几个关系的处理方式，即"重视数学结果的形成过程，处理好过程与结果的关系；重视数学内容的直观表述，处理好直观与抽象的关系；重视学生直接经验的形成，处理好直接经验和间接经验的关系"。这是课程内容组织和教学活动应当遵循的基本原则，对于课程内容要求和教学方式的选择等都具有指导作用，应当在数学教育中长期坚持，并有所发展。

重视体现核心素养导向的教学活动，教学目标关注学生"四基""四能""情感态度价值观"的整体发展。进一步明确学生是学习的主体，教师是学习的组织者、引导者与合作者。学生的学习应是一个主动的过程，认真听讲、独立思考、动手实践、自主探

[①] 马云鹏：《〈义务教育数学课程标准（2022年版）〉的理念与目标解读》，《天津师范大学学报（基础教育版）》2022年第5期。

索、合作交流等是学习数学的重要方式。这些教学活动方式多年来得到教育实践的支撑，在实际课程教学改革中发挥重要作用。

3. 融入时代发展元素

《义务教育数学课程标准（2011年版）》实施以后，社会环境和教育事业不断发展，基础教育改革不断深入，特别是党的十八大、十九大以来提出的德智体美劳全面培养教育方针和立德树人的根本任务，明确了教育改革的方向。发展学生核心素养的研究，单元整体教学、深度学习、基于核心概念的学习进阶、跨学科主题学习等课程与教学的研究，为义务教育课程改革提出进一步改进和发展的议题和空间。《义务教育数学课程标准（2022年版）》广泛借鉴和吸取了这些改革理念和研究成果。

《义务教育数学课程标准（2022年版）》凝练了数学学科核心素养的三个基本要素（"三会"），并将其分解为不同阶段的具体表现，小学阶段包括"数感、量感、符号意识、空间观念、运算能力、几何直观、推理意识、模型意识、数据意识、应用意识和创新意识"；初中阶段包括"抽象能力、运算能力、几何直观、空间观念、推理能力、数据观念、模型观念、应用意识和创新意识"。这是对核心素养的进一步发展，使小学、初中和高中核心素养的表述构成一体，体现一致性。

课程内容的结构化有助于学生从学科结构的整体层面学习学科的基本原理，促进学生学习的迁移，提高教学效率，这是多年来提倡的课程与教学改革的理念。近年来，对大概念统领的教学、核心概念下的学习进阶、核心素养导向的单元整体教学等的研究，进一步满足了课程内容结构化需要。《义务教育数学课程标准（2022年版）》对主题的整合，体现了这种结构化的理念。

《义务教育数学课程标准（2022年版）》倡导加强跨学科主题学习，在"综合与实践"领域中，开展主题式学习和项目式学习，即需要综合运用数学和其他学科的知识与方法解决真实问题。若主题式学习和项目式学习在一定程度上能够得到拓展，就可能将不同学生的知识与方法融入其中，使学生在更广泛的意义上开展跨学科学习。

《义务教育数学课程标准（2022年版）》重视现代信息技术与数学课程的融合，提出数学课程与教学的改革应当探索如何利用信息技术创造更有效的学习环境，使信息技术与数学学科更好地融合，发挥信息技术对数学课程教学质量提升的作用。同时，强调通过数学学习提高学生的信息素养。

第三节　小学数学课程目标、课程内容与学业质量标准

一、小学数学课程目标

小学数学课程目标是对小学生数学学习提出的总体要求和阶段性要求，对确定数学课程内容和实施教学具有重要的指导意义。

（一）我国小学数学课程目标的演进

我国的数学教育可以追溯到古代的"六艺"，但数学作为现代学校教育的一门课程

始于清末。在小学数学教学发展历史中，小学数学课程目标曾被称为"要义""目标""教学目的"，在 2001 年教育部制定的《全日制义务教育数学课程标准（实验稿）》中被改称为课程目标。

1. 1949 年之前的小学数学课程目标

1904 年，晚清学部颁布《奏定初等小学堂章程》和《奏定高等小学堂章程》，对小学算术课程进行了规定性说明："算学，其要义在使知日用之计算，与以自谋生计必需之知识，兼使精细其心思""为将来自谋生计之基本"。这是我国近代开始实施小学数学教育的标志，也是我国制定的第一个小学数学课程目标。

1912 年，民国教育部公布《小学校教则及课程表》，提出"算术要旨在使儿童熟习日常之计算，增长生活必需之知识，兼使思虑精确。"这一要旨在 1916 年颁布的《国民学校令施行细则》《高等小学校令施行细则》中得到重申，即算术课程目标以学习日常计算、满足学生自谋生计的需要为主，兼顾培养学生的思考能力。

1923 年，《新学制课程标准纲要 小学算术课程纲要》在我国小学数学教育史上第一次提出了数学教学的"目的"，即"练习处理数和量的问题，以运用处理问题的必要工具"，并列出了四个要点：在日常的游戏和作业里，得到数量方面的经验；能解决自己生活状况里的问题；能自己寻求问题的解决法；有计算正确而且敏速的习惯。这是中国数学教育史上第一次明确地将尊重儿童的天赋能力和主动精神作为教育宗旨写进重要的教学文件，其基本精神一直延续到中华人民共和国成立之前（表 2-1）。

表 2-1　1923—1949 年小学数学课程目标一览表

时间	文件名称	课程目的/目标表述
1929 年	《小学各科课程标准（算术部分）》	1. 助长儿童生活中关于数的常识和经验； 2. 养成儿童解决日常生活里数量问题的实力； 3. 练成儿童日常计算敏速和准确的习惯
1932 年	《小学各科课程标准（算术部分）》	1. 增进儿童生活中关于数的常识和经验； 2. 培养儿童解决日常生活问题的计算能力； 3. 养成儿童计算敏速和准确的习惯
1936 年	《小学算术课程标准》	1. 增进儿童生活中关于数的常识和经验； 2. 培养儿童解决日常生活问题的计算能力； 3. 养成儿童计算敏速和准确的习惯
1941 年	《小学算术科课程标准》	1. 增进儿童生活中关于数量的常识和经验； 2. 培养儿童日常生活中的计算能力； 3. 养成儿童计算敏速和准确的习惯
1948 年	《算术课程标准》	1. 指导儿童了解日常生活中关于"数"的意义，有"数"的正确观念； 2. 指导儿童解决日常生活中关于"数"的问题，培养其理解思考的能力； 3. 培养儿童计算正确而迅速的能力和习惯（包括心算、笔算、珠算）

由上述关于小学数学课程目标的表述可以看出，1949 年之前的小学数学课程目标主

要具有如下特点。

（1）课程目标单一。此一时期的小学数学课程目标基本上以"计算"为中心，主要集中在使儿童学会整数、分数、小数的四则计算上。

（2）强调学以致用。自1904年的"使知日用之计算，与以自谋生计必需之知识"，到1941年的"增进儿童生活中关于数量的常识和观念"和"培养儿童日常生活中的计算能力"，直至1948年的"指导儿童了解日常生活中关于'数'的意义""指导儿童解决日常生活中关于'数'的问题"，始终贯彻了学以致用的基本原则。

（3）体现以儿童为中心。小学数学教学要"使儿童熟习日常之计算，增长生活必需之知识""在日常的游戏和作业里，得到数量方面的经验""能解决自己生活状况里的问题""能自己寻求问题的解决法"，这一切都是以儿童为中心来设计的。

2. 1949年之后的小学数学课程目标

中华人民共和国成立以后，我国小学数学教育进入一个新的发展阶段，小学数学课程目标也随之经历了一个逐渐丰富、完善的过程。

1949—1956年，我国的小学数学教学大纲基本上照搬苏联模式，是对苏联小学数学教学大纲的编译和修改（表2-2）。与1949年之前较为单一的课程目标相比，这一时期的小学数学课程目标更加全面地体现了小学数学的教育功能，不仅注重基础知识和技能的学习，而且还必须发展儿童的数学思维能力、培养儿童的道德品质，为以后小学数学课程目标的变化奠定了基础。

表 2-2　1949—1956年小学数学课程目标一览表

时间	文件名称	课程目标表述
1950年	《小学算术课程暂行标准（草案）》	1. 增进儿童关于新社会日常生活中数量的正确观念和常识； 2. 指导儿童具有正确和敏捷的计算技术和能力； 3. 训练儿童善于运用思考、推理、分析、综合和钻研问题的方法和习惯； 4. 培养儿童的爱国主义思想，并加强爱科学、爱护公共财物等国民公德
1952年	《小学算术教学大纲（草案）》	小学算术教学的任务，是保证儿童自觉地、巩固地掌握算术知识和直观几何知识，并使他们获得实际运用这些知识的技能。算术教学应该有助于培养和发展儿童的逻辑思维，使他们理解数量和数量的相依关系，并能做出正确的判断
1956年	《小学算术教学大纲（修订草案）》	主要是使儿童能够自觉地、正确地和迅速地进行整数运算，能够运用已经获得的知识、技能和技巧去解答算术应用题和解决日常生活中的简单的计算问题。算术教学必须有助于儿童智慧的发展和道德品质的培养，以促进全面发展的教育任务的实现

1963年，在全面总结中华人民共和国成立以来教育改革经验的基础上，结合我国社会发展需要和学生发展水平，教育部颁布了《全日制小学算术教学大纲（草案）》，其中规定的教学目标是："使学生牢固地掌握算术和珠算的基础知识，培养学生正确地、

迅速地进行四则计算的能力，正确地解答应用题的能力，以及具有初步的逻辑推理的能力和空间观念，以适应他们毕业后从事生产劳动和进一步学习的需要。"该大纲明确了基础知识、基本技能在小学算术教学中的重要地位，扩展了学生能力的培养范围，对以后的小学数学教学产生了很大影响。

1978年，为了适应四个现代化建设的需要，教育部颁布了《全日制十年制学校小学数学教学大纲（试行草案）》。该大纲第一次把小学算术课程拓展为小学数学课程，第一次从知识、能力和思想教育三个方面明确了数学教学目的，即"使学生理解和掌握数量关系和空间形式的最基础的知识，能够正确地、迅速地进行整数、小数和分数的四则计算，初步了解现代数学中的某些最简单的思想，具有初步的逻辑思维能力和空间观念，并能够运用所学的知识解决日常生活和生产中的简单的实际问题。同时，结合教学内容对学生进行思想政治教育。"1986年，国家教委对这一大纲进行了修订，删除了"了解现代数学中某些最简单的思想"这一目标要求，并将"对学生进行思想政治教育"改为"对学生进行思想品德教育"，将这一大纲改称《全日制小学数学教学大纲》，并于1987年正式颁布施行。

为适应普及九年义务教育的需要，1992年，教育部颁布了《九年义务教育全日制小学数学教学大纲（试用）》，提出基础知识、能力、思想品德三个方面的教学目的。首先，在基础知识方面，既规定了基础知识的范围——数量关系和几何图形，又明确了对基础知识的要求——理解和掌握。其次，在能力方面，对学生的计算能力、逻辑思维能力、空间观念和解决简单实际问题的能力提出了明确要求。最后，在思想品德方面，提出了包括学习目的教育，爱祖国、爱社会主义、爱科学的教育，辩证唯物主义观点的启蒙教育等在内的具体要求。2000年，教育部在保持此大纲框架的基础上，公布了《九年义务教育全日制小学数学教学大纲（试用修订版）》，对部分内容进行修改和调整。一是将"培养初步的逻辑思维能力"改为"培养初步的思维能力"。在学习数学时，应当鼓励学生用逻辑思维、直觉思维、合情推理等多种方式思考问题，设计不同的情境培养学生的思维能力。二是将"运用所学的知识解决简单的实际问题"改为"探索和解决简单的实际问题"。解决问题是一个探索的过程，不是一个现成模式的简单运用过程，教育者应使学生了解实际问题中的各种关系，并用数学关系表示出来。这不仅有利于学生数学意识的培养和数学思维能力的提高，而且可以让学生在生活中感受数学，运用数学解决实际问题。三是增加了"使学生具有学习数学的兴趣，树立学好数学的信心"这一内容。只有让数学更贴近学生生活，才能使学生建立学习数学的信念（表2-3）。

表2-3 1992年、2000年小学数学课程目标一览表

时间	文件名称	课程目标表述
1992年	《九年义务教育全日制小学数学教学大纲（试用）》	1. 使学生理解和掌握数量关系和几何图形的最基础的知识； 2. 使学生具有进行整数、小数、分数四则计算的能力，培养初步的逻辑思维能力和空间观念，能够运用所学的知识解决简单的实际问题； 3. 使学生受到思想品德教育

续表

时间	文件名称	课程目标表述
2000年	《九年义务教育全日制小学数学教学大纲（试用修订版）》	1. 使学生理解、掌握数量关系和几何图形的最基础的知识； 2. 使学生具有进行整数、小数、分数四则计算的能力，培养初步的思维能力和空间观念，能够探索和解决简单的实际问题； 3. 使学生具有学习数学的兴趣，树立学好数学的信心，受到思想品德教育

2001年7月，教育部依据《基础教育课程改革纲要（试行）》颁布了《全日制义务教育数学课程标准（实验稿）》（表2-4），取代以前的教学大纲，并首次将义务教育九年的数学课程进行通盘考虑，标志着21世纪义务教育数学课程改革正式启动。课程目标部分，从知识与技能、数学思考、解决问题、情感态度价值观等维度表述了义务教育数学课程的总体目标与学段目标。

表2-4 《全日制义务教育数学课程标准（实验稿）》的课程目标

总目标表述	具体阐释	
通过义务教育阶段的数学学习，学生能够： 1. 获得适应未来社会生活和进一步发展所必需的重要数学知识（包括数学事实、数学活动经验）以及基本的数学思想方法和必要的应用技能； 2. 初步学会运用数学的思维方式去观察、分析现实社会，去解决日常生活中和其他学科学习中的问题，增强应用数学的意识； 3. 体会数学与自然及人类社会的密切联系，了解数学的价值，增进对数学的理解和学好数学的信心； 4. 具有初步的创新精神和实践能力，在情感态度和一般能力方面都能得到充分发展	知识与技能	经历将一些实际问题抽象为数与代数问题的过程，掌握数与代数的基础知识和基本技能，并能解决简单的问题； 经历探究物体与图形的形状、大小、位置关系和变换的过程，掌握空间与图形的基础知识和基本技能，并能解决简单的问题； 经历提出问题、收集和处理数据、作出决策和预测的过程，掌握统计与概率的基础知识和基本技能，并能解决简单的问题
	数学思考	经历运用数学符号和图形描述现实世界的过程，建立初步的数感和符号感，发展抽象思维； 丰富对现实空间及图形的认识，建立初步的空间观念，发展形象思维； 经历运用数据描述信息、作出推断的过程，发展统计观念； 经历观察、实验、猜想、证明等数学活动过程，发展合情推理能力和初步的演绎推理能力，能有条理地、清晰地阐述自己的观点
	解决问题	初步学会从数学的角度提出问题、理解问题，并能综合运用所学的知识和技能解决问题，发展应用意识； 形成解决问题的一些基本策略，体验解决问题策略的多样性，发展实践能力与创新精神，学会与人合作，并能与他人交流思维的过程和结果； 初步形成评价与反思的意识
	情感态度价值观	能积极参与数学学习活动，对数学有好奇心与求知欲； 在数学学习活动中获得成功的体验，锻炼克服困难的意志，建立自信心； 初步认识数学与人类生活的密切联系及对人类历史发展的作用，体验数学活动充满着探索与创造，感受数学的严谨性以及数学结论的确定性； 形成实事求是的态度以及进行质疑和独立思考的习惯

2010年，中共中央、国务院印发了《国家中长期教育改革和发展规划纲要（2010—2020年）》，提出与时俱进、推进课程改革的任务要求。2011年12月，教育部在总结数年来全国课程改革实验的基础上，颁发了《义务教育数学课程标准（2011年版）》（表2-5），明确提出了"四基""四能"的目标要求，对课程目标的表述进行了较大调整。

首先，获得"四基"。"四基"是指基础知识、基本技能、基本思想与基本活动经验。原有课程目标只强调"双基"，即要求学生基础知识扎实，基本技能熟练，侧重数学学习的结果。此次课程目标在原有"双基"基础上增加了基本思想和基本活动经验，侧重学习的过程。基本思想主要是指数学抽象的思想、数学推理的思想、数学模型的思想。基本活动经验是学习主体通过亲身经历数学活动过程所获得的具有个性特征的经验。值得注意的是，"四基"是一个有机整体，四者之间密切联系、相互交融。其中，基础知识、基本技能是数学教学的主要载体；基本思想是数学教学的精髓，是统领课堂教学的主线；基本活动是不可或缺的教学形式。

其次，增强"四能"。"四能"是指发现问题的能力、提出问题的能力、分析问题的能力、解决问题的能力。过去对"增强能力"表述为"分析问题的能力和解决问题能力"，此次课程标准增加了"发现问题的能力和提出问题的能力"。发现问题是运用数学思维找到数量或空间等方面的某些联系、矛盾，并将其提炼出来。提出问题是在已发现问题的基础上，用数学语言、数学符号把找到的联系、矛盾以"问题"的形态集中地表述出来。分析问题和解决问题则是利用已有的概念、性质、定理、公式模型等，采用恰当的思路和方法得到问题的答案。由于创新往往始于问题，因此，"发现问题和提出问题"在培养学生的创新意识和创新精神方面往往更具价值。

最后，培养科学态度。《义务教育数学课程标准（2011年版）》提出了"养成良好的学习习惯，具有初步的创新意识和科学态度"。创新意识是创新能力的基础，对于义务教育阶段的学生，首先需要关注他们创新意识的培养。同时，让学生具有科学态度，是数学教学贯穿始终的目标。教师要在数学教学中，利用一切的机会，让学生在方法上、逻辑上和结论上明辨是非，培养学生实事求是的科学态度。

表2-5 《义务教育数学课程标准（2011年版）》的课程目标

总目标表述		具体阐释
1. 获得适应社会生活和进一步发展所必需的数学的基础知识、基本技能、基本思想和基本活动经验；	知识与技能	经历数与代数的抽象、运算与建模等过程，掌握数与代数的基础知识和基本技能； 经历图形的抽象、分类、性质探讨、运动、位置确定等过程，掌握图形与几何的基础知识和基本技能； 经历在实际问题中收集和处理数据、利用数据分析问题、获取信息的过程，掌握统计与概率的基础知识和基本技能； 参与综合实践活动，积累综合运用数学知识、技能和方法等解决简单问题的数学活动经验

续表

总目标表述	具体阐释	
2. 体会数学知识之间、数学与其他学科之间、数学与生活之间的联系，运用数学的思维方式进行思考，增强发现和提出问题的能力、分析和解决问题的能力； 3. 了解数学的价值，提高学习数学的兴趣，增强学好数学的信心，养成良好的学习习惯，具有初步的创新意识和科学态度	数学思考	建立数感、符号意识和空间观念，初步形成几何直观和运算能力，发展形象思维与抽象思维； 体会统计方法的意义，发展数据分析概念，感受随机现象； 在参与观察、实验、猜想、证明、综合实践等数学活动中，发展合情推理和演绎推理能力，清晰地表达自己的想法； 学会独立思考，体会数学的基本思想和思维方式
	解决问题	初步学会从数学的角度发现问题和提出问题，综合运用数学知识解决简单的实际问题，增强应用意识，提高实践能力； 获得分析问题和解决问题的一些基本方法，体验解决问题方法的多样性，发展创新意识，学会与他人合作交流； 初步形成评价与反思的意识
	情感态度	积极参与数学活动，对数学有好奇心和求知欲，在数学学习过程中，体验获得成功的乐趣，锻炼克服困难的意志，建立自信心； 体会数学的特点，了解数学的价值； 养成认真勤奋、独立思考、合作交流、反思质疑等学习习惯； 形成坚持真理、修正错误、严谨求实的科学态度

（二）我国现行小学数学课程目标

《义务教育数学课程标准（2022年版）》首次明确提出，义务教育阶段数学课程要培养学生的核心素养，集中体现了数学课程的育人价值。

1. 核心素养的构成及其在小学阶段的主要表现

核心素养是学生在学习过程中逐步形成的未来发展所需要的正确的价值观、思维品质和关键能力。它反映了数学学科的基本特征及独特的育人价值，是现代社会公民素养系统的重要组成部分。

（1）核心素养的构成。

核心素养具有高度的整体性、一致性和发展性。《义务教育数学课程标准（2022年版）》指出，核心素养的内涵主要包括以下三个方面：会用数学的眼光观察现实世界，会用数学的思维思考现实世界，会用数学的语言表达现实世界（简称"三会"）。

首先，会用数学的眼光观察现实世界。作为核心素养的数学眼光具有如下含义。第一，数学眼光是观察现实世界的一种特殊方式。通过数学的眼光，可以从现实世界的客观现象中发现数量关系与空间形式。例如，毕达哥拉斯在和谐的音乐中发现琴弦的比例关系；牛顿在苹果下落和天体运动之间建立了统一的数量规律；爱因斯坦想象着自己以光速旅行，看到了弯曲的时空……因此，用数学眼光观察世界的独特方式是基于数量关系与空间形式的数学抽象和直观想象。第二，问题是数学的心脏。无论是数学学习、数学研究还是数学应用，在各种现实情境中发现和提出有意义的数学问题都是最重要的环节之一，是数学学科长盛不衰的原因所在。因此，要把发现和提出数学问题作为学生学习数学、理解数学的一种基本方式，帮助学生逐步形成和发展数学眼光。第三，数学眼光有助于形成和理解数学基本概念、关系和结构。每一个数学概念、关系和结构的发生发展都涉及三种过程：历史过程、逻辑过程、心理过程。通过探寻数学发展历史，可以看到数学研究对象产生的源泉和必要性，以及表达方式的优化历程；通过构建不同数学对象的逻辑联系，可以把握数学知识的来龙去脉，理解数学概念、关系、结构的合理性与意义；通过对数学对象的感性认识、直观想象和符号表征，可以体验从具体到抽象的心理过程，积累数学基本活动经验。因此，必须加强概念教学，使学生形成和发展数学眼光。第四，数学眼光有助于体验数学的审美价值。在理解自然与社会人文现象的过程中，从太阳、月亮的形状到落石在水面上产生的波纹，从古埃及的滚木到中国古代的车轮，人们不仅从中抽象出完美绝伦的几何图形"圆"，而且发现了圆拥有各种各样的对称性，圆周上每一点的"弯曲程度"（曲率）都相同，等等。第五，数学眼光有助于激发学生的好奇心与想象力。数学是创造性的艺术，"再创造"是数学学习的一种基本方式。数学课程可以为学生提供各种各样、不同水平的创造活动和素材，激发学生的好奇心与想象力，而这正是从事探究活动、发展创新意识和能力的基础。

其次，会用数学的思维思考现实世界。数学思维具有如下含义。第一，数学思维是一种抽象的、一般化的思维方式，其目的是理解与解释现实世界中的数量关系与空间形式。自古希腊开始，数学就被称为"思维的体操"。数学是在一些基本事实和明确概念的基础上，通过逻辑推理来判断结论的真实性。正因为数学思维的确定性，在数学发展过程中，人们一般不需要把一个理论体系推翻重建，而是在原有基础上不断地夯实、完善，进而产生各种新的思想，拓宽数学的疆域。第二，数学概念是数学思维的基本元素。数学概念的内涵具有确定性，是研究概念之间关系的基础，但数学概念的表现形式往往多种多样。例如，分数可以看作整数除法的结果，也可以看作两个离散集合的数量之比；三角形中既有锐角三角形、直角三角形、钝角三角形，也有等腰三角形、等边三角形。数学概念的表征多样性使得数学思维具有高度的灵活性。第三，逻辑推理与数学运算是数学思维的基本形式。数学的产生和发展始于对具体问题或素材的观察、实验、归纳、类比，但又不停留于此，而是在此基础上通过进一步比较、分析、综合、概括去揭示事物的本质，通过演绎推理得出数学结论。数学学习和研究从来不满足于特殊情况的结果，而是通过归纳、类比等方法去探索研究各种对象的一般规律，寻求解决问题的一般方法。这是在数学发展与数学学习过程中形成的数学特有的思维方式。同样，数学运算也是数学思维的一种基本形式。尤其是随着计算机与大数据的发展，各种算法被广泛应用于信息和大数据处理，计算思维已经成为人工智能时代的基本素养。第四，数学思维运作过程中使用的是一些具有普适性的数学方法。笛卡儿认为，数学方法是比其他获取知识的工具更有力量的方法。此外，数学方法具有高度的统一性，从自然数、整数、有理数的运算，到实数、复数的运算，都遵循着统一的运算律，代数式、方程、函数中的各种运算在本质上仍然是数的运算，这使得不同学段的数学学习可以融会贯通。第五，数学符号系统是数学思维的载体与工具。为了确保数学思维的简约、严谨和一般化，数学采用了一套人工符号系统对数学对象进行精确表达。阿拉伯数字的诞生不仅统一了各种繁杂的计数方法，而且极大地简化了数的运算；进位制的设置不仅解决了表示大数的困难，而且厘清了数位之间的逻辑关系；未知数的引入使得代数成为一种在一般层面上解决问题的科学，变量与坐标系的出现使得人们可以研究稍纵即逝的运动与变化过程，成为现代数学的起源；而集合论的问世使得数学可以重建自己的根基。第六，数学思维有助于帮助学生形成重论据、有条理、合乎逻辑的思维品质，培养学生的科学态度与理性精神。

最后，会用数学的语言表达现实世界。语言是思维的载体，数学语言承载着数学的基本思想。数学语言具有如下含义。第一，学生应逐步适应数学的表达方式。按照布鲁纳的表征理论，数学对象的表征一般可以分为三个阶段，即操作性表征、表象性表征、符号性表征。这种具体到抽象的表征发展过程，一方面使得数学概念和性质的表征越来越明确、严谨，可以直接参与数学思维活动；另一方面可以使学生在符号表达与具体直观之间建立联系，逐步学会用数学语言表达自己的想法，解释现实世界中的数学规律。第二，数学建模是数学应用的基本方式。所谓数学建模，就是对现实问题进行数学抽象，用数学语言表达问题、用数学方法构建模型解决问题。数学建模过程主要包括：在实际情境中从数学的视角发现问题、提出问题、分析问题、建立模型、确定参数、计算求解、检验结果、改进模型，最终解决实际问题。在义务教育阶段，虽然不能开展完整的数学建模活动，但可以通过建立数学与现实世界的联系，以及设立各种简单的数学应用问题，使学生初步形成模型意识与模型观念。第三，数据是表达随机现象的基本工具。随着社会经济的发展和信息技术的普及，当今社会已经迈入了大数据时代。数据成为表达、解释现实世界中的随机现象，并得出统计推断结论的基本形式。增强学生基于数据表达现实问题的意识，可以帮助学生形成通过数据认识事物的思维品质，积累依托数据探索事物的本质、与其他事物的联系和自身规律的活动经验。

（2）核心素养在小学阶段的主要表现。

"三会"是学生通过义务教育阶段的数学学习逐步形成的核心素养。作为一种内隐的心理特征，数学学科的核心素养只有在相关的具体数学活动中才能逐步形成、发展，并得以表现与评价。因此，在实际的数学课程、教学与评价中，需要把核心素养细化为外显的、可操作的、可观察的、可测量的行为表现。根据不同学段的数学知识特征及学生的认知发展水平，《义务教育数学课程标准（2022年版）》分别提出了具体的要求。在小学阶段，核心素养的主要表现见表2-6。

表2-6 核心素养在小学阶段的主要表现

核心素养	主要表现	跨学科表现
会用数学的眼光观察现实世界	数感、量感、符号意识、几何直观、空间观念	创新意识
会用数学的思维思考现实世界	运算能力、推理意识	应用意识
会用数学的语言表达现实世界	数据意识、模型意识	

①数感。数感主要是指对于数与数量、数量关系及运算结果的直观感悟。具备数感的人能够在真实情境中理解数的意义，能用数表示物体的个数或事物的顺序；能在简单的真实情境中进行合理估算，做出合理判断；能初步体会并表达事物蕴含的简单数量规律。数感是形成抽象能力的经验基础。建立数感有助于学生理解数的意义和数量关系，初步感受数学表达的简洁与精确，增强好奇心，培养学习数学的兴趣。

②量感。量感主要是指对事物的可测量属性及大小关系的直观感知。具备量感的人知道度量的意义，能够理解统一度量单位的必要性；会针对真实情境选择合适的度量单位进行度量，会在同一度量方法下进行不同单位的换算；能初步感知度量工具和方法引起的误差，能合理得到或估计度量的结果。建立量感有助于学生养成用定量的方法认识和解决问题的习惯，是形成抽象能力和应用意识的经验基础。

③符号意识。符号意识主要是指能够感悟符号的数学功能。具备符号意识的人知道符号表达的现实意义；能够初步运用符号表示数量、关系和一般规律；知道用符号表达的运算规律和推理结论具有一般性；能够初步体会到符号的使用是数学表达和数学思考的重要形式。符号意识是学生形成抽象能力和推理能力的经验基础。

④几何直观。几何直观主要是指运用图表描述和分析问题的意识与习惯。具备几何直观的人能够感知各种几何图形及其组成元素，依据图形的特征进行分类；根据语言描述画出相应的图形，分析图形的性质；建立形与数的联系，构建数学问题的直观模型；利用图表分析实际情境与数学问题，探索解决问题的思路。几何直观有助于学生把握问题的本质，明晰思维的路径。

⑤空间观念。空间观念主要是指对空间物体或图形的形状、大小及位置关系的认识。具备空间观念的人能够根据物体特征抽象出几何图形，根据几何图形想象出所描述的实际物体；想象并表达物体的空间方位和相互之间的位置关系；感知并描述图形的运动和变化规律。空间观念有助于学生理解现实生活中空间物体的形态与结构，是形成空间想象力的经验基础。

⑥运算能力。运算能力主要是指根据法则和运算律进行正确运算的能力。具备运算能力的人能够明晰运算的对象和意义，理解算法与算理之间的关系；能够理解运算的问题，选择合理简洁的运算策略解决问题；能够通过运算促进数学推理能力的发展。运算能力有助于学生形成规范化思考问题的品质，养成一丝不苟、严谨求实的科学态度。

⑦推理意识。推理意识主要是指对逻辑推理过程及其意义的初步感悟。具备推理意识的人知道可以从一些事实和命题出发，依据规则推出其他命题或结论；能够通过简单的归纳或类比，猜想或发现一些初步的结论；能够通过法则运用，体验数学从一般到特殊的论证过程；能够对自己及他人的问题解决过程给出合理解释。推理意识有助于学生养成讲道理、有条理的思维习惯，增强交流能力，是形成推理能力的经验基础。

⑧数据意识。数据意识主要是指对数据的意义和随机性的感悟。具备数据意识的人知道在现实生活中，有许多问题应当先做调查研究，收集数据，感悟数据蕴含的信息；知道同样的事情每次收集到的数据可能不同，而只要有足够的数据就可能从中发现规

律；知道同一组数据可以用不同方式表达，需要根据问题的背景选择合适的方式。数据意识有助于学生理解生活中的随机现象，逐步养成用数据说话的习惯。

⑨模型意识。模型意识主要是指对数学模型普适性的初步感悟。具备模型意识的人知道数学模型可以用来解决一类问题，是数学应用的基本途径；能够认识到现实生活中大量的问题都与数学有关，有意识地用数学的概念与方法予以解释。模型意识有助于学生开展跨学科主题学习，增强对数学的应用意识，是形成模型观念的经验。

⑩应用意识。应用意识主要是指有意识地利用数学的概念、原理和方法解释现实世界中的现象与规律，解决现实世界中的问题。具备应用意识的人能够感悟到现实生活中蕴含着大量的与数量和图形有关的问题，这些问题可以用数学的方法予以解决；初步了解了数学作为一种通用的科学语言在其他学科中的应用，能够通过跨学科主题学习建立不同学科之间的联系。应用意识有助于学生用学过的知识和方法解决简单的实际问题，养成理论联系实际的习惯，发展实践能力。

⑪创新意识。创新意识主要是指主动尝试从日常生活、自然现象或科学情境中发现和提出有意义的数学问题。具备创新意识的人能够通过具体的实例，运用归纳和类比发现数学关系与规律，提出数学命题与猜想，并加以验证；能够勇于探索一些开放性的、非常规的实际问题与数学问题。创新意识有助于学生形成独立思考、敢于质疑的科学态度与理性精神。

2. 小学数学课程的总目标与学段目标

义务教育数学课程目标是对不同学段学生数学学习提出的总体要求和阶段性要求，对确定数学课程内容和实施教学具有重要的指导意义。

（1）小学数学课程总目标。

义务教育阶段数学课程总目标是对学生数学学习的总体要求。核心素养是具体的课程目标和教学实践的导向，是数学教育追求的长远发展目标。在核心素养统领下，数学课程的总目标从三个方面进行了表述。第一，获得适应未来生活和进一步发展所必需的数学的基础知识、基本技能、基本思想、基本活动经验。第二，体会数学知识之间、数学与其他学科之间、数学与生活之间的联系，在探索真实情境所蕴含的关系中，发现问题和提出问题，运用数学和其他学科的知识与方法分析问题和解决问题。第三，对数学具有好奇心和求知欲，了解数学的价值，欣赏数学美，提高学习数学的兴趣，建立学好数学的信心，养成良好的学习习惯，形成质疑问难、自我反思和勇于探索的科学精神。[①]

首先，获得"四基"。《义务教育数学课程标准（2022年版）》强调使学生"获得适应社会生活和进一步发展所必需的数学的基础知识、基本技能、基本思想、基本活动经验。""四基"是对义务教育阶段学生数学学习的整体的基本要求，对于学生成长具有重要价值。第一，理解和掌握基础知识和基本技能既是数学学习的重要目标，也是学生进一步发展的基础。第二，数学基本思想的形成和发展有利于开阔学生的视野，使学生认识数学知识之间的联系，有意识地理解数学，运用数学解决问题。第三，学生的基

---

① 中华人民共和国教育部：《义务教育数学课程标准（2022年版）》，北京师范大学出版社，2022。

本活动经验是在学习过程中积累的，对学生学习数学和将来走向社会都具有重要意义。学生只有确实参与数学学习活动，才能形成相应的基本活动经验。在教学中，教师要设计和组织丰富多样的、学生切实参与的数学学习活动，促进学生形成基本活动经验。

其次，发展"四能"。问题解决能力的培养是体现数学学科特征的重要目标。问题解决能力具体表现为学生在具体情境中发现、提出、分析和解决问题的能力。《义务教育数学课程标准（2011年版）》明确提出"增强发现和提出问题的能力、分析和解决问题的能力"，"四能"构成了一个较为完整的提升学生问题解决能力的框架。《义务教育数学课程标准（2022年版）》在此基础上有所发展，提出"体会数学知识之间、数学与其他学科之间、数学与生活之间的联系，在探索真实情境所蕴含的关系中，发现问题和提出问题，运用数学和其他学科的知识与方法分析问题和解决问题。"这主要表现在以下几个方面。第一，注重在真实情境中探索。真实情境可以是现实的情境，也可以是数学情境，但一定是真实存在或确实能够发生的情境。义务教育阶段的教学要为学生提供更多现实的情境，从现实情境所蕴含的丰富信息中提炼出与数学相关的信息，并用数学的方法分析和解决问题。学生的探索活动就是从现实情境到数学问题的发现、提出、分析和解决的过程。第二，注重运用数学和其他学科的知识与方法分析问题和解决问题。数学的高度抽象性和广泛应用性，决定了数学可以应用于生活、科技和社会的各种场景，数学知识和方法与其他学科存在广泛的联系。在整个义务教育阶段，数学与生活之间的联系贯穿其中，考虑到学生的年龄特征，在新知识学习时，问题情境的选择、主题活动内容的设计，以及习题的安排上，应更多地体现与学生生活的联系。第三，问题解决的过程有助于学生形成核心素养。《义务教育数学课程标准（2022年版）》要求学生在主题活动或项目学习过程中体验问题解决的全过程，促进学生推理能力、几何直观、应用意识和创新意识等核心素养表现的发展。

最后，形成正确的情感态度价值观。《义务教育数学课程标准（2022年版）》总目标的第三条是："对数学具有好奇心和求知欲，了解数学的价值，欣赏数学美，提高学习数学的兴趣，建立学好数学的信心，养成良好的学习习惯，形成质疑问难、自我反思和勇于探索的科学精神。"第一，建立数学学习动机。学习动机分为外在动机和内在动机。长远来说，应当使学生理解数学的价值，感受学习数学的重要性，建立内在的学习动机。尤其是在低年级的学习活动中，教师应通过丰富多样的学习情境，利用具有探索空间的、有意义的数学问题引发学生的好奇心和求知欲。第二，了解数学价值，欣赏数学美。数学在生活实际、社会实践和科学技术的方方面面有广泛的应用，利用数学模型可以解决大量的现实问题。在设计和组织教学活动时，应有意识地使学生了解数学的价值，感受数学美。第三，提高学习数学的兴趣，建立学好数学的信心。一方面，教师要用外在丰富的情境激发学生的学习兴趣，要通过对数学自身规律的探索和运用数学解决问题的过程增强学生学习数学的兴趣；另一方面，教师要关注学生之间的差异，让学生通过体验学习的成功建立学好数学的信心。第四，养成良好的学习习惯和科学精神。教师要促进学生主动参与数学学习活动，学会学习；形成质疑问难和自我反思的态度；形成求真求实、坚持真理的科学精神，发展批判性思维。

（2）小学数学课程学段目标。

为体现义务教育数学课程的整体性和发展性，根据学生数学学习的心理特征和认知规律，《义务教育数学课程标准（2022年版）》将九年的学习时间划分了四个学段。其中，1~2年级为第一学段，3~4年级是第二学段，5~6年级是第三学段，7~9年级为第四学段。学段目标是根据不同学段学生学习的水平将总目标进行分解而成，同时核心素养的具体表现也应体现在学段目标中。小学数学课程的学段目标见表2-7。

表 2-7 小学数学课程的学段目标

学段	学段目标
第一学段 （1~2年级）	经历简单的数的抽象过程，认识万以内的数，能进行简单的整数四则运算，形成初步的数感、符号意识和运算能力。能辨认简单的立体图形和平面图形，认识长方形和正方形的特征，体验物体长度的测量过程，认识常见的长度单位，形成初步的量感和空间观念。经历简单的分类过程，能根据给定的标准进行分类，形成初步的数据意识。在主题活动中认识货币单位、时间单位和基本方向，尝试用数学方法解决问题，积累数学活动经验，形成初步的量感和应用意识； 能在教师指导下，从日常生活中提出简单的数学问题，尝试运用所学的知识和方法解决问题。在解决问题的过程中，感悟分析问题和解决问题的基本方法，感受数学在生活中的应用，形成初步的几何直观和应用意识； 对身边与数学有关的事物有好奇心，能参与数学学习活动。在他人帮助下，尝试克服困难，感受数学活动中的成功。了解数学可以描述生活中的一些现象，感受数学与生活有密切联系，感受数学美。能倾听他人的意见，尝试对他人的想法提出建议； 在1年级第一学期的入学适应期，利用生活经验和幼儿园相关活动经验，通过具体形象、生动活泼的活动方式学习简单的数学内容。这期间的主要目标包括：认识20以内的数，会20以内数的加减法（不含退位减法）；能辨认物体和简单图形的形状，会简单地分类；解决日常生活中的简单问题；对数学学习产生兴趣并树立信心
第二学段 （3~4年级）	认识自然数，经历小数和分数的形成过程，初步认识小数和分数；能进行较复杂的整数四则运算和简单的小数、分数的加减运算，理解运算律；形成数感、运算能力和初步的推理意识。认识常见的平面图形，经历平面图形的周长和面积的测量过程，探索长方形周长和面积的计算方法；了解图形的平移、旋转和轴对称；形成量感、空间观念和初步的几何直观。经历简单的数据收集过程，了解数据收集、整理和呈现的简单方法；理解平均数的意义，会用平均数解决问题，形成初步的数据意识。在主题活动中进一步认识时间单位和方向，认识质量单位，尝试应用数学和其他学科知识与方法解决问题，积累数学活动经验，形成量感、推理意识和应用意识； 尝试从日常生活中发现和提出数学问题，探索分析和解决问题的方法，经历独立思考并与他人合作交流解决问题的过程，会用常见的数量关系和其他学科的知识与方法解决问题，能初步判断结果的合理性；形成初步的模型意识、几何直观和应用意识； 愿意了解日常生活中与数学相关的信息，愿意参与数学学习活动。在他人的鼓励和引导下，体验克服困难、解决问题的成就，体会数学的作用，体验数学美。在学习活动中能提出自己的想法，在与他人交流的过程中，敢于质疑和反思

续表

学段	学段目标
第三学段 （5～6年级）	经历用字母表示数的过程，认识自然数的一些特征，理解小数和分数的意义；能进行小数和分数的四则运算，探索数运算的一致性，形成符号意识、运算能力、推理意识。探索几何图形面积和体积的计算方法，会计算常见平面图形的周长和面积，会计算常见立体图形的体积和表面积；能用有序数对确定点的位置，进一步认识图形的平移、旋转和轴对称；形成量感、空间观念和几何直观。经历收集、整理和表达数据的过程，会用条形统计图、折线统计图表达数据，并作出简单的判断；理解百分数的意义，了解随机现象发生的可能性；形成数据意识和初步的应用意识。在主题活动和项目学习中了解负数，应用数学和其他学科知识与方法解决问题，积累数学活动经验，形成数感、量感、模型意识、应用意识和创新意识； 尝试在真实的情境中发现和提出问题，探索运用基本的数量关系，以及几何直观、逻辑推理和其他学科的知识、方法分析与解决问题，形成模型意识和初步的应用意识、创新意识； 对数学具有好奇心和求知欲，主动参与数学学习活动。在解决问题的过程中，体验成功的乐趣，相信自己能够学好数学，感受数学的价值，体验并欣赏数学美。初步养成认真勤奋、独立思考、合作交流、反思质疑的习惯

小学数学课程的学段目标体现出如下特点。①

首先，学段目标是对总目标的阶段性水平描述。学段目标的描述对应总目标的三个方面：第一段体现对于基础知识和基本技能的要求，基本思想在核心素养的表现中反映，基本活动经验从"经历"等过程性描述中表现出来；第二段描述对于问题解决能力的要求；第三段描述情感态度价值观方面的要求。同时，不同学段目标在水平上有所区别，以适应不同学段学生的年龄特征。

其次，学段目标体现了各学段内容主题的要求。义务教育阶段的课程内容包括"数与代数""图形与几何""统计与概率""综合与实践"四个领域。这四个领域的内容分布在四个学段，每一个学段都设计了不同的内容要求和学业要求。学段目标体现了不同学段中这些内容要求的要点。

最后，核心素养的具体表现融入学段目标。课程目标以核心素养为导向，核心素养具有整体性、一致性和阶段性，在不同学段具有不同表现。小学阶段侧重对经验的感悟，初中阶段侧重对概念的理解。这些反映不同阶段特征的核心素养的表现，结合不同学段学生学习的进程和内容要求，体现在学段目标之中。

二、小学数学课程内容

依据"加强课程内容与学生经验、社会生活的联系，强化学科内知识整合，统筹设计综合课程和跨学科主题学习"的修订理念，《义务教育数学课程标准（2022年版）》对

---

① 马云鹏：《〈义务教育数学课程标准（2022年版）〉的理念与目标解读》，《天津师范大学学报（基础教育版）》2022年第5期。

"数与代数""图形与几何""统计与概率""综合与实践"四个领域进行了结构化整合。在小学阶段,各学段各领域的学习主题见表2-8。

表2-8 小学阶段各学段各领域的学习主题①

领域	学段		
	第一学段	第二学段	第三学段
数与代数	1. 数与运算 2. 数量关系	1. 数与运算 2. 数量关系	1. 数与运算 2. 数量关系
图形与几何	图形的认识与测量	1. 图形的认识与测量 2. 图形的位置与运动	1. 图形的认识与测量 2. 图形的位置与运动
统计与概率	数据分类	数据的收集、整理与表达	1. 数据的收集、整理与表达 2. 随机现象发生的可能性
综合与实践	重在解决实际问题,以跨学科主题学习为主,主要包括主题活动和项目学习等。第一、第二、第三学段主要采用主题式学习方法,将知识内容融入主题活动中		

(一) 课程内容结构的主要变化

1. 数与代数领域的变化

在数与代数领域,小学三个学段的学习主题由原来的数的认识,数的运算,常见的量,探索规律,式与方程,正比例、反比例六个整合为数与运算和数量关系两个。这不只是形式上的变化,更是从学科本质和学生学习视角对相关内容的统整,更好地体现了学科内容的本质特征和学生学习的需要。

数与运算主题将数的认识和数的运算两个核心内容进行整合,将数与运算作为一个整体进行组织,体现二者之间的密切关联。小学阶段的运算都是数的运算,包括整数、小数、分数运算。数与运算不可分,数的认识包含数的抽象表达、数的大小比较等,自然数从小到大就是一个累加的过程,从 1 开始每增加一个后继(+1)就得到一个新的数,其中蕴含了加的运算,数的大小比较也与运算密切相关。运算的重点在于理解算理、掌握算法,算理的理解最终都要追溯到数的意义。比如加法运算:整数和小数的加法是相同数位上的数相加;分数的加法是相同分母的分数直接相加,也就是分数单位相同的分数相加,即分母不变、分子相加。整数、小数、分数的加法计算都可以理解为相同计数单位的个数相加。将数与运算整合成一个主题,有助于学生从整体上理解数和运算,为学生从整体上把握和理解数学知识与方法,形成数感、符号意识、运算能力、推理意识等核心素养奠定基础。

数量关系主题突出了问题解决的内容载体和问题解决能力的培养。常见的量,式与方程,正比例、反比例和探索规律等内容得到整合(方程移到第四学段),这些内容的

---

① 史宁中、曹一鸣主编《义务教育数学课程标准(2022年版)解读》,北京师范大学出版社,2022,第99页。

本质都是数量关系。从数量关系的视角理解和把握这些内容的教学，有助于学生从整体上认识这些内容的核心概念。数量关系的重点在于用数和符号对现实情境中数量之间的关系和规律进行表达，凸显用数学模型解决现实情境中的问题的重要性。数量关系主题的内容包含：用四则运算的意义解决实际问题，理解常见的数量关系并运用其解决问题，从数量关系的角度理解字母表示关系和规律、比和比例等内容。

2. 图形与几何领域的变化

在图形与几何领域，小学三个学段的主题整合为图形的认识与测量、图形的位置与运动。

图形的认识重点是对图形特征的探索与描述，图形的测量是对图形大小的度量，图形的认识与测量需要从整体上把握。图形的认识是对物体形状的抽象图形进行表示，重点是认识图形的特征。图形特征的认识与图形的测量有密切关系，如长方形相对的边相等这一特征，需要通过测量来确认其正确性。图形的测量离不开对图形的认识，图形测量的过程与结果都与具体图形的特征密切相关。探索图形的周长、面积、体积的问题，一定要与具体的图形建立联系，对图形特征的把握直接影响对图形测量的学习。比如学生在学习长方形面积时，在一个长和宽都是整厘米的长方形中，摆满面积单位（1平方厘米的小正方形），面积单位的个数就是其面积。这样的操作之所以可行，与长方形的四个角都是直角有关。探讨平行四边形面积就没有这么简单，直接摆小正方形就行不通，要将平行四边形转化成长方形才可以。图形的认识和测量的整合，凸显了两个主题内容之间的内在联系，有助于学生从整体上理解和掌握这些内容，并使学生形成知识与方法的迁移。

图形的位置与图形的运动也是有密切关系的内容。在小学阶段，图形的位置的学习重点是用一对有序数对描述一个点的位置（距离和方向也可以看作一对数对），图形的运动主要是指图形的平移、旋转和轴对称。要认识到图形的运动本质上是图形上点的位置的变化，这种变化主要是平移或旋转，即要确定图形运动前的位置与运动后的位置的关系，了解其中的变和不变，也就是点的位置的变或不变，所以图形的运动与图形的位置有密切的关系。

3. 统计与概率领域的变化

在统计与概率领域，小学三个学段的主题调整为数据分类，数据的收集、整理与表达，以及随机现象发生的可能性，重点强调数据的处理。

收集、整理与表达是数据处理的主要方式，有助于学生数据意识的形成。《义务教育数学课程标准（2011年版）》中的分类在《义务教育数学课程标准（2022年版）》中调整为数据分类，与数据的收集、整理与表达一致，二者构成一个整体，都是以数据为研究对象，前者是后者必要的准备。学生可以从整体上理解统计离不开数据，二者都是用恰当的方法处理数据，从而逐步形成数据意识。

4. 综合与实践领域的变化

综合与实践领域强调解决实际问题和跨学科主题学习，以主题式学习和项目式学习的方式设计与组织教学。义务教育阶段对这一领域进行了整体设计，同样构成一个整体。

（二）课程内容结构的特征[①]

1. 体现学习内容的整体性

《义务教育数学课程标准（2022年版）》延续了以往数学课程标准的做法，将课程内容分为数与代数、图形与几何、统计与概率、综合与实践四个领域，反映了数学学科的基本特征，体现了数学作为基础性学科，其核心内容的稳定性。纵观数学学科的历史发展和不同国家数学课程的内容结构，数与代数、图形与几何、统计与概率无疑都是核心内容。设置综合与实践领域，则是继承了20年以来数学课程改革的重要理念和做法，重视数学学习的综合性与实践性，重视数学学科与其他学科和社会实践的联系，重视提高学生综合运用数学和其他学科知识解决问题的能力。《义务教育数学课程标准（2022年版）》在综合与实践领域比以往更强调跨学科的主题活动和项目学习。

进一步明确和调整领域下属的内容主题是本次数学课程标准修订的一个特点。在《全日制义务教育数学课程标准（实验稿）》和《义务教育数学课程标准（2011年版）》的内容结构中，虽然领域下也分为不同的内容群表述，但没有明确主题，各内容群的学科性质和素养特征也不明显。《义务教育数学课程标准（2022年版）》明确了领域下属的主题，并对若干主题进行整合或调整，这有助于更好地发挥主题内容的教育功能。

2. 反映学科本质的一致性

以前的课程标准或教学大纲一般以学科内容为线索呈现课程内容，《义务教育数学课程标准（2022年版）》将具体课程内容与相关核心素养建立联系，反映了学科本质的一致性。学科本质一致性以主题的核心概念为统领，以一个或几个核心概念贯穿整个主题，在不同学段表现的水平不同，但本质特征具有一致性，指向的核心素养也具有一致性。以数与代数领域为例，对于数与运算主题，数的意义与表达、加的意义、相等、运算律等是核心概念（大概念、大观念或关键概念），其中最重要的概念是数的意义与表达，整数、小数、分数的认识与运算都与相应数的意义与表达密切相关。数的认识中从整数到分数、小数，都是从数量到数的抽象，核心的概念就是其意义和用抽象符号表达的方式。自然数表达为"十进制计数法"，用0、1、…、9这10个符号和以十为基底的位值制表达所有的数，如235表达的是2个"百"，3个"十"和5个"一"，分数和小数也是用抽象的方式表达。数的运算中，算理和算法的理解最终都追溯到数的意义，同样具有一致性。在数与运算主题下，几乎所有的问题都可以用这样一个或几个核心概念去理解，这样少量的几个核心概念反映了这一主题的学科本质。在对该主题内容持续学习的过程中，学生会不断利用这些概念并通过迁移解决新的问题，相关的核心素养（数感、符号意识、推理意识、运算能力）不断得到发展。

3. 表现学生学习的阶段性

根据学生发展年龄特征和学习循序渐进的需要，义务教育阶段课程内容各学习主题

[①] 马云鹏：《聚焦核心概念 落实核心素养：〈义务教育数学课程标准（2022年版）〉内容结构化分析》，《课程·教材·教法》2022年第6期。

以螺旋式上升的方式被安排在四个学段。不同学段提出了相应的水平要求，表现了学生学习的阶段性特征，这体现在各学习主题不同学段的内容要求、学业要求和学段目标之中，也体现在同一学习主题下对不同学段核心素养的要求上。以数与代数领域数量关系学习主题为例，该学习主题在小学三个学段的内容选择和设计方面呈现出明显的阶段性（表 2-9）。

表 2-9　数量关系主题在第一、第二、第三学段的学业要求

学段（学习主题）	学业要求
第一学段（数量关系）	能在熟悉的生活情境中运用数和数的运算，合理表达简单的数量关系，解决简单的问题； 能在解决问题的过程中，体会解决问题的道理，解释计算结果的实际意义，感悟数学与现实世界的关联，形成初步的模型意识、几何直观和应用意识
第二学段（数量关系）	能在简单的实际情境中，运用四则混合运算解决问题，能选择合适的单位，通过估算解决实际问题，形成初步的应用意识； 能在真实情境中，发现常见数量关系，利用常见数量关系解决问题；能借助计算器进行计算，并解释计算结果的实际意义；形成初步的模型意识、几何直观和应用意识； 能在真实情境中，合理利用等量的等量相等进行推理，形成初步的推理意识
第三学段（数量关系）	能在具体问题中感受等式的基本性质； 能在解决实际问题时运用恰当的方法进行估算，并能描述估算的过程； 能在具体情境中，用字母或含有字母的式子表示数量之间的关系、性质和规律，感悟用字母表示具有一般性； 能在具体情境中判断两个量的比，会计算比值，理解比值相同的量，能解决按比例分配的简单问题； 能在具体情境中描述成正比的量 $y/x=k$（$k \neq 0$），能找出生活中成正比的量的实例；能根据给出的成正比关系的数据在方格纸上画图，了解 $y=kx$（$k \neq 0$）的形式； 能根据其中一个量的值计算另一个量的值； 能解决较复杂的真实问题，形成几何直观和初步的应用意识，提高解决问题的能力

了解各主题的阶段性要求不仅对特定学段内容的教学有重要意义，而且有助于教师了解同样主题在不同学段的特征，从而分析学生的学习基础和对未来学习的需求。

（三）课程内容结构化的影响

课程内容结构与呈现方式的变化必然会对课程实施产生影响，这主要表现在以下三个方面。[①]

[①] 马云鹏：《聚焦核心概念 落实核心素养：〈义务教育数学课程标准（2022 年版）〉内容结构化分析》，《课程·教材·教法》2022 年第 6 期。

1. 以主题为线索的内容安排

首先，主题的整合将带来教科书呈现上的变化。《义务教育数学课程标准（2022年版）》在综合与实践领域外，列出小学阶段的七个学习主题。每个学习主题都是一个整体，其中蕴含了反映主题学科本质的核心概念，这些核心概念在不同学段具有一致性和阶段性。教科书的呈现既要考虑将其作为一个整体进行设计与组织，也要体现其阶段特征。以数与运算主题为例，以往教材大多将数的认识和数的运算分成不同的单元进行设计，但依据《义务教育数学课程标准（2022年版）》对数与运算主题的整体理解，可以考虑将100以内数的认识和加减法运算安排在同一单元，使学生在理解数的意义的同时，探索100以内加减法的算理和算法，从而在整体上理解和掌握这个内容。数与运算的结合，不仅可以促进学生对算理和算法的理解掌握，还可以帮助学生从运算的角度进一步理解数的意义，有助于学生形成数感、符号意识、运算能力、推理意识等核心素养。

其次，具体内容主题归属的变化有助于课程实施者准确理解其学科本质。《义务教育数学课程标准（2022年版）》对一些内容调整了主题归属，如，将用字母表示数由原来在数的认识主题下调整到在数量关系主题下。在以往的课程标准和教学中，用字母表示数只是作为数的进一步抽象，数是数量的抽象，字母又是对数的更一般的表达，是更高层次的抽象。《义务教育数学课程标准（2022年版）》将其调整到数量关系主题下，重点将用字母表示数理解为事物之间关系和规律的一般性表达。从数量关系角度来理解用字母表示数的学科本质，其教学的重点和意义与以往相比就会产生变化，从某种意义上弥补了小学阶段不学简易方程带来的缺失，有助于发展学生初步的代数思维。

2. 凸显学科本质的内容整体分析

分析学习内容是合理进行教学设计和课堂实施的前提，其重点在于对学科内容的整体理解。课程内容结构化为学生整体上理解相关内容的学科本质提供了线索，有助于确定一类学习内容的核心概念、关键内容和重点难点。学习内容的单元分析一般是将单元作为整体，分析这个单元内容的本质及其不同内容之间的关系，确定单元的重点和难点等。从主题视角看单元内容的本质及其关联，并且将本单元内容与前后相关的单元内容建立联系，会对其本质有更清晰的认识和理解。将能够突出地体现核心概念一致性的内容作为关键内容组织教学，有助于实现知识和方法的迁移，使这些相关内容在整体上形成一个"大单元"。课程内容结构化有助于学生从整体上把握内容的关联，清晰地梳理内容的线索以及不同阶段主题之间的联系。将对主题学科本质的整体理解运用到具体的内容分析之中，有助于学生深刻理解具体学习内容的核心概念，以及单元内容的重点。

3. 核心素养导向的单元整体设计

课程内容结构化促进课堂教学改进的持续研究，从关键内容入手的单元整体教学设计是实现核心素养导向目标的重要路径。《义务教育数学课程标准（2022年版）》内容结构的设计采取以主题为线索的学科知识和核心素养两条线索。主题的整合更加凸显学科内容的本质特征，以及相关内容之间的联系。通过对教学内容的纵向分析，可以从整体上把握学习内容的发展脉络、学科本质的一致性特征以及内容之间的关联，同时把握一个主题内容重点体现的核心概念以及蕴含的核心素养。教学设计与组织应当采用单元整体教学设计的思路，从整体的视角分析内容本质和学生学情，聚焦核心概念，确定核心素养导向的学习目标，针对单元中的关键内容设计与实施体现深度学习的教学活动。

首先，基于对自然单元内容的整体分析，形成以核心概念为线索的反映该单元与前后相关单元之间联系的内容的整体理解。以教材的自然单元为形，以单元和单元之间内容本质与核心概念为魂，从自然单元入手进行内容分析，既容易操作，又可以从自然单元分析中将学习内容延伸拓展，实现对学习内容的整体理解。

其次，确定单元中的关键内容。关键内容是能更好地体现所学内容的学科本质和核心概念的内容，并且蕴含着相关的核心素养。

最后，设计有效的教学活动。基于学生的基础和前概念，组织围绕关键内容的学习活动，有助于促进学生整体发展。关键内容体现学科本质，指向学生的核心素养。有效教学活动的组织需要基于学生现有的知识基础和对当前学习内容的理解水平以及存在的困惑，提出引发学生思考的问题，并采用多样性的策略与方法，引导学生独立思考、质疑问难、合作交流，在解决问题过程中深度理解所学内容，形成和发展核心素养。

三、小学数学学业质量标准

小学数学学业质量标准是学业水平考试命题及评价的依据，对学生的学习活动、教师的教学活动、教材的编写等具有重要的指导作用。

（一）学业质量标准的内涵

2014年4月，《教育部关于全面深化课程改革 落实立德树人根本任务的意见》指出："研究制订中小学各学科学业质量标准和高等学校相关学科专业类教学质量国家标准，根据核心素养体系，明确学生完成不同学段、不同年级、不同学科学习内容后应该达到的程度要求，指导教师准确把握教学的深度和广度，使考试评价更加准确反映人才培养要求。"可见，学生学业质量是教育质量的重要组成部分和重要标志，制订学业质量标准是核心素养落地的重要环节。因此，《义务教育数学课程标准（2022年版）》不仅提出了对数学课程的内容要求，而且增加了"学业质量"部分，明确指出：学业质量是学生在完成课程阶段性学习后的学业成就表现，反映核心素养要求。学业质量标准是以核心素养为主要维度，结合课程内容，对学生学业成就具体表现特征的整体刻画。

（二）小学数学学业质量标准描述

小学数学学业质量标准（表2-10）依据义务教育各阶段学生核心素养表现、各学段课程目标及学业要求，主要从三个方面来评估学生核心素养达成及发展情况。

（1）以结构化数学知识主题为载体，在形成与发展"四基"的过程中所形成的抽象能力、推理能力、运算能力、几何直观和空间观念等。

（2）从学生熟悉的生活与社会情境，以及符合学生认知发展规律的数学与科技情境中，在经历"用数学的眼光发现和提出问题，用数学的思维与数学的语言分析和解决问题"的过程中所形成的模型观念、数据观念、应用意识和创新意识等。

（3）学生经历数学的学习运用、实践探索活动的经验积累，逐步产生对数学的好奇心、求知欲，以及对数学学习的兴趣和自信心，初步养成独立思考、探究质疑、合作交流等学习习惯，初步形成自我反思的意识。

表 2-10 小学数学学业质量标准

学段	学业质量描述
第一学段 （1～2年级）	能结合具体情境，认识万以内的数及其大小关系，描述四则运算的含义，能进行简单的整数四则运算，形成初步的数感、运算能力和符号意识；能结合现实生活中的事物，认识并描述常见的立体图形和平面图形特征，会对常见物体的长度进行测量，形成初步的空间观念和量感；能对物体、图形或数据按照一定的标准分类，形成初步的数据意识；认识货币单位、时间单位和基本方向，尝试用数学方法解决问题，积累数学活动经验，形成初步的量感和应用意识； 结合现实生活情境，尝试用数学语言描述生活中的实际问题，运用所学的数学知识和方法解决问题，形成初步的数感、量感和应用意识； 通过操作、游戏、制作等丰富多彩的活动，对数学产生一定的好奇心，形成学习数学的兴趣和初步的合作交流意识与独立思考的学习习惯
第二学段 （3～4年级）	认识自然数，能结合具体情境初步认识小数和分数，能进行整数四则运算和简单的小数、分数加减运算，形成数感、运算能力和初步的推理意识；能认识常见的三角形和四边形，会测量、计算长方形与正方形的周长和面积，了解图形的平移、旋转和轴对称，形成空间观念、量感和初步的几何直观；能分析与表达数据中蕴含的信息，能绘制简单的数据统计表和统计图，形成初步的数据意识；进一步认识时间单位和方向，认识质量单位，尝试应用数学和其他学科知识与方法解决问题，积累数学活动经验，形成量感、推理意识和应用意识； 结合现实生活，能尝试运用所学的数学知识和方法描述、表达、分析、解释实际问题，运用常见的数量关系解决问题，形成量感和初步的应用意识，以及分析问题与解决问题的能力； 经历数学学习的过程，通过操作、游戏等丰富多彩的活动，对数学形成一定的求知欲，具有学习数学的兴趣，初步养成独立思考、合作探究等良好的学习习惯
第三学段 （5～6年级）	认识自然数的一些特征，理解小数和分数，能进行简单的小数和分数四则运算和混合运算，感悟运算的一致性，形成数感和运算能力；能用字母表示数量关系和规律，理解常见的数量关系，形成符号意识；能认识常见的立体图形和平面图形，计算图形的周长、面积（或表面积）、体积，能描述图形的位置和运动，形成量感、空间观念和几何直观；知道数据的统计意义，能对一些随机现象发生的可能性大小作出定性描述，形成数据意识和推理意识；了解负数，应用数学和其他学科知识与方法解决问题，形成数感、量感、模型意识、应用意识和创新意识； 能从数学与生活情境中，在教师的指导下，初步学会用数学的眼光观察、尝试、探索发现并提出问题，将所学的数学知识应用于解决现实生活中的问题，形成初步的模型意识和应用意识； 对数学形成一定的好奇心与求知欲，具有学习数学的兴趣，初步养成良好的学习态度和习惯；初步建立学好数学的自信心，体会数学的价值，在解决问题的过程中逐步克服困难，初步形成一定的应用意识和创新意识

(三) 小学数学学业质量标准的特征

学业质量标准作为课程标准的有机组成部分，与课程内容密切配合，为确定教学目标、开展过程性评价提供了专业指导。《义务教育数学课程标准（2022年版）》对各学段的课程内容做出了明确、具体的规定，是教师视角下的教学目标和教学内容，属于内容标准；学业质量标准则是从学生视角将课程内容转化为对学习结果的行为描述，属于表现标准。

1. 差异性

《义务教育数学课程标准（2022年版）》分学段描述学业质量标准。在各学段，除要求学生掌握必备的数学知识外，还要求学生通过对数学知识的学习发展核心素养。由于不同学段的数学的学习内容和学生思维发展水平都有所不同，因此，学业质量标准中有关核心素养的要求也存在差异。

2. 结构性

各学段的学业质量标准主要从"四基""四能"、情感态度价值观三个维度进行描述。

"四基"是发展核心素养的基础，核心素养的培养与发展不能脱离数学知识的学习，对核心素养的考查也必须依托对数学知识与技能的测评。学业质量标准以结构化数学知识主题为载体，制定关于"四基"的要求，以及各学段核心素养表现的要求。

在掌握了必备的数学基础知识与基本技能的基础上，学业质量标准要求学生从熟悉的生活与社会情境以及符合学生认知发展规律的数学与科技情境中发现和提出问题，具备运用数学思维与数学语言分析与解决问题的能力，进而发展模型观念、数据观念、应用意识和创新意识等。

情感态度价值观是体现数学学科育人价值的重要指标，对学生在义务教育阶段数学知识的学习以及学生的终身发展具有深远影响。培养学生对数学的好奇心、求知欲以及对数学学习的兴趣和自信心，有助于提升学生的内在学习动力，乐学、善学也为学业质量标准赋予了新的内涵。

(四) 小学数学学业质量标准的作用

学业质量标准对教师开展教学活动、学生进行自主学习与评价、教材编写等具有指导作用，是学业水平考试命题及评价的依据，是小学数学课程改革顺利实施的保障。

1. 指导教师开展教学活动

核心素养是数学课程目标的集中体现，但若要将其落实到具体的教学过程中，还需要将其进一步分解与细化，转化为可教、可学、可观察、可测量、可评价的指标。学业质量标准描述的是指向核心素养的学生学业成就表现，可以为评价核心素养在课程实施过程中的表现程度提供依据，客观反映学生数学学习、教师数学教学的深度与广度，进而对学生的核心素养水平进行准确的表达与区分，找到核心素养评价的路径与切入点。

因此，教师应依据学业质量标准确定教学目标、开展教学活动、选择教学形式、设计教学内容、评价学生学习情况、开展教学反思，从而不断提高教学效果。

2. 指导学生进行自主学习与评价

自主学习与评价是指学生自主确定学习目标、制订学习计划、监控学习过程，并对自己的学习结果进行评价。学业质量标准结合具体的课程内容，清楚地表明达成目标的行为主体是学生，明确指出学生在什么情况下或什么范围内完成指定的学习活动，采用知识性目标动词、技能性目标动词及情感性目标动词等限定目标水平的表现程度，为学生自主学习与评价提供了基本依据。

3. 指导教材编写

教材是学生学习、教师教学的重要资源。学业质量标准是对教材编写的指导性要求，为教材的编写提供支持和依据。教学内容的编排应根据小学数学学业质量标准，以结构化的知识主题作为载体，关注数学概念、数学方法在不同内容中的体现，注意不同程度之间的呈现差异，在对数学知识结构的整体设计中渗透核心素养。

4. 指导学业水平考试命题及评价

学业质量标准刻画了学生在完成阶段性的数学学习任务后核心素养方面应当达到的水平及表现，是核心素养的评价标准，是各阶段数学学习的目标，包含了各阶段的数学学习内容，并对学习过程进行了可操作的刻画，也应当成为义务教育阶段学习结束时学业水平考试命题及评价的依据。

阅读与拓展

1. 史宁中，曹一鸣. 义务教育数学课程标准（2022 年版）解读［M］. 北京：北京师范大学出版社，2022.

该书分为上、中、下三篇。上篇介绍了义务教育数学课程标准修订背景、课程理念与目标；中篇是对义务教育数学课程内容的解读；下篇是义务教育数学课程的实施与展望。

2. 郑毓信.《义务教育数学课程标准（2022 年版）》的理论审思［J］. 数学教育学报，2022，31（6）：1-5.

该文认为，数学课程标准的修订应当同时做好继承与发展，但不应对先前的工作，特别是"四基""四能"等思想采取全盘肯定的态度，"核心素养"的指导也不应满足于简单的词语包装，包括认定"三会"为这两者的有机组合提供了适当的解决方案，乃至将此看成数学教育的"终极目标"。与此相对照，该文认为应从理论高度对已有工作做出认真总结和反思，包括对数学教育基本问题更深入的分析研究。

3. 孔凡哲，史宁中，赵欣怡.《义务教育数学课程标准（2022年版）》的主要变化特色分析[J]. 课程·教材·教法，2022，42（10）：42-47.

该文认为，《义务教育数学课程标准（2022年版）》继承了《义务教育数学课程标准（2011年版）》的"四基"（基础知识、基本技能、基本思想、基本活动经验）、"四能"（发现问题、提出问题、分析问题、解决问题的能力）目标，创造性地明确了核心素养导向，聚焦学生正确价值观、关键能力和必备品格的培养；采用结构化方式整体设计数学课程，优化数学课程内容结构；增加数学课程学业质量标准，引导和帮助教师把握教学深度与广度，为教材编写、教学实施和考试评价提供依据；凸显跨学科活动和解决实际问题，体现跨学科融合理念。

4. 史宁中.《义务教育数学课程标（2022年版）》的修订与核心素养[J]. 教师教育学报，2022，9（3）：92-96.

该文认为，《义务教育数学课程标准（2022年版）》把"三会"作为培养学生数学核心素养的指导思想，体现了三个基本特征，即内涵的一致性、表现的阶段性和表述的整体性。以核心素养为导向的数学教育应当以"三会"的表述统领课程标准的"四基"和"四能"。《义务教育数学课程标准（2022年版）》不仅继承了我国数学教育的传统特色与合理内核，还体现了与时俱进的发展理念。

5. 马云鹏. 聚焦核心概念 落实核心素养：《义务教育数学课程标准（2022年版）》内容结构化分析[J]. 课程·教材·教法，2022，42（6）：35-44.

该文认为，《义务教育数学课程标准（2022年版）》提出了课程内容的结构化整合。内容结构化体现整体性、一致性和阶段性特征。课程内容结构化有助于学生理解和掌握学科基本原理，实现知识与方法的迁移，把握核心概念的进阶；对于教科书编写、内容本质理解以及教学改革实践带来挑战与契机。

第三章

小学数学教师专业素养

学习目标

1. 理解小学数学教师专业素养的内涵与结构。
2. 掌握小学数学教师专业素养的基本要求。
3. 掌握小学数学教师专业素养的提升途径。

第一节 小学数学教师专业素养概述

2024年8月26日，《中共中央 国务院关于弘扬教育家精神加强新时代高素质专业化教师队伍建设的意见》发布。意见指出：教师是立教之本、兴教之源，强国必先强教，强教必先强师。要打造一支师德高尚、业务精湛、结构合理、充满活力的高素质专业化教师队伍，为加快教育现代化、建设教育强国、办好人民满意的教育提供坚强支撑。小学数学教育的发展离不开教师素养的提升，小学数学教师的素养决定着课程改革能否顺利实施。

一、小学数学教师专业素养的内涵

关于"素养"，据《汉书·眭两复侯京翼李传》记载："马不伏历，不可以趋道，士不素养，不可以重国。"意即马不伏枥秣食，就不能够驰骋远道；士不长期培养，就不能够为国效命。《辞海》将"素养"解释为"经常修习涵养"和"平素所豢养"。《现代汉语词典》对"素养"的解释是"平日的修养"，而"修养"是指在理论、知识、艺术、思想等方面具有一定的水平，或指养成的正确的待人处世的态度。叶澜教授认为，素养是"建筑在先天遗传基础上，由后天的养育、个体所受的各级各类教育、人生经历、个人已有生命实践积淀而成"。经济合作与发展组织提出，素养是在特定情境中通过利用和调动心理社会资源（包括技能和态度），以满足复杂需要的能力。因此，所谓素养，主要是指人们经由后天修习而形成的品德、知识、能力等。

教育教学专业化决定了小学数学教师必须具备一定的专业素养。小学数学教师专业素养是小学数学教师在先天条件基础上，经历养育、教育和实践等各种后天途径逐步养成的，对小学数学教师的教育教学活动有着显著影响的素质和修养，是小学数学教师从事符合时代发展的职业活动所需要的各种心理品质的总和。就个体而言，小学数学教师要通过终身专业训练，习得小学数学教育专业知识和技能，实施专业自主，表现专业道德，并逐步提高自身的从教素质，成为一名专业的小学教育工作者。就群体而言，小学数学教师需要达到专业标准，追求卓越，并获得相应的专业学位。它强调的是小学数学教师职业的特殊性、标志性，是小学数学教师专业性的体现，具有专业性、统领性、发展性等基本特征[①]。

二、小学数学教师专业素养的结构

教师专业素养是以一种结构形态存在的。在中国古代，孔子的"学而不厌，诲人不倦"从知识、精神两个维度提出教师应当具备广博的知识和对教育事业的情怀，可谓教师素养结构最具代表性的观点。近代人民教育家陶行知认为，好的教师应该"第一有农夫的身手，第二有科学的头脑，第三有改造社会的精神"。近年来，有诸多研究在探寻我国小学教师专业素养的构成要素。

学者对教师素养结构的划分主要包括三分法、四分法、五分法等。顾明远教授认为，教师素养应当包括职业意识（对教育事业和青少年儿童的热爱）、业务能力（能够熟练地对学生进行知识传授并发展其智力）、心理素养（做到为人师表，能恰当处理教育教学中的人际关系）；林崇德教授提出教师专业素养应当包括职业理想、知识水平、教育观念、教学监控能力及教学行为与策略五个相互作用的因子，并将其归纳为师德、知识和能力三个方面；叶澜教授将21世纪教师素养结构概括为教育理念、知识结构、能力结构、教育智慧四个维度；杨小微教授认为教师素养包括基础性素养、共通性专业素养、核心学科科学素养和教育实践素养四个层面；谢安邦教授认为未来教师应具备师德素养、文化修养、能力素养及身心素养。在国外，克拉茨最先采用问卷调查法对优秀教师的素养进行了研究。欧洲教师教育协会将教师素养界定为一个综合、概括的概念，认为它不仅包含知识和技能，还包含一定的个性因素（尊重、关怀、勇气、同情等）、个人价值、态度、身份认同、信仰等。英格兰教师专业标准从专业知识与理解、专业技能、专业特质三个维度界定教师专业素养。也有不少学者认为，一名好教师的完整素养结构应当包括学科内容知识和相应的教学法、其他教育教学干预策略及教师的个性品质或品格。随着社会科技的发展变化，教师素养的含义不断扩展，数字素养、创新素养、跨学科素养等其他素养也被纳入其中。

2012年，教育部根据《中华人民共和国教师法》和《中华人民共和国义务教育法》研究制定了《小学教师专业标准（试行）》（以下简称《专业标准》），基于师德为先、学生为本、能力为重、终身学习的理念，从专业理念与师德、专业知识、专业能力3个维度13个领域提出了60条基本要求。这是国家对合格的小学教师专业素养的基本要求，是小学教师实施教育教学行为的基本规范，是引领小学教师专业发展的基本准则，是小学教师培养、准入、培训、考核等工作的重要依据。

综上，探讨小学数学教师专业素养的基本结构，主要从以下三个方面进行，即职业道德素养、专业知识素养和专业能力素养。

---

① 黄友初：《教师专业素养：内涵、构成要素与提升路径》，《教育科学》2019年第3期。

第二节　小学数学教师专业素养的基本要求

一、职业道德素养

"百年大计，教育为本；教育大计，教师为本；教师大计，师德为本。"所谓师德，即教师职业道德，是教师在教育活动中必须遵循的道德规范和行为准则。师德是社会道德的风向标，对整个社会风气具有重要的示范和引领作用；师德修养是教师的立身之本，直接影响着学校的办学水平和人才培养质量。党和国家高度重视教育系统师德师风建设，相继出台一系列加强和改进师德师风建设的文件，强调坚持以习近平新时代中国特色社会主义思想为指导，坚持以社会主义核心价值观为引领，坚持把立德树人成效作为检验学校一切工作的根本标准，坚持把师德师风作为评价教师队伍素质的第一标准。

（一）可靠的政治素养

政治素养是师德素养的核心内容。小学数学教师不仅是数学知识的传授者，更是学生思想引导、品德塑造的重要参与者。因此，提高小学数学教师的政治素养对培养高素质的数学人才、推动教育事业的健康发展具有重要意义。

1. 扎实的政治理论素养

小学数学教师要深入理解马克思主义基本原理、中国特色社会主义理论体系，准确把握国家政治方向、发展战略及法律法规，关注国家政策动态，发挥在小学数学教学中的政治引领作用，通过良好的师生互动，营造积极向上的班级氛围。

2. 坚定的政治认同

小学数学教师要通过对习近平新时代中国特色社会主义思想、习近平总书记关于教育的重要论述，以及党史、新中国史、改革开放史、社会主义发展史等内容的深入学习，形成对中国特色社会主义的政治认同、思想认同、理论认同和情感认同；要始终保持政治信仰不变、政治路线不偏、政治立场不移，始终坚定中国特色社会主义道路自信、理论自信、制度自信、文化自信，始终坚守人民立场。

3. 深沉的家国情怀

小学数学教师要准确把握教书育人的主题、主线、主调，始终坚持正确舆论导向，坚持弘扬民族精神和时代精神，紧紧围绕统筹推进"五位一体"总体布局和协调推进"四个全面"战略布局，围绕"四个意识""核心素养""立德树人"，将爱国情怀融入课堂教学之中，以身作则，言传身教，引导学生树立正确的历史观、民族观、国家观、文化观，培养他们的国家意识和责任担当。

（二）依法执教的基本自律

小学数学教师首先要树立法治观念，严格遵守国家法律法规和教育部门的各项规章制度，把法定的职业规范转化为教育教学实践活动，做到依法执教、依法治班。小学数学教师在教学过程中，要尊重学生权利，保护学生隐私，不体罚或变相体罚学生，确保教育活动的合法性、公正性和公平性。

（三）好业乐业的献身精神

爱岗敬业是人民教师最主要的道德素养，是教师职业道德的核心。许多优秀教师之所以能在教育工作中做出卓越的成绩，首先是因为他们热爱教育事业，关怀学生的生存和发展，关怀民族、人类的现实生存境遇和未来发展前景，愿意为下一代的成长贡献自己的毕生精力，教有所乐，事有所成。这种热爱与献身精神是一种真挚、深沉而持久的感情，来源于教师高尚的职业理想与坚定的职业信念，来源于教师个人价值与社会价值的有机结合。小学数学教师要热爱教育事业，忠诚于人民的教育事业，以饱满的热情投入教学工作中去。对待数学教学，要有高度的责任心和使命感，不断学习新知识、新技能，提升教学水平，努力成为学生心中的好老师。

（四）诲人不倦的教育情怀

关心和热爱学生是现代教师必备的职业道德素质，是现代教师热爱教育事业的具体体现。小学数学教师对学生的爱不仅表现在毫无保留地贡献自己的精力、才能、智识以促进学生的精神成长，而且表现在公正、平等地对待每个学生，把学生当成与自己人格平等的人来看待。这种爱是一种巨大的教育力量，也是一种重要的教育手段。只有教师热爱学生，学生才能"亲其师""信其道"。

（五）团结合作的协同意识

教书育人要求教师遵循教育规律，因材施教。一方面，教师要认真教书、潜心育人。在通过具体的教学活动传承人类文明的同时，寓道德教育于学科教学之中，提高学生的自主学习能力、自我发展的能力与思想政治品德。另一方面，教师要团结合作、协同育人。教育工作是一项系统工程，学生的发展是学校、家庭、社会和学生自身共同努力的结果。教师要具有与同事、家长、学生及相关人员团结协作的意识，相互尊重，共同营造良好的工作氛围。

（六）以身立教的理想追求

教师劳动的示范性要求教师必须以身立教，为人师表。所谓为人师表，是指教师自觉地、高标准地塑造自身人格，能在各方面成为学生效法的表率、榜样和楷模。凡是要求学生做到的，教师都要首先做到；凡是要求学生不能做的，教师首先要自律。因此，小学数学教师必须坚守高尚情操，仪表端庄，举止文明，作风正派，廉洁奉公，不谋私利。小学数学教师只有以身作则、严于律己，用自己的行为展示高尚的道德，才能树立崇高的威望，受到学生的尊敬。

二、专业知识素养

教学既然被视为一种专业，那么完善的数学知识结构和体系就是必需的，这是小学数学教师专业化发展的必要条件。目前，研究者提出了许多关于教师知识的模型（表3-1）。

表 3-1　教师知识分类汇总

研究者	教师知识分类
埃尔贝兹	①关于自身的知识；②关于教学情境的知识；③关于学科内容的知识；④关于课程开发的知识；⑤关于教学的知识
舒尔曼	①学科内容知识；②一般教学法知识；③课程知识；④学科教学知识；⑤有关学生及其特性的知识；⑥教育情境知识；⑦关于教育目的宗旨等的知识
斯滕伯格	①内容知识；②教学法的知识（具体的、非具体的）；③实践的知识（外显的、缄默的）
默里	①广泛的普通教育；②所要任教的学科内容；③教育文献；④反省的实践经验
林崇德	①本体性知识；②条件性知识；③实践性知识
叶澜	①当代科学人文知识；②专门学科的专门知识与技能；③教育学科类知识
谢维和	①关于学生的知识；②关于课程的知识；③关于教学实践的知识与技术

尽管学者见仁见智，但小学数学教师的专业知识素养通常包括精深的数学专业知识、广博的文化科学知识和系统的教育理论知识。

（一）精深的数学专业知识

小学数学教师的专业劳动是一种复杂的、创造性的劳动。教师要成功地完成小学数学教学任务，首先要精通所教学科的知识，对所教学科的全部内容有深入、透彻的理解。教师只有完整地、系统地掌握数学专业知识，才能在小学数学教学中高屋建瓴地处理教材内容，使数学知识在教学过程中不只是以符号的形式存在，以推理、结论的方式出现，而是能展示数学知识发展的无限性和生命力，实现理论与实践、知识与人生、科学精神与人文精神的统一，发挥数学知识的育人作用，科学而又创造性地达到数学教学目标。具体而言，小学数学教师需要精通数学基础知识和基本技能、了解数学相关的知识、了解数学的思维方式和方法论。

1. 数学基础知识和基本技能

小学数学教师要向学生传授的是小学数学的基础知识、基本技能，要把数学知识结构转化为小学生个体的认知结构。因此，小学数学教师应该从数学学科的视角广泛而准确地掌握数学基础知识，熟练运用数学基本技能，深入地理解数学学科的基本结构。

2. 数学相关知识

了解数学与相关学科间的相关性质、逻辑关系等，这不但能丰富小学数学教师的教学工作，而且能使小学数学教师在教学上与相关学科的教师团结协作，促进学生在综合性活动中相互配合。

3. 数学思维方式和方法论

对于小学数学教师来说，要领悟数学独特的认识世界的视角、层次及思维方式和方法，要把所教内容放在更为深广的学术背景和社会背景下去考虑，这样才能够全面理解所教内容的价值和意义，给学生带来更广的知识面，教会学生掌握多角度思考问题的方法。

（二）广博的文化科学知识

由于科技的发展，学生获得知识的途径日益多元，学生眼界开阔、兴趣广泛，这就需要数学教师不仅应具有数学专业知识，而且应具有数学文化知识及相邻学科、跨学科的知识，如果教师只局限于本专业，知识面狭窄，则会影响教师自身及学生的进一步发展和成长。

1. 数学文化知识

数学文化知识是现行小学数学教材的一个重要组成部分，常以课文、习题、注释、附录等形式出现，涉及数学家、数学名著、数学成就、数学方法等方面的内容，在数学教学中有着很重要的作用。教师应结合课堂教学和课外教学活动，经常向学生介绍一些数学家的故事、著名数学问题的历史典故、数学概念的起源、我国古代数学家取得的辉煌成就和现代数学家的优秀成果等，引导学生向数学精英学习，学习他们先进的数学思想、方法和技能，尤其是热爱数学、追求真理的精神。例如，华罗庚、陈省身、吴文俊、丘成桐等都是享誉世界的著名数学家，我们要大力弘扬和继承老一辈学者的优良传统和作风，学习他们热爱科学、服务社会的崇高品格、一丝不苟、严谨求实的治学精神，以及不断探索、勇于钻研的创新勇气。这样就能大大增强教师教学的感染力，激发学生学习数学的极大兴趣和求知欲。另外，介绍数学文化知识也有利于启发小学生的数学思维，开发小学生的智力，拓宽小学生的数学知识视野，培养小学生全方位的认知能力，让小学生了解数学的多元文化意义，这会对小学生人格成长产生重要的启示作用。

2. 相邻学科、跨学科知识

小学数学教师还应同时掌握与数学学科相关的一般文化知识，因为各门学科知识是彼此关联的。小学数学教师要努力做到既有数学专业特长，又能广泛涉猎诸如物理、化学、生命科学等相邻学科的知识，还要懂一些人文、社会科学方面的知识。这样可以扩大视野、增长见识，给小学数学教育教学活动提供丰富的例证，增强教学魅力，提高教学效果。

（三）系统的教育理论知识

"学者未必是良师"。要成功地扮演好教师的角色，必须了解教育的对象，认识学生的年龄特征，掌握学生获得知识技能的心理过程，把握学生能力形成与发展的规律。

掌握教育学与心理学知识是数学教师成功教学的重要保障，包括一般教育学的知识、小学数学教学论的知识、小学生身心发展的知识和数学学习心理的知识，还有学生成绩评价的知识等。

一方面，小学数学教师要对小学阶段各年级教材的编排体系有清晰的了解，要对任教年级课本涉及的知识生长点及延伸点有清楚的认识，从而把每堂课教学的知识置于整体知识的体系中，注重知识的结构性和系统性，而不能教哪个年级就只管哪个年级，人为地割裂知识体系，狭隘地理解课本知识。

另一方面，教师要具有"读懂儿童"的能力。真正的"读懂"，应该是细腻地、科学地去剖析和研究小学生到底是怎么学习数学的、小学生理解的数学是什么样的。真正的"读懂"应该要创设吸引人的情境，在互动生成的教学中采取合适的策略，提出引发学生思考的数学问题。为了"读懂小学生"，除了需要阅读教育心理学理论书籍外，更重要的是教师要在日常教学中注意观察小学生、与小学生沟通，并对小学生进行必要的分析和研究，将所学习的理论应用于小学数学教学实践中。

三、专业能力素养

教师专业能力是教师顺利完成教育教学工作所必备的能力，是衡量教师专业性的核心要素。小学数学教学的一个重要目标是在传授知识的过程中开发小学生的智力，培养小学生的数学能力，尤其是数学创造力。要想实现这一目标，教师的主导作用是非常重要的客观条件，这就要求教师本身具有较为完善的能力结构。小学数学教师的能力结构应该包括基础能力、数学能力、数学教学能力及拓展能力。

（一）基础能力

基础能力是指完成一般工作所需的能力。它主要包括认识能力、语言表达能力、人际交往能力、信息技术应用能力、终身学习能力等。[1]

1. 认识能力

认识能力包括观察力、注意力、记忆力、想象力和思维力，它始终贯穿于教师的职业活动之中，标志着一个数学教师能力起点的高度。

2. 语言表达能力

语言是表达思想的基本形式，是教师赖以传递知识、影响学生及产生教育研究成果的主要工具。苏霍姆林斯基曾经说过："如果你想使知识不变成僵死、静止的学问，就要把语言变成一个主要的创造工具。"经验证明，教育教学的效果在很大程度上取决于教师语言的表达能力。作为教师来说，语言表达能力是教师能力构成的基本点。

（1）一般语言表达能力。

通常情况下，教师的语言分为口头语言、体态语言和书面语言。

口头语言是教师教书育人的基本手段。教师的口头语言表达能力是指教师在教育教学活动中，运用口头语言传递教学信息、启发学生积极思维的能力。教师的口头语言表达有三个方面的要求。第一，规范准确，具有科学性。语言中所用的概念、名词等必须准确、层次分明、条理清楚、结构严谨。第二，生动形象，具有艺术性。教师的语言要尽可能接近学生的生活，符合学生的思维水平和习惯，深入浅出、表述新颖，能够化抽象为具体，唤起学生丰富的联想与想象。第三，点拨启发，具有激励性。教师要通过富有教育性、逻辑性的数学语言，激发学生积极思考，引导学生深入探索。

体态语言是通过手势、眼神、姿态、表情等形式传递信息的语言形式。在教学中，

---

[1] 傅敏、刘琰：《论现代数学教师的能力结构》，《课程教材教法》2005年第4期。

教师运用较多的体态语言是手语、眼语和面势语，它们既可以支持、修饰或者否定语言行为，又可以部分地代替语言行为，发挥独立的表达能力，同时又能表达语言行为难以表达的感情和态度，时刻影响着处于模仿期的小学生。因此，教师的体态语言表达有三个方面的要求。第一，目光分配合理。课堂上师生之间的信息传递与感情交流常常是通过眼睛来表达和维持的，教师与学生的眼光接触实际上是一种无声的语言交流。教师可以通过环视、注视等"眼语"，巧妙地传达赞赏、期待和鼓励，或者暗示、责备和制止。第二，面部表情适宜。表情是师生之间沟通情感、交流思想的重要途径。教师表情温和、亲切，不仅能打通师生间的感情交流通道，而且能打开学生的思维之门，提高学生接受有用信息的灵敏度。第三，动作姿态恰当。教师自然得体的动作姿态可以使学生产生舒适感和信赖感，达到无声胜有声的效果，有利于教师威信的形成，但切忌过多、烦琐。

书面语言主要指教师的板书、板图和板画等，是教师利用黑板或现代化多媒体技术，以凝练的文字、图像、表格等形式传递教学信息的行为方式。教师的书面语言表达有四个方面的要求。第一，内容精练，具有科学性。教师要能够采用凝练的文字、规范的图表、简明的图形或符号来准确揭示一堂课的教学重点、难点和基本结构。第二，形式多样，具有艺术性。教师应根据教学目的、教学内容与学生特点，设计各具特色、趣味横生的教学板书，达到最佳教学效果。第三，布局合理，具有计划性。教师要统筹兼顾文字书写、图表安排、线条勾连等诸多因素，既讲求内容的整体感与系统性，又讲求形式的疏密有致与井然有序。第四，书写规范，具有示范性。教师板书要字体工整，运笔灵活，引导和训练学生养成良好的书写习惯。

（2）数学语言表达能力。

根据数学学科的特点，小学数学教师除了要具有一般的语言表达能力外，还应具有数学语言表达和交流的能力，能用数学语言来传递信息、进行交流，这有助于组织和强化学生的数学思维。教师的数学语言必须具有准确性、逻辑性、简洁性和符号化等特点。

准确性要求小学数学教师能准确地表述概念、法则等。小学数学中许多概念仅有一字之差，许多命题仅有条件和顺序之别，数学语言要求能够准确表述这"一字之差""顺序之别"，不说错，不含糊。

逻辑性要求小学数学教师的言语表述要有理有据、有因有果、有头有尾、有条有理。数学学科的一个重要特点是具有严密的逻辑性，这是强调数学教学要培养学生逻辑思维能力的重要原因之一。要达到这一目标，数学教师具有语言逻辑性就是最基本的要求。

简洁性要求小学数学教师的语言要简洁明了、干净利索，重在突出重点、分析难点、抓住关键、启发学生等表述上，这样才能真正做到"精讲"，才能留给学生更多的时间。

符号化指数学教材及数学教师板书时的书面语言。小学数学教材中，学生一开始认识的就是数字符号、运算符号、关系符号、括号等。随着年级的提高，这种符号化的程度也不断提高。因此，数学可以说是一门符号化的科学。数学教师在课堂上要讲清每个符号的意义，板书时要注意符号书写的规范、解题格式的规范及符号表述的规范，为学生作业符号化书写提供示范。正确使用符号化语言，能使数学语言更具简洁性、条理性。

3. 人际交往能力

人是自然的人，更是社会的人，人一生的成长、发展都离不开与他人的交往。在一定的环境中形成的人与人之间的关系，称为人际关系。教师的人际关系是指教师在工作与生活中形成的与他人的关系，包括教师与学生、教师与教师、教师与管理人员的关系。和谐融洽的人际关系对教师的身心健康、工作、生活和学习的顺利进行，对学校的发展，对学生的健康成长都具有相当重要的作用。

首先，与学生的沟通能力。第一，要有同理心。同理心要求教师走进学生的情绪和思维体系，用学生的眼光来体会学生的情绪，推理学生的行为，从而找到沟通的切入点。第二，要注意沟通语言的选择。语言是沟通的媒介，教师在沟通中应该注意语言的选择，通过语言传达对学生的尊重。第三，要拓展沟通的方式。教师可以引导学生通过面对面交流、书面交流、网络交流等方式表露思想，把握学生动态。第四，要以身作则。示范是一种无形的沟通能力，教师应该提高自身各方面素养，塑造良好的品行和性格，为学生做出表率。

其次，与家长的沟通能力。第一，以平等为前提。教师要尊重学生家长的人格，客观公正地评价学生的表现和家长的家庭教育工作，与家长共同研究解决问题的方法。第二，注意倾听家长意见。教师要经常向家长征求意见，虚心听取他们的批评和建议，赢得他们的支持和配合，改进自己的工作。第三，创新沟通的途径。教师可以通过家访、电话、短信、网络等方式增加与家长的沟通频率，拉近教师与家长的距离。

最后，与同事的沟通能力。第一，与教育管理者的沟通。教师的教育教学和自身发展都与教育管理者息息相关，教师在工作中需要及时对工作目标及其实施过程、工作评价、自身发展等与教育管理者进行沟通。第二，与班主任的沟通。对科任教师而言，班主任既是所任教班级的管理者，也是与任教班级学生交流的引导者。教师要充分尊重班主任的意见与建议，对于课堂问题和学生问题要及时地和班主任沟通与交流，赢得班主任的认同与帮助。第三，与不同年龄层次同事的沟通。要尊重、关心同事，通过教研组、学科组等各种各样的互助小组，学会合作、分享，提高沟通、合作能力。

4. 信息技术应用能力

在网络时代，信息已成为一种重要的教学资源。数学教师无论作为普通社会人，还是作为专业教师，都应该掌握信息技术并具备一定的信息素养。数学教师的信息素养是指数学教师在教育教学过程中，有效获取、评价、整合、应用信息技术资源，以及利用信息技术解决数学教学问题、优化数学教学过程、促进学生数学素养全面发展的能力。其核心要素包括以下四项。①信息技术基础能力：包括计算机基本操作、常用教学软件（如几何画板、MathType、Excel 等）的使用、网络资源的检索与下载等。②信息技术与数学教学整合能力：能够根据数学学科特点和学生认知规律，设计并实施基于信息技术的数学教学方案，实现信息技术与数学教学的深度融合。③数字化教学资源开发与应用能力：能够自主开发或改编适合学生需求的数字化教学资源（如电子教案、微课、教学动画等），并有效应用于课堂教学中。④信息素养教育与评价能力：能够引导学生正确、安全、有效地利用信息技术进行学习，同时能够采用信息技术手段对学生的学习过程进行多元化评价。

在小学数学教学中，数学教育的信息化对教师有如下要求。

（1）正确树立现代信息技术运用观。教师应树立统筹全局、立足整体的系统观，根据教学目标、教学内容、教学对象、教学时间和教学环境等选择使用合适的媒体与技术工具开展教学实践，实现教学的最优化；要发挥现代教育技术作为学习活动要素的最佳效益，使其适应教学机制和教学模式，为学生创设一种全新的学习环境。

（2）合理选择现代信息技术。教师要关注现代教育技术应用的针对性，全面分析教学目标、任务与需求，根据学生的特点选择现代教育技术与媒介，体现现代教育技术运用的内在逻辑性与外在直观性的统一；要关注现代教育技术应用的功效性，结合教学目标实现教学内容传递，组合运用多种媒体，使其各展所长、互为补充。

（3）有机整合现代信息技术与课堂教学。为了实现教学的最优化，教师必须针对特定的学习任务选择使用合适的现代教育技术，以激起学生的共鸣、反思与醒悟，使现代教育技术成为学生主动探究、尝试错误、克服艰难、获取真知的工具；教师要科学分析传统教学手段与现代教育技术的优缺点，将两者进行有机整合，最大限度地提高教学质量。

5. 终身学习能力

终身学习是教师职业发展的动力源泉，具有连续性、一贯性、开放性和个性化等基本特征。其具体内容包括以下几项。第一，崇尚科学精神，树立终身学习理念。教师要把终身学习看作一种社会责任，一种自身发展的需求，要活到老、学到老，且乐学、好学、会学。第二，拓宽知识视野，更新知识结构。当今社会已进入知识经济时代，知识更新的周期越来越短、速度越来越快。教师要通过不断学习，拓宽知识视野，更新知识结构。第三，潜心钻研业务，勇于探索创新，不断提高专业素养和教育教学水平。为此，教师要勤于学习，善于借鉴，学会反思。

小学数学教师的终身学习能力是指在不断发展的社会环境中，能够有意识地更新自己的知识体系和能力结构，以便保证自己职业能力的适应性。终身学习能力既是社会发展对人的要求，也是教育变革对教师职业角色提出的要求。

（二）数学能力

数学能力是一种特殊能力，是顺利完成数学活动所必须具备、直接影响其活动效率的个性心理特征。小学数学教师的数学能力主要包括空间想象能力、逻辑思维能力、计算能力、问题解决能力等。

1. 空间想象能力

空间想象能力的基础是空间观念。空间观念是指物体的形状、大小及相互位置关系留在人们头脑中的表象。小学数学教师的空间想象能力主要表现在看图能力和画图能力两个方面。

看图能力指的是由图而产生的想象能力，包括：看实物图片，能想象出相应的几何图形；看几何图形，能想象出相应的实物的形状及相关位置，并能做出相应的描述；从不同的方向看空间几何图形，想象出对应的平面几何图形。

画图能力指的是图形之间的变换能力，以看图能力为基础。它的基本要求是：能熟练地画出小学数学教材中涉及的所有基本的几何图形；能从不同的视角画出简单实物图形对应的几何图形；能从不同的视角画出空间几何图形对应的平面几何图形。

2. 逻辑思维能力

数学教学的重要功能之一是培养学生的思维能力，尤其是培养学生的逻辑思维能力。因此，小学数学教师应具有灵活多样的思维能力，以逻辑思维能力最为重要。小学数学教师的逻辑思维能力主要包括以下方面。

（1）比较能力。比较是确定被比较事物之间的共同点和不同点的思维方法。在小学数学教学中，有许多相关的概念、相近的计算、容易混淆的题型等，都需要教师充分发挥比较能力，引导学生找出它们之间的联系和区别，以形成清晰、准确的数学知识。

（2）分析与综合能力。分析是把事物的整体分解成各个部分或从整体中区分出个别特性、个别方面的思维方法；综合是把事物的各个部分或不同特性、不同方面联合成一个整体的思维方法。显然，分析与综合是同一思维中的两个基本环节，它们总是相互协同进行的。在小学数学教学过程中，总是要求教师对某一知识点先是从某些方面、某些特性、某些个例进行分析，然后综合成对某个知识点的整体认识。分析与综合是使学生理解和掌握数学概念、性质等知识的基本思维方法，也是数学教师进行相关教学的基本思维能力。

（3）抽象与概括能力。抽象是指抽出事物的本质属性，而舍弃其他非本质属性的思维方法；概括是把一些事物的相同特征和属性归结在一起的思维方法。数学教学中的抽象与概括是紧密相连的。数学的概念、性质、法则、公式，都是让学生通过直观教学或实际操作获得大量的感性材料，对所学内容有一定的感性认识，再对这些感性材料进行整理，舍弃其非本质的属性，找出本质的共同特征或属性，逐步抽象、概括而得出。

（4）判断能力。判断是肯定或否定某事物具有某种属性的思维形式。小学数学中的判断一般常用"是""不是""能""不能""有""没有"等关联词表示，或用"＝""＞""＜"等符号表示。数学判断的基础是数学知识本身，教师的判断能力是教师对数学知识的认知程度及对数学知识之间相互联系的掌握程度的反映。能否正确做出判断，能否正确使用判断，直接关系到教师语言表达，也关系到对学生知识的传递。

（5）推理能力。推理是在已知判断的基础上做出新判断的思维形式。已知的判断称为前提，做出的新判断称为结论。常见的推理有归纳推理和演绎推理两类。归纳推理是从特殊事例到一般原理的推理；演绎推理是从一般原理到特殊事例的推理。显然，这是两类方向恰好相反的推理方法，然而它们却相辅相成、相互补充。小学数学教学中，教师一般采用归纳推理引导学生获取新知识，而采用演绎推理指导学生解决具体问题。

3. 计算能力

计算能力主要体现在对算理的透彻理解，对运算性质、运算定律的灵活应用以及对数据、运算顺序、算式特点的巧妙处理和解题的灵感，使复杂的计算变得简单，从而能正确、迅速、合理、灵活地算出结果。

4. 问题解决能力

小学数学教师应能通过各种教学实践活动解答现实生活中的问题，培养学生运用数学知识解决实际问题的能力，并善于从现实生活中发现、编制应用题的素材，同时也要掌握各种数学思想方法，提高解题能力。

（三）数学教学能力

数学教学能力是小学数学教师在完成数学教学活动时体现其专业特点的特殊能力。在小学数学教学活动中，决定教师地位作用的核心因素就是教师的数学教学能力。小学数学教师的教学能力主要包括数学教学设计能力、数学教学实施能力、数学教学监控能力和数学教学反思能力。

1. 数学教学设计能力

数学教学设计能力主要是指教师对数学教学目标、教学任务、学习者特点、教学方法与策略及教学情境的分析判断能力。在教学能力结构中，教学设计能力是基础，它直接影响到教师教学准备的水平，影响到教学方案设计的质量。在实施数学教学之前，教师通过数学教学设计对教学行为进行周密思考与妥善安排，对教什么、如何教、学生如何学、要达到什么目标要求等进行系统分析与研究；对如何达到教学目标、如何组织教学活动过程及在活动过程中将采取什么策略、方案等，进行一系列的系统设计与安排。新课程理念下的数学教学设计目的在于帮助学生更好地进行数学学习，以获得良好的学习效果。为此，数学教学设计必须始终体现学生数学学习的自主性，这是核心问题。尤其是要克服教学目标分析中的"知识结果中心"倾向，学习分析中的"教材中心"倾向，以及教学策略制定中的"教师中心"倾向。

小学数学教师的教学设计能力主要表现为以下四个方面。

（1）分析掌握数学课程标准的能力。小学数学教师要理解《义务教育数学课程标准（2022年版）》的基本理念、具体内容的核心和数学本质。

（2）处理数学教材的能力。教师要正确理解教材内容，梳理教学知识结构框架，确定教学目标，合理选择和组织教学内容，使其具有可测评性。

（3）对学生数学学习准备性与个性特点的了解、判断能力。教师要了解学生的学习准备情况及其影响因素。

（4）教学过程设计能力。教学过程是一个动态的建构过程，教师要能够合理安排教学流程，预测课堂情形变化，为学生发挥创造性提供条件；要有效设计教学活动，激发学生的思维和情感，并对可能出现的问题设预案；要选择灵活的教学策略，基于教学规律和原则、教学目的和任务、教学内容和特点、学生特征和学习需要、教师素质和风格等优化教学方法，合理组合运用各种教学媒体与技术，实现教学系统的优化。

2. 数学教学实施能力

数学教学实施能力，是为实现所设计的教学方案而灵活有效地组织数学教学的能力。从教学实施活动的内容看，这种能力主要包括以下几方面的内容。

（1）创设教学情境的能力。创设教学情境是指教师在教学过程中，根据教学目标、教学内容、学生特点等，营造师生教学需要和学生的学习兴趣及探索精神高度统一、和谐融洽的氛围和环境。教学情境的创设需要注意以下问题。第一，与学生的智力和知识水平相适应。教学情境的创设是为了激发学生的求知欲，如果学生对教师创设的教学情境不感兴趣，就不可能达到预期的教学效果。第二，具有针对性。教学情境的创设要揭示教学目标，且与教学主题有关，达到与教学内容的和谐统一。第三，有一定的梯度和深度。教学情境既要能承前启后，又要能不断提升学习的高度和层次，使学生利用有关知识与经验去"同化"或"顺应"新知识，达到对知识意义的建构。第四，引导学生参与。学生参与教学情境的创设本身就是能力的拓展过程，教师要运用富有鼓励性的语言，肯定学生的主动、冒险精神，允许学生根据自身兴趣进行学习、表达，营造接纳、认可、包容的课堂氛围。

（2）激发学习动机的能力。激发学习动机是指在一定教学情境下，利用一定诱因，使学生已形成的学习需要由潜在状态变为活动状态，达到学生学习活动与教师教学活动"同频共振"。激发学习动机的路径通常包括以下几个方面。第一，根据作业难度，恰当控制动机水平。最佳的动机激起水平与作业难度密切相关。在比较简单的任务中，工作效率随动机的提高而上升；但随着任务难度的增加，动机的最佳水平有逐渐下降的趋势。这种现象就叫作耶克斯-多德森定律（简称倒U曲线）。一般而言，中等强度的动机最有利于任务的完成。因此，教师要根据学习任务的不同难度，恰当控制学生学习动机的激起程度。第二，维护内在需要，促进外部动机内化。兴趣、好奇心和探索欲是人类学习的原动力。源于内部需要的学习动机具有更强的坚持性和抗干扰性，能引起学生更高水平的学习力，能预期学生更好的学业表现和心理健康水平。教师要帮助学生将外部调控的学习动机不断内化和整合，形成和维持相对自主调控的内在学习动机。第三，提高自我效能感，增强成功自信心。当学生获得相应的知识和技能后，自我效能感就成为学习行为的决定因素。所谓自我效能感，是指人们对自身拥有的能力去实现特定领域行为目标的信念。自我效能感高者倾向于选择具有挑战性的任务，且较少害怕和焦虑；自我效能感低者遇到困难时容易放弃，或倾向于采取拖延、回避的方式来处理问题。因此，教师可以选择难易适中的任务，让学生不断获得成功体验，引导学生对失败进行正确归因，提高取得学习成功的信心。第四，有效进行评价，激发积极学习动机。正确评价、适当表扬与鼓励是对学生学习成绩和态度肯定或否定的一种强化方式，可激发学生的上进心、自尊心和集体主义感。有效的评价应注意以下问题：一是评价须客观、公正和及时；二是评价须注意学生心理的发展水平与气质、性格等特点；三是要引导学生正确对待评价，将其视为激励手段而非唯一指标。

（3）呈现教学内容的能力。呈现教学内容是有效教学的中心环节。教师应充分考虑如何合理地安排适量的教学时间，确定具体的学习目标，有效地运用教学策略，以帮助学生理解、吸收、运用新的概念和技能。具体包括以下几个方面。第一，建立学习心向的能力。即在正式学习之前，帮助学生建立起积极的心理准备。比如，在导入新课时阐明学习目标，明确学习内容的重要性，提升学习的趣味性。第二，联接新旧知识的能力。教师要运用学生熟悉的语言和概念来呈现教学内容，让学生原有的认知结构与将呈现的信息发生交互作用，为进一步组织学习内容做好准备。第三，清晰授课的能力。教师要充分考虑教学内容的逻辑性与覆盖度、教学语言的科学性与艺术性、教学节奏的适宜性等影响因素，采用鲜活的案例、有效的课堂演示进行教学内容的传递。第四，设计教学结束的能力。教学结束能力是教师在完成一项教学任务时，通过重复强调、概括总结、实践活动等，对所教的知识或技能及时地进行系统化巩固和应用，使新知识稳固地纳入学生的认知结构的一种能力。教师应根据教学内容的性质和特点灵活选用总结整理式、承前启后式、拓展延伸式、悬念式、练习式、激励式等结课方法。

（4）开展教学评价的能力。教学评价能力是教师以教学目标为依据，运用各种有效手段对教学过程及结果进行测定、衡量，并给以价值判断的能力。主要内容包括以下几个方面。第一，设定评价目标与评价标准的能力。教师要秉持"一切为了学生发展"的教育理念，在深刻理解课程标准的基础上，结合教育教学实际，提出明确的、具有可操作性的评价目标和评价标准，发挥评价目标的导向和激励作用，促进学生的全面发展。第二，选择评价方法和收集评价资料的能力。基础教育改革中对培养学生的探究、实践和创新能力的强调，对知识与技能、过程与方法、情感态度价值观的整合，对评价的过程性和差异性的关注，客观上要求运用多种评价方法，广泛收集学生作业、测验、问卷评价表、实验报告、活动过程记录等原始资料，开展由学生、教师、家长等多元主体共同参与的评价活动。第三，明确改进要点并制订改进计划的能力。评价的目的在于促进被评价者的发展，而非检查、甄别和选拔。因此，要根据学生发展的成就、不足和潜能，明确改进要点，制订改进计划，建立促进学生发展的评价体系。

3. 数学教学监控能力

数学教学监控能力，是指教师为了保证数学教学达到预期目标，在教学的全过程中，将数学教学活动本身作为意识的对象，不断对其进行计划、检查、评价、反馈、控制和调节的能力。它是数学教学能力诸多成分中最高级的成分，主要包括三个方面：第一，教师对自己的数学教学活动进行事先计划和安排；第二，对自己实际的数学教学活动进行有意识的检查、评价和反馈；第三，对自己的数学教学活动进行调节和有意识的自我控制。

数学教师的教学监控能力通常表现出三个特征。第一，能动性。教师的教学监控能力是其自主地管理和调节教学活动的能力，目的在于使学生得到更充分的发展。因此，教师必须充分发挥自己的主观能动性，才能认真地对教学活动进行计划、检查、评价和调控。事实上，任何教学监控活动或行为的出现，其本身就体现了教师的主观能动性。第二，普遍性。教师一旦具备教学监控能力，便能体现在各种教学活动之中，对教学活动进行有效的监控，并取得很好的教学效果。第三，有效性。教学监控的出发点和目的都是尽可能使教学过程达到最优化，获得最佳教学效果，使学生能更好地发展。具有较高教学监控能力水平的教师，他们对教学活动的调节水平也是最有效的，不但可以使当时的教学过程有效，还能通过提供经验和教训，帮助其他教师提高教学的有效性。因此，数学教学监控能力是从微观上促使数学教师从"经验型"教师向"研究型"教师转化的核心要素。

4. 数学教学反思能力

数学教学反思能力主要指数学教师对所选教学目标的适用性及根据这一目标选定的教学策略做出判断的能力。

数学教师的反思能力具有三重指向。第一，反思数学课堂教学的有效性。教师要能够分析和评价数学教学活动的利弊，以及影响数学教学活动的因素，包括教学目标制订的合理性、教学内容选择的适宜性、教学策略选用的恰当性及教学媒体组合的实用性等。第二，反思教师的专业化发展水平。这包括对专业理想、专业知识、专业能力等的反思。第三，反思学生的发展状况。比如，教师要关注学生学习活动过程中主体作用的发挥与主体性品质的发展，学习兴趣与学习动机的类型与水平，学习方式的特点与学习方法的培养，等等。

教学反思能力的发展过程是一个多重的螺旋式发展过程，通常包括三个阶段。第一，自发性反思阶段。教师将反思视为对自身教学行为、教学效果的总结与回顾，尚不能揭示教学行为等背后的规律。第二，理性反思阶段。教师形成多种观念，多角度、多侧面地评价和判断所形成的"多种观念"，以获得最佳理论。第三，发展性反思阶段。教师能够清晰地表征问题，揭示行为背后的规律、理念，并以此指导问题解决的进程，进一步监控、调整自己的行为和观念。

（四）拓展能力

拓展能力是数学教师自我完善与自我发展的一种需求。现代数学教师不仅是教育的实践者，还应该是集教学、科研、管理等多种功能于一身的复合型教师，这是时代对数学教师提出的新要求。

1. 数学教学研究能力

小学数学教师要善于从教育理论中汲取知识来指导自身的小学数学教学实践，同时也需要对小学数学教学实践中的教学经验、体会进行归纳和总结，并在一定的教育思想的指导下将其升华为指导后续小学数学教学活动的理论。数学教学研究能力是指数学教师在教育教学过程中，运用一定的理论和方法，发现、研究和解决数学教育问题的能力。其主要结构要素包括确定研究问题的能力、制订研究计划的能力、实施研究计划的能力及撰写和展示研究成果的能力。

（1）确定研究问题的能力。

科学探究的一般过程是从发现问题和提出问题开始的。而研究问题的确定要遵循实践性原则、创新性原则和可行性原则。

实践性原则是指教师所选的研究问题必须来自并服务于教育教学改革的实践。只有面对教育教学情境中的实际问题，以探索教育教学活动规律、指导教育教学活动实践为目的，并对指导实践确有意义的问题，才是有价值的问题，才能真正体现科研问题的实践性原则。

创新性原则是指研究的问题具有新颖性，主要包含两层含义：一是所选问题尚未有人探索，属独自创造或独立见解；二是所选问题虽有人探讨，但未得解决或未得完全解决，自己又从全新的角度进行了新颖独到的研究。

可行性原则主要是指所选问题必须根据实际具备的和经过努力可以具备的主客观条件来确定，才有预期完成的可能性。

（2）制订研究计划的能力。

制订研究计划是指在研究活动之前预先拟定研究的具体内容和实施步骤，它是教育科学研究活动准备阶段的一项重要任务，是实施科学研究的前提。通常情况下，研究计划包括明确研究问题、研究目的、研究意义、研究内容、研究方法、研究步骤与预期研究成果等。教师在制订研究计划的过程中，要结合具体情况，坚持科学性和灵活性原则。

研究计划的科学性是指研究计划的制订要符合教育研究方法的要求，教师要在掌握一定理论和事实材料的基础上开展研究计划的制订。

研究计划的灵活性是指在具体执行计划过程中，如果原定计划有某些地方不符合实际情况，那么就要进行及时调整、修改与补充。

（3）实施研究计划的能力。

实施研究计划的能力是指教师根据研究计划开展研究活动，收集、分析研究信息的能力，具体包括以下几项。第一，收集研究信息的能力。就是教师根据研究范围和问题的需要，有目的、有计划地检索、整理、归纳有关信息的能力。一方面，教师要通过观察、实验、文献查阅、问卷调查等路径多渠道地获取相关研究信息，并确保研究信息的准确、真实、有效。另一方面，教师要掌握编码归类的方法，科学地归纳、整理相关信息。第二，分析研究信息的能力。就是教师在掌握一般教育科研方法的基础上，利用收集到的研究信息来处理问题的能力。教师应该能够辨别、利用有价值的研究信息来回答研究问题、解决教育教学困惑。第三，组织协调能力和随机应变能力。教师在研究计划实施的过程中，要随时根据研究开展的实际情况对计划做出调整，同时做好详细的调整说明及记录。

（4）撰写和展示研究成果的能力。

论文撰写能力是教师教育科研能力的重要组成部分。撰写教育科研论文的过程是在实践基础上，深入分析和总结教育教学过程中的现象，从而深刻揭示其本质规律的过程。撰写一篇好的学术论文应注意以下问题。一是选题要小。要从较小的切入点着手，以小见大。二是立意要新。要基于对现实问题的关注，提出自己的见解，解决实际问题。三是行文要规范。即论文撰写要符合学术论文的体例规范和表述规范。

教师可以采用研究论文、研究报告等多种形式展示其研究成果。在展示研究成果时，要运用科学严密的逻辑及理性的学术思维来论证主题，要着重注意和描述有意义的教育教学活动细节，要归纳、整理观察和感受到的情境和氛围，要科学分析研究过程及结果，揭示教育现象和事件背后的本质。

2. 创新能力

数学教育对象的多变性与差异性，决定教师工作必然是一种创造性劳动。我国现阶段基础教育的根本任务是培养具有创新精神和创新能力的一代新人，而学生的创造品格、创造才能需要教师运用创造性教育教学来培养。因此，现代数学教师必须具备创新能力，包括：能更新数学教育教学内容；能创造新的数学教育教学方法；能优化数学教育教学过程；能培养学生的数学意识；能培养学生提出、分析和解决数学问题的能力及创新意识，等等。

第三节　小学数学教师专业素养的提升路径

数学作为一门基础且关键的学科，其教学质量直接影响到学生逻辑思维能力、解决问题能力及对科学素养的培养。因此，提升数学教师的专业素养成为提升教学质量、促进学生全面发展的关键所在。

一、增强专业发展意识

小学数学教师要有提高自身素养的迫切愿望和要求，在数学教学实践中积极主动地寻求自我发展、自我完善、自我提高的机会。教师自我专业发展意识是指教师个体对自己工作业绩和发展水平或现状的评价及其要求改变现状的意识水平。小学数学教师自我专业发展意识包括对自己过去专业发展过程的意识，对自己现在专业发展状态、水平所处阶段的意识，以及对自己未来专业发展的规划意识。

自我专业发展意识是小学数学教师真正实现专业发展的基础和前提，是小学数学教师自我专业发展的内在原始动力，使得在教师发展过程中实施终身教育的思想成为可能。小学数学教师只有具备了自我专业发展意识，才会积极进取，努力创新，不断地更新观念，吸纳先进的教育理念，更新数学教学专业知识，提高专业能力；才会在教学实践中把握各种促进自身专业发展的机会，增强自身专业发展的使命感，确保教师专业发展的自我更新取向，使得教师专业发展形成一个动态发展的良性循环。那么，如何培养教师自我专业发展意识？

（一）重视教师专业发展理论对教师自身发展的价值

教师专业发展理论对教师自身发展最重要的意义，在于它可以提高教师对自我专业发展阶段的反思意识与能力。教师在了解了专业发展的一般阶段之后，会以此为基础来制订自己的专业发展计划，对专业发展过程和教学工作的方方面面采取更为现实的态度。具有较强自我专业发展意识的教师，会自觉地学习教师专业发展阶段理论，会较多地关注自己的专业发展，并自觉利用这些理论引导自己的专业发展；而这些理论的学习又会进一步强化教师的自我专业发展意识。

（二）树立教师专业持续发展理念

教师专业发展过程的核心理念之一就是教师（即发展中的个体）需要持续地发展。教师的教学工作十分复杂，具有短暂、不确定、快速变换等特点，要求教师具有高度多样化的认知、情感和能力。所以，在教师的专业生活过程中，保持持续性显得尤为重要。以自我专业发展意识为基础的教师专业发展，将教师从局限于特定时空的、不连贯的、缺乏内在逻辑与发展关联的教师教育转到了不受时空限制的、持续的教师专业发展。

（三）保持与自我专业发展的对话

通过对自己过去的教学经历进行归纳、概括、反思、评价和再理解，教师能更为清晰地看到自我成长的轨迹和内在专业结构的发展过程，进而为更好地实现专业发展的自控和调节奠定基础。教师要经常进行自我专业发展的对话，提高自我专业发展意识及自己对日常专业生活中的关键事件、实践经验、个人成长等的清晰认识，这对教师个人的后续专业发展有着重要意义。

二、重视专业知识的学习

（一）加强理论知识学习

理论是行为的先导。随着社会的发展，数学教学的要求不断发生变化，数学教师要重视对相关理论的学习，在育人理念上做到与时俱进，为开展有效的教育教学工作做好准备。

小学数学教师学习的文献涉及很多方面：一是教育和教学原理文献，如教育哲学、教育学原理、教育社会学、课程论、教学论、教育心理学等学科的经典文献，特别是一些知名教育家的著作，要领会其思想；二是数学教育和教学的文献，如数学教学论、数学教育心理学、数学史、数学文化论、数学方法论等，它们与数学教学实践密切相关，具有一定程度的实操性；三是技术层面的文献，包括教育技术学、教育测量与评价、教育研究方法等；四是文学、历史、科学、艺术、逻辑等学科文献。通过对这些文献的学习，可以发展小学数学教师的理论思维，造就其个性品质，提升其人文修养。

（二）丰富数学实践性知识

教师实践性知识的构成

实践性知识是教师通过对自己的教育教学经验的反思和提炼所形成的对教育教学的认识。教师实践性知识又称个体知识，包括教育信念、自我知识、人际知识、情境知识、策略知识和批判反思知识六大内容。① 在日常教学过程中，小学数学教师实践性知识的发展具有多重路径。

1. 分析教师个人生活史

教师实践性知识具有高度的个人生活史特性，这类知识所具备的个人性与实践性特征足以说明，其形成必然无法脱离教师自身的生活经验，以及个人所赋予的经验意义。因此，个人生活史分析是发展教师实践性知识的重要路径。所谓个人生活史分析，主要是以个体的生活故事为资料，分析个体生活的现实与过程及其和外界社会间的关系。它更加关注教师个体的成长经历与内在需求，给予教师更深层次的人文关怀与理解。通过对个人生活史的分析，教师能够从自身的过往经历和经验中考察自己的教育理念、教学行为等是如何一步步形成的，从而更加深刻地认识自我专业成长的过程。

---

① 陈向明：《实践性知识：教师专业发展的知识基础》，《北京大学教育评论》2003 年第 1 期。

在对小学数学教师的个人生活史进行分析时，可将其生活史分为几个不同的阶段。

第一，学生学习阶段。在接受正规的教师教育培训前，教师在他们的学生时代获得了大量作为学习者的经验，这些经验是教师实践性知识的重要来源。这些有关教育教学的早期经验，通过个体的主观感受和诠释，成为教师对教学的价值取向和信念的前结构，深远地影响着教师日后的专业实践和发展。一方面，在做学生的经历中，教师初步形成了关于教学是什么的认知，这会成为他们之后进行教学实践的重要参考和原型。学生时代所遇见的优秀教师，也常常会在无意识中成为这些未来教师的模仿对象，潜移默化地影响他们的教育理念与教学风格。另一方面，教师对自己学生时代的记忆也常常影响他们对学生的期望，初步奠定他们对学生如何学习的认知基础。当然，除了来自学校的学习经验，教师学生时代在非正式的教育环境如家庭生活中获得的经验，同样也会影响教师实践性知识的形成。

第二，教师教育阶段。在正式走上工作岗位之前，大多数教师都经历了专门的教师教育培训，在师范院校或综合大学的教育学院中学习了教育学、心理学等方面的理论，获得了进行教学工作的基本技能、学识，并形成了做一名教师的心理准备，他们还参加了实习等实践活动，从而对教师的工作有了更深入的理解。

第三，教学工作阶段。当真正成为一名教师、从事教学工作之后，数学教师开始面对真实且更加复杂的教育情境。如果说一直以来的学生经历给予他们更多的是理论知识和教育理想的话，走上教学岗位的教师则是要在"专业的场景"，实实在在地接受"真情境"的考验。在这里，教师不能只停留在"猜度"和"假设"，他们需要的是在实践中去思考、整合、决策和反思。这个过程既是实践性知识的生成过程，又是先前形成的实践性知识的应用过程。专业领域的实践性知识只有在实际的专业工作中才能得到最好的检验和磨砺。

在从新手教师走向"专家"的过程中，小学数学教师通过师徒结对等形式接受有经验的教师的指导，参与大量的观摩、研讨、在职培训，在日复一日的数学教学工作实践以及与学生、家长、同事的交往和互动之中，不断总结经验，并逐渐探究、摸索和领悟出符合自己思维方式、教学内容、工作习惯、学生特点的实践性知识体系，并随着工作经验的积累和生活阅历的增加而丰富和发展起来。

2. 反思数学教学经验

已有许多研究指出，教师的教学实践经验是教师实践性知识最重要的来源。教学经验不仅能够加强和巩固教师原有的已证明为正确的或是可行的知识，改正或修改他们原有的已被证明是错误的或是不可行的知识，而且也为教师提供重要的机会去获取或创造更多新的知识，包括情境性的和隐性的知识，如教材的结构是什么、一堂课中学生最难理解的是什么、什么样的教学策略最能吸引学生，等等。

数学教师研究自身教学经验最基本的方式就是反思。所谓反思，是指一种思考经验问题的方式，即教师以自己的课堂教学活动为思考对象，来对自己所做出的行为、决策及由此所产生的结果进行审视和分析的过程。美国学者波斯纳曾提出教师的成长公式是"经验+反思=成长"，我国著名心理学家林崇德也提出"优秀教师=教学过程+反思"的成长公式。是否具有反思的意识和能力，是区别作为技术人员的经验型教师与作为研究人员的学者型教师的主要指标之一。

教学反思是一个发现问题、分析问题、提出假设、验证假设的循环往复的过程。其一般步骤如下。首先，发现问题。数学教师可以通过客观、理性的态度和科学的方法收集、审视与教学实践相关的信息，从教学方法、教学技术、班级管理、教学事件等显性行为中发现与自身预期不相符合的地方；也可以通过同事和专家的审视，从而发现问题。其次，分析问题。数学教师分析所收集到的资料，特别是关于自己教育教学活动的信息，以批判的眼光反思自己的教学理念、教学行为、教学态度等，形成对问题的表征，明确问题的根源。在这一过程中，教师可以通过自我提问的方式追问已有经验中与当前问题相似或相关的信息，也可以通过查阅资料、请教他人的方式，找出问题的症结所在。再次，提出假设。数学教师针对问题收集资料，充分挖掘教学行为背后的教育理念、道德准则及社会期待等因素，积极寻找解决问题的理论依据和策略方法，并对可能产生的效果加以考虑，以建立解决问题的假设性方案。最后，验证假设。在考虑了每种行动的效果后，数学教师开始按照再设计的设想方案进行教学实践，并根据教学实际，或重复验证或修改方案或发现新的问题，以确定教学的效果，形成新的教学策略，升华教师的教学能力。

目前，常见的数学教学反思方法主要包括撰写教学日志、进行课例观摩、开展合作对话、推进行动研究等。

（1）撰写教学日志。教学日志是教师以文字、音频等形式对自身教育活动的记录，是对已经发生的教学活动及内容的反思与总结，其类型包括提纲式、随笔式、专题式、点评式等，具有即时性、真实性、个性化、细节化等特点。教学日志能给教师一个很好的反思空间，通过及时详尽地记录教学活动过程，教师可以更加理性、客观地认识到自身优势，培养研究能力与反思能力，提升自身专业素养。

（2）进行课例观摩。课例观摩即通过对研究课、公开课、优质课或教学录像的观摩、研究、讲评和分析等形式，教师们一起反思教学过程的每一个细节，共同探讨优化课堂教学的方法。换言之，教师可以观摩自己的教学录像，以旁观者的身份反思教学的成功与失败，增强教学机智和教学能力。同时，教师也可以通过听取他人建议、观摩他人现场课堂教学或教学录像的方式，吸收、借鉴好的教学方法，反思不足以作警示。因此，课例观摩反思需要注意的问题是：要选择恰当的课例，要进行合理的"对比"，要正确处理模拟与自我行动的关系。

（3）开展合作对话。合作对话反思主要是指教师通过合作、交流、对话等形式，对教学观念、教学行为或教学效果等共同进行审视和分析，以帮助每位教师积累教学经验。目前，在小学教育教学实践中，以教研组、班组等为依托实施的集体备课、校本教研、听说评课、同课异构等都属于教师群体间的合作对话反思。它有助于集思广益，最大限度地发挥群体的教育智慧，实现教育的合力效应。

（4）推进行动研究。行动研究是教师教学反思的最高境界，是指教师在研究人员的指导下，研究本校、本班的实际情况，解决日常教育、教学中出现的问题，不断地改进教育、教学工作。教学案例研究是行动研究的一种形式。它依据科学性、发展性和可行性原则，通过对具有典型意义的某一节数学课、某一类教学行为或学习行为、某一次事件进行全面的分析、解剖，归纳出利弊，提出新的教育教学行为并付诸实施，为教师的教学反思活动提供了一个载体。它针对某一案例进行分析，发现问题，产生困惑，能引发教师自主进行针对性较强的理论学习。由于教师在教学案例研究中能看到自己的长处和不足，能找到信心和自身的发展方向，因此，这种理论学习是他们所渴求的，是有针对性的，而不是枯燥无味的、形式化的活动。

3. 构建数学教师共同体

尽管教师的实践性知识具有高度的个性特征，但也不可忽视其生成是一个合作性参与的过程。教师共同体是在学校推动下或在教师自发的情况下，基于教师共同的目标和兴趣，自愿组织的、旨在通过合作对话与分享性活动促进教师专业成长的教师团体。在数学教师共同体中，教师个体通过与其他教师关于数学教学实践经验的交流、对话以及相互协作，使个人的实践性知识得以传递、共享，与他人相互促进、相互提升，丰富实践性知识，提升教学水平。

要促进数学教师在教师共同体中的知识共享和创造，需要创设交流、分享知识的各种学习场，主要包括以下几种。

（1）研讨型学习场。研讨型学习场主要在教室中，研讨的价值取向是赋予抽象的理论以现实的意义，数学教师会经历理解和诠释概念、符号系统的过程。

（2）沙龙型学习场。沙龙型学习场的主要活动地点是休息室、茶室等，活动的价值取向是对结构不良的数学教育教学问题进行讨论，尽管最终不一定能达成共识，但在宽松的场景中更容易闪现智慧火花，使教师更容易学会了解、理解他人的思维方式与解决问题的策略。

（3）实习型学习场。实习型学习场主要设置在教师培训的实习基地，活动的价值取向是了解不同教师的教学风格，同时，选择新教材的内容进行研讨性的教学。在说课、评课、上课的过程中实现对教师不良教学行为的改进。

（4）展示型学习场。展示型学习场主要设置在各种大型教学展示活动的舞台，通过现场提问、质疑和对话，与不同地区、不同类型的其他学校的教师进行充分交流，让共同体成员意识到，要在更大的背景下反思自身的教学行为与价值观。

三、提高数学做题能力

"做题"有两层含义：解题和编题。问题是数学的心脏，解题能力和编题能力是衡量数学教师数学水平的重要标志。

（一）培养解题能力

解题就是用教材中的知识解决呈多变形态的数学问题和与数学相关的现实问题。学会解题是学生数学学习的重要任务，学生只有通过解题活动，才能加强对知识的认知、理解、内化和巩固，才能生成数学能力，将习得的数学知识应用于解决一些现实问题。由于解题的意义重大，教师的一项主要工作就是教会学生如何解题。而要教会学生解题，教师必须乐于解题、善于解题、精于解题。解题是一项富有创造性的实践活动，即每解完一道题后，数学教师应适当地思考以下问题：这道题的背景如何？与其他题有何相似之处或有哪些关联？这道题蕴藏的智力价值、教育价值如何？怎样在教学中充分发挥其价值？这道题的逆命题成立吗？可以开发成"题组"吗？它有哪些变题？这道题可以加深和推广吗？通过对数学问题的汇集和解题能力的培养，能拓宽视野，锻炼数学思维品质，培养数学能力，达到更好地为数学教学服务的目的。

（二）提升编题能力

编题是指教师自己设计题目，而不是直接选用现成的题目。作业设计是当下一个热点问题，作业设计包括选题、编题、组题，其中编题尤为重要。编题的基本特征表现为以下两点。第一，编题是研究数学问题的过程。教师对初等数学本身并不十分关注，教师的研究工作主要集中在教学方面，这当然无可厚非。但从"这个材料应当如何教"到"如何对这个材料进行加工使其达到更好的教学效果"无疑是对数学本质认识的跃升。第二，编题是探究与创造的过程。既然编题是研究数学问题，当然就需要研究者对问题进行深度探究，需要研究者掌握研究数学的基本方法，需要研究者发现和提出问题并能分析和解决问题（教师的"四能"），需要研究者经历探究问题的整个过程并逐步积累活动经验（教师的基本活动经验）。显然，编题是创造性活动，是教师专业素养提升的必由之路。[①]

四、参与数学教学研究

小学数学教师不仅要成为数学教育教学的参与者和实践者，还要成为数学教育教学的研究者。参与数学教育教学研究是时代对小学数学教师提出的新要求，是其实现专业发展的一个重要途径，能够拓展数学教师的专业知识，提高数学教师的专业能力，丰富数学教师的专业理论，使小学数学教师的工作更具有生命力。

（一）重视专业引领

小学数学教师参与教育教学研究需要有代表前进方向的专业引领。所谓专业引领，是指以诊断、矫正为核心，由专家、教研人员、骨干教师等为教师开展教育教学研究提供必要的帮助与指导，以实现教育理论与教育实践的有效对接。专业引领的方法主要包括以下几个方面。

1. 阐释教育教学理念

教师的教育教学理念决定着其行为方式。专业引领可采用学术报告、专题理论研讨、教学问题诊断、案例评析等形式，让小学数学教师全面掌握新的教育教学理论，形成新的教育教学理念。

2. 拟定教育教学方案

围绕某种数学教学内容或现象，引领人员要与小学数学教师共同探讨教育教学方案，指导教师逐步形成基于科学的教育教学理论和具有自身特点与风格的教育教学设计。

[①] 喻平：《数学教师素养发展的路径》，《中学数学学刊》2024 第 7 期。

3. 指导教育教学实践

引领人员要与小学数学教师一起将共同拟定的数学教学方案直接用于教育教学实践，让教师在实践中验证方案的可行性和有效性。在实践过程中，引领人员还要及时关注、考查和记录教师的教育教学行为，寻找其与科学理论的差距，以备进一步讨论对方案的修订与行为的改进。

4. 引导教育教学反思

在实践教育教学方案之后，引领人员要安排和组织小学数学教师进行反思和评议，找出预拟方案与教育教学实践的不和谐之处，分析原因，寻找解决方案，并进一步引导教师将反思落实到新的教育教学实践之中。

对小学数学教师的专业引领应遵循以下基本要求。首先，目标要明确、内容要正确、方法要适当。即目标定位要切合不同发展阶段、不同水平层次教师的实际情况；引领内容要有一定的针对性，要有利于提高小学数学教师的实际工作能力和水平；引导方法要灵活、多样、有效。其次，要充分发挥引领人员和数学教师双方的能动性。一方面，引领人员要具备丰富的教育理论知识和实践经验，同时又乐于从事指导工作；另一方面，数学教师要有积极上进的精神，充分发挥主观能动性，虚心学习、认真求教、深入钻研、努力提高。最后，专业引领要到位而不越位。数学教师是专业发展的真正主体，引领人员要给予数学教师必要的帮助以提高其教育教学理论水平和独立的教育教学实践能力，但不能越俎代庖、包办代替，换言之，不能也不应该代替数学教师的独立思考和实践活动。

（二）依托校本教研

校本教研是以教育教学中所出现的问题和现象为对象，以教师为主体，以学科组和教研组为依托，以专家为引领，以行动研究和叙事研究为主要方法的一种活动。

1. 教师叙事研究

教师叙事描述的是那些来自真实教育生活的故事，具有真实感、亲切感、自然感、实用感，是小学数学教师发展实践性知识的主要途径之一。通过教师叙事研究，可以发展数学教师的个体知识，将源于教师教育经验的理论与实践知识相结合。教师叙事研究主要包括以下四个步骤。

（1）描述教育事件。数学教师将教学过程中发生的给人留下深刻印象的、能启发自己进行教学反思的事件写成"教育记叙文"。叙事即讲故事，时间、地点、人物、背景都不可缺少，但不受格式的约束。叙事时重点描述遇到了什么样的教学问题，用怎样的方法解决，解决过程中发生了什么意外的教育事件，结果怎样，等等。这些事件大多具有较强的情境性、偶发性，需要数学教师有敏锐的观察力并及时对教育事件进行记叙。

（2）给出教学注释。教师叙事研究不是单纯叙述，而是激发教师探索、整顿、梳理个人的教学主张、看法。因此，教师需要收集相关的资料，以教学注释的形式表达出个人的教学解释、理论依据、成功或失败的教学行为、感到困惑的教育问题，等等。教学注释可以穿插于事件描述中，也可以写在叙事之后。

（3）教师叙事讨论。教育故事当事人将"教育记叙文"提前展示给参与讨论的教师，为问题讨论做准备。由于只有亲身经历过故事的当事人才清楚教育故事发生的来龙去脉及其焦点问题，因此，当事人是讨论的主导性主体。而讨论的主要目的是使当事人回味、体验经历的教育故事，并借鉴其他教师的批判性意见，使个体知识得以验证与发展。因此，当事人又是讨论中的发展性主体。

（4）理论研究者给予指导。教师在教育叙事研究中作为研究者，探究的不是大而全的教育规律和规则，而是个人在教学实践中的教学思想。这种研究需要理论研究者的指导，从而使教师的教学思想更加理论化、系统化。

2. 教育行动研究

数学教育的行动研究方法是数学教育理论和实践工作者以研究解决数学教育教学的实际问题为根本目的，以"对行动进行研究，以研究促进行动"为基本方法的数学教育教学实践研究方法。该方法既重视实践性，又重视理论的作用，特别强调理论研究和实践行动的结合，各取所长，共同促进数学教育理论和教育实践的发展。同时，该方法突破了科学实验的种种限制，比较简单易行，容易为广大小学数学教师所接受，有利于提高数学教师的教学研究水平和能力。数学教育行动研究的操作步骤大体涉及发现和确定问题、制订计划、实施行动、进行反思、总结成果等环节。

（1）发现和确定问题。发现和确定问题是进行数学教育行动研究的前提。对于数学教育研究者来说，可以从数学教学场景中寻找亟须解决的问题；对于小学数学教师来说，应该从自己的数学教学实践中，或者与学生交流的过程中，通过密切观察与思考，及时发现和捕捉问题。

（2）制订计划。在确定具体的问题领域后，教师需要对问题进行界定和分析，诊断其原因并确定其范围。教师不仅应对问题予以准确的界定，而且须在界定问题的同时，对问题的本质有较清晰的认识。接下来，教师需要在收集相关资料的基础上，提出一个总体计划，一般包括：课题的名称、课题研究的内容、课题的研究方法、课题的计划步骤及时间安排、课题的成果形式。不过，行动研究的计划并不是一成不变的，研究者应该在行动研究的过程中根据出现的新情况不断对计划进行修正和改进。

（3）实施行动。实施行动主要是指研究者把计划中设计的解决问题的途径和方法付诸实施的过程。实施行动环节是行动研究的核心步骤，主要包括行动及对行动的观察。它既是解决问题的实际操作过程，也将研究计划付诸实施的过程，是后期进行反思的实践基础。在行动研究的实施过程中，研究者要对行动研究情况进行观察和记录，收集有关资料，以便及时对计划实施情况有一定的了解，并最终对本研究的过程和结果做出比较全面、深刻的分析。

（4）进行反思。反思是在行动和观察后做出的，它是对"计划—行动—观察"进行再认识的过程。反思的目的在于弄清计划的实施在多大程度上解决了计划要解决的问题。经过一段时间的观察和研究，研究者可以对前一段的行动研究结果进行分析和判断。

（5）总结成果。行动研究结束后，研究者对研究的过程进行记录、描写、阐释和反思，表现形式可以是研究论文、研究日志、教育案例、教学反思等。

校本教研赋予了教师研究自身实践的权利，他们不再是被研究的对象，不再是研究成果的纯粹消费者，而是研究自身专业实践的主体。在教研中，小学数学教师通过对话与交流、协商与合作、讨论与争论等方式，把自己对数学教学的认识、感悟、直觉、潜意识、诀窍等潜移默化于同伴，同时又吸收同伴的知识。这样有助于教师澄清在实践中的困惑与迷茫，解决实际问题，获得有效的方法，从而提升教师的专业素养，使教师更具专业自主性。

阅读与拓展

1. 赫斯特，雷丁. 教师的专业素养［M］. 赵家荣，译，上海：上海教育出版社，2019.

该书旨在为教师提供实用且具理论基础的方法，使教师在课堂教学中，在与家长、学校管理者和社会公众的交往中做到最好，成为自己理想中的专业型教师。

2. 陈向明. 实践性知识：教师专业发展的知识基础［J］. 北京大学教育评论，2003，1（1）：104-112.

教师在从事日常教育教学工作中如何发展自身？教师的专业发展具有什么知识基础？为什么教师学了教育学、心理学，还是不会教学？教师如何加强自我专业发展的意识和能力？这些问题是该文探讨的焦点。文章从教师的知识构成入手，将教师的知识分成理论性知识和实践性知识，然后对教师实践性知识的定义、内容、状态和形成机制进行分析，并强调教师实践性知识这一概念的赋权意义和专业建设意义。

3. 傅敏，刘燚. 论现代数学教师的能力结构［J］. 课程·教材·教法，2005（4）：78-82.

该文认为，社会发展和教育变革对数学教师的能力提出了新的要求。数学教师需要与时俱进，积极建构适应社会发展与教育变革需要的能力结构。结合时代特征，数学教师新的能力结构应主要包括基础能力、数学能力、数学教学能力和拓展能力。

4. 喻平. 数学教师素养发展的路径［J］. 中学数学月刊，2024（7）：1-4.

该文认为，新课程的目标是发展学生的核心素养，实现这一目标的关键因素是教师，教师的素养水平直接影响学生的素养发展，数学教师素养发展的路径是多维的，其中几条显得尤为重要：深度阅读，提升教育理论素养；坚持做题，强化数学基本功；广泛交流，养成对话协商意识；善于反思，塑造深度思考品格；乐于写作，发展创新思维能力。

5. 刘睿媛，张增田. 中小学教师数字素养的本体意蕴、现实困境与提升路径［J］. 湖北社会科学，2024（3）：144-151.

该文认为，数字化时代，教师是落实教育数字化战略行动和建设数字中国的关键力量。教师数字素养的本体意蕴涵盖信息取向、生存取向和教学取向。教师数字素养是衡量教师专业发展的试金石，其素养水平直接影响人才培养质量。当前我国中小学教师数字素养存在数字知识与技术技能较为欠缺、数字意识和实践能力较为薄弱、数字化应用能力较为不足、数字化协同育人能力较为贫乏等现实困境。为此，中小学教师数字素养的提升路径可包括：推进"大数据+"学科平台建设，充实教师数字知识与技术技能；打造数字化管理新模式，强化教师数字意识和实践能力；建立教师数字化培训体系，提高教师数字化应用能力；打造数字化教学环境，增强教师数字化协同育人能力。

第四章
小学数学学习理论与学习过程

> **学习目标**
>
> 1. 理解小学数学学习的内涵。
> 2. 了解行为主义学习理论、认知主义学习理论、建构主义学习理论、人本主义学习理论的基本观点，初步具有在小学数学学习中运用相关学习理论的能力。
> 3. 掌握弗赖登塔尔、波利亚的数学教育理论及其在小学数学学习中的运用。
> 4. 理解小学数学学习的一般过程。
> 5. 掌握数学知识学习、数学技能学习和数学问题解决学习的过程。

第一节 小学数学学习概述

现代教学论认为，教学是教师的教与学生的学相互作用的双边活动。学生是学习的主体，只有当教师的教符合学生学的规律时，才能产生良好的效果。因此，把握小学数学学习的内涵、小学数学思维与学习的特点，对于研究数学学习规律、提高数学教学质量具有重要意义。

一、小学数学学习的内涵

学习是一个运用范围非常广泛、使用频率特别高的概念，可分为广义的学习和狭义的学习两类。广义的学习是人类和动物共有的，意指有机体在后天生活过程中，凭借经验的获得而产生的较为持久的行为变化过程。狭义的学习是指人在社会生活实践中经过积极的思维活动主动掌握人类社会已有知识经验，从而引起自身行为、能力和心理结构等发生持久变化的活动过程。学生的学习是人类学习的一种特殊形式，是一种更狭义的学习概念，是指学生在教师的指导下，按照既定的学习目标，有计划地掌握科学文化知识、发展能力、形成良好的思想品德和个性心理品质的活动过程。相对于人类学习活动来讲，学生的学习是一种更简约化的认识过程。

小学数学学习是一个比学生的学习更为狭义的学习概念，是学生在小学阶段对数学这门具体学科知识的学习。具体而言，小学数学学习是指小学生在教师指导下，按照国家数学课程标准要求，有目的、有计划、有步骤地掌握数学知识技能，促进自身数学知识经验、能力和情感态度持久变化的活动过程。在小学数学学习过程中，学生是学习的主体，他们在教师的引导下主动地进行观察、实验、推理、验证等数学活动，获得适应未来社会生活和进一步发展所必需的数学知识、技能、思维水平和解决实际问题的能力及情感态度价值观。

学者从不同的视角出发，采用不同的分类标准对小学数学学习进行了分类。基于学习的深度，学习可分为机械学习和有意义学习；根据学习的方式，学习可分为接受学习和发现学习。

（一）机械学习和有意义学习

学生学习数学主要是掌握前人积累的数学知识，只有经过积极的思考，正确理解数学符号所代表的数学内容，才能将其转化为自身的精神财富。如果学生在学习时不理解数学符号所表示的意义或方法，仅仅记住数学符号的组合或词句，无法把新学习的内容与认知结构中的已有知识建立起实质性的联系，那么这种学习就是机械学习。以四则计算的学习为例，只学算法、不讲算理的学习就是机械学习。一般情况下，机械学习有两种情况：一是所学材料本身有意义，但学习者没有理解；二是所学材料本身没有意义，学习者也无法赋予其一定的含义以方便理解和学习。如果学生不仅能记住所学数学知识的结论，而且能够理解它们的内在含义，掌握它们与已有知识之间的实质性联系，并能融会贯通，那么这种学习就是有意义学习。同样以四则计算的学习为例，既学算法、又讲算理的学习就是有意义学习。

学生进行有意义学习必须具备两个条件。一是学习材料与学生原有知识观念存在一定的非人为的、实质性的联系，并且建立这种联系是学生力所能及的。非人为性联系指新知识与学习者认知结构中的已有知识观念要建立合乎逻辑的联系，而不是任意的联系；实质性联系指新知识与学习者认知结构中的已有知识观念建立的联系是用不同形式的等值语言表述同一概念，其心理意义（理解）不变。例如，运算顺序，无论是同级运算从左到右，还是先乘除后加减，都是人为的规定，其合理性超出了小学生的认识能力。学习这样的材料，就难以产生有意义学习。即使赋以"意义"，也是人为的、牵强的、非实质性的。而学习运算定律，无论是加法交换律，还是乘法分配律，都与学生原已积累的各种算例存在联系。学生可以依据运算意义，借助直观，理解运算定律。这里，算例、运算意义与运算定律的联系，都具有逻辑意义，都是非人为的和实质性的联系。这样的学习材料，具备有意义学习的外部条件，在小学数学中占多数。二是学习者本身具备有意义学习的条件和意向，即一定的经验基础、认知能力和理学习材料的欲望。例如，学习乘法口诀，对于尚未掌握连加知识的学生来说，一般只能进行机械学习，因为他们不具有理解乘法口诀由来的知识基础，只有依靠死记硬背，进行机械联想，建立人为的联系。而具有必要知识基础的小学生就能在教师启发下，凭借连加的知识搞清口诀的由来，使内容的潜在意义转化为个体的心理意义。又如，学习解简易方程时，教师多次强调：如果方程中的某一项从等号的一边移到等号的另一边时，一定要记得变号，即原来项前面是加号时，移到等号的另一边后要变为减号；原来项前面是减号时，移到等号的另一边后要变为加号。但在解方程 $2x+3=7$ 时，还是会有学生疑问：为什么将"3"从等号的左边移到等号的右边写为"$2x=7-3$"？有的同学就可以明白说出："因为等式两边同时减去一个数后，等式仍然成立，所以，在 $2x+3=7$ 的两边同时减去 3 后，$2x+3-3=7-3$ 仍然成立，就是 $2x=7-3$。"在这一教学片段中，后一位同学能够阐明"方程中的某一项从等号的一边移到等号的另一边时要变号"的道理，属于有意义学习。但由于意义的获得是一个主动的、专注的过程，同样的学习外部条件，个别学生缺乏理解所学知识的意向，把注意力集中在口诀的识记上，他们所获得的只是逐字逐句的联想，那么这些学生的学习过程和学习结果仍然是机械的、无意义的。所以，要进行有意义的学习，关键是学生的心理准备和原有的知识基础。

由于数学知识具有逻辑性、系统性，前后知识间的联系非常紧密，小学数学学习基本上是有意义学习，但也并不绝对排斥机械学习。一方面，小学生年龄小，知识经验不太丰富，寻求新知识与认知结构中原有知识的结合点较为困难。对于学习中的很多材料，他们最初只能是一知半解，无法达到理解的程度，如圆的面积公式，要小学生理解并证明公式的正确性是不切实际的。另一方面，那些约定性的数学知识、名词术语等内容本身也决定了机械学习的合理性。因此，为了帮助学生记忆，教师可以运用顺口溜、反复朗诵等形式，不过这种帮助记忆的方法只能是辅助性的，切不可代替有意义学习。

（二）接受学习和发现学习

接受学习是指学习的内容以现成的定论形式呈现，学生只需理解由已知解决未知的过程，并接受结论的学习形式。例如，学习"三角形"概念时，教师直接给出三角形的定义："由三条线段围成的图形叫作三角形。"学生可以在接受这个定义之后再去学习后面的知识。在小学数学学习中，接受学习是运用得最广泛的一种学习方式，其优势在于可以让学生用最少的时间和精力获得最多的数学知识，容易保证学习效果大体趋于一致。缺点是如果处理不当，容易让学生产生思维惰性，抑制学生探索精神和创造性思维力的培养。因此，教师在引导学生运用接受学习的方式学习数学时，需要处理好三个方面的问题：第一，提供更有利于学生理解和接受的数学学习材料；第二，教师的讲解既要突出重点，又要给学生留下自主理解的空间；第三，充分利用学生的已有知识经验，让他们根据新旧知识之间的联系更好地学习和掌握新知识。

发现学习是指学习内容以问题情境等形式呈现，学生必须自己探索未知与已知的联系、从中发现结论的学习形式。例如，学习"能被 3 整除的数的特征"时，学生通过观察一组能被 3 整除的数，从中发现它们的共同特征，进而归纳出能被 3 整除的数的一般特征，这个学习过程就是发现学习。但在小学数学课堂教学条件下，完全让学生自己去发现知识的发现学习通常很难实现，比较常见而又可行的是在教师指导下的发现学习。发现学习的优势在于有助于激发学生学习的内部动机，让学生全面了解数学知识的形成过程，培养学生的探索精神和创新意识。但发现学习也有其局限性，即并非所有的小学数学知识都适合发现学习，有些内容采用发现学习可能导致学习效率低下，如果处理不当，会对学生系统掌握数学知识产生不利影响，而学生能否从探索中发现结论具有一定的随机性，学习收获的个体差异很大。因此，教师在引导学生运用发现学习方式学习数学时，需要处理好三个方面的问题：第一，要帮助学生确立探究发现的主题，明确探究发现的任务；第二，要创设合适的问题情境，激发学生的学习兴趣，使其产生主动探究发现的心理需要；第三，要给予必要的指导，保证学生探究发现获得成功。

二、小学生数学思维与学习的特点

小学数学学习是一个复杂的心理过程。面对不同的学习任务，儿童所采用的学习策略、经历的学习过程、依据的建构方式，无不表现出其心理发展的阶段性特点。[①]

（一）小学生数学思维的特点

1. 从具体形象思维逐步向抽象逻辑思维过渡

随着年龄的增长、知识的不断学习和积累，小学生的抽象逻辑思维也开始逐渐形成和发展，并呈现出与具体形象思维交错发展的模式。例如，在低年段学习"3+4"时，老师把3根小木棒和4根小木棒放到一起，学生通过数数得知结果是7；而高年段学生则直接按数群进行计算，把3、4各看作一个数群，直接算出基数7，这就摆脱了数数和依靠表象的具体形象思维，逐步达到抽象逻辑思维的水平。

在这个交错发展的过程中，抽象逻辑思维的发展并不意味着具体形象思维的全部"消亡"。事实上，在这个过程中，小学生的具体形象思维和抽象逻辑思维都在发展着，只是抽象逻辑思维的发展起主导作用，发展得更加迅速一些，所占的比重更大一些，意义更加深远一些。正因为如此，到了小学中高年段，学生才逐步学会区分概念中本质的东西和非本质的东西，主要的东西和次要的东西，才学会掌握初步的科学定义。但同时他们还离不开直接经验和感性知识，思维仍有很大成分的具体形象性和不平衡性。比如，儿童已能掌握整数的概念和运算方法，且不需要具体事物的支持，但是，当他们开始学习分数概念和分数运算时，如果没有具体事物的支持，就会感到很困难。

2. 小学生数学思维呈现单维度特征

单维度的思维方式是指小学生在进行数学思维时，总是从一个维度去思考问题，当需要从两个维度甚至多个维度去深入思考时，他们就显得力不从心，无所适从。例如，认识角时，如果同时改变角的大小和边的长短这两个因素，学生就很难相信角的大小与边的长短无关，他们会认为边的张开程度与边的长短同时影响了角的大小（或许他们更相信边越长，角度越大）。

3. 小学生数学思维容易形成自然结构

小学生数学学习中思维的自然结构可以理解为：小学生为了完成某一项学习任务，通过感知以及已有的知识和经验获得了完成这一任务所需要的信息，按照自身的经验将这些信息联系起来所自然形成的一种思维结构。与之相对应的加工结构可以理解为完成这一任务的应然结构，也就是期望小学生所形成的思维结构。这两种结构之间的差异往往就是小学生学习数学过程中的难点。

4. 小学生数学思维存在的不足

（1）数学思维缺乏自觉性。小学生活泼好动，自制力还不强，自觉地检查、调整或

[①] 范文贵主编《小学数学教学论（第三版）》，华东师范大学出版社，2023，第56页。

论证自己的思维过程的能力较弱。

（2）数学思维缺乏灵活性。在数学学习中，小学生常常存在一种思维定式，即在遇到问题时的一种思维惰性和习惯思维倾向，这是灵活解决问题的障碍。

（3）数学思维缺乏批判性。小学生对事物缺乏独立判断的能力，常常以教师和家长的语言作为衡量事物对与错的标准，盲目地信任教师、家长所说所教的东西，年龄越小这种表现越明显。

（4）数学思维敏捷性差异较大。特别是在数学运算及解决问题的训练中，不同小学生的思维反应快慢的差异总是比较明显。

（5）数学思维呈现片面性。由于小学生知识的片面性和思维的局限性，认识问题局限于表面，不能脱离具体的表象把握其实质，在分析和解决数学问题时，往往考虑得不够全面。

以上这些问题往往与小学生的身心发展特点及客观环境的限制有关。但我们可以看到，小学生在由低年级向高年级成长的过程中，其数学思维的各方面并非始终停留在一个水平层面，而是随着学习的积累不断地发展着。

（二）小学数学学习的特点

小学数学学习作为一种具体学科知识的学习活动过程，不仅具有人类学习和学生学习的共同特点，还有一些反映其个性的特点。依据小学数学的学科特点、教学目标、教学内容及学生的心理特征，小学数学学习具有如下特点。

1. 小学数学学习是一个对生活中数学现象"解读"的过程

充分运用感性材料，从小学生生活常识和经验出发去帮助小学生理解学习内容是小学数学学习特别显著的特点。这一特点实际上是小学生思维特点和数学学科特点之间的矛盾在学习中的客观反映。小学生思维的具体形象性和数学学科的高度抽象概括性特点，决定了他们在学习中要通过观察、操作等直观活动从感性层面来认识教材内容，而不是从观察符号开始用逻辑推理来认识教材内容。否则，新的数学知识内容就难以与学生头脑里已有的数学知识建立起实质性的联系，同时也不容易引起学生心理的持久变化。事实上，小学生入学以前，已经遇到许多数学问题，已经积累了一些初步的经验。他们玩过各种形状的积木，比过物体的大小、长短、厚薄、轻重、宽窄和多少，知道几点起床几点睡觉，跟随父母外出购物，等等。所有的活动，都使他们获得了有关数量和几何形体的最初步的观念。虽然这些概念或观念往往是非正规的、不系统的，甚至是模糊的、错误的，但是这些都为他们上学后学习数学奠定了必要的基础。可以这样说，小学数学学习是以自己的经验为基础的一种认识过程，数学对小学生来说是自己对生活中的数学现象的"解读"，这是小学生学习数学与成人学习数学不完全相同之处。

2. 小学数学学习是一个行为、情感和认知共同参与的过程

对于小学生而言，数学学习并不是一个简单的记概念、背法则、练解题的过程，而是一个问题解决的过程。在这个过程中需要的是积极思考与收集、整理信息的能力，同时，主动与同学合作，积极与他人交流也是必不可少的。通过问题的解决过程，可以增

强学生运用数学解决实际问题的信心,学生能意识到自己在集体中的作用,得到初步的数学活动实践经验及良好的情感体验,从而获得积极的数学学习情感和对数学的好奇心与求知欲。显而易见,这种学习不可能以单纯的内容学习的形式来完成,而需要通过行为、情感和认知共同参与的过程来实现。

3. 小学数学学习是一个数学"再创造"与"再发现"的过程

《义务教育数学课程标准(2022年版)》提出:通过经历独立的数学思维过程,学生能够探究自然现象或现实情境所蕴含的数学规律,经历数学"再发现"的过程。荷兰著名数学教育家弗赖登塔尔强调,学习数学的唯一正确方法是实行"再创造",也就是由学生本人把要学的东西发现或创造出来。教师的任务是引导和帮助学生去进行这种再创造,而不是把现成的知识灌输给学生。他认为这是一种最自然的、最有效的学习方法。知识和能力,如果是通过自己的活动获得的,就比别人强加的要掌握得更好,也更具实用性。发现是一件令人愉快的事,通过再创造进行数学学习是有促动力的,它促进了将数学作为一种人类的活动来体验的观念的形成。[①]

小学生的数学学习过程与数学家的数学发现与创造的过程不同,他们最主要的任务是主动学习前人已经发现并创造的数学知识。小学生学习数学并不只是停留在记诵概念、法则、定律、公式等,而是要根据自身经验和已有知识去经历学习过程,用自己理解的方法去探索数学知识。这种对别人已知而自己不知的知识的探索就是一种"再发现""再创造"。因此,教师应为学生提供充分的数学活动的机会,引导他们通过观察、猜想、实验、思考、交流来探索数学知识,像数学家一样经历知识的发现过程,从而获得数学技能和数学思想方法。例如,在教学"能被3整除的数"时,教师先帮助学生复习能被2、5整除的数的特征,接着让他们猜一猜能被3整除的数可能会有什么特征,并引导他们举例验证,然后进一步去探究、发现,从而使他们像数学家一样经历知识的发现过程。

4. 小学数学学习是一个教师启发引导的过程

小学数学学习过程,就其实质来讲更主要是一种数学思维活动过程。在数学学习中,小学生要通过分析、综合、比较、抽象、概括等思维方法,以及判断、推理等思维形式去实现对抽象数学知识的理解和掌握。由于小学生受思维发展水平的制约,在数学学习中常常出现思维过程不流畅甚至中断的现象,这在客观上就需要教师启发和引导学生把握好思考的起点方向,帮助他们克服思维过程中出现的种种障碍,以保证思维过程的顺利进行。特别是低年段学生由于大脑兴奋与抑制还不平衡,神经系统尚未发育成熟,活动的自觉性和目的性都不强,自我控制力弱,无意注意占主导地位,容易疲劳;但其自我意识已有所发展,教师在他们心目中有极高的威信,教师的评价就是他们判断是非的标准。他们愿意受到表扬,害怕受到批评。因此,低年段学生在教师的组织管理下,一般都具有认真的学习态度,在行为训练上也能听从。

[①] 弗赖登塔尔:《作为教育任务的数学》,陈昌平、唐瑞芬,等编译,上海教育出版社,1995,第3页。

第二节 小学数学学习理论

数学学习是一种特殊的学习，主要是由数学内容的抽象性和数学知识体系的结构性所决定的。研究小学数学学习，必然需要一定的数学学习理论的指导。学习理论是揭示人类学习活动的本质和规律，解释和说明学习过程的心理机制，指导人类学习特别是学生学习和教师课堂教学的心理学原理或学说。当前，对小学数学学习有重大影响的学习理论主要包括：行为主义学习理论、认知主义学习理论、建构主义学习理论、人本主义学习理论及现代数学教育理论，等等。

一、行为主义学习理论与数学学习

行为主义学习理论起源于20世纪初，在其兴盛的六十余年中，产生了桑代克、华生、斯金纳、巴甫洛夫等一大批对教育心理学有重大贡献的行为主义心理学家。他们的理论虽然不完全相同，但基本观点是一致的。

（一）基本观点

1. 学习联结说

行为主义学习观认为，学习的本质就是刺激-反应之间的联结，当学习者对某种特殊的刺激做出了适当的反应时，学习便发生了。他们都把环境看作刺激，而把伴随而来的有机体行为看作反应，强调环境在个体学习中的重要性，学习者学到什么，是受环境控制的，而不是由个体决定的。学习者的行为是他们对环境刺激做出的反应，所有行为都是习得的。

2. 学习试误说

联结是通过尝试与错误的过程建立的，因而学习是一种试误的过程。这个过程可以归纳为四步：第一步，以各种不同的反应来试探；第二步，逐步发现正确的反应；第三步，选择正确的或减少错误的反应；第四步，经过多次练习而将正确的反应固定下来。尝试与错误是学习的基本形式，学习是一种渐进的、盲目的、尝试错误的过程，在尝试过程中，错误反应逐渐减少，正确反应逐渐增加，最终形成了固定的刺激反应，即形成了刺激与反应之间的联结。

3. 学习律

桑代克提出了三条主要的学习律。第一，准备律。学习者是否会对某种刺激做出反应，同他是否做好心理准备有关。学习者若有充分的准备，则能促成刺激与反应的联结。第二，效果律。对一种刺激与反应的联结，若能产生满意的反应，则反应者便乐于重复这种反应；反之，凡是这种联结引起的是烦恼的反应，则反应者便力求避免这种反应。第三，练习律。一个已形成的可变联结，若加以应用则这种联结的力量便会增强；若不予利用，则联结的力量便会减弱。即反应重复的次数越多，刺激与反应之间的联结便越牢固。

（二）行为主义学习理论在数学学习中的运用

1. 适当进行数学练习

在小学数学教学中，教师可以通过精心设计的教学活动和练习题，不断强化学生对数学概念和技能的理解和应用。例如，在教授加减法时，教师可以通过大量的实例和练习，让学生在反复的实践中掌握加减法的基本规则和方法。这种"刺激-反应"的重复过程有助于学生在脑海中建立稳定的数学思维和技能模式。

2. 及时反馈练习结果

给每个反应提供及时反馈，让学生立即知道自己答案的准确性，这是树立信心、保持行为的有效措施。当学习者完成任务时，教师给予奖励和表扬，以提高学习者的积极性，提升自我效能感；当学习者出现错误或不规范的行为时，教师给予惩罚或者批评，以减少不良行为。同时，教师还可以通过设置一些有针对性的练习题，让学生在反复练习中巩固正确的知识和技能，逐渐养成良好的数学学习习惯。

3. 分解数学教学任务

任务分解是一种将复杂任务分解成简单可行的小任务来达到学习目的的方法。为了促进数学知识的获得和数学技能的形成，教师有必要将复杂的小学数学学习内容分解为几个较为简单的内容，并按照由简单到复杂、由部分到整体、由简化情境到复杂情境的顺序加以排列，采用"各个击破"的方式进行。任务分解强调增加困难的渐进性和从一个问题过渡到下一个问题的自然性、逻辑性。对教学任务进行分解有助于促进学习者的理解和记忆，提高学习的效果。

4. 开展数学分层教学

由于每个学生的数学基础和学习能力不同，因此行为主义学习理论也提倡在教学中实施分层教学，以满足不同学生的需求。教师可以根据学生的实际情况，将学生分为不同的层次，并为每个层次的学生设计相应的教学内容和练习题。这样可以确保每个学生都能在自己的能力范围内得到充分的发展和提高。

二、认知主义学习理论与数学学习

到了 20 世纪下半叶，随着对学习心理的研究不断深入，研究者们发现行为主义学说忽视了学习者的内在心理过程，难以对人的复杂学习行为做出解释。因此，越来越多的心理学家转向关注学习的内在过程，促进了认知主义学习理论的形成和发展。认知主义学习理论的主要代表人物包括皮亚杰、布鲁纳、奥苏伯尔、加涅等。

（一）基本观点

1. 学习是个体主动加工信息的过程

学习是个体对外界信息的主动处理和转化过程，包括注意、感知、记忆和问题解决等认知活动。学习者通过接收、输入、加工和存储信息，以及将新信息与已有知识相结合，形成新的知识结构。

2. 学习者的知识结构至关重要

认知主义学习理论强调知识的结构与组织。它认为人的知识结构是一个网络，新的知识通过与已有的知识相互关联而被理解和记忆。这种知识的组织方式可能是以概念为基础的，即通过建立概念之间的联系来组织和构建知识结构；也可能是以问题解决为基础的，即通过解决问题来组织和构建知识结构。

3. 注意学习策略的运用

学习策略是指学习者在学习过程中选择和使用的各种认知活动和方法。学习者通过使用有效的学习策略来建立已有知识和新知识之间的联结，从而深入理解和记忆学习材料。

4. 学习受社会文化环境的影响

学习不仅仅是个体内部的心理过程，语言、价值观、社会规范等社会文化环境等也对学习者的学习方式、思维方式和知识结构产生深远影响。教育者应该充分考虑学习者所处的文化环境，在教学设计中融入相关的文化元素，以促进学习者的学习效果。

（二）认知主义学习理论在数学学习中的应用

1. 激发数学学习动机

学习动机是引起和促进数学学习的关键因素，不仅能够引起学习的发生，而且具有定向作用，能影响学习的持续性。在小学数学教学中，教师要识别学生数学学习动机的来源，挖掘数学知识本身的魅力，恰当设计具有挑战性的问题，利用形式多样的反馈，来激发、培养和增强学生数学学习的动机。

2. 注重数学基本结构的学习

学科的基本结构，是指学科的基本原理，是把每门学科的实施和零散的知识联系起来的基本概念、基本公式和基本法则。小学数学学习要学习学科的基本结构，掌握数学知识的概念、公式、法则等，这有利于学生理解基本原理，并进行记忆与保持。

3. 关注学生数学认知策略的掌握

数学认知策略有助于引导学生的注意和选择性知觉，帮助学生将已有的学习经历和经验结合起来进行记忆编码，寻找有关的线索并提取信息。要加强数学知识与学生已有生活经验的联系，让学生切实掌握数学学习的方法，培养学生的元认知能力，提高学生对自己认知系统的了解和控制水平。

4. 提倡发现学习

学生在学习中要有灵活性、主动性和发现性。要求学生通过观察、思考、创造来发现知识，提倡一种探究性的学习方法。强调通过发现学习来使学生开发智慧潜力，调节和强化学习动机，牢固掌握知识并形成创新的本领。

三、建构主义学习理论与数学学习

建构主义学习理论是行为主义发展到认知主义以后的进一步发展。所谓建构，是指学习者通过新旧知识经验之

儿童如何学习数学？

间反复双向的相互作用，形成调整自己经验结构的过程。在建构过程中，学习者对新知识的理解要以原有的知识为基础并对其做出调整和改造。

（一）基本观点

1. 知识并不是对事物客观、可靠而确定的描述

建构主义普遍认为，真实世界或事物是客观存在的，知识并不是对现实世界或者事物的准确表征，它只是一种假设或解释，会随着人类的进步而不断变化，继而出现新的假设或解释；而且知识并不能对关于世界的法则进行完全准确的概括，而是需要针对具体情境进行再创造。

2. 学习是学生以已有的知识和经验为基础的主动建构过程

建构主义认为，人对事物的认识以人已有的关于世界独特的经验及信念为背景，通过积极主动地与环境相互作用，从而建构起自己对世界的独特理解。每个人都有不同的认识背景和各异的认识方式，知识的获得只能通过自己的积极建构获得意义。学习是学习者主动地建构自己的知识经验的过程，即学习者通过新经验与原有的知识经验的相互作用来充实、丰富和改造自己的知识经验。

3. 学生是意义的主动建构者

建构主义认为，学习不是教师向学生传递知识的过程，而是学生主动建构自己知识的过程。学习者不是被动的信息接收者，而是学习信息加工的主体。

（二）建构主义学习理论在数学学习中的应用

建构主义学习理论对传统的知识观、学生观和学习观提出了挑战。在小学数学学习中，应该注意如下几点。

1. 彰显多元化的数学观

比如，从数学的角度研究数量关系和空间位置关系，体现数学的科学观；在数学概念或命题的获得过程中体现数学知识发现的过程性，体现数学的过程观；在应用数学知识解决问题的过程中，体现数学的工具观；在还原数学史料、揭示数学文化的过程中，体现数学的文化观。

2. 重视学生已有数学知识和经验

学生已有的知识和经验是数学学习的生长点，对数学学习具有重要影响，教师要分析、激活学生已有的知识和经验，促进新旧知识的融合。例如，在平行四边形面积计算公式的推导过程中，应该分析学生"平行四边形转化为长方形"的数学活动经验，激活其"转化"的数学思想，使它们在平行四边形的面积公式的推导中起到建构平行四边形面积计算公式的作用。

3. 转变学生的数学学习方式

数学学习过程是个体意义的建构过程，教师要根据数学知识的特点，采用多样化的数学学习方式和组织方式，让学生从不同角度、采用不同方式切实经历数学知识意义的建构过程。

4. 教师要发挥引导者、合作者和促进者的作用

教师应根据数学知识的特征创设适宜的数学学习情境，营造良好的学习氛围，激发学生数学学习的欲望；要平等地参与到学生的数学学习活动中去，鼓励学生与教师共同探究；寻找合适时机，选择贴切的方式加速学生对数学知识意义的建构过程，促进学生关于数学知识个体意义的建构。

四、人本主义学习理论与数学学习

不同于行为主义把人看作动物或机器，也不同于认知心理学虽然重视人类的认知结构却忽视人类情感、态度、价值观等对学习的影响，人本主义学习理论强调人的价值，强调人有发展的潜能、有自我实现的倾向，其代表人物是美国心理学家、人本主义的创始人罗杰斯。

（一）基本观点

罗杰斯认为，人生来就有学习的内在潜力，学习的过程就是学生在某些条件下，通过发掘自身内在潜力，实现自我的全过程。人本主义学习理论将学习分为有意义学习和无意义学习。有意义学习，不仅仅是一种增长知识的学习，而且是一种把每个人各部分经验都融合在一起的学习，是一种使个体的行为、态度、个性及在未来选择行动方针时发生重大变化的学习。

学生学习是一种有意义学习，主要包括以下四个要素。

第一，学习具有个人参与的性质，即整个人（包括情感和认知两方面）都投入学习活动。

第二，学习是自我发起的，即便推动力或刺激是来自外界，但发现、获得、掌握和领会的感觉是来自内部的。

第三，学习是渗透性的，它会使学生的行为、态度，乃至个性都会发生变化。

第四，学习是由学生自我评价的，因为学生最清楚这种学习是否满足自己的需要，是否有助于得出他想要知道的结论，是否能使自己原来不甚清楚的某些事情变得明了。

（二）人本主义学习理论在数学学习中的应用

1. 重视学生情感对数学学习的促进作用

教师的教学重点要从传统的重视认知教学转到认知和情感并重教学方面来，形成一种以知情协调为主线、以情感作为教学活动基本动力的新教学模式，使学生成为认知和情感的主体，而不仅仅是认知的主体。

2. 注重学生的自我完善、自我发展

要把教学活动的重心从教师引向学生，给学生更多的自由，让学生真正参与，而不是把学生当作接受知识的机器。

3. 注重学生健全人格的形成

要培养学生的自重、自尊、自信，使他们充满希望和成就感，而不是自卑、焦虑、失望。数学教育要让学生真正获得成功，学生通过数学学习，形成健康的人格。

五、现代数学教育理论与数学学习

数学教育学涉及数学、教育学、心理学、哲学等多个学科，是一门新兴的、综合性的交叉学科。它真正成为一门独立的学科，并形成其理论是在20世纪60年代以后。国外对数学教育理论形成有影响力的人物当属弗赖登塔尔和波利亚。尽管他们的教育理论并不成熟，但都对数学教育实践产生了很大的影响。

（一）弗赖登塔尔的数学教育理论与数学学习

1. 弗赖登塔尔的数学教育理论

弗赖登塔尔是荷兰著名的数学家和数学教育家。在他看来，数学教育有五个主要特征：①情景问题是教学的平台；②数学化是数学教育的目标；③学生通过自己努力得到的结论和创造是教育内容的一部分；④"互动"是主要的学习方式；⑤学科交织是数学教育内容的呈现方式。这些特征又可以用三个词来加以概括——数学现实、数学化、再创造。

（1）数学现实。

弗赖登塔尔认为，数学来源于现实，存在于现实，并且应用于现实，而且每个学生有各自不同的"数学现实"。数学教师的任务之一是帮助学生构造数学现实，并在此基础上发展他们的数学现实。因此，在教学过程中，教师应该充分利用学生的认知规律、已有的生活经验和数学的实际，灵活处理教材，根据实际需要对原材料进行优化组合；把例题生活化，让学生易学。通过设计与生活现实密切相关的问题，帮助学生认识到数学与生活之间的密切联系，从而体会到学好数学对生活有很大的帮助，让学生无形当中产生了学习数学的动力。这也就是弗赖登塔尔常常说的数学教育即现实的数学教育。

关于情景问题，弗赖登塔尔认为，数学教育要引导学生了解周围的世界，周围的世界应该是学生探索的源泉，而数学课本在结构上应当从与学生生活体验密切相关的问题开始，发现数学概念和解决实际问题，实现数学化。

情景问题与传统数学课本中的例子有相通之处，即它们都被用来作为引入数学概念和理解数学方法的基础。区别之处在于，传统的数学课本一般都按照科学的体系展开，不太重视属于学生自己的一些非正规的数学知识的作用。在这种直接式的结构当中，常识性、经验性的知识一般派不上用场，学生只要注重课本提供的数学题目的计算和解答就行了，完全不用考虑它们的实际意义。而弗赖登塔尔所倡导的情景问题则是直观的、容易引起想象的数学问题，隐含在这些数学问题中的数学背景是学生熟悉的事物和具体情景，而且与学生已经了解或学习过的数学知识相关联，特别是要与学生生活中积累的常识性知识和那些学生已经具有的、但未经训练和不那么严格的数学体验相关联。

在运用"现实的数学"进行教学时，必须明确认识以下几点。

第一，数学的概念，数学的运算、法则，以及数学的命题，都是根据来自现实世界的实际需要而形成的，是现实世界的抽象反映和人类经验的总结。因此，数学教学内容来自现实世界。要把那些最能反映现代生产和现代社会生活需要的最基本及最核心的数学知识和技能作为数学教育的内容。

第二，数学研究的对象是由现实世界同一类事物或现象抽象而成的量化模式，而现实世界中事物、现象之间又充满了各种各样的关系和联系。因此，数学教育的内容就不能仅仅局限于数学内部的内在联系，而应该涉猎数学与其他学科之间的联系。例如，小学数学中在学习数的大小时，就不能只教学生用数学的方法进行数量比较，而是要把数量关系运用到实际生活中去，让学生从实际生活中去感受数的大小。这样，学生一方面可获得既丰富多彩又错综现实的数学内容，还可以掌握比较完整的数学体系；另一方面，学生也有可能把学到的数学知识应用于现实世界中去。

第三，数学教育应为不同的人提供不同层次的数学知识。数学教育所提供的内容应该是学生各自的"数学现实"，即"学生自己的数学"。通过"现实的数学教学"，学生就可以通过自己的认知活动，构建数学观，促进数学知识结构的优化。

在数学现实的思想里，弗赖登塔尔还主张把客观现实材料和数学知识融为一体，使数学教学过程经历从现实背景中抽象出数学知识的全过程，着眼于能力的培养。例如，在教授小学数学加法时，有很多不同的实际途径引入。比如，可以通过公共汽车经过各个停靠站时上下车的人数来说明。假定公共汽车里原来有 5 个人，在第一个停靠站上来了 3 个人，在第二个停靠站又上来了 2 个人，这时公共汽车里人数就分别是（5+3）个，（5+3+2）个。这样学生就可以自己形成加法的概念，并找出加法运算的规律。在这里，乘公共汽车就是学生所接触过的"现实"，自然数 2、3、5 就是他们拥有的现实数学知识，教师就是根据这两方面的"现实"，帮助小学生学习加法这一现实的数学知识，并用这些知识扩充学生的数学现实。

（2）数学化。

什么是数学化？弗赖登塔尔认为，人们在观察、认识和改造客观世界的过程中，运用数学的思想和方法来分析和研究客观世界的种种现象并加以整理和组织的过程，就叫作数学化。

一般来讲，数学化有两个对象：一是数学本身，二是现实客观事物。对数学本身的数学化，是指深化数学知识，或者使数学知识系统化，形成不同层次的公理体系和形式体系。对客观世界的数学化，是指形成了数学概念、运算法则、规律、定理，以及为解决实际问题而构造的数学模型等。

需要强调的是，数学化是一个过程，是一个从一个问题开始，由实际问题到数学问题，由具体问题到抽象概念，由解决问题到更进一步应用的教育全过程，而不是方程、函数之类的具体的数学素材。

具体说来，现实数学教育理论所说的数学化有两种形式：一是实际问题转化为数学问题的数学化，即发现实际问题中的数学成分，并对这些成分做符号化处理；二是从符号到概念的数学化，即在数学范畴之内对已经符号化了的问题做进一步抽象化处理。然而通过数学化得到一个新的数学概念之后，还需要对已经得到的概念、模型、技巧做进一步的整理和把握，即解释和说明得出的结果；讨论新模型或方法的适用范围；回顾、总结和分析已经完成的数学化过程及应用。

可以看出，一个现实情景所提供的信息是现实数学教育的基础，而情景问题与数学化又是结合在一起的。在"一浪接一浪"的数学化进程中，学习者经历了一个又一个由现实的情景问题到数学问题，由不那么严格的数学体验到严格的数学系统，由数学的"再发现"到数学的具体应用的过程。

（3）再创造。

学生再创造的过程实际上就是一个做数学的过程，这是目前数学教育的一个重要观点。它强调学生学习数学是一个经验、理解和反思的过程，强调以学生为主体的学习活动对学生理解数学的重要性，强调激发学生主动学习的重要性，并认为做数学是学生理解数学的重要条件。弗赖登塔尔说的"再创造"，其核心是数学过程再现。这要求教师设身处地地设想"你当时已经有了现在的知识，你将是怎样发现那些成果的"；或者设想"学生学习过程得到指导时，他是怎样发现的"。当然，这不是简单的由学生本人去发现或创造"学的东西"，而是由教师去引导和帮助学生去进行这种再创造；也不是简单的教师指导下的学生活动，而是经过教师精心设计，创造问题情境，通过学生自己动手实验研究、合作商讨，探索问题的结果并进行组织的学习方式。

需要特别注意的是，弗赖登塔尔的数学教育理论不是"教育学+数学例子"式的论述，而是抓住数学教育的特征，紧扣数学教育的特殊过程，因而有"数学现实""数学化""数学反思""思辨数学"等诸多特有的概念。他的著作多数根据自己研究数学的体会，以及观察儿童学习数学的经历编写而成，因此思辨性的论述比较多。有人批评说弗赖登塔尔的数学教育理论缺乏实践背景和实验数据支持，但事实上，他的许多研究成果尚未被大家仔细研究。

2. 数学教学原则对小学数学学习的影响

弗赖登塔尔归纳的数学教学原则主要有数学现实原则、数学化原则和再创造原则，这是与他的数学教育理论相对应的。

（1）数学现实原则。

数学现实原则是指用数学知识来解决现实中的问题，它包含两层含义：一是指教师要将客观现实与学生的数学认识统一起来，即教育要根据学生的数学现实进行；二是指教师要将客观现实材料与数学知识现实融为一体，即教学过程要让学生经历从现实背景中抽象出数学知识的过程。在数学教学中可以通过设计与现实生活密切相关的问题，帮助学生认识到数学与现实生活有着密切联系，学会用数学知识去解决实际问题。数学教育的任务就在于，随着学生所接触的客观世界越来越广泛，应该确定各类学生在不同阶段必须达到的数学现实，并且根据学生实际具有的数学现实，采取相应的方法予以丰富和扩展，从而使学生逐步提高所具有的数学现实的程度并扩充其范围。通过这样的过程，数学教育将随着不断扩展的数学现实发展，同时数学教育本身又促使了数学现实的扩展。正像数学与现实世界的辩证关系一样，数学教育也应该符合这样的规律。

（2）数学化原则。

数学化原则是指从实际问题中抽象出数学知识。它有三层含义：一是在教学中要让学生通过直观与抽象结合，通过不断观察、比较、归纳和实践，提高数学知识水平，掌握数学技能与方法；二是要针对学生的不同数学化水平有的放矢；三是人类所要学的不是作为一个封闭系统的数学，而是作为一种活动，作为一个从实际问题出发的数学化过程，如果需要的话，也包括从数学概念出发的数学化过程。

遵循数学化原则可以培养学生从实际问题中抽象出数学问题的抽象思维能力，帮助学生培养数学思维，进而提升学生的数学素养。回顾历史上最早的传统数学教育，其做法就是教师将各种结论灌输给学生，学生死记硬背，机械模仿，被动地接受这些结论，不知道结论的来龙去脉，因而学生所获得的是知识的形式堆砌，学生既不考虑这些知识有什么用处，也不问这些知识互相之间是否有内在联系，可以说这些知识很少包含数学化的成分。之后数学教育逐渐有所进步，人们比较多地考虑到实际的经验，也建立了不少现实的模型，从而进入了经验的途径，使学生所获得的数学知识具有一定的实用价值，可以解决一些客观现实中的问题。

为了纠正上述偏向，以布尔巴基观点为代表的"新数学"运动，采用了构造的途径，强调数学的演绎结构，重视逻辑推理的论证，试图以结构主义的思想来组织整个数学教育，以提高抽象的逻辑思维水平，把形成严谨的演绎结构体系作为唯一的目标，从而由一个极端走向了另一个极端，忽视了数学的现实性，忘却了数学教育的根本目标是要为现实世界服务。而且，一味追求抽象，强调严谨，这也不符合教学规律与认识规律。

从历史的经验教训中，我们应该得出这样的结论：数学教育的正确途径应该是现实的数学化途径，我们所需要的课程体系应该全面体现数学化的正确发展，既要强调现实基础，又要重视逻辑思维；既要密切注意数学的外部关系，也要充分体现数学的内在联系，要能将两者有机地结合在一起，这才是数学教育所必须遵循的正确路线。

（3）再创造原则。

再创造原则是指数学过程再现，是弗赖登塔尔针对传统教学中"将数学作为一个现成的产品来教""只是一种模仿的数学"而提出的一种教学原则。

再创造原则对小学数学的意义有：首先，通过做数学所得到的知识与能力比听教师讲理解得更透彻、掌握得更快且记忆保持更长久；其次，发现是一种乐趣，通过再创造来进行学习能够引起学生的数学兴趣，并激发学生的数学学习动力；最后，通过再创造方式进一步促进学生形成"数学教育是一种人类活动"的看法。

日常生活中，像"狗""椅子"等概念，都不需要事先给以严格的定义，学生通过实际接触，能自然地形成概念数学中的一些东西。以学习平行四边形概念为例，教师可以出示一系列的平行四边形图形或实际例子，告诉学生这些就是平行四边形，让学生自己进行比较、分析和研究，学生经过反复观察与思考后，就会发现平行四边形的许多共同性质。例如，对边平行、对角相等、邻角互补、对角线互相平分等。接着他们就会发现这些性质之间的联系，从而可以由一个性质出发推出其他性质。在教师引导及学生间相互讨论的基础上，学生不仅掌握了平行四边形的概念，同时也理解了形式定义的含义及各种相关性与等价定义的概念。也就是说，学生通过自己的实践活动学会怎样定义一个数学概念，对定义的必要性与作用都会有更深刻的体会。通过这样的再创造方式进行的概念教学，显然比将一个现成的定义强加给学生要有效得多。

当然，每个人有不同的数学现实，每个人处于不同的思维水平，因而不同的人可以追求并达到不同的水平。一般说来，对于学生的各种独特的甚至不着边际的解法，教师都不应该加以阻挠，要让他们充分发展，充分享有再创造的自由，甚至可以允许学生自己编造问题，自己寻找解法。教师应该在适当的时机引导学生加强反思，巩固已经获得的知识，以提高学生的思维水平。教师尤其应有意识地对学生进行启发，使学生的创造活动逐步由不自觉或无目的发展为有意识、有目的，尽量促使每个学生在所能达到的水平上尽可能地再提高。总之，弗赖登塔尔的数学教育思想与新课程改革强调的"以学生为主体，发挥学生自主学习的能力，培养学生发现问题，解决问题的能力，提升学生创造精神"是完全吻合的。因此，弗赖登塔尔的数学思想对我国小学数学学习的研究具有借鉴意义。

（二）波利亚的解题理论与数学学习

数学学习者大都有过这样的经历：一道题，自己怎么想也想不出解法，而老师却能给出一个绝妙的解法。这时候，我们最想知道"老师是怎么想出这个解法的"。如果这个解法不是很难，那么我们也许会觉得"自己完全也可以"。

1. 波利亚对数学教育的基本看法

波利亚对于数学教育的目的、价值及方法非常关注。他提出："中小学生到底为什么要学习数学？要学什么样的数学？通过什么途径学好数学？"具体来说就是，在中小学阶段，学生是以"学数学"为主呢，还是以学如何"用数学"为主呢？这一点必须弄清楚。在他看来，中小学数学教育的根本目的就是"教会年轻人思考"。这种思考既包括有目的的、产生式的思考，也包括形式的和非形式的思考。教师要努力做的就是"教学生证明问题，甚至也教他们猜想问题"，启发学生自己去发现解法，进而从根本上提高学生的解题能力。当然，他也强调在数学教育中培养学生的兴趣、好奇心、毅力、意志、情感体验等非智力品质的重要性。因为，要学会解题，要成为解题能手，是要经过大量的解题实践，是要付出艰辛的努力，需要有一定的意志品质的，并不是在玩乐中就能学会解题，毕竟学好数学不是一件轻轻松松的事情。

波利亚强调，"如果头脑不活动起来，是很难学到什么东西的，也肯定学不到更多的东西""学东西的最好途径是亲自去发现它""最富有成效的学习是学生自己去探索、去发现"。只有思维活跃起来了，学习者才能在学习中寻到欢乐。有了成功的体验，学习者才可能对数学知识本身产生内在的兴趣。

另外，波利亚从教师的角度出发，根据自己的实践经验，立足于艺术形式对人的影响和作用方面（主要表现为兴趣、动机、情感等）来认识教学，并坚持"教学是一门艺术"；他把教学比作舞台艺术，以说明教师的教态对学生起着潜移默化的影响和熏陶作用；他把教学与音乐、诗歌、轶事做比较，以说明教师的语言和所表达的内容对学生能够产生较大的吸引力，能引起学生的兴趣和好奇心。当然，关于教学是否科学这一点，他并没有正面回答。他更多地是以一个教育家自身的教学实践和经验，以一个数学家"无意识"地遵从、运用科学规律来说明教学过程本身应该遵循一些规律性的东西，并尤其强调兴趣对学生学习数学的重要性。这从他致力于解题研究可以窥见一二。

2. 波利亚的解题理论

波利亚认为，解题是智力的特殊成就，题目是数学的心脏，数学教学的本质在于教会学生解题，解题思想应当诞生在学生心里，教师仅仅像助产士那样行事。因此，在教学中，教师最主要的任务应该是发展学生解决问题的能力。为了回答"一个好的解法是如何想出来的"这个令人困惑的问题，他专门研究了解题的思维过程，用朴素而现代化的形式来阐明探索法（即有助于发现的发现方法），并集几十年教学与科研之大成写成《怎样解题》一书，该书于1948年出版，风靡世界。其中，怎样解题表仔细分析了求解各种数学问题时的思维过程，成为经典的解题思维方法，而怎样解题表也是波利亚解题理论的核心内容。

怎样解题表主要由四步构成，这四步是层层递进的，分别是了解问题、拟定计划、实现计划、回顾。

第一，了解问题，包括：未知数是什么？已知数是什么？条件是什么？可能满足什么条件？画一个图，引入适当的符号，把条件的各个部分分开。

第二，拟订计划，包括：你以前见过它吗？你知道什么有关的问题吗？这里有一个与你有关而且以前解过的问题，你能应用它吗？回到定义，你若不能解决这个问题，请尝试先解一个有关的问题。你还能想出一个更容易着手的有关问题吗？一个更一般的问题？一个更特殊的问题？一个类似的问题？你能解决问题的一部分吗？你用了全部条件吗？

第三，实现计划，包括：实行你的解决计划，校核每一个步骤。

第四，回顾，包括：你能校核结果吗？你能校核论证吗？你能用不同的方法得出结果吗？你能将这个结果或方法运用到别的问题上吗？

波利亚注重对学习者思维能力的培养。解题是培养学习者思维能力的一个重要途径，而数学学习又是对思维能力要求特别高的活动。学生发现问题，进而解决问题，才是学习数学的关键和实质。《义务教育数学课程标准（2022年版）》中也提到，学生在数学学习中要学会学习、学会思考、学会解决问题。因此，波利亚的解题步骤是值得借鉴的。

3. 解题理论对小学数学学习的影响

（1）有利于提高学生的思维能力。在波利亚的解题理论中，四个步骤的设计非常紧密，逻辑性很强，层层深入，处于形象思维阶段的小学生在数学学习过程中，经过这种层层剖析的、发现解题法的训练，数学思维能力将会大大提升。

（2）有利于提高学生的数学素质。波利亚认为，任何学问都包括知识和能力两个方面。对于数学，能力比起仅仅具有一些知识来说要重要得多。因此，数学教学的目的应该是发展学生本身的内蕴能力，而不仅仅是传授知识。波利亚发现，在日常解题和攻克难题而获得数学上的重大发现之间，并没有不可逾越的鸿沟。要想有重大的发现，就必须重视平时的解题。平时解题训练的目的在于提高学生的数学素质。

（3）有利于提高学生独立探索的能力。从教育心理学角度看，怎样解题表的确十分可取，教师利用这张表可行之有效地指导学生自学，发展学生独立思考和进行创造性活动的能力。

第三节　小学数学学习过程

　　小学数学学习过程是一个数学认知过程，即新的学习内容与学生原有认知结构相互作用，形成新的数学认知结构的过程。根据认知结构的变化，小学数学学习的一般过程包括习得阶段、保持阶段和提高阶段。

　　第一，习得阶段。学习活动起源于新的学习情境。习得阶段的首要任务是给学生提供新的学习内容，并创设有利于学生观察思考、分析辨别和抽象概括的学习情境，使新的学习内容与学生原有的认知结构之间产生适当的认知冲突，从而激发学生的学习动机，引起学习需要。当新的学习内容输入之后，学生原有的数学认知结构与新的学习内容之间便会相互作用。这种相互作用有同化和顺应两种基本形式。

　　新的数学内容输入以后，学生并不是消极地接受这种刺激，而是利用原有的数学认知结构对新知识进行加工和处理。如果学生原有的认知结构中的某些观念与新知识有实质的、非人为的联系，那么根据新旧知识的从属、因果等关系，对新知识适当加工改造后将新知识纳入原有的认知结构中，可扩大学生的认知结构。这里的心理过程主要是分析、辨认、比较，通过改造新知识，揭示新旧知识之间的联系，并以旧的知识为固定点，把新的数学知识归纳入原数学认知结构。在这个过程中，原有的认知结构得到分化和扩充。所以，同化是把新知识纳入原有的认知结构并使之分化和扩大，形成新的数学认知结构的过程。其既包含对新知识的加工，又包含对原有数学认知结构的分化。例如，小学生掌握了整数的加减运算以后，在学习整数的乘除运算时，可以利用整数加减的意义来理解整数乘除的意义。

　　但是，学生学习的数学内容是多种多样的，对于某些全新的内容，学生头脑中原有的认知结构缺乏与之相联系的适当观念，因而也就不能使新内容同化到原有的认知结构中。这时，就需要改造原有的数学认知结构，形成新的数学认知结构，并把新知识接纳进去，这个过程就是顺应。因此，顺应是改造原有的认知结构使之适应新内容的过程。在以顺应的形式学习时，改造原有的认知结构、接纳新知识的方式有两种：一是调整，二是并列。所谓调整，就是改变原有的认知结构的组织形式，或赋予原有认知结构中的某些观念以新的意义，使之与新知识相适应，并以此为固定点接纳新知识。所谓并列，就是把新知识与原有的认知结构中的某些观念赋予一定意义的外在联系，并把它与旧的知识平行地连接起来形成一定的结构。例如，在学习负数时，由于学生原有的认知结构中只有算术数的概念，没有与负数有实质的、非人为联系的观念，因此不能用同化的形式学习。这时，就需要对加法运算符号"+"和减法运算符号"-"分别赋予"正"和"负"的意义，这样，学生原有的数学认知结构得到了调整，负数也被纳入了新的知识结构。这里的学习形式即顺应，而改造原有的认知结构、接纳新识的方式就是调整。

　　同化和顺应是学习过程中原有的数学认知结构与新的学习内容相互作用的不同方

式，要辩证看待二者之间的关系。其一，同化与顺应是学生适应学习的两个对立统一的过程。从本质上看，同化着眼于对新知识的加工改造，使之与原有的认知结构相适应，顺应则着眼于对原有的认知结构的调整，使之适应新的学习内容。其二，同化与顺应相辅相成、互为补充，往往同时存在于同一个学习过程之中。其三，新旧知识相互作用的关键，不仅在于学生头脑中是否有相应的旧知识（观念）能与新知识发生作用，还在于这种旧知识能否顺利地被提取出来。因此，在数学学习中教师应做到：一是了解学生原有的认知结构的状况，进行认知目标分析、认知目标测定，特别要强化有关的旧知识；二是通过适当的教学手段促进新旧知识的相互作用，并进行认知结果的评定。

第二，保持阶段。习得的数学新知识要想得到保持，有必要通过练习等活动不断巩固所学的知识，以初步形成新的数学认知结构。简单地讲，数学知识的保持就是将已经学过的数学知识储存在记忆中。但保持不是被动的过程，随着时间的推移，保持的内容会发生数量和质量的变化，体现了人脑对识记材料的主动加工。保持在小学数学学习过程中具有十分重要的地位和作用。没有数学知识的保持，就谈不上数学知识的应用，更谈不上对数学知识的进一步感知和理解。也就是说，没有数学知识的保持，就没有数学知识的掌握。通过保持阶段的学习，学生能学到一定技能，使新的知识与原有的认知结构之间产生较为密切的联系。

保持数学知识的主要途径包括以下几个。其一，加深理解，促进记忆。理解是记忆的基础，只有理解数学知识，才能实现数学知识的保持。因此，教师要重视学生对数学知识的理解，尽可能让学生明确数学知识发生、发展的过程，并在此基础上实现数学知识的长时记忆。比如，学习圆周率时，就应该深刻理解圆周率的意义，明确圆周率的本质属性是指圆的周长与直径的比值，并且这个比值是一个常数，用 π 来表示。这样学生记忆的是圆周率的意义，而不是它的名称，也不是字母 π，更不是数3.14。其二，合理复习，强化记忆。德国心理学家艾宾浩斯对遗忘进行了深入研究，提出了艾宾浩斯遗忘曲线，认为遗忘的进程符合先快后慢的一般规律。因此，合理组织学生对所学数学知识进行复习是促进数学知识保持的最有效举措。在复习时要注意以下几点：一是及时复习，增强新知识在学生认知结构中的稳定性；二是合理分配复习时间，在减少复习次数的同时，适当延长每次的复习时间；三是采用灵活多样的复习形式，更深刻地理解数学知识。其三，通过数学知识结构化加强记忆。布鲁纳认为，如果没有完美的结构把学生获得的知识连在一起，那么知识多半会被遗忘。在小学数学学习中，教师要引导学生认真整理所学数学知识，沟通知识之间的纵横联系，形成结构化的数学知识体系。整理数学知识使其结构化，可根据所学知识的范围和复习的需要而定。比如，学完一个单元后，就可进行小结或整理；学完一册教材后，也要进行小结或整理；学完了小学数学全部知识后，更应该留出较多时间进行整理，以便形成一定的知识结构。

第三，提取阶段。提取阶段是学生利用习得的知识解决数学问题，使新的知识完全融于原有的数学认知结构之中，形成完善的认知结构的过程。比如，在学习"圆"之后，可以为圆规设计一个说明书来强化圆规画圆的方法。通过这一阶段的学习，学生能力将得到进一步提升。

以上三个阶段密切联系，在小学数学学习过程中，各阶段之间往往并无明确的划分标志，而且前后两个阶段的任务还可能相互渗透、相互结合。三个阶段构成了某一课题学习的一般过程，同时又是整个数学学习过程的一个片段。前一课题学习所形成的新的认知结构又成为下一课题学习的原有认知结构。在此意义上，有效的数学学习过程就是新知识与原有认知结构相互适应、相互容纳、相互递进的动态平衡过程。

但小学数学学习是一种特殊的学习，其特殊性主要表现在学习内容上。根据学习内容的不同，小学数学学习可划分为数学知识的学习、数学技能的学习、数学问题解决的学习等类型，其学习过程亦各有不同。

一、数学知识的学习

数学知识是个体通过与客观事物在数与形方面的属性、联系的相互作用而获得的信息及组织。在小学数学学习中，数学知识学习贯穿全过程，主要包括数学概念的学习和数学命题的学习。

（一）数学概念的学习

概念是反映客观事物本质属性的思维形式。数学概念就是揭示现实世界的数量关系（形式）和空间关系（形式）的本质属性的思维形式，常用一个符号或一个词语来表示，如符号"+""<"分别表示"加""小于"，名称"三角形""正方形"分别用符号"△""□"来表示，等等。数学概念是数学知识中最普遍的形式，是学生学好数学基础知识的关键，也是提高数学能力的前提。学生获得数学概念主要有两种基本形式，即概念形成与概念同化。

1. 概念形成

概念形成是指在教学条件下，学生以感性经验为基础，从大量的具体例子出发，形成表象，进而以归纳方式抽象概括出事物的本质属性，获得数学概念的过程。例如，小学生对长方形、正方形、三角形、圆、长方体等许多概念的初步认识，都是通过观察、辨别一类事物的具体例子，从学生熟悉的肯定例证中，以归纳的方法概括出来的。通常情况下，学生概念形成的主要过程如下。

第一，辨别。观察具有典型意义的具体例子，比较辨别它们各自有哪些属性。这是获得概念过程的开端，即感知阶段。

第二，归类。将具体例子各自的非共同属性撇开，按它们的共同属性归类，这就由感知过渡到了表象，为进一步的抽象概括创造了条件。

第三，抽象概括。从一类事物的共同属性中抽象出共同的本质属性，并通过概括建立概念，给出概念的定义（包括符号）或描述，这就实现了由表象到概念的过渡。这一阶段的进一步展开主要表现为：经由抽象，提出该类事物本质属性的假说；经过在变式中检验假说，确认概念的内涵；再通过概括，建立概念。

第四，强化。把新概念的本质属性推广到一切同类事物，明确概念的外延，通过对概念的肯定例证、否定例证的辨析，使新概念与原有的有关概念分化，从而强化对新概念的掌握。

2. 概念同化

概念同化就是利用学习者认知结构中已有的概念，以定义的方式直接揭示新概念的本质属性，进而使学习者获得概念的过程。比如，学习"方程的解"这一概念，由于学生的认知结构里已经有了"方程""未知数"和"未知数的值"等概念，所以学习时可以直接通过定义"使方程左右两边相等的未知数的值叫作方程的解"揭示其本质属性，并将这一概念作为一个受条件限制（使方程左右两边相等）的特殊的未知数的值，纳入原来形成的有关"未知数的值"的认知结构中去。概念同化的学习过程，大致包括以下几个阶段。

第一，定义。这是概念同化的第一步，可以直接给出概念的定义，揭示其本质属性。例如，由学生已掌握的约数概念，可以很自然地引出公约数的概念，再利用约数个数的有限性这一已有知识，增加"最大"的限定，就可引出最大公约数的概念。

第二，同化。沟通新概念与原有的认知结构中有关概念的联系，明确它们的区别，使新概念与原有的概念得到精确分化和融会贯通。这样，新概念被纳入原有的认知结构，形成了内容更为丰富也更为完善的新认知结构。例如，学习公约数、最大公约数，学生必须主动将它们与自己原有的认知结构中已有的约数概念及有关知识联系起来思考，认识到约数是对一个数来说的，公约数是对两个或更多个数来说，指的是它们都有的约数；由于一个数的约数个数是有限的，其中必有一个最大的约数，所以几个数的公约数中，也必有一个最大的公约数。这样就使约数、公约数、最大公约数三个概念精确分化，前后贯通，纳入原有的整除概念系统中。

第三，强化。讨论新概念的各种特殊情况，进一步明确概念的内涵与外延；辨析概念的肯定例证与否定例证，强化对新概念的掌握。例如，运用枚举的方法，找出 3 和 9，9 和 27 的公约数、最大公约数，认识两个数的最大公约数的两种特殊情况。

（二）数学命题的学习

数学命题是两个或两个以上数学概念之间的关系及其规律性在人脑中的反映，主要表现形式为：法则、定律、公式、公理、定理等，是数学运算、数学推理与论证的依据。数学命题学习对培养学生数学素养、改善学生思维品质起着重要作用，其基本形式包括下位学习、上位学习和并列学习。

1. 下位学习

如果新规则在层次上低于原有的认知结构中的有关知识，那么，新规则和原有的认知结构中的有关知识就构成下位关系。此时，新规则可以直接和原有的数学认知结构中的有关知识发生联系，直接纳入原有的认知结构中，充实原有的认知结构，这样的学习称为下位学习。例如，学习了三角形的有关规则后，再学习等腰三角形的有关规则，就是下位学习。在下位学习中，由于新规则所揭示的概念之间的关系是直接从原有的认知结构中处于概括水平高的有关知识中分化出来的，所以，这样的学习比较容易。在下位学习中，新规则和原有的认知结构的作用方式是同化。

2. 上位学习

如果新规则在层次上高于原有的认知结构中的有关知识，那么，新规则和原有的认知结构中的有关知识就构成上位关系。此时，新规则中概念之间的关系是通过归纳、概括比它层次低的已有知识获得的。这就是说，通过对已有观念的归纳、综合与概括，将原有的认知结构改变为新的认知结构，这样的学习称为上位学习。例如，学习分数乘法时，先学习分数乘整数的法则，再学习一个数乘分数的法则，在此基础上，概括出分数乘法法则，就是上位学习。由于上位学习必须通过改造原有的认知结构才能完成，所以，一般说来，上位学习比下位学习难度大一些。在上位学习中，新规则与原有的认知结构的作用方式是顺应。

3. 并列学习

如果新规则与原有的认知结构中的有关知识有一定联系，但既不处于下位，也不处于上位，那么，称它们为并列关系。此时，学习新规则的关键便在于寻找这种联系，使它们在一定意义下进行类比。这样的学习称为并列学习。例如，学了整数除法中商不变的性质，再学习分数的基本性质，以及比的基本性质，都可以通过类比建立前后规则间的关系，让学生获得新知识。

二、数学技能的学习

数学技能是指学生在教师的指导下，通过有目的、有计划的练习而形成的顺利完成某种数学学习任务的动作体系或心智活动方式。根据表现形式的不同，数学技能可分为数学操作技能与数学心智技能，其学习过程各有不同。

（一）数学操作技能的学习

数学操作技能是指完成数学学习任务的动作主要通过外部活动或显性的操作程序去完成的技能。例如，利用圆规画圆，利用三角板画垂线，等等。通常情况下，小学生数学操作技能的学习主要包括以下四个基本阶段。

1. 定向阶段

定向阶段是数学操作技能形成的起始阶段，指学生根据学习任务与操作活动要求，在头脑里建立起相应的动作映象。例如，在画角这一活动的定向阶段，就要根据学习材料或操作要求，了解需要画一个多少度的角、用什么工具来画、画角的基本步骤等，然后在头脑里建立起一个用量角器和三角尺（或直尺）画角的定向映象。

2. 模仿阶段

模仿的实质是头脑中形成的定向映象以外显的实际动作表现出来。在这一阶段，学生按照一定的规则或方式把所学数学技能动作加以分解，并按照学习材料提示的操作方法或教师的示范进行模仿学习，进而掌握各个局部动作。例如，用圆规根据给定的半径画圆，在模仿阶段可以将其分解为四个局部动作，即确定圆心、按照给定的半径确定圆规两脚之间的距离、将圆规的针尖脚固定于圆心的位置、将铅笔脚绕圆心在纸上旋转一周。

3. 整合阶段

整合，即根据活动任务要求，把通过模仿习得的局部动作按照一定的顺序构成一个连贯而协调的一体化动作系统。在进行动作整合时需要注意两点：一是重视动作之间的连贯与协调；二是进行充分的练习以强化动作之间的衔接。

4. 熟练阶段

动作的熟练是指动作能自如地运用到操作活动之中，达到了自动化或近自动化水平。例如，根据给定的半径用圆规画圆，在熟练阶段不需要思考就能顺利完成全套动作，并保证其正确性。

根据数学操作技能的形成过程，小学生获得数学操作技能的主要途径包括以下两种。第一，模仿学习。模仿学习是指学生在数学学习中根据教师的示范或学习材料提供的样例进行练习，规范地掌握操作的基本要领，并完整地执行数学操作技能的操作程序。第二，程序练习。程序练习是将所要学习的数学操作技能分解成若干局部动作，然后按照设计的程序由易到难地逐一练习，最后将这些局部动作综合成整体形成程序化的活动过程。

（二）数学心智技能的学习

数学心智技能是学生在数学学习活动中获得的一种借助内部言语调节、控制数学活动的心理活动方式，包括感知、记忆、思维和想象等心理成分，并以思维为主要成分。例如，在口算、解方程等活动中形成的技能更多的是一些数学心智技能。小学生数学心智技能的学习主要包括以下四个基本阶段。

1. 认知阶段

这是数学心智活动的准备阶段，主要是回忆与学习任务有关的知识经验，明确数学学习的过程和结果，并在头脑里建立起数学活动本身及其结果的表象。例如，在"加法运算"的学习中，认知阶段就是要知道运算目的在于求几个加数的和及运算的步骤和方法，以此在头脑里形成加法计算过程的表象，为后面的计算活动形成内部控制条件。

2. 模仿阶段

模仿，即在教师的示范下，学生将头脑里初步建立的活动程序计划以外显的操作方式加以执行。例如，计算8+3，这一阶段就是学生把自己头脑里建立起来的运算程序用小棒摆出来，其操作程序反映为8根小棒与2根小棒合在一起，得到10根小棒，然后加入1根小棒，最后得出11根小棒的过程。

3. 有意识的外部语言阶段

这是数学心智活动由外显的操作模式向内隐的思维活动转化的阶段，学生主要通过自己的言语引导而进行智力活动。例如，两位数加两位数的笔算加法，在这一阶段通常表现为学生口中一边念诵"相同位数对齐、从个位加起、个位满十向十位进一"法则，一边计算。

4. 无意识的内部语言阶段

在这一阶段，学生不需要通过刻意注意操作规则来完成数学学习任务，而是完全依靠无意识的内部语言进行智力活动，表现出动作简化、过程高度压缩、活动执行水平完全自动化的特点。例如，用简便方法计算 24+99×99+75，学生不需要回忆加法交换律和结合律、乘法分配律等运算定律，也不需要思考运算顺序，就能很快发现其中两个加数 24 和 75 相加的和与算式中"99×99"之间的特殊关系，于是先合并 24 和 75，然后利用乘法分配律进行计算，即原式 =（24+75）+99×99 = 99×（1+99）= 99×100 = 9900，整个计算无须外部言语控制而成为一种自动化演算过程。

小学数学心智技能的学习方式主要包括以下几种。第一，范例学习。范例学习是指按照教科书或教师所提供的范例，通过一步一步地展现所学数学技能的思维操作程序，从而逐步掌握数学技能的心智活动。这是小学生数学心智技能学习的一种主要方式。例如，在小学数学教科书中，关于整数、小数、分数的四则运算等，都提供了相应的图示，学生根据图示中的提示可以完整地执行相关的思维程序与操作过程。第二，尝试学习。尝试学习是指主要由学生自己探索解决问题的方法和途径，并在不断修正错误的过程中找到解决问题的思维操作程序，进而获得数学技能。尝试学习对学习智力发展水平要求较高，适用于题目本身具有较强探究性的变式问题解决的学习。

三、数学问题解决的学习

数学问题解决是学生在面临新的数学问题情境时，选择问题情境中有用的条件信息和运算信息，并运用有关数学知识和问题解决策略（方法），积极探索和克服障碍，求解问题答案的一种心理活动过程。它有利于提高学生数学知识的掌握水平和运用数学知识解决实际问题的能力，培养学生的数学意识、探索精神和创新能力。通常情况下，小学数学问题解决的过程包括四个基本步骤。

（一）感知理解问题

感知理解问题是指明确问题的初始状态和目标状态，在头脑里构建问题的表征。它是解决数学问题的首要环节，包括感知问题情境、明确问题信息、实现课题类化、分析数量关系四个方面的活动。

1. 感知问题情境

感知问题情境是指通过对问题情境的观察与阅读获取问题情境中的信息，实现对问题情境的初步理解。它是解决问题的前提，起着思维定向作用，主要完成三方面的任务：①明确该问题说的是一件什么事；②理解问题情境中的陌生词语及陌生句子，并尽可能将问题情境纳入已有认知经验之中；③能用自己理解的语言表述问题情境的含义，使问题中的信息更清晰、更具逻辑性。

2. 明确问题信息

了解了问题情境，尤其是正确地理解了情境命题中的关键词语之后，学生的认知结构就会与问题情境发生联系和作用，从而将问题的条件和目标从情境中明确地分离出来。明确问题信息包括明确问题中的条件信息、目标信息和运算信息，这是问题解决的主要依据。即，明确问题中的已知条件；明确哪些已知条件是有用的；明确问题情境中最终要解决的问题是什么；明确求得问题结构可以采取哪些运算。在此过程中，要充分重视问题目标信息的导向作用，对于一些综合性强、关系复杂的数学问题，尤其要注意发现问题中的隐藏条件，充分搜集有用信息，排除无用信息的干扰。

3. 实现课题类化

课题类化是指把当前问题的主要内容同学习者原有的认知结构中相关的数学知识和方法联系起来，并把这些已有的知识和方法作为重新组合成问题解决的新方法的依据和基础。即，当学生遇到新的问题时，需要在理解问题本质的基础上，对认知结构中所储存的知识进行模式检索，将当前问题与原有的认知结构中的知识经验建立类别联系。

4. 分析数量关系

为了厘清问题解决的思路，找到问题解决的具体方法，在感知理解问题的过程中还需要分析数量关系。数量关系反映的是数量之间的普遍联系，它起源于现实生活，产生于四则运算的意义，形成于对同一现象的分析、比较与抽象概括。分析数量关系的重点在于把握问题中数量关系的本质联系，这是确定问题解决思路、步骤和具体方法的主要依据。同时，对数量关系进行分析，有助于学生理解问题的实质，促进学生分析与综合能力、归纳与概括能力的发展。

（二）确定求解方案

确定数学问题的求解方案是问题解决的关键步骤，主要完成以下三个方面的任务。

1. 寻找问题解决的突破口

解决问题的突破口既包括思考的起点，也包括思考的方向。抓住了问题解决的突破口，可以保障解决问题思路的方向正确，有利于找到正确解决问题的逻辑起点。例如，对于"某影剧院能容纳 1500 名观众。该电影院有四个大门和两个小门。经测试，一个大门每分钟能安全通过 120 人，一个小门每分钟能安全通过 80 人。在紧急情况下，由于拥挤，大小门通过的速度各下降 30%。那么，在紧急情况下，3 分钟能安全疏散全部观众吗？"这一问题，在分析数量关系的基础上，必须知道紧急情况下安全通过 1500 名观众需要多少时间，这是问题解决的突破口。因此，解决该问题思考的起点是先算出紧急情况下每分钟能通过多少人。

2. 确定问题解决的思路及步骤

应首先把握数学问题中的总体数量关系，并在此框架下确定一些具体的实施步骤，从而找到问题解决的思路。问题解决的思路往往不止一条，有的思路简洁、清晰，有的思路和步骤则比较复杂。例如，要解决"甲地到乙地的飞机票全价 900 元，上午的票价八折优惠，晚上的票价五折优惠，那么，晚上的票价比上午的票价便宜多少？"这个数学问题。在分析数量关系的基础上可以确定两种思路：一是先分别算出上午购买的机票和晚上购买的机票分别要多少钱，再比较晚上的机票比上午的机票便宜多少钱；二是先算出晚上的票价比上午的票价少几折，再算出晚上的机票比上午的机票便宜多少钱。显然，第二种思路比第一种思路更为简单。

3. 选择问题解决的策略与方法

数学问题解决策略的选择过程是个体通过对问题情境的理解和数量关系的分析，在填补认知空白的过程中对原有的认知结构重组或改造的过程。作为数学问题解决过程中的重要活动，学生应有意识地掌握一些基本策略，包括尝试、转化、数形结合、从特殊到一般、类比、整体处理、动手操作或试验等。数学问题解决的方法是实现问题目标的具体办法，它与策略具有一定的联系，但比策略更具体。寻求解决问题的方法，不是简单地利用已有信息（问题的条件、已有的知识经验等），而是对这些信息进行加工。加工的基本思路是"变更问题"，即将问题一步步地进行"等价"转化，使"已知"与"所求"越来越接近。例如，对于"一个梨形灯泡，如何求出它的容积"这一问题，小学生对这个不规则的几何体，所学的体积公式都用不上，一时无法解决。但如果小学生运用转化的策略，将灯泡的容积转化为水的体积，这个问题立即得解。即将灯泡注满水，再把水倒入量筒，则量出的水的体积就是灯泡的容积。

（三）实施问题解决

实施问题解决就是执行问题解决方案、求解问题目标答案的过程。小学生在数学问题的求解过程中，一是要根据问题中的已知条件，按照问题解决的思路将问题情境中的数量关系转化成数学模型，列出相应的算式，并根据算式计算出答案；二是在实施问题解决的过程中，对执行问题解决方案的过程实施监控与调节。在这一活动中，学生既要明确自己每一步求解的目标是什么，也要判定每一步是否正确，有时可能会对预先确定的问题解决方案做出局部的修正。

（四）总结评价

总结评价是数学问题解决过程中的重要环节，是对问题解决全过程的回顾与反思，判断问题答案是否正确，使问题解决的思路、方法在头脑里更清晰，同时提炼问题解决的策略，感悟数学思想方法，促进问题解决能力的发展。

总结评价过程一般包括以下四个步骤：第一，检验问题解决的结果是否正确，即通过观察问题情境、回顾问题解决的思路、再次计算等方式检验求解算式及答案的正确性；第二，对问题解决的过程及方法进行反思，分析选择的解题途径是否合理、简捷，推理是否严谨；第三，通过总结评价看看能否发现其他途径与方法，凸显问题解决方法的多样化；第四，通过总结评价让学生获得问题解决的成功体验，进一步强化问题解决学习的积极性。

应当指出的是，上述四个步骤是小学数学问题解决的一般过程，具有典型性，但并非刻板的。在不少情况下，某一步可嵌入另一步中，从而使问题解决过程得到简缩。例如，前两个步骤结合，边审题，边寻求解法是很常见的。又如，边寻求解法边付诸实施，推演了一两步后，才发现到达目标状态的余下路径，是一种更值得总结的解题策略。

要促进数学问题的解决，教师应该注意如下问题。首先，重视数学问题情境的感知与理解。只有全面感知、深入理解问题情境，才能有效提取有用的信息，为问题解决策略的选择做好准备。其次，要合理利用已有数学模型。数学模型是用数学语言概括地描述现实世界数量关系和空间形式的一种数学结构。学生解决数学问题的过程，就是利用已有知识经验探索并建立新的数学模型，或应用已有数学模型将当前问题与原有的认知结构中相关知识经验联系起来获得问题答案的过程。在数学问题解决中，还要注意模式识别、问题转化以及新模型的构建。最后，切实掌握问题解决的基本策略。例如，分析与综合策略、模拟操作策略、画图策略、假设与替换策略、倒退与逆向思考策略等。

思考与练习

单项选择题解析

 阅读与拓展

1. 梅耶，亚历山大. 学习与教学：理论研究与实践意蕴［M］. 2 版. 庞维国，梁平，皮连生，等译. 上海：华东师范大学出版社，2022.

该书分为两个部分：学习和教学。学习部分讨论的是人们在阅读、写作、数学、科学、历史、第二语言和体育等各学科领域如何学习，以及人们如何习得进行批判性思维、学习、自我调节和动机激发所需的知识和过程。教学部分讨论的是有效教学方法，涉及反馈、示例、提问、辅导、可视化、模拟、探究、讨论、协作、同伴示范及适应性教学等多种方法。该书通过横跨学科领域、学习概念和教学方法等主题，呈现了关于学习和教学的研究成果。

2. 哈蒂，费希尔，弗雷. 可见的学习（K—12 数学版）［M］. 徐斌艳，王鸳雨，等译. 北京：教育科学出版社，2022.

该书探讨了可见的学习的典型概念——浅表学习、深度学习与迁移学习。其中，浅表学习并不是意味着肤浅的学习，而是学生对概念、技能的初步学习，是学生深入思考的基础。深度学习强调学生的巩固理解与应用，将某些浅表学习的知识拓展为更深层的概念理解。迁移学习强调学生在巩固知识和技能的同时，将其运用到新的情境中。具体来说，该书通过设计丰富的案例，把握可见学习特征，引导教师站在学习者需求立场上，策划课堂，丰富资源。

3. 弗赖登塔尔. 作为教育任务的数学［M］. 陈昌平，唐瑞芬，等编译. 上海：上海教育出版社，1995.

该书是一部数学教育哲学著作，共十九章，主要阐述了弗赖登塔尔对于一些问题的看法，比如"数学的传统""今日的数学""再创造""数学教师"等。

4. 李光树. 小学数学学习论［M］. 北京：人民教育出版社，2014.

该书一方面关注了研究内容和研究视角的创新，探索了一些现有小学数学学习理论著作较少系统论述的问题，如对于小学数学学习特点、小学数学学习的育人性、小学生学习数学的障碍、中小学数学学习衔接等问题；另一方面，重视一些常规问题的研究，如小学数学学习迁移、学习策略和学习方式、数学知识和数学技能的学习、数学思维和数学能力发展、数学学习评价等问题。由此形成了一个内容比较广泛、结构也比较庞大的小学数学学习论体系。

5. 曹培英. 跨越断层,走出误区:小学数学深度学习教学研究[M]. 上海:上海教育出版社,2022.

该书基于作者长期的、系统的学科教学理论研究与反思性实践研究,以及面向一线教师的教学指导、培训带教经验,针对小学数学课程主要的内容领域,就"教师教什么、为什么教,怎样教,以及学生怎样学"展开专题探讨;针对教师把握教学内容的数学内涵、吃透学情及驾驭课堂教学等方面遇到的具体问题,进行释疑解惑。

第五章

小学数学教学基本原理

学习目标

1. 理解小学数学教学过程的内涵与特点。
2. 掌握小学数学教学原则。
3. 掌握小学数学教学方法。
4. 初步形成组织小学数学课堂教学的能力。

第一节 小学数学教学过程

一、小学数学教学过程的内涵

关于什么是教学过程,目前,学界主要存在三种代表性的观点:一是认识说,认为教学过程是一种特殊的认知过程;二是发展说,认为教学过程是一个促进学生知识、能力和思想品德全面发展的过程;三是活动说,认为教学过程是教师教和学生学的双边活动过程。这些论述一定程度上揭示了教学过程的实质,但从教学的本质上看又似乎不够全面。教学最基本的属性是育人,所以,应把教学过程定位为促进学生知识、能力、情感态度价值观全面和谐发展的育人过程。

小学数学教学过程作为一种学科教学过程,其内涵不仅反映一般教学过程的本质属性,而且体现小学数学教学过程的个性特征。因此,小学数学教学过程是在教学目标的指引下,教师组织和引导学生以小学数学课程内容为学习线索,系统地学习和掌握数学知识、发展数学能力、形成良好的思想品德和个性心理品质的认知与发展相统一的育人过程。

二、小学数学教学过程的特点

教学过程的特点是教学过程本质的具体体现。小学数学教学过程是一种特殊的教学活动过程,其特殊性主要体现在三个方面:一是认识主体和认识对象的特殊性,二是发展内容的特殊性,三是师生相互作用的中介和活动方式的特殊性。这些特殊性反映出小学数学教学过程中有别于其他学科教学过程的个性特征。与其他学科教学过程相比,小学数学教学过程具有三个方面的显著特点。

（一）小学数学教学过程是教师引导学生"数学化"的过程

教学过程中学生以掌握间接知识为主，这些间接知识是人类长期实践经验的总结，是人类历史上的优秀文化成果。从认识论的角度来讲，小学数学教学过程与其他学科教学过程的主要区别在于认识主体与认识对象的不同。一方面，小学数学教学过程中的认识主体是学龄初期儿童，其思维特点是以具体形象思维为主、逐步过渡到抽象逻辑思维，而这种抽象逻辑思维仍对具体形象思维具有很大的依赖性。另一方面，小学生数学学习中的认识对象主要是客观世界中的一些基本数量关系与空间形式，具有高度的抽象性、严密的逻辑性。认识主体与认识对象的特殊性决定了小学数学教学过程中教师必须引导小学生开展积极的数学活动。

第一，组织学生经历"数学化"的过程。认知主体思维的具体形象性和认知对象的抽象概括性决定了小学生在数学学习过程中对感性材料的依赖性。所谓"数学化"，是指学习者从现实的具体情境出发，经过归纳、抽象和概括等思维活动，寻找数学模型、得出数学结论的过程。例如，当儿童学会计数时，他们把两组具体对象的集合放在一起而引出加法，建立加法的意义和计算模型。因此，小学数学教学活动应当紧密联系小学生的生活实际，从小学生的生活经验出发进行教学，引导小学生真正获得富有生命力的数学知识。

第二，让学生在具体情境中体验数学。教育和心理学研究表明：当学习材料与小学生已有的知识和生活经验相联系时，学习才会是有效的。在小学数学教学过程中，教师要充分贯彻联系生活和数学应用的思想，从小学生熟悉的现实情境和已有知识经验出发，组织小学生共同进行操作、交流、思考，积极地展开思维，形成真正意义上的理解性掌握。

（二）小学数学教学过程是师生交往互动的过程

教学过程是教师和学生、教和学的双边活动过程，是教师指导学生进行学习的过程。在小学数学教学过程中，教师是组织者、合作者与引导者，学生是学习的主体。小学数学教学过程是师生交往互动的过程，是教师的教与学生的学的和谐统一，双方积极互动的实质就是交往。

所谓交往，就是共同存在的主体之间的相互作用、相互交流、相互沟通和相互理解。作为人的基本存在方式，交往具有互动性、互惠性与主体性等属性。第一，互动性和互惠性是交往的基本属性。小学数学教学过程中的交往强调师生之间、生生之间的动态信息交流，通过师生互动，达成共识、共享、共进，实现教学相长。第二，主体性是交往的本质属性。教师与学生都具有独立的人格价值，师生关系是一种平等、双向的人与人的关系，交往是这种关系得以建立和表征的基本形式与途径。换言之，在小学数学教学过程中，交往意味着对话、参与，它不仅是一种教学活动方式，更是弥漫、充盈于师生之间的一种教育情境和精神氛围。对教师而言，交往意味着数学知识的分享和理解，是生命活动、专业成长与自我价值的实现过程；对小学生而言，交往意味着心态的开放，是凸显主体、彰显个性、解放创造性的过程。

要实现小学数学教学过程中师生之间的有效交往，需要注意两个方面的问题。第一，充分调动小学生的主动性、积极性。学生是学习活动的主体，数学学习过程是学生对有关数学学习内容进行探索、实践与思考的过程。教师要通过多种方式激发学生的学习动机，调动学生的学习积极性，引导学生积极主动地投入学习活动之中。第二，实现教师角色的转变。教师是学生数学学习活动的组织者、合作者和引导者，其主导作用主要体现在：首先，为学生的学习创设良好的课堂环境和精神氛围，引导学生开展积极主动的数学活动；其次，参与学生的讨论，了解学生的想法，鼓励学生提出不同的观点，评估学生的学习情况，有针对性地对学生进行指导；最后，鼓励学生进行及时回顾与反思，肯定学生的成绩，使其树立并逐步强化数学学习的自信心。

（三）小学数学教学过程是师生共同发展的过程

小学数学教学过程不仅可以促进小学生的发展，而且能够促进教师的专业成长，是师生共同发展的过程。

第一，促进小学生的发展。教学要促进学生知识、能力、情感态度价值观等的全面发展，这是各门学科教学过程的共同属性与主要任务。小学数学教学过程要求学生切实掌握数学知识，发展计算能力、思维能力、空间观念、创新意识和运用所学数学知识解决问题的能力，形成良好的思想品德和个性心理品质，从而促进学生的全面发展。

第二，促进教师的专业成长。相关研究表明，教师的专业能力都是在教学实践中形成的。教师只有不断对自己的教学实践进行反思和研究，改进和创新，才能使自己的教学更适合小学生发展的需要。因此，在小学数学教学过程中，教师必须遵循教育规律和儿童身心发展规律，不断创造性地解决师生之间、生生之间的认知冲突、情感冲突和价值观念冲突，努力形成独具个人魅力的教学艺术，使教学成为富有个性化的创造过程。

第二节　小学数学教学原则

作为一种有计划、有步骤地对学生施加影响的育人活动，小学数学教学必须遵循一定的原则和要求来规范教师"教"和学生"学"的行为，使教学活动始终沿着教育目标指引的方向前进，取得最佳教学效果。因此，把握小学数学教学原则不仅是一个有待持续深入研究的学科教学理论问题，更是一个迫切需要解决的教学实践问题。

目前，学界对教学原则的概念界定见仁见智。王策三认为，教学原则是根据教育、教学目的，为反映教学规律而制定的指导教学工作的基本要求。王道俊、郭文安认为，教学原则是有效进行教学必须遵循的基本要求和原理。顾明远将教学原则定义为：在总结教学实践经验的基础上根据一定的教育目的和对教学过程规律的认识而制定的指导教学工作的基本准则。虽然表述不同，但研究者们对教学原则本质属性的认识却较为一致，即教学原则是根据一定的教学目的，遵循教学的客观规律而制定的指导教学工作的基本要求。

小学数学教学原则作为一门具体学科教学所遵循的行为准则，其本质属性与一般教学原则并无二致。根据一般教学原则的界定，我们认为，小学数学教学原则是根据小学数学教学目的、遵循小学数学教学的客观规律而制定的指导小学数学教学工作的基本要求。它对小学数学教学活动具有直接的指导与调控作用。一方面，它一定程度上决定着教学内容的安排、教学方法的选择与教学组织的运行等；另一方面，它宏观指导着教学过程中诸要素的关系协调，能够充分发挥各要素的整体功能，切实提高小学数学教学质量。目前，在我国小学数学教学中比较常用的教学原则包括：数学知识的科学性与思想性相结合原则，数学内容的抽象性与直观性相结合原则，数学逻辑的严谨性与量力性相结合原则，数学课程标准的统一性与因材施教相结合原则，理解数学知识与巩固性相结合原则，传授数学知识与发展能力相结合原则，教师主导与学生主体相结合原则。

一、数学知识的科学性与思想性相结合原则

数学知识的科学性与思想性相结合原则是指在数学教学过程中，要以马克思主义为指导，在学生学习数学知识的过程中，对学生进行思想教育、道德品质教育和心理健康教育等。在小学数学教学中贯彻这一原则，需要注意以下要求。

（一）确保数学知识的科学性

科学性是思想性的基础，是教学的基本要求。小学数学选择了学生日常生活和进一步学习所必需的且能够接受的最基础的知识作为教材内容，它们是经过实践检验的科学的数学知识，具有数学所特有的精确性、严密性等特征。教师要科学、准确地讲清教材的内容，使学生形成明晰的数学概念，熟练掌握数学定律、性质、公式与法则，培养实事求是的科学态度。

（二）发掘教学内容的思想性

思想性是科学性的灵魂，是教学的方向保证。凡教学都有思想性，不存在没有思想性的教育。问题的关键在于，思想教育是自觉进行的还是盲目进行的？是正确的还是错误的？只有自觉地、正确地进行思想教育，才能取得良好的教学效果。在小学数学教学中，教师要注意挖掘教学内容所蕴含的思想因素，既教书又育人。比如，学习"时、分、秒的认识"时，可以让学生了解钟表从日晷、太阳钟、水钟、沙钟到原子钟、分子钟的千年发展历史，感受科学技术的进步，让学生们懂得爱惜时间，认真学习；学习"九九乘法口诀表"时，可以介绍"九九乘法口诀表"秦简，这是我国发现最早、最完整的乘法口诀表实物，凝聚着中国古人的数学智慧，帮助学生树立文化自信；学习"加与减、乘与除、正比例与反比例"时，可以引导学生体会矛盾的普遍性与特殊性，事物的相互联系、对立统一与发展变化，渗透辩证唯物主义教育。

（三）教师要不断提升自身的专业水平与思想修养

教学的科学性和思想性主要靠教师来保障，因此，小学数学教师要不断提高自己的专业水平和思想修养。教师专业水平不够，不能保证数学教学的科学性；教师修养水平不够，也不能保证教学的思想性。对教师来说，想把学生培养成什么样的人，自己首先就应该成为什么样的人。培养社会主义建设者和接班人，迫切需要我们的教师既精通专业知识、做好"经师"，又涵养德行、成为"人师"，努力做精于"传道授业解惑"的

"经师"和"人师"的统一者。[①] 只有做有理想信念、有道德情操、有扎实学识、有仁爱之心的"四有"好老师，成"言为士则、行为世范"的时代"大先生"，数学教师才能不负党和人民的嘱托，培养大批德才兼备、能担当重任的社会主义建设者和接班人。

二、数学内容的抽象性与直观性相结合原则

数学具有高度的抽象性，数学研究的对象是从具体内容中抽象出来的形式、结构和数量关系，但小学生处于以直观形象思维为主并逐渐向抽象逻辑思维过渡的阶段，所以，数学教师应当把抽象的数学内容以直观的形式展现出来，让小学生在从直观到抽象的过程中学习数学。因此，数学内容的直观性与抽象性相结合原则是指在小学数学教学中，既要重视直观感知，让学生在头脑里建立起所学数学知识的表象，又要注意及时引导学生从感性材料中抽象出数学概念、概括出数学原理，促进学生的认识从感性向理性飞跃。在小学数学教学中贯彻这一原则，需要注意以下要求。

（一）恰当运用直观手段

借助具体、形象的事物揭示抽象的数学内容是小学阶段数学学习的重要特点之一，教师要根据教学任务、教材内容和学生年龄特征，选择适当的直观材料，并采用实物、模型、数形结合、语言等直观手段组织教学。

实物直观是让学生观察现实生活中的实际物体来直观感知数学的具体对象。比如，学习"时、分、秒的认识"，教师可以引导学生利用自己带来的小钟表，在"拨一拨""看一看""数一数"中认识钟表，了解时、分、秒之间的换算关系，体验一分钟时间能做哪些事情。这有助于培养学生的观察、思考能力，使学生体验时间的宝贵，养成珍惜时间的好习惯。

模型直观是让学生观察实物的模型或者教具来直观感知抽象的数学对象。例如，在认识"三角形的稳定性"时，教师可以先让学生观察四边形的教具，发现四边形的不稳定性。然后，去掉其中一根棒，得到三角形的教具，再让学生拉、压，感受到三角形没有变形，从而使学生真正认识到三角形的稳定性。

数形结合是利用图形、线段等帮助学生直观感知抽象的数学对象。例如，通过线段图、圆形图等理解分数的意义、解决行程问题，等等。

语言直观是教师利用生动形象、妙趣横生的语言来帮助学生对所学知识形成表象，理解抽象的数学对象。例如，通过数字儿歌认识、记忆和书写数字："1像铅笔能写字，2像鸭子水中游，3像耳朵能听话，4像小旗迎风飘，5像钩子能钩物，6像哨子嘟嘟响，7像镰刀割青草，8像葫芦空中摇，9像勺子盛稀饭。"

（二）注意直观与讲解相结合

运用直观手段可以使学生获得感性认识，但要与讲解相结合。讲解能够集中学生的注意力，指导学生对直观对象形成定向的理解，揭示事物的本质，而不是流于"为直观而直观"。在直观与讲解结合的过程中，教师要指导学生进行分析、综合、抽象、概括

[①] 2022年4月25日，习近平在中国人民大学考察调研时的讲话。

和推理等思维活动，发展学生的抽象逻辑思维。

（三）充分发挥表象的中介作用

直观是手段而不是目的，使用直观教具但不能让学生对直观教具形成依赖，要锻炼学生以后不用直观教具也能形成表象的能力。表象是过去曾经感知过的事物在头脑中重现出来的形象，是数学知识掌握过程中从感知到理解的中介。一方面，要让学生在头脑里切实建立起感知对象的表象。例如，在"平行四边形"教学中，让学生通过观察相应物体表面或图形，形成"两组对边分别平行（或两组对边分别相等）""四边形"等关键特征的形象。另一方面，要以学生头脑里的已有表象为依据，引导学生通过思维加工将具体形象上升为抽象的数学概念或原理。例如，学习"梯形"的概念，可以让学生想一想梯形物体的具体形象，从而激活学生头脑里已形成的梯形表象，在这个基础上，引导学生概括出"只有一组对边平行的四边形"的本质特征，形成梯形的概念。

三、数学逻辑的严谨性与量力性相结合原则

数学逻辑的严谨性是指数学概念必须准确定义，数学结论必须精确叙述，数学论证必须严格周密，整个数学内容被组成一个严谨的逻辑体系。量力性是针对数学教学对象而提出的，它要求教师充分考虑学生的思维发展水平、理解程度和接受能力来组织教学，注意循序渐进，从而有效地促进学生掌握数学知识，发展数学能力。在小学数学教学中贯彻这一原则，需要注意以下要求。

（一）明确把握数学教学的严谨性要求

小学数学知识是按照一定的逻辑顺序构建的，一般来说，小学数学课程标准及教材都对各部分的数学内容有明确的要求，教师通过整体把握数学教材的知识结构，分析思考数学课程标准及教材对各内容要求的深浅度，就可以把握数学教学严谨性要求的高低。比如，学习四则运算，要先建立加法的概念，然后用加法的意义去定义减法和乘法，再用乘法定义除法，这种顺序不能人为地进行破坏。

（二）充分了解学生的能力水平

学生对事物的认知都要经过一个由未知到已知、由表及里、由浅入深的过程，数学教师必须严格遵循学生的认知发展顺序，了解学生的年龄特征、个性特点与智能水平，利用学生已有生活经验、数学活动经历来创设恰当的问题情境，让学生的认知发展按照数学知识的逻辑顺序有序展开，并运用数学知识结构的逻辑性促进学生认知的有序发展。如果数学教师对小学生的能力水平等了解不够，就不可能很好地贯彻数学逻辑的严谨性和量力性相结合原则。

（三）逐步体现严谨性

在具体的数学概念和定理等内容的教学中，不要一下子和盘托出所要学习的概念和定理等全部内容，要体现出逐层逐步严谨的过程。例如，在教授"分数"的概念时，不要一开始就直接告诉学生分子、分母的定义，而是要让学生通过分、折、数等操作，慢慢体会分子和分母的含义。

（四）有意识地培养学生良好的思维习惯

在数学教学中，要有意识地逐步培养小学生言必有据、思考缜密、思路清晰的思维习惯。所谓言必有据，即要求教师在计算、推导、论证的每一个过程中都要有根有据，这些根据就是所学过的数学概念、数学原理等。所谓思考缜密，就是考虑问题要全面、周密、准确，不能有漏洞。学生对数学定义的本质含义理解不清，忽略定理的条件限定，不注意公式、定理的适用范围等，都是思考不缜密的表现。所谓思路清晰，就是要求学生对解决一个问题要分几个步骤才能完成、要从几个方面进行思考、要分几类情形进行讨论、要从几个侧面进行分析等，都要做到心中有数，有条不紊。

四、数学课程标准的统一性与因材施教相结合原则

小学教育的义务性要求小学数学教学必须面向全体，但在教学过程中，教师又必须承认且面对学生的个别差异。数学课程标准的统一性与因材施教相结合原则是指教师在数学教学中，要从数学课程标准的统一要求出发，面向全体学生；同时，又要根据学生的个体差异，有的放矢地进行教学，使每个学生都能扬长避短，获得最佳发展。在小学数学教学中贯彻这一原则，需要注意以下要求。

（一）坚持数学课程标准的统一要求

教师要依据国家颁布的义务教育数学课程标准并结合学校实际进行教学，使大多数学生都能通过努力达到共同的基本要求。

（二）针对学生特点进行差异化教学

教师不仅要了解学生整体的知识基础、智能水平，还要了解学生个体的数学学习态度、兴趣、习惯等，从实际出发，提出具体的教学方法。例如，在教学"比例的意义和基本性质"时，教师可以为学生展示一道习题，学生可以根据自己的学习情况选择完成几步。

（1）计算下面比例中两个外项的积和两个内项的积，比较一下，你能发现什么？

$2.4:1.6=60:40$

（2）你能举一个例子，验证你的发现吗？

（3）你能得出什么结论？

（4）你能用字母来表示这个性质吗？

（三）采取有效措施使每个学生获得充分发展

数学教师要善于发现每个学生的兴趣、爱好，为学生学习数学创造条件。对于个别数学学习困难的学生，要循循善诱，增强其学习信心；而对于学有余力的学生，则要适当扩大其知识面，提高其数学能力。

五、理解数学知识与巩固性相结合原则

要使小学生在较短的时间内掌握数学知识，需要经过反复学习的过程，即巩固知识的过程。理解是巩固的前提，只有理解了的东西才容易保持。理解数学知识和巩固性相结合原则是指教师要引导学生在理解数学知识的基础上牢固地掌握所学知识和技能，能

根据需要迅速再现出来并加以运用。在小学数学教学中贯彻这一原则，需要注意以下要求。

（一）在理解的基础上巩固

理解知识是巩固知识的基础。要使学生对知识掌握得牢固，教师在传授时首先要使学生深刻理解知识。在数学教学中，教师讲授的数学知识必须清晰而深刻，使学生充分感知和理解数学课本知识，从而牢固地掌握数学基本知识和技能。

（二）重视组织各种复习

复习是学习之母，没有复习就没有真正的学习。复习可以加强学生对知识的理解，提高学生的创造力。在数学教学中，教师应根据需要，有计划地向学生提出复习与记忆的任务，要求学生合理分配时间，采取新颖多样的方式方法，有效组织实施各个阶段的复习。

（三）在运用知识中积极巩固

在数学教学中，教师应引导学生努力学习新知识，扩大、加深、改组原有知识。通过设计各种数学作业、练习和实践等，使学生积极运用数学知识解决实际问题，从新的角度、新的联系中积极巩固已有知识与技能。

六、传授数学知识与发展能力相结合原则

知识与能力密切联系，掌握知识是发展能力的基础，发展能力是掌握知识的必要条件。二者互为重要条件，不可重此轻彼。传授数学知识与发展能力相结合原则是指在传授系统的数学知识的同时，要培养学生多方面的能力，使知识与能力相得益彰，共同提高。在小学数学教学中贯彻这一原则，需要注意以下要求。

（一）数学知识结构要合理

知识凝结着人类的思维方式和思维能力，掌握知识是发展能力的基础，知识的科学性、思想性和系统性均有助于发展学生的智力与能力。在小学数学教学过程中，学生可以通过掌握数学知识从而将知识结构内化为自己的智能结构。

（二）引导学生主动掌握和运用数学知识

智能不仅与知识的性质、难度和分量有关，更与获取和运用知识的方法和态度有关。所以，小学数学教学要启发学生在独立思考中获得知识，在解决各种理论和实践问题的探索活动中运用已经获得的数学知识。

（三）教会学生学习

自学能力是智能的重要构成部分，是学生顺利完成学习任务的必备条件。教师在数学教学中应培养学生主动学习数学的意识，加强数学学习方法指导，使学生形成独立获取数学知识和信息的兴趣、能力、意志与习惯，培养学生的自学能力，为学生能力发展提供强有力的自助工具。

七、教师主导与学生主体相结合原则

数学教学活动是师生积极参与、交往互动、共同发展的过程，教师的指导直接影响

学生的学习进程，学生的主动参与则可以使教师的指导发挥更大作用。教师主导与学生主体相结合原则是指数学教师要充分发挥主导作用，同时要善于调动学生的学习自觉性、主动性和积极性，使数学教学过程成为师生双方密切配合、协同共进的过程。在小学数学教学中，教师的主导作用主要体现在贯彻教育方针、执行数学教学计划、落实数学课程标准、确定数学教学要求、选择教学方法和组织教学活动等方面；而学生作为施教的对象、学习的主体，应该积极地进行自我调控。在小学数学教学中贯彻这一原则，需要注意以下要求。

（一）坚持数学教师的主导作用

教师是学生学习活动的组织者、引导者、合作者，应当准确把握数学教学内容和学生情况，合理确定数学教学目标，恰当处理数学教学内容，精心设计数学教学程序，营造师生互动、生生互动的课堂氛围，从而激发学生学习数学的兴趣，调动学生学习的积极性，师生共同感受成功和挫折，分享发现和成果。

（二）调动学生学习数学的积极性与参与意识

学生是学习活动的主体，只有主动对数学学习内容进行探索、实践与思考，才能真正成为知识的建构者。如果没有学生的主观努力，教师的指导最终只能是被动接受。因此，在数学教学中，教师要加强对学生的学习指导，培养学生主动学习的意识，教给学生主动学习的方法，培养学生学习数学的信心，让学生学会学习。

激发小学生主动参与的基本途径

（三）创造最佳的数学学习氛围

学习氛围由教学过程中的环境、媒体和活动构成，通过课程组织和教学设计，需要将数学教学内容转化到环境、媒体和活动之中，转化成为对学生具有亲和性的学习经验形态，满足学生的学习兴趣，激发他们的学习动机，使学生真正地进行学习。

（四）启发学生积极思维

启发的本质是始终提供问题情境教学。问题情境是外部问题和内部知识经验的恰当程度的冲突。数学教师应善于激起学生内心的冲突，通过学生自己的积极思维和主观努力来解决数学问题。在数学教学中，常见的启发方式有问题启发、情境启发和活动启发。

第三节 小学数学教学方法

无论教师和学生采取什么样的教授和学习流程、组织形式，完成什么样的教学任务，都必然会涉及教学方法。教学方法是构成小学数学教学过程并直接影响教学效果的重要因素。恰当的教学方法能够促进学生的学习活动和教师的教学活动，对完成教学任务、实现教学目的具有重要意义。

小学数学教学方法是指师生双方为了达到小学数学教学目标、完成教学任务，根据小学数学教学的原则与规律，以特定的数学教学内容为中介，共同实施的教与学相互作用的活动方式。它具有目的性、合作性、可操作性和多样性。首先，小学数学教学方法是为了实现一定的数学教学目标、完成一定的数学教学任务、解决一定的数学问题而产生的，具有明确的目的性。小学数学教学方法的目的性集中表现在教师教学中总是根据不同的教学目标选择不同的教学方法，教学方法为教学目标服务。其次，小学数学教学作为师生教与学的双边活动，具有明确的合作性。教学方法反映了教师的教授活动与学生的学习活动的相互作用关系。在小学数学教学过程中，教学方法的运用必须充分考虑教师的教与学生的学，体现教师与学生、学生与学生之间的共同合作，师生合作程度是影响教学方法是否有效的重要因素。再次，小学数学教学方法是由若干具体活动步骤有机组合而成的活动系统，其中的每一个步骤都是明确的、可以一步一步实施的教学行为；正是通过这样一个个具体的操作步骤，教学目标才得以实现。如果没有可操作性，教学方法就无法运用于教学实践，更不可能产生实际效果。最后，小学数学教学方法的种类、形式多种多样，每种方法都有自己的独特功能，不存在适用于所有教学条件的单一方法、万能方法。只有多样化的教学方法才能帮助师生顺利达成教学目的。

小学数学教学方法是教学实践经验的积累与总结。在长期的教学实践中，人们总结了多种多样的小学数学教学方法。其中，较为常用的小学数学教学方法包括讲授法、练习法、讨论法、演示法、操作实验法、发现法和尝试教学法等。

一、讲授法

讲授法是教师运用简明、生动的语言，辅以表情和姿态，向学生说明、解释或论证数学概念、数学原理和规律的一种教学方法。它包括讲述、讲解、讲评等方式。由于语言是传递经验和交流思想的主要工具，所以讲授法一直是小学数学教学中应用最广泛的方法，其他教学方法的运用经常需要结合讲授法进行。

（一）讲授法的步骤

通常情况下，讲授法的一般步骤如下。

1. 准备

准备阶段的任务包括数学教材和教参的搜集、教具的选择和教师的心理准备。在这个阶段，数学教师根据数学教学目的和学生的能力水平精心备课，使用学生易于接受的语言，选取直观形象的教具帮助学生理解较为抽象的数学概念和运算法则。同时，教师要有充分的信心，明确讲授的目的、意义，增加讲课的热情。

2. 导入

导入的目的在于集中学生的注意力，引起学生的兴趣，激发他们的学习动机。对低年段学生来说，导入应更注重师生之间的情感沟通，通过"情感"去开启学生认知结构的大门。导入主要有三种类型：直观型、问题型和趣味型。导入应提供一种全景式鸟瞰视角，使学生对即将学习的数学内容有一个整体印象，从而激发学生强烈的求知欲。

3. 讲授

在这个阶段，首先，要考虑数学知识的内在联系性和系统性，了解学生的认知水平与新知识要求之间的差距，并通过恰当的语言促使数学知识的内化。其次，应借助直观教具或实物模型引导学生理解所讲授的数学概念和法则，保持学生的注意力。这可以通过改变声调和语速，利用动作和表情的变化来实现；也可以通过改变教具，利用板书、挂图、幻灯片、电视等工具来实现；还可以穿插一些数学问题激发学生思考，给学生以活动的机会。

4. 结束

在这个阶段，教师应做一个总结，以帮助学生抓住要点，掌握规律，增强记忆。

（二）运用讲授法的要求

在小学数学教学中运用讲授法时，要注意以下要求。

1. 注意数学语言的精确性与逻辑性

数学语言不同于生活语言，要求必须严谨，一字之差则可能面目全非。比如，"增加了"和"增加到"的意义不同，不可混淆。同时，教师要掌握数学教材的逻辑性，讲解要突出重点，做到条理清晰、层次分明、深入浅出。

2. 讲授要注意从具体到抽象

为了激发学生的兴趣，促进学生思维，数学教师在讲授时要配合直观演示或联系学生熟悉的事例进行，使学生在感性认识的基础上形成数学概念、掌握数学知识。

3. 讲授要具有启发性

学生是教学过程中的主体，数学教学的目的是促进学生的发展。讲授法不是教师单方面的讲授行为，需要学生的积极配合。一方面，数学教师要从学生的角度出发，通过设疑、质疑等方式激发学生的学习兴趣，引导学生保持注意力，启发学生积极思考，理解讲授内容。另一方面，数学教师要留给学生自主探究的空间。比如，讲解小数的数位顺序表和计数单位时，可以先由教师讲解小数的一部分数位顺序，如十位、个位、十分位、百分位，在十位前面和百分位后面都留下省略号，然后让学生思考这些省略号表示什么？十位前面还有哪些数位？百分位后面还有哪些数位？这有利于在突出教师讲授示范性的同时，发挥学生学习的主动性，使教师的讲授收到更好的教学效果。

4. 讲授要讲究语言的艺术

一方面，讲授要注意口头语言的准确性与感染力。讲授法以数学教师的口头语言为主要媒介，要求数学教师的语言既要清晰、精确，又要生动、有趣、富有感染力。另一方面，讲授要善于运用体态语言。手势、表情、眼神等体态语言是传递信息和增强语言表达效果的辅助手段，具有指示位置、描摹形状、表达感情、渲染气氛等作用。比如，形容大小、比较高低、表示两个数合并成一个数、一个数分成两个数、方向一致、方向相反等，都可做出简单的配合动作，这可以给学生留下深刻的印象。

讲授法的优点在于其高效性，能够保持教师在教学中的主导地位，由教师控制教学时间与进度，保持所授内容的流畅与连贯，使学生在较短的时间内获得较为系统的数学知识。但如果运用不好，学生学习的主动性、积极性不易发挥，那么就会出现教师满堂灌、学生被动听的局面。

二、练习法

研究表明，儿童学习某一数学知识，通常无法仅靠一次例题的剖析就形成稳定的认知结构，而是要通过一定量的练习来加深对知识的理解和巩固。所谓练习法，是指学生在教师的指导下，对所学内容进行重复学习，用以巩固数学知识、形成数学技能的一种教学方法。练习的种类很多，按练习的形式，可分为口头练习、书面练习、操作练习等；按掌握技能、技巧的特点，可分为模仿性练习、创造性练习、训练性练习等。

（一）练习法的步骤

练习法是小学数学教学中普遍采用的教学方法，其一般步骤如下。

（1）教师提出数学练习任务、要求和方法，并做必要的示范。

（2）学生进行半独立或独立的练习，教师进行个别指导。

（3）教师检查练习情况，指出存在的问题，提出改正措施。

（4）师生共同进行总结。

（二）运用练习法的要求

在小学数学教学中运用练习法时，应注意以下要求。

1. 精心设计练习内容

练习的质量在一定程度上取决于练习内容的质量，生动有趣的练习内容能激发学生的学习兴趣，因此，数学教学中要精心设计练习内容。第一，练习目的要明确。练习要以一定的理论知识为基础，教师应在充分考虑学生实际知识准备情况的前提下，根据不同阶段的不同教学目标精心设计有梯度的练习。在练习之前，要明确练习的目的，知道需要做什么，要达到什么样的结果。比如，重点、难点要突出练，要在学生认知转折点上下功夫；易错、易混的知识点要对比练，避免产生不良定式。第二，要在知识的重点、难点和关键处下功夫，要突出数学基本概念、基本原理和基本规律在练习内容中的重要地位，在练习时间和题量上都给予优先考虑，用它们来带动其他数学知识的练习。第三，练习内容要尽量贴近学生的生活实际，让学生充分利用自己的生活经验来理解数学知识，解决数学问题。第四，练习形式要生动有趣，多种多样。教师在设计练习时，要恰当选择和交替使用不同的练习形式。比如，计算题的练习可以采用"数学医生"改错、"登山"竞赛等方式进行，使学生在练习中始终保持浓厚的学习兴趣。第五，练习内容要注意由浅入深、由易到难、由单一到综合，要循序渐进地安排练习题，形成序列。这有利于学生通过练习掌握知识的相互联系，从整体上更好地掌握数学知识结构。

2. 强调学生的主动练习

让学生主动参与练习，不但要注重学生的行为参与，而且要注重学生的情感参与。学生只有积极地情感参与了，才能通过练习来全面提高素质。要促进学生的情感参与，除了设计的数学题目要贴近学生的生活实际且形式生动有趣外，还要注意练习分量适度、难度适当，科学安排练习的时长、次数、间隔等，使学生体会到先易后难、由浅入深，由会到熟到巧，再达到完善熟练，引导学生用练习成功的体验来建立自信心和自豪感，使学生喜欢练习，乐于参与。在练习过程中，教师要尊重学生解决问题策略的多样化选择。由于不同学生的生活背景和思考角度不同，解决同一个问题的方法必然是多种多样的，教师要在练习中鼓励学生独立思考，提倡解决问题策略的多样化。学生每提出一种新的解题方法，教师都要及时鼓励，使他们不断产生新的动力，更加积极主动地投入新的练习中去。

3. 重视练习后的及时评价

学生的练习作业是其学习状况的反映。对于练习中出现的个别问题，教师要及时纠正；对于出现的共性问题，教师要当堂讲清，以便于练习的调控和纠错。值得注意的是，对于学生在数学练习中展示出来的多种解决问题的策略和方法，教师不要急于进行评价，要引导学生用交流的方式，进行自我评价和反思。学生在自我评价时既要说出自己的解决方法，还要说出为什么要用这种方法来解题，同时还要评价这种方法的优、缺点。这种评价反思本身就是一种更高层次的练习，能促进学生对所学数学知识深层次的理解。在教学中，教师引导学生开展自我评价和反思的相互交流，可以启发学生互相学习，取长补短，在更好地完成练习任务的同时，学会虚心听取他人意见，互相合作，共同进步。

练习法具有多方面的作用：首先，练习是巩固和运用数学知识的重要手段，学生通过练习能加深对所学知识的理解；其次，练习具有反馈功能，是教师有效地调节数学活动的重要依据；再次，练习有助于培养学生良好的学习习惯、坚韧的毅力和抗挫折能力，形成良好的个性品质；最后，练习能培养学生灵活运用数学知识的能力，让学生在练习中理解体会数学的价值。但练习法绝不是机械地重复、盲目地做题，运用不好的话只会起到相反的效果。同时，练习法费时较多，对于学生水平相差悬殊的班级，不易面面俱到，无法使全班同学共同提高。

三、讨论法

讨论法是指在教师的指导下，学生以小组或全班的形式对某一个数学问题进行相互交流、各抒己见，从而深化认识，掌握或巩固数学知识的一种教学方法。不同于讲授法的单向交流，讨论法是成员之间的多向信息交流。

（一）讨论法的步骤

1. 学生自学

教师指定自学内容，提出数学学习目标，并指出重、难点，学生自主开展学习。

2. 自行讲解

教师把要讨论的数学内容按概念、命题、例题、习题等分成若干单元，把学生分成小组或全班一起进行讨论，讨论时可选出主讲人，以主讲人讲述为主，其余成员补充为辅。

3. 相互讨论

在教师启发下，学生对主讲人表达的正确性和数学问题的不同解法进行讨论。

4. 单元小结

在相互讨论之后，教师归纳出正确的数学结论，进行单元小结。

5. 全课总结

待所设计的每个单元都讨论结束后，教师对全课内容进行总结，布置相应的数学练习或作业。

（二）运用讨论法的要求

在小学数学教学中运用讨论法时，应注意以下要求。

1. 选好讨论点并精心设计讨论问题

数学教学中不可能对每一个细小的问题都展开讨论，所以应精心确立好讨论点。一般应选择学生易混淆的、似是而非的、可能产生争议的数学问题让学生讨论，这样能使他们在讨论后澄清错误的理解，能使认识更为深刻。学生通过讨论，提出各种解决问题的方法，并互相比较，选择最佳思路，从而调整自己的思维，增进对数学问题的理解。比如，教学 100 以内退位减法时，应重点以"个位上的数不够减怎么办"为讨论点，可以设计"从算式 52-7 中你发现什么问题""个位上 2 减 7 不够减，怎么办"等一系列问题，利用这些问题引导学生逐步掌握 100 以内的退位减法的计算方法。

2. 调动全体学生积极参加讨论

教学中要调动全体学生积极参与讨论，使每一个学生通过讨论都得到发展。首先，要营造民主、宽松的讨论氛围，讨论主题要切中要害，要有实际意义和价值，能引发学生的认知冲突和探究欲，从而激发学生的讨论欲；鼓励学生积极发言，勇于表达自己的观点。其次，可以适当施加一些外在的刺激，如开展小组竞赛、评"智多星"奖等，鼓励学生积极参与。再次，要在讨论中让学生获得成功的体验，增强自信心和自豪感，以此更好地激发学生的求知欲。最后，在讨论中要特别关注学习上有困难的学生，满腔热情地关心和鼓励他们，并给予他们有效的帮助，让这部分学生在讨论的过程中感受到集体的信任、理解、包容、激励和关爱，逐步建立自信心，从而更积极地投入学习中去。

3. 重视学生合作意识的培养

讨论不只是为了解决问题，同时还要注意培养学生的合作意识。学生的合作意识包括：注意倾听别人的意见，在别人意见的基础上提出自己新的见解；或提出自己的看法，用以启迪别人的思维；或各自提出自己的见解，再综合大家的想法，形成最佳的解决问题的方案。

4. 注意教师在讨论中的作用

教师要发挥主导作用，把握讨论的方向。要巡视各组并听取讨论内容，必要时可介入讨论，发表自己的观点；在巡视中要注意捕捉有用的信息，并向其他小组传输，激发小组与小组之间的讨论；随时纠正学生在讨论过程中出现的问题、偏差等，使讨论深入而准确地进行。

讨论法是目前基础教育课程改革十分推崇的一种教学方法，其优点突出表现在以下几个方面。首先，讨论能增强学生的主体意识。在讨论时，学生要发表自己的意见，提出自己的观点，与其他同学交流，评价其他同学的观点等。凡此都需要学生进行独立思考，并要用语言表达出来，这样就使学生的主体意识得到增强，主体作用得到发挥，提高了学生学习的主动性和自觉性。其次，讨论能增强批判性思维能力。讨论不仅要求学生发表自己的意见，提出自己的观点，还要求学生对别人的意见和观点进行评判，并通过交流达成共识。在这个过程中，学生掌握的知识更深刻、准确，批判性思维得到了提高。最后，讨论能增强交流能力。交流能力是人们的基本素养之一，通过语言的交流、数学符号的表达、对数学问题的辩论，学生思考问题和语言表达更敏捷，交流能力得到一定程度的训练和提高。

讨论法的缺点是需要学生具备一定的知识基础和理解能力、独立思考能力，因而一般在高年级教学中使用。

四、演示法

演示法是教师利用各种实物或教具，向学生生动、形象地展示学习内容，并指导学生通过观察等感知活动获得感性认识的一种教学方法。在小学数学教学中，演示的手段非常多，包括模型、图标、图画等的演示，还包括实验、投影、录像、录音、幻灯片等的演示。

（一）演示法的步骤

1. 提出主题

教师营造一定的氛围，提出演示的数学主题，向学生介绍演示主题的重要性，从而引发学生的学习动机，激发学生的学习兴趣，让学生进入参与演示教学的状态。

2. 说明目标

教师说明演示要达到的数学教学目标，让学生在观察演示前对演示主题有一个基本认识。同时，教师讲解演示中涉及的相关数学知识，说明在观察时要注意的事项，以便学生能把握重点，有所依循。

3. 进行演示

教师说明演示概况，进行操作演示，使学生对演示的整个程序有基本的认识。如果有必要的话，可以进行第二次或第三次演示，将演示技能逐一分解，分成几个组成部分并做详细演示。

4. 练习强化

学生自己动手操作，按照教师演示的步骤进行练习。教师也可以提出问题，让学生围绕演示主题做进一步思考。通过这一环节的教学，使演示的效果得到进一步强化。

（二）运用演示法的要求

在小学数学教学中运用演示法时，应注意以下要求。

1. 精心设计演示过程

教师要根据数学教学目标、教学内容和学生特点，选择使用恰当的教具。例如，同样是认识长方体，学生年龄不同，使用的教具也应不同。低年级宜用长、宽、高差异较大的长方体，让学生能直观地看出长方体的特征，而中、高年级则不必做这方面的要求。在设计、制作教具时，要适当注意突出重点，展现数学知识的发生和发展过程。

2. 注意演示时机

演示要适时、适当，要使演示为掌握数学知识服务，讲求效果，而不能变为游戏。过早演示会分散学生的注意力，降低兴趣；过迟演示会浪费时间；演示过多、过杂，则会喧宾夺主，弄巧成拙。当学生积累了一定的感性经验、形成了表象时，便要不失时机地引导学生进行抽象概括，以达到演示的目的。

3. 配合适当的讲解或提点

为了防止无关因素的干扰，演示要结合适当的语言讲解及提点，以提高学生的注意力，指导学生思考的方向，引导学生运用多种感官感知数学学习对象。演示与讲解相结合有三种基本形式：先演示后讲解、边演示边讲解、先讲解后演示。演示也可以配合学生的操作，使学生的体验更加深刻。

4. 提出明确的结论

由于直观演示所获取的知识是感性知识，并非理性知识，因此，在演示后，教师要将演示的现象与数学教材上的理论知识相结合，引导学生进行必要的抽象，以形成数学概念，从而有效完成数学教学任务。

演示法的主要优点如下。第一，直观性。演示法可以使学生通过直观感知获得丰富的感性材料，激发学习兴趣，调动学习积极性，加深对抽象数学知识的理解，培养形象思维能力。第二，超时空性。演示法能使学生突破时空限制，感知更多的事物和现象。

演示法的缺点是适用范围有限，且不利于教学场所的变更，所以常作为一种辅助性教学方法，与讲授法、谈话法等结合使用。

五、操作实验法

操作实验法是学生在教师的指导下，利用一定的设备或仪器开展独立作业，通过实际操作和观察获得知识的教学方法。操作实验法多种多样，按照学生掌握知识的阶段，可分为感知性操作实验和验证性操作实验；按照操作实验的参与者，可分为独立操作实验和合作操作实验。

（一）操作实验法的特点

1. 学生亲自动手操作

操作实验法不是由教师"演"给学生看，而是学生自己动手操作实验，通过自己的操作活动获得直接经验。学生是活动的主人，数学学习中的有关现象和规律主要由学生自己去发现。

2. 多种感官参与操作

学生在动手操作中手、脑、口并用，在"做数学"中建立广泛的联系，这样的活动有利于学生对数学知识的理解和掌握。

3. 在操作过程中外化知识

在操作过程中，学生把学具作为中介物，通过自己动手操作实验，把蕴含在活动材料和活动过程中的某些抽象的数学知识外化出来。操作活动本身就反映了解决问题的思维过程，这个活动就是学生认识的对象，因此，动手操作实验不仅有利于学生形象思维的形成，还能促进学生抽象逻辑思维的发展。

（二）运用操作实验法的要求

在小学数学教学中运用操作实验法时，应注意以下要求。

1. 明确操作实验的目的

实验是有目的、有计划的学习活动，教师要明确操作实验要达到什么目的，并安排好仪器设备、材料、用具等。例如，学生在计算 31-9 时遇上了个位不够减的问题，需要用操作实验法直观地理解怎样从整十数中退 1 并和个位上的数合起来再减 9 的问题，这就是操作实验要达到的目的。教师要引导学生明确实验的目的，熟悉实验仪器的原理和使用规则，做好实验前的准备。

2. 重视学生在动手操作过程中的自主探索

在操作实验中，学生的自主性主要表现在两个方面。一是对学具和实验材料的自由选择，例如，用学具操作理解怎样计算 31-9 时，学生可以用小棒操作，也可以用圆片操作，还可以用计数器操作，多种多样的学具选择既有利于激发学生的操作兴趣，又可以帮助学生理解殊途同归的实验效果。二是按照自己的意愿进行操作实验。如上例，学生既可以打开一捆小棒，从中拿走 9 根，剩下的 1 根再和个位上的 1 根合起来；也可以直接拿走一捆小棒，这样该拿走 9 根而拿走了 10 根，所以再在个位上添上 1 根小棒；还可以先拿走 1 根小棒后，再打开 1 捆拿走 8 根小棒。不同的操作方法反映了学生不同的思维方式，所以，重视学生的自主操作实验，实质是在培养学生的发散思维，提升学生操作实验的信心，促进学生个性的发展。

3. 重视学生对操作实验过程的感受

在学生的操作实验中，要重视学生对过程的感受，这里的感受主要包括对解决问题过程的感受和对操作实验过程的情感体验。强化学生对解决问题过程的感受，就是要求学生把操作与思维紧密联系起来，手、脑、口并用，多种感官协调配合，加强对操作实验过程的理解。强化学生对操作实验过程的情感体验，一方面要让学生自主操作，从中张扬学生的个性；另一方面要引导学生体验操作成功的喜悦，并让他们获得自豪感，从而提高学生对操作实验的自信心。

操作实验法的优点在于能够按教学需要创造和控制一定的条件，引起事物或现象发生变化，使学生看到事物的因果关系，有助于提高学生观察与独立思考的能力，培养学生研究新事物的创造精神和科学态度。

操作实验法的缺点是指导难度较大，容易造成实验秩序的混乱，难以完成教学任务的情况时有发生。

六、发现法

发现法是指教师不直接把现成的知识传授给学生，而是引导学生根据教师和教材提供的课题和材料，积极主动地思考，独立地发现相应的问题和法则的一种教学方法。

相较于其他教学方法，发现法具有如下主要特点。一是强调学生是发现者。让学生自己去独立发现、认识，自己求出问题的答案，而不是教师把现成的结论提供给学生，使学生成为被动的吸收者。二是强调学生内在学习动机的作用。学生最好的学习动机莫过于他们对所学课程具有内在的兴趣。儿童好玩、好动、好问且喜欢追根求源，遇到新奇、复杂的问题，他们就会专心积极地去探索。教师在教学中充分利用这一心理特点，利用疑难、矛盾等引发学生的思维冲突，促使他们产生强烈的求知欲望，主动地探究和解决问题。三是使教师的主导作用表现为潜在的、间接的作用。由于发现法是让学生运用已有的知识和教师提供的各种学习材料、直观教具等，自己去观察、分析、综合、判断、推理，亲自去发现事物的本质规律，所以，在这个过程中教师的主导作用是潜在的、间接的。

（一）发现法的步骤

发现教学法注重知识的发生、发展的全过程，提倡让学生自己发现问题、分析问题，主动获取知识，其基本教学程序如下。

1. 创设问题情境，激发学习兴趣

要让学生去发现，教师自己首先要经历发现的过程。从低年段起，教师就应有目的地要求学生发现周围环境中的数量关系。在具体教学中，教师要根据数学教材性质、学生认知水平和现有条件精心设计探索情境。

2. 精心设计"最近发现区"，促进学习的迁移

在学生能够独立完成的智力任务基础上，精心设计的数学问题情境能诱发学生正在形成、刚刚开始成熟的思维，促使学生在集体协作中自我完善这种思维，完成数学学习的迁移。

3. 学生提出猜测、进行论证

学生在探索过程中会形成一些自己的想法，教师应鼓励他们表达自己的想法，通过提供合适的数学术语、在适当的时机组织讨论等方式，引导学生互相交流补充自己的发现，澄清思维中含糊不清或混淆的地方，从而提高所掌握的数学知识的质量，获得比较完整和深刻的知识。

4. 教学效果的及时反馈和巩固

当学生得出一致性的数学结论时，教师应及时给予肯定，并通过适当的数学练习来加深印象，巩固发现所得。

（二）运用发现法的要求

在小学数学教学中运用发现法时，应注意以下要求。

1. 重视学生的探索发现过程

运用发现法的目的是让学生通过自主探索来经历数学知识的产生过程，更好地理解数学知识、培养能力。所以，教师应给学生充分的时间和空间，由学生自己澄清思维中含糊不清或混淆的地方，补充彼此的发现，从而获得比较完整和深刻的数学知识。

2. 发挥教师的引导作用

在运用发现法的过程中，教师的作用往往是潜在的、间接的。一般说来，教师要注意以下方面：上课前，要细致设计方案，明确探究目标，准备所需材料，充分估计学生在探究中可能遇到的困难与问题；在探究发现过程中，要针对学生实际遇到的困难与问题酌情给予点拨、启发，但不告诉学生具体的答案或做法；在总结时，要鼓励学生表达自己的想法，引导学生充分讨论、争辩，避免过早做出评判。

3. 注意发现法的应用范围

并非所有的数学学习内容都有必要和有可能采用发现法教学，因此，应在教授小学生有必要发现，也有可能发现的某些数学内容时选择发现法。比如，平行四边形的面积、加法及乘法的运算法则等可以采用发现法教学，而概念、定义、四则运算顺序等小学生不能理解的人为约定就不适合采用发现法。

发现法的优点在于：它能够激发学生的学习兴趣，培养学生分析问题、解决问题的能力，使学生形成敏锐的洞察力，发展创造性的思维品质，培养积极进取、勇于探索的精神。

发现法的缺点在于：费时较多，适用范围有限，对教学时间、教学条件、学生的知识经验和思维发展水平、教师的专业素养都有较高的要求，因而更适用于中、高年级的学生。

七、尝试教学法

尝试教学法是小学数学教学方法中一种影响比较大的教学方法，基本思路是：教学过程中，不是先由教师讲，而是让学生在旧知识的基础上先来尝试练习，在尝试的过程中指导学生自学教材，引导学生讨论，在学生尝试练习的基础上，教师再进行有针对性的讲解。尝试教学法与普通的教学方法的根本区别就在于，它改变了教学过程中"先讲后练"的方式，而是以"先练后讲"的方式作为教学的主要形式。

（一）尝试教学法的步骤

尝试教学法的基本步骤如下。

1. 出示尝试题

尝试题一般是与教材上的例题相仿的题目，是教材上问题的变形。例如，教材上的例题是 $\frac{1}{2}+\frac{1}{3}$，尝试题可以是 $\frac{1}{4}+\frac{2}{5}$。出示尝试题的目的在于激发学生的学习兴趣，使学生明确这节课所学习的内容。

2. 自学教材

在学生通过尝试练习对这个问题产生了一定的兴趣之后，教师引导学生翻看教材是怎样讲这个题目的。教师提出一些与解题思路有关的问题，如上例，"分母不同怎么办""为什么要通分"等。通过自学教材，学生可以知道自己对这个问题的认识情况，教师也可以了解学生在学习中遇到的困难。

3. 尝试练习

学生通过自学教材，对所学的内容有了基本了解，并且大部分学生对解答尝试题有了办法。这时，教师就再出新的尝试题让学生试一试。一般采取让学习能力分别为好、中、弱的三类学生板演，其他学生同时在练习本上做的办法。这是解决问题的更积极的行动，学生从原有认知结构取得有关信息，用来探索问题的解答。教师应充分利用这种积极性让学生尝试练习，同时巡回观察，了解学生尝试练习的情况。

4. 学生讨论

在尝试练习时，可能有的学生做得不对，也可能出现不同的做法。这时，可以让学生结合自己的解题方法进行讨论。学生借助讨论来相互启发与交流，可进一步获得对新知识的认识，这有利于发展学生数学语言的表达能力和分析推理能力。

5. 教师讲解

学生会做题，并不等于掌握了知识。针对学生解题过程存在的迷惑之处以及学生求得最佳解题策略的欲望，教师可按照一定的逻辑系统向学生讲解所学的内容。这种讲解是有针对性的，是在学生对所学的内容有了初步认识的基础上，是在学生已经通过某种方式学会了或部分学会了解题方法时进行的，更能够突出重点，更能使学生初步重组的认知结构得到进一步的调整和巩固。

尝试教学法在具体实施的过程中，应根据具体情况灵活掌握，但总的指导思想是"先练后讲"，其核心是：学生作为一个生动、活泼、积极、自觉的认识主体，是在教师指导下发挥主动性的探索者，是在愉悦的情境中探求认知结果的求知者。

（二）尝试教学法的优越性与局限性

1. 尝试教学法的优越性

一是有利于培养学生的探索精神和自学能力。学生在学习的过程中，都想自己试一试，用自己的方法来解决问题。二是有利于提高课堂教学效率。教师应充分利用教学中的最佳时间，使学生尽快地进入新内容的学习，并以较多的时间进行尝试性和巩固性的练习。三是有利于大面积提高教学质量。这种教学方法具有很强的操作性，一般的教师都可以掌握，并且更有利于学困生的学习，因此适用于更广泛的场合，大面积地提高教学质量。

2. 尝试教学法的局限性

一是需要学生具备一定的数学基础和自学能力，低年级的学生缺乏基础知识，不适合采用尝试教学法。二是适合于后继课的教学，数学初步概念（如图形、小数、分数等）不宜使用。三是操作性较强的内容不适用，比如土地丈量，等等。此外，应用尝试教学法仅仅是一堂课中进行新课的一部分，一堂完整的数学课往往采用一法为主、多法配合的形式，需要综合运用多种教学法。

以上是小学数学教学中的常用方法。但"教学有法，教无定法，贵在得法"，教学方法是为实现教学目标和完成教学任务服务的，其实质是把教师的教和学生的学以及教材的内容有效地连接起来，使教学的基本要素能够在教学活动中充分地发挥它们各自的功能和作用，从而达到预期的教学效果。每种教学方法都有其优点和局限性，教师只有根据教学实践活动的需要灵活选择、合理运用教学方法，才能取得良好的教学效果。

在小学数学教学过程中，教师选择教学方法的基本依据包括以下五个方面。

第一，依据小学数学教学目标选择教学方法。每节小学数学课都要完成特定的教学任务，但教学任务是对教学内容的高度概括，对教学方法的选择仅具有方向性意义而无直接决定作用。对教学方法的选择直接起作用的是教学目标，包括学期教学目标、单元教学目标和课时教学目标。教师在数学教学活动开始之前，必须根据教学目标将学习任务具体化，这是整个学习活动的基本导向。因此，在选择教学方法时，教师必须充分考虑如何最大限度地达成每一具体教学目标。

第二，依据小学数学教学内容选择教学方法。方法是内容的运动形式，教学内容对教学方法的选择起着基本的、决定性的作用。在小学阶段，数与代数的内容教学中有很多规律的探究需要教师选择讲授法、发现法，引导小学生发现规律、建构知识；空间与图形的内容多属于直观几何，要充分利用实物、教具和学具等，通过演示法、练习法等，引导学生进行拼摆、绘画、测量等实际操作，掌握图形的特征，形成初步的空间观念；统计与概率的内容教学中，数据的收集、分析和整理等需要学生在活动中完成，讨论法、发现法可以作为主要教学方法；实践与综合运用的内容教学则可以根据具体需要，选择讨论法、练习法等进行教学。不仅不同领域的小学数学教学内容应该采用不同的教学方法，即使同一领域的不同内容，也应该采用不同的方法。

第三，依据小学生身心发展特点选择教学方法。教学方法必须契合学生的身心特点才能最大限度地激发学生的参与积极性。对学生特点的认知包括两个方面：一是对学生认知水平的认知。小学生年龄小，注意力保持时间较短，认识水平呈现阶段性差异。低学段学生以感性、具体直觉思维为主，数学教学应更多采用直观教学手段，运用演示法等方法，使学生在故事、游戏、生活中获得数学知识，培养数学兴趣。高学段学生处于由具体形象思维向抽象逻辑思维发展阶段，数学教学可以采用讲授法、发现法、讨论法等方法，让学生在倾听、观察、合作、思考中养成良好的学习习惯，发展数学能力。二是对学生已有知识和经验基础的认知。学生已有的生活经历、日常经验以及数学基础是实现现实问题数学化的前提，是开展数学教学的必要条件。

第四，依据小学数学教师个性特长选择教学方法。教学方法的选择受教师个性特长、教学风格等制约。例如，有的教师动手能力比较强，喜欢自制各种教具、学具，用形象化的方式帮助学生理解、掌握知识；有的教师语言能力比较强，善于运用生动的语言激发学生的探求欲，有效促进学生的思考；有的教师活动组织能力比较强，常常运用游戏性活动引导学生的探究……小学数学教师应充分发挥自己的特长和能力，选择既符合自身个性，又有利于小学生知识体系建构的教学方法。当然，在数学教学过程中，教师还要不断学习他人经验，注意多种教学方法的有机结合，更好地完成教学任务。

第五，依据小学数学教学环境条件选择教学方法。教学方法功能的发挥受学校教学空间和教学时间条件、教学设备条件的制约，尤其是现代信息技术手段的利用，会进一步开拓教学方法的功能。因此，教师在选择教学方法时，要在时间条件允许的情况下，最大限度地运用和发挥教学环境条件的作用。

　　在运用小学数学教学方法时，若要充分发挥各种教学方法应有的教育功能，需要注意以下三点要求。首先，注重教学方法的优化组合与综合运用。教学目标的实现不是仅靠一种教学方法就能完成的。教学方法千变万化，每种教学方法都有其优点和不足，正是这些各种各样的教学方法构成了相对完整的教学方法体系。虽然各种教学方法相互区别，发挥着不同的教育功能，但在教学实践中，各种教学方法又可以相互作用、相互补充，有时候甚至不可分割，发挥着不可替代的作用。因而，在教学过程中，教师要遵循灵活性和多样性原则，对多样化的教学方法进行优化组合和综合运用，从整体上发挥教学方法的优势，提升教学的有效性。其次，贯彻启发式教学思想。无论选择和采用哪种教学方法，在实际运用中，都要以启发式教学思想作为指导。在教学过程中，要注意调动学生的积极性和主动性，引发学生强烈的学习动机，引导学生开展积极的思维活动，促进学生养成独立思考的能力，从而为学生的创造性思维品质的形成提供良好的条件。最后，充分关注学生的参与。教学方法的运用应该是师生双方共同参与、互相合作的过程，不能仅仅成为教师的"表演"活动。因此，教师在运用各种教学方法时，要发扬教学民主精神，鼓励全体学生积极参与教学活动，开展良好的师生互动，形成生动活泼的教学氛围。

第四节　小学数学教学组织

　　小学数学教学是一个复杂的动态系统，这个系统中有各种构成要素，如教师、学生、教材、教学方法、教学手段等。如何将它们组成最佳结构序列，充分发挥各自作用和整体功能，提高教学效能，是小学数学教学组织的主要任务。

　　教学组织形式是教师在教学中把学生有效地组织起来开展教学活动的方式。它所要解决的问题就是教师以什么样的形式将学生组织起来，通过什么样的形式与学生发生联系，教学活动按照什么样的程序展开，教学时间如何分配和安排等。教学组织形式规定了特定时空条件下教学活动各要素运行的外部形式，是教学过程的组成部分，采取合理的教学组织形式对于提高教学质量至关重要。一方面，合理的教学组织形式有利于提高教学工作效率，并使种种有效的教学方法、手段在相应的教学组织形式中得以应用。另一方面，合理的教学组织形式有利于教学活动的多样化，有利于实现教学的个别化。纵观历史，先后出现的影响较大的教学组织形式有个别教学制、班级授课制、分组教学制、道尔顿制、特朗普制、贝尔－兰卡斯特制、文纳特卡制。其中，班级授课制是我国小学数学教学的基本组织形式。

　　班级授课也称班级教学，是按照学生年龄或掌握知识的程度把学生编成固定人数的班级，由教师按照教学计划统一规定内容和时数，并按课程表进行教学的教学组织形式。它是现代教学最基本的组织形式，其优点如下。第一，有利于经济实效地、大面积地培养人才。年龄近似、心理发展阶段接近、知识水平大体一致的学生同处一班，不仅容易形成学习集体，能取长补短、互帮互学，而且有利于提高单位时间的教学效率，适应大规模培养人才的需求。第二，有利于教师主导作用的发挥。各科教师依据课程目标、教学大纲等的要求，以连续上课的方式开展教学，不仅有利于完成预定的教学计划，而且能够有效地促进学生循序渐进地学习并掌握各学科知识，保证基本的教学质量。第三，有利于发挥班集体的教学作用。依据学生的身心发展规律建立分级制度、作息制度、课堂纪律与常规等，有利于教学的制度化、规范化和科学化，提高学生的学习兴趣和效果，保证教学的正常开展。第四，有利于学生多方面的发展。在班级课堂教学中，德、智、体等课程的开设可以使学生受到完整的教育。与之同时，班集体内的群体活动和交往有利于养成学生的集体主义精神，培养学生各方面的健康的个性及品质。当然，班级教学也有明显的局限性：第一，教师主导，一定程度上限制了学生的主动性与独立性；第二，学生的学习主要是接受性学习，不利于培养其探索精神、创造能力和实际操作能力；第三，时间、内容、进程等过于整齐划一，难以在教学中容纳更多的内容和方法；第四，教学面向全体学生，步调统一，难以照顾学生的个别差异。

一、小学数学课堂教学的组织

课堂教学是一个完整的教学系统，教学进程由一个个相互联系、前后衔接的环节构成，每一环节的活动都不能离开整体，否则就会削弱教学效果。因此，明确教学各环节的功能及其质量要求，对有效提高教学质量具有重要意义。

通常情况下，教学基本环节既包括教师教的环节，也包括学生学的环节。其中，教师的教主要包括备课、上课、布置和检查作业、课外辅导以及学业成绩的检查评定五个环节，它们相互影响、相互促进，使小学数学教学活动成为一个有机的、动态的整体。

（一）小学数学课堂教学的基本环节

1. 备课

所谓备课，是指教师根据课程标准与本门课程的特点，结合学生的知识掌握情况、能力发展特点，系统地分析研究教材内容，选择适当的教学方法，以促进学生高效学习的一项系统的组织准备工作。

备课对于课堂教学具有重要意义。其一，备课是教学成功的前提。为了实现教学目标，提高教学质量，教师必须认真备课。备课是整个教学工作的起点，是上好课的前提条件。教师要上好课，首先要备好课。只有透彻地理解教材内容，深入了解学生各方面的情况，恰当地运用现代教学方法，确定好教学的基本进程，教师才能有效地把文化科学基础知识和基本技能传授给学生，发展学生的能力。其二，备课是提高教师业务水平的重要途径。教师备课的过程就是钻研教材、收集资料、研究方法的过程。这就要求教师认真学习教育理论，广泛收集信息，拓宽自己的知识领域，提升自身的业务水平。

备课水平是教师业务水平的反映。教师只有备课备得充分具体，教学才能更加科学、高效，才能更好地完成预定教学目标。教师备课主要包括备教材、备学生、备教法，要做好备课工作，其基本要求如下。

(1) 钻研教材。

学生对任何一门学科的学习都是通过该学科的教材进行的。教材依据课程标准编写，是课程标准的物化形式，具有简明、规范、概括等特点。小学数学教材规定了小学数学的教学内容、学习过程与学习方法，是教师备课的基础。

首先，研读课标。小学数学课程标准是国家颁布的小学数学教学的指导性文件，以纲要形式规定了教学的任务、内容与学业质量标准，是评估教学质量、考试、命题的依据，也是教师进行教学的基本依据。研读小学数学课程标准，就要明确小学数学教学的目的以及各年级的教学要求，正确认识和理解小学数学教学内容的结构体系，掌握教材的前后衔接，了解数学学科与其他学科之间的横向联系。

其次，研究教材。具体包括以下三步。

一是通览各册教材，把握教材联系。数学教材具有严密的逻辑性与系统性，许多内容前后联系紧密。备教材首先要了解小学数学教材的全貌，掌握教材前后的内在联系，从而确定一节课在整个知识体系中的地位与作用。比如，教师只有把握了小数的初步认识、分数的初步认识在几册教材中的关联，才能清楚地了解所教的内容是在怎样的基础上出现的，又怎样为后面的教学做准备，从而正确地掌握教学的目的与要求，避免教学中的前后脱节或不必要的重复。此外，教师要了解教材编写的基本理念、教材的思想性、基础知识的深度与广度、能力发展的侧重点等，明确应该教给学生何种知识，发展何种能力，培养何种情感态度价值观，并以此作为教学的依据和检验教学效果的尺度。

二是精研一册教材，分析教材内容。要仔细斟酌和推敲教材中的概念、法则、性质等基础知识和要培养的基本技能，弄清各个章节的教学目的、要求、编排顺序以及教学重点和难点。对于在同类知识中分量较大、对学生认知结构起基础性和决定性作用的重点内容，如概念、法则、公式的指导与应用、基本技能技巧的训练、知识体系所包含的数学思想方法等，教师要着意加以突出，帮助学生理解和掌握。对于抽象的概念、内在结构过于复杂的知识等难点内容，教师要在备课时给予适当考虑，帮助学生顺利突破。当然，教材的重点、难点是相对的，要视具体问题、学情等做具体分析。对于习题的数量多少、难易程度、前后联系等，也要做到心中有数。

三是研究一节教材，细化教学设计。第一，掌握本节教学的目的与要求，弄清通过本节教材内容的教学要使学生理解和掌握哪些知识，培养哪些能力，进行哪些思想教育。第二，明确本节的重点、难点与突破点。即通过分析新知识所需基础和学生原有认知结构，明确需要理解和掌握的要点。第三，准备适当的练习题。教师要认真钻研教材中的练习题，分析各类题目编制的目的与要求，并根据教学的目的任务与题目难易程度将其适当分配在各节课中。

最后，广泛阅读教学参考资料。教师要处理好"一杯水"与"一桶水"的关系，大量阅读参考书，理性加以取舍，选取合适材料以充实教学内容。

(2) 了解学生。

学生是学习的主体，了解学生主要是指了解学生的知识基础、思想实际和心理特征。而了解学生的途径有很多，可以通过观察学生的课堂表现、分析试卷、开座谈会、进行个别谈话、开展家访等方式来了解学生，也可以运用一些心理测量方法，通过编制测试题、问卷调查等方式来了解学生。

首先，了解学生的知识基础。为了使教学能从学生实际出发，教师要弄清学习新知识所必需的基础知识中哪些是学生已经熟练掌握的，哪些是基本掌握的，哪些是基本没有掌握的，要做到心中有数；需要考虑新概念的引入是否会引起学生原有认知结构的不平衡，以及应采取何种教学方法对其加以调整。例如，在开始学习乘除法竖式计算时，乘法竖式的写法与加法、减法的一样，学生容易掌握，但除法竖式的写法却大不一样且计算步骤比较复杂，这时就要把教学重点放在帮助学生掌握除法的计算步骤和竖式的书写顺序上，采取必要的措施进行训练，使学生不仅懂得书写顺序和书写格式，还要弄清除法竖式计算中每一步的含义。

其次，了解学生的思想实际。备课时要充分考虑学生学习的动机、兴趣、态度与习惯，这些在小学生的学习中起着动力、定向、引导与强化作用。如果学生对数学缺乏兴趣，教学中就要注意采用生动活泼的教学方法，通过设疑、激疑等方式不断激发学生学习积极性；如果学生作业马虎潦草，就要提出恰当的、严格的要求，如书写要工整、计算要正确、做完题后要检验等。

最后，了解学生的心理特征。这是了解学生的重要内容，也是有成效教学的重要条件。要了解学生的思维特点，在注意研究学生一般心理特征及认识规律的基础上，还要注意学生心理特征上的个别差异，注意学生的思维品质，这是提高教学质量、开发学生智力、培养学生能力所要求的，也是教学研究所需要的。

（3）设计教法。

科学合理的教学方法是提高教学质量的重要保障。美国教育家杜威认为，教师把所教的知识心理学化，转化成学生可以理解的东西的过程，就是选择不同教法的过程。选择教法实质上就是考虑把教学内容以什么样的方式和方法教给学生。在选择教法时，教师应从教学任务、教学内容、学生特点等方面着手，兼顾学校教学条件与教师本人特长等因素，充分考虑学生接受新知识应有什么知识准备，要如何创设情境促进学生的知识迁移，怎样联系实际引入新课，如何突出重点、分散难点，怎么样调动学生的积极性，如何设问引导学生主动发现，怎样组织练习与反馈，等等。虽然教学方法的选择往往因目的而异、因内容而异、因学生而异、因教师而异，但是，教师要尽可能选择既有利于知识传授，又有利于能力发展的教学方法，提高教学效果。

（4）拟订教学计划。

教学工作是一项极其复杂而又细致的工作，教师要在有限的时间内完成一定的教学任务，就必须在每个阶段、每个教学环节加强计划性。制订教学计划是教师在深入钻研教材、全面了解学生的基础上，经过周密策划而设计的关于教学活动的具体实施方案。通常情况下，教学计划分为学期教学计划、单元教学计划和课时教学计划三种。

第一，学期教学计划。学期教学计划是面向某一特定年龄阶段的学生，对一个学期教学工作的总体规划。它一般在学期开始前编订，主要内容包括：本学期教学的总任务与要求，学生情况的简要分析，教材的简要分析，提高教学质量的主要措施，学期教学进度安排，等等。

第二，单元教学计划。这是教师对小学数学教材每一单元的教学工作所做的计划安排。它一般在一个单元教学开始前编订，主要内容包括：明确单元的教学目的和要求，分析教材的重难点，划分课时和课型，考虑教法及教学组织形式，等等。

第三，课时教学计划。课时教学计划又称教案，是教师按照预定的教学目的、计划，经过充分准备和周密考虑所拟订的关于课堂教学的具体方案。教案是进行课堂教学的直接依据，也是检查教学任务有没有完成和是否达到要求的依据。只有拟订好教案，才能保证课堂教学目标的达成，才能提高课堂教学的效果。

一个完整的教案应该包括以下几项内容：教学内容或课题、授课班级、授课时间、课的类型、教学目标、教学方法和手段、重点和难点、教学进程等。其中，教学进程是教案的主要组成部分，包括教学内容的详细进展和具体安排、教学方法的运用、教学时间的分配、作业的设计等。有的教案还留有课后分析和备注栏目，以便简要记录个人上课后的自我分析和体会，为总结和研究教学工作积累资料。

教案在实际教学活动中具有十分重要的作用，教师在编写教案时应遵循如下原则。第一，科学性。教案编写的科学性是指教师要依据课程标准，结合学生实际来确定教学目标、教学重难点，设计教学过程。第二，可操作性。教师在编写教案时要充分考虑教学实际需要，删繁就简，使编写的教案具有可行性。第三，生成性。每个学生的思维方式不同，对问题的理解程度不同，教师不可能事先完全预料所有的课堂反应。在课堂教学中，教师必须根据教学实际适时地调整教学计划和方法，恰当地启发和引导学生的思维。第四，创新性。教师要在钻研教材的基础上，充分利用教学资源，结合个人教学体会，巧妙构思，精心安排，创造性地写出自己的教案。第五，艺术性。教案的艺术性是指通过构思巧妙，字斟句酌，设计层层递进、扣人心弦的教学过程，使学生在课堂上不仅能学到知识，而且能够体验快乐、欣赏艺术。第六，差异性。每位教师的知识、经验、个性、特长千差万别，教案不可能千篇一律。教师在编写教案时要充分发挥个人聪明才智和创造力，结合教学内容、学生和自身的实际，因材施教。

2. 上课

上课是教学的基本形式，也是教学工作的中心环节，是指教师在一定时间内组织学生按照预先计划进行的教学活动。它是对预先制订的教学目标和教学计划的具体操作，是教师思想业务水平和教学能力的集中反映，也是学生掌握知识、发展能力和个性、形成良好情感态度价值观的基本方式。教师要上好一堂课，其基本要求如下。

（1）教学目标明确。教学目标是上课的出发点和归宿，是衡量一堂课成败的基本尺度。上课时，教师和学生都要明确教学目标，并围绕教学目标展开一切教学活动，以促进学生掌握知识、发展能力与提升素养。

（2）教学内容正确。教师上课时，要保证教学内容的科学性、思想性与系统性。在内容安排上，既要注重突出教材的重点、难点和关键点，又要顾及教材的逻辑性和连贯性；既要注重新旧知识之间的联系，又要注重理论与实践的结合。

（3）教学方法得当。根据教学目的、教学内容、学生特点等因素合理选择、灵活运用教学方法，充分调动学生的主动性与积极性，有效实现教学目标，完成教学任务。

（4）课堂结构紧凑。教师上课要有严密的计划性、组织性，使整堂课的结构安排合理，各个教学环节自然过渡，整个教学过程有条不紊。同时，教师要注意因材施教，能够机智地处理课堂突发事件，有效地集中学生的注意力，取得最佳教学效果。

（5）师生积极性高。在上课过程中，教师要善于引导，按预定目的调控教学进程；学生专心听讲，主动参与；双方密切配合，形成生动活泼、和谐愉快的课堂气氛。这就要求教师具有扎实的教学基本功，包括教学仪态要从容自信，表情、动作要自然大方；教学语言要清晰准确、生动形象；板书要简明扼要、重点突出；要能熟练运用各种教学手段、教具进行演示，准确画出图标、图形；等等。

3. 布置和检查作业

作业是巩固课堂教学成果、培养学生认真的学习态度和良好的学习习惯的重要手段，是教学的重要环节之一。作为课堂教学的延伸与发展，布置和检查作业是教学工作的有机组成部分，对学生理解教材、巩固知识、掌握技能、锻炼思维、提高能力等具有重要作用，对教师检查教和学的效果、改进教学工作具有重要意义。作业的类型有很多，按照作业的性质划分，有预习作业、练习作业、复习作业等；按照作业的形式划分，有口头作业（口诀、口算、心算等）、书面作业（演算、习题、绘制图表等）、实践作业（实地测量、社会调查等）等。教师布置和检查作业的基本要求如下。

（1）作业目的要明确。要围绕教学目标、重点、难点，提出明确的作业要求，规定具体的完成时间，必要时可对作业中的疑点、难点做适当的启发引导。

（2）作业内容要典型。要符合课程标准，具有一定的代表性和典型性，有助于学生理解和巩固所学知识，培养相应的能力。

（3）作业分量要适当。要根据学生的年龄特点，综合考虑教学时数与完成作业所需时间来确定作业的分量，尽量减轻学生的学习负担。

（4）作业难度要适中。要以学生的一般学习水平为准，适当区分作业的难度层次，尽量使作业难度处于学生的"最近发展区"。

（5）作业反馈要及时。教师要认真、及时地批改作业，分析、总结存在的具有共性或代表性的问题，以此作为课堂讲评或改进教学的依据。

4. 课外辅导

课外辅导是教师指导学生学习的有效手段，是课堂教学的补充形式，是教学工作不可缺少的环节之一，其内容通常包括解答疑难问题，指导学习方法，组织课外活动等，其方式包括集体辅导和个别辅导两种。

小学数学教学的课外辅导应遵循针对性原则、及时性原则和沟通性原则。也就是说，课外辅导主要是对有特殊需求的学生提供辅导，因此，必须从辅导对象的实际出发，确定辅导内容与具体措施；教师在通过各种方式得到教学反馈以后，要及时对存在问题的学生进行辅导，以取得理想的辅导效果；教师在进行课外辅导时，要真心对待每一个学生，用心沟通，既严格要求，又鼓励支持。

通常情况下，课外辅导活动的实施步骤包括以下几步。①确定辅导对象。课外辅导只针对有特殊需求的学生进行。在进行辅导活动之前，教师可以采用观察与学生自荐相结合的方法确定课外辅导的对象。②了解学生特点。在确定课外辅导对象之后，教师需要全面了解学生的学习现状、学习特点、兴趣爱好、家庭背景等，找出学生产生特殊需求的原因，并采取针对性措施。③制定并实施辅导方案。教师根据学生特点、教学内容与时空条件，有的放矢，制定切实可行的辅导方案，包括辅导的时间、地点、方式等，并有计划地加以实施。④总结评价辅导效果。在辅导方案实施完成后，教师需要对辅导效果进行总结、评价，为以后的课外辅导提供借鉴与参考。

为提高课外辅导的质量，教师要遵循以下基本原则。①从实际出发，具体问题具体分析，做到因材施教。②目的明确，采用启发式辅导方法，充分调动学生的主动性和积极性，使学生成为学习的主人。③要注意态度，师生平等相处，共同讨论，使学生敢于提出问题。④加强思想教育和学习方法的指导，提高辅导效果。

5. 学业成绩的检查与评定

学业成绩的检查与评定是指教师依据教学目标，对学生的学习结果进行测定或诊断的活动。它是检查和测试教学效果、调节和控制教学过程、鼓励学生提高学习成绩的重要环节之一，也是教师教学工作的最后一个环节。其目的在于了解教学情况，改进教学过程，提高教学质量。

学业成绩检查的类型通常包括考查与考试两种。考查是教师在日常教学过程中，为了随时了解学生学习情况而采用的一种考核方式，具有真实性、及时性等特点，可采用口头提问、作业检查、书面测验等形式进行。考试是对学生的学业成绩进行阶段性或总结性检查所采用的一种考核方式，一般安排在期中、期末和毕业时进行，可采用口试、笔试、实践性考试等多种形式进行。

学业成绩评定是教师根据考查、考试的结果，给予学生学业的总体性评定，主要包括计分和评语两种方式。常用的计分法有百分制计分法和等级制计分法。其中，百分制计分法以100分为满分，60分为及格；等级制计分法包括文字等级计分法（如，优、良、中、及格、不及格五个等级，以及合格、不合格两个等级）、英文等级计分法（如，A、B、C、D、E）和数字等级计分法（如，5、4、3、2、1，以5分为满分，3分为合格），等等。但无论采取哪种计分法，都要正确客观地给予评定。

在小学数学课堂教学中，学业成绩检查与评定的基本要求如下。

（1）目的要明确。学业成绩检查与评定应该具有师生共鸣的目的，即诊断学情、激励上进及改进教学。只有以正确的态度对待学业成绩检查与评定，才能真正促进学生的发展。

（2）内容要全面。无论是考查还是考试，都要全面系统地检查学生对所学知识的掌握情况以及运用知识分析、解决问题的能力。教师在对学生学业检查结果进行评分及给出评语时，要注意全面衡量而不面面俱到，有所侧重又不失之偏颇。

（3）方法要灵活。教师要根据学生学习情况和教学实际需要，灵活选用考查与考试相结合、口试与笔试相结合、分数与评语相结合等方法，不仅要关注学生的学习结果，而且要关注学生学习的过程，以更好地促进学生全面发展。

（4）标准要客观。课程标准所规定的知识范围、能力水平是评定学生学业质量的标准。教师在检查和评定学生的学业成绩时，要坚持客观标准，尽量减少主观随意性。

（二）小学数学课堂教学的课型与结构

要上好一堂课，除了解小学数学课堂教学的基本环节外，还必须了解课型和结构。课型就是课的类型，通常情况下，根据单元教学过程的阶段任务，小学数学课堂教学的类型包括新授课、练习课、复习课、考查课、讲评课与实践活动课等。不同的课型有不同的教学组织环节和时间分配，即课堂教学结构。它反映了一节课中教师的教学过程和必要的教学组织工作。从教学需要出发，不同的课型有不同的基本教学组织工作，教师应该根据班级的具体情况和教材特点灵活应用。

1. 新授课

新授课是以使学生获得新的数学知识与方法为主要任务的一种课型，也是小学数学课中最常见、最重要的课型之一。新授课的一般结构是：复习准备—导入新课—进行新课—巩固练习—小结作业。

（1）复习准备。根据教学需要，将与新知识联系紧密的旧知识设计成问题或练习题让学生思考解答，为新课学习做好准备。

（2）导入新课。教师以旧引新或者联系实际创设一定的教学情境，激发学生的好奇心和求知欲，使之轻松进入教学情境中进行思考。

（3）进行新课。这是新授课的主要部分。教师要立足于知识生产的自然性和顺序性，设置指向明确、梯次明显的问题与主线明晰的教学活动，运用多种教学方法引导学生主动认识、探索和理解教材内容，实现教材知识结构向学生数学认知结构的逐步转化。尤其要注意例题的讲解与拓展，这是强化新知、展示数学思想方法、培养学生能力的重要过程。教师要深刻理解例题的教学目的及知识背景，精准把握题目解答过程中的关键点与重点，引导学生学会分析问题、利用知识和方法求解问题，感悟其中蕴含的思想方法，提高数学思维能力。

（4）巩固练习。巩固练习即学生在教师指导下进行半独立或独立的课堂练习，目的是巩固新学的知识，及时发现问题，补救教学遗漏。巩固练习要注意内容的针对性、难度的层次性与形式的多样性。练习情况应当堂反馈，引导学生及时反思。

（5）小结作业。教师引导学生对课堂所学知识和技能、过程与方法进行总结和提炼，并布置适量的课外作业。

2. 练习课

练习课是指学生在理解新知的基础上，进行半独立或独立练习的课型，它是新授课的巩固、补充和延续。练习课的一般结构是：复习—练习—讲评—小结。

（1）复习。在学生做练习之前，教师引导学生回忆已学的概念、规则等相关知识。

（2）练习。这是练习课的主要部分。教师要设计形式灵活多样且具有针对性的题目，简要说明练习的内容和要求，安排充裕的时间进行由浅入深、由易到难的课堂练习。在练习过程中，教师要注意学生的参与性，及时了解学生练习的情况，并给予必要的指导。

（3）讲评。教师要分析练习的整体情况，对练习中存在的普遍性问题进行讲评，分析易错的原因，深化学生对知识的理解。

(4)小结。教师要总结解题规律，并归纳出一些常用的解题方法，使学生进一步巩固知识。

3. 复习课

复习课是以巩固、梳理已学知识和技能为主要任务，促进知识系统化的一种课型。复习课的一般结构是：归纳整理—重点复习—总结升华—布置作业。

(1)归纳整理。要求教师通过提问或叙述的方式，帮助学生主动进行知识的回顾，能够熟练地掌握单元或主题中的概念、定义、定理、公式及其应用，并能准确地使用图形语言、符号语言等进行表达和运用，为知识的条理化、系统化和结构化奠定基础。

(2)重点复习。教师要以学定教，针对前期调查中发现的问题，精心选择具有典型性、综合性、拓展性和开放性的例题，引导学生展示学习效果，对学习效果进行评价和辩论，并根据学习效果对解题思路与步骤进行梳理和规范，总结、提炼解题的一般方法与内在规律，引导学生通过纵深探索、横向关联逐步优化认知、增强体验、开阔视野。

(3)总结升华。总结升华是复习课教学过程中不可缺少的、最重要的环节，是整节课"灵魂"的揭示、"思想"的提炼。恰到好处的总结可以引导学生对所学知识进行归纳和梳理，使知识系统化和网络化，使重、难点得到强化和升华，使学生的思维能力得到发展；同时，教师的评析升华还会形成有效的示范，能引导学生形成主动归纳、提炼、建构的意识和能力，培养良好的学习习惯，有效转变学习方式。

(4)布置作业。教师有针对性地布置具有基础性、挑战性、层次性的问题或习题，引领学生巩固所学，强化认知，提高知识应用意识和创新能力。

4. 考查课

考查课是以检查学生知识技能掌握情况为主要目的的一种课型，通常在复习课之后进行。考查课一般包括引导性谈话和知识质量检查两个环节。

(1)引导性谈话。就是向学生说明考查的目的和具体做法，帮助学生端正态度，引导学生严肃而正确地对待考查。

(2)知识质量检查。知识质量检查主要采用口头提问、书面作业或闭卷考试的形式。命题应依据课程标准，着重检查一个阶段应掌握的基础知识、基本技能；题目要灵活、多样、全面。需要注意的是，考查次数不可太频繁，以免增加学生负担。

5. 讲评课

讲评课是教师在学生练习或考试之后，从学生作业或试卷中获取反馈信息，帮助学生分析阶段学习情况，查漏补缺、总结经验、巩固四基的一种课型。在单元或学期教学内容结束之后，讲评课常常会成为一种主要的课型，主要包括知识讲评、方法讲评与规范讲评。讲评课的一般环节是：自查自纠—分类示错—变式强化。

(1)自查自纠。在完成相关批阅、统计、采样等工作后，教师将答卷还给学生，明确任务并要求学生有针对性地自主思考、纠错。例如，讲评步骤，就让学生重点分析解题步骤中存在的问题；讲评解题策略，就让学生再次深入问题进行反思或与周围的同学讨论交流，对方法进行比较评价。

(2)分类示错。思源于疑，疑生于错。讲评课中有效地示错可以让学生正视问题，激活思维。所谓示错教学，是指教师有意识地通过展示解题过程中的错误，引导学生剖析、反思错因错源，从而激发认知冲突，增强活动体验。但分类示错环节重在解题而非题目本身，教师要以明错、析错、纠错为目的，做到析错因、明思路、评方法。

（3）变式强化。在揭示了正确的解答思路后，教师应针对所讲评的问题设计相应的变式练习，达到以练习促巩固，以变化促反思，以拓展促提升的效果。同时，教师可以要求学生将典型的错误收集在错题本中，做好标注和说明；也可以在条件允许的情况下精心设计反馈题，让讲评课的效果落到实处。

6. 实践活动课

实践活动课是指让学生综合运用所学数学知识进行实践活动的一种课型，如实地考察、测量、统计等。实践活动课既能使学生巩固所学，又能培养学生分析问题、解决问题的能力。实践活动课的基本要求如下。

（1）明确要求。教师要向学生说明掌握哪些工具的使用方法，培养哪些实际操作能力。

（2）充分准备。确定综合实践的内容、要求、方法和步骤；考虑小组的划分，确定小组长的人选并对小组长进行培训；做好工具、材料和场地的准备。

（3）适当讲解与示范。教师讲清实验操作方法和步骤，并进行示范指导；学生分组实习操作，并做好记录。

（4）活动总结。学生完成实践报告，并进行活动总结。

二、小学数学课外活动的组织

数学课外活动是指在课余时间里，学生在教师的指导下进行的有目的、有计划、有组织的数学学习活动。数学课外活动以课堂教学为基础，作为课堂教学的一种补充形式，它有利于拓宽学生的数学视野，培养学生的数学学习兴趣，提高学生的数学素养。

（一）小学数学课外活动的特点

1. 趣味性

与课内的数学学习相比，数学课外活动的形式和内容更具有灵活性，更容易使学生产生兴趣，激发学生的学习积极性。

2. 自主性

课外活动比课堂教学更加灵活、宽松，在活动中，每个学生都有较大的自主权，都是数学活动中的小主人。学生可以根据自身需要与兴趣爱好自由选择数学课外活动，更大限度地发挥主观能动性，充分发展个性特长和聪明才智。

3. 开放性

数学课外活动不受统一的数学教材的限制，活动形式多样，活动内容丰富，学生能及时地、广泛地、多渠道地接收各种信息。

4. 实践性

数学课外活动与数学课堂教学最大的区别在于：活动既是教学的形式，又是教学的手段。可以说，如果没有让学生参与课外活动，没有让学生真正地动起来，没有让学生在活动中学数学，就不能称之为数学课外活动。因此，数学课外活动要为学生创设更多、更大的活动空间，弥补数学课堂教学的不足，培养学生的探索创造精神和实践活动能力，锻炼学生的意志品质。

（二）小学数学课外活动的原则

小学数学教育的目标、小学生的年龄特征和小学数学课外活动的特点是开展小学数学课外活动的主要依据。小学数学课外活动的开展应遵循以下基本原则。

1. 方向性原则

小学数学课外活动的内容与组织要符合国家教育方针与小学数学教育目标的要求，符合小学数学课程标准中对学生数学素养的培养要求。

2. 自主性原则

学生是数学课外活动的主体，教师与有关辅导人员要发挥引导和启发作用，把活动的主动权交给学生，在调动学生学习积极性的同时，不断向学生提出研究课题，让学生按自己的兴趣、爱好自愿选择参加。

3. 针对性原则

数学课外活动的内容与形式要符合学生的年龄特征，并针对不同学生的兴趣、能力和志向，灵活有效地实施分类指导和分层指导，培养学生爱数学、学数学、用数学的意识，使学生在合适的方向上最大限度地得到发展。

4. 活动性原则

数学是一种人类活动，是一个含有多种成分的复合体，不单包含逻辑关系、公理关系，也包含直观思维、归纳推理，甚至人际交往。为此，进行数学课外活动要注意数学认识活动与数学实践活动相结合，知识性与趣味性相结合；形式要灵活多样，内容要丰富多彩，要密切联系实际，要注重"数学实验"（即动手操作、游戏）；要把数学课外活动设计成学生进行数学活动的过程。

5. 因地制宜原则

各地区、各学校的实际情况不同，开设数学课外活动的内容、形式等也应有所区别。要根据各地经济、文化状况，学校和学生实际情况，利用有利条件，灵活有效地组织、实施数学课外活动。

（三）小学数学课外活动的基本要求

为保证小学数学课外活动的顺利开展，学校不仅要将开展数学课外活动列入学校工作计划，还应做好活动的组织工作。

1. 加强计划性

数学课外活动是课堂教学的有益补充，是学生学习数学的一个阵地。学校要将数学课外活动作为教学工作的组成部分加以统筹安排，整体设计课外活动及各环节要点，明确活动内容、活动时间、活动要求、活动成员与负责教师。班级性的数学课外活动要列入班主任工作计划或数学教师的学期授课计划。

2. 突出教育性

趣味性、知识性和教育性是小学数学课外活动的基本特点。基于拓宽数学视野、培养数学兴趣、提高数学素养的目的，数学课外活动的组织要考虑趣味性和知识性，发展学生的各种能力。同时，小学数学课外活动也是向学生进行思想品德教育的良好手段，因此，在选择课外活动的内容时要突出其教育性。

3. 调动积极性

教师必须积极发挥引导作用，对活动的整体设计以及各环节要点做到心中有数；同时要充分调动学生的参与愿望，并适时对学生给予必要的指导，如提供活动材料、组织练习、协助学生解决学习活动中出现的疑难问题等，从而保障数学课外活动有效开展。

4. 发挥辅助性

数学课外活动是课堂教学的有益补充，要根据学校教育教学工作的需要，适时适量地开展，以免增加学生负担。

阅读与拓展

1. 郑毓信. 数学教学的关键 [M]. 上海：华东师范大学出版社，2023.

除去从课程的角度进行分析以外，要做好数学教学显然应对数学教学活动做出深入研究，特别是其主要特征和基本性质，包括我们应当如何把握数学教育的基本目标。视角的广度是该书的一个重要特点，包括数学教育的文化价值、数学教育的德育功能、数学教育的语言教育价值等，以及我们应如何做好数学学习和数学教育研究。书中还以相关论述为背景从各个角度对《义务教育数学课程标准（2022年版）》进行了分析评论，从而具有超出上述各个论题的更普遍的意义。

2. 曹一鸣. 数学教学论 [M]. 2版. 北京：高等教育出版社，2020.

该书以现代教学理论和学习理论为指导，从数学教学案例出发，探讨中小学数学教学的过程与环节，培养和提高数学教学的基本技能，阐述数学教学的基本原理和方法以及新课程标准的理念与实施。

3. 马云鹏. 小学数学教学论 [M]. 4版. 北京：人民教育出版社，2013.

该书内容主要包括三个部分：第一部分论述了本学科所包括的主要内容和研究范围；第二部分论述了小学数学课程与教学的基本理论与方法；第三部分论述了小学数学主要领域"数与代数""图形与几何""统计与概率""综合与实践"的教学目标、内容和策略。

4. 范文贵. 小学数学教学论［M］. 3版. 上海：华东师范大学出版社，2023.

该书具有如下特色：一是关注小学数学教师专业发展，即以小学数学教师专业发展为主线，反映新一轮基础教育课程改革，以提升师范生教育教学素质；二是结合案例学习相关理论，即密切联系小学数学教学实际，突出案例教学，重在培养师范生的小学数学教学能力；三是渗透数学发展历史，即概括性地介绍"数与代数""图形与几何""统计与概率"的发展历史，以增强师范生对数学发展过程的认识，从而养成正确的数学思维方式；四是渗透数学思想方法，即以小学数学知识为载体，介绍数学思想方法，使师范生形成良好的数学素养。

第六章
数与代数内容分析与教学研究

> **学习目标**
> 1. 理解数与代数教学的概念、特点、理念及意义。
> 2. 掌握数与代数领域的课程内容、学业要求。
> 3. 明确数与运算及数量关系的教学策略。
> 4. 了解教育家精神及其在相关案例中的体现。

第一节 数与代数教学概述

数与代数教学占据着小学数学课程教学的半壁江山。《义务教育数学课程标准（2022年版）》突出了学生核心素养的培养，这无疑对当前的小学数学教学提出了更高的要求。因此，就数与代数领域来说，充分了解数与代数教学的内涵、特点、价值及意义对广大教育工作者来说有着重要的意义。

一、数与代数的概念

数与代数是义务教育阶段学生数学学习的重要领域，在小学阶段它包括数与运算和数量关系两个主题。在各学段，数与代数的内容相互关联，由浅入深，层层递进，螺旋上升，构成相对系统的知识结构。

（一）数与运算

数与运算主要包括整数、小数和分数的认识及其四则运算。数是对数量的抽象，数的运算重点在于理解算理、掌握算法，数与运算之间有密切的关联。学生经历从数量到数的形成过程，理解和掌握数的概念；经历算理和算法的探索过程，理解算理并掌握算法；初步体会数是对数量的抽象，感悟数的概念本质上的一致性，形成数感和符号意识；感悟数的运算以及运算之间的关系，体会数的运算本质上的一致性，形成运算能力和推理意识。由上述可知，通过"数与运算"主题内容的学习，要发展学生的数感、符号意识、运算能力以及推理意识。

（二）数量关系

数量关系主要是用符号（包括数）或含有符号的式子表达数量之间的关系或规

律。学生经历在具体情境中运用数量关系解决问题的过程，感悟加法模型和乘法模型的意义，提高发现和提出问题、分析和解决问题的能力，形成模型意识和初步的应用意识。与《义务教育数学课程标准（2011年版）》相比，《义务教育数学课程标准（2022年版）》将原本分散的与分析和运用数量相关的内容——运用数和数的运算解决问题、估算、常见数量关系、字母表示数、探索规律等整合成数量关系主题，它们本质上都是运用数量关系解决问题，这不只是形式上的变化，更是从学科本质和学生学习视角对相关内容的统整，更好地体现了学科内容的本质特征和学生学习的需要。

二、数与代数教学的特点

《义务教育数学课程标准（2022年版）》对数与代数领域做出了新的调整，这启示着一线教师不仅要重新研读本领域教学内容的变化，更要准确把握数与代数教学的特点，从而更好地落实课标的理念。数与代数教学的特点主要表现在以下几个方面。

（一）逻辑性

小学数学数与代数教学的逻辑性是指数与代数的教学要遵循小学数学学科知识的逻辑性以及学生认知发展的顺序性。数学知识是严谨的，它们之间具有很强的内部逻辑关系。如果教师在教学中重视这种关系，那么就会主动梳理单元知识间的内在逻辑顺序。教师的教学充满逻辑顺序，学生就能从中感受到这种顺序，从而理解知识之间的逻辑关系，建构起充满逻辑性的知识结构。数与代数部分更是如此，教学活动也应该满足数学学科内部的逻辑性。除此之外，教学还要满足学生认知发展的顺序性。在进行教学活动之前，教师就应对学生所处年龄段的认知特点与规律进行研究、了解与分析，并对所教学生进行了解，以此来创设适合学生的、有效的教学情境，并根据学生的已有知识水平对其进行引导。

（二）基础性

小学数学数与代数的基础性表现在数与代数部分的内容占全部数学内容的 60% 左右，在数学教学中具有十分重要的地位。数学是研究数量关系与空间形式的学科，数与代数部分的学习内容是学习其他数学知识的基础，图形与几何离不开数的运算，统计与概率更是离不开数与数量，综合与实践则是综合性最高的部分，需要用到数学各部分所学知识。因此，数与代数的教学不仅是小学数学学科的重要组成，而且还是其他部分内容教学的基础，具有较强的基础性。

（三）直观性

小学数与代数教学的直观性是指借助图形直观、实物直观或符号直观描述数与代数数学问题，探索解决问题的思路，把复杂的数学问题变得简明、形象，以适应小学生的思维水平。就小学数学课程的四大领域来说，数与代数是其中比重最大的部分。王永春教授曾表示，"只有极少数人在数学领域内可以开始进入形式运算阶段"[①]，这表明绝大多数人在数学领域内处于具体运算阶段，这也更加突出了直观性在数学教学与学习中的

---

① 王永春：《小学数学核心素养教学论》，华东师范大学出版社，2019，第197页。

重要性。因此，在数与代数的教学中，教师需要适当借助图形直观、实物直观及符号直观，把教材中抽象的、空泛的、静止的数学概念动态化、形象化地呈现出来，这样不仅能降低学生认知的难度，也能促使学生更清晰、更全面、更深入地理解所学习的内容。

（四）应用性

小学数与代数教学的应用性是指数与代数领域的教学要来源于生活，将复杂的数学知识与现实生活相联系，最终也要回归到生活，回归到生活中实际问题的解决中。在实践中学生能灵活运用数与代数领域的数学思想去解决多变、复杂的现实问题，一直以来都是数与代数教学的一个重要目标。因此，小学数与代数教学必定具有应用性的特点。此外，在小学阶段，将数学模型作为理解数学知识的工具，将建构并检验完成的模型应用于解决实际的问题中，通过模型的应用来服务于日常生产生活，也是数与代数领域教学的重要意义。[①] 具体来说，学生在实践中解决问题时，通过将数学知识与生活实际或问题情境进行结合，可使数学知识得到强化，而且还能增强和锻炼数学实践能力和迁移思维。

（五）情境性

小学数与代数教学的情境性是指数与代数领域的教学要建立在真实的数学情境中，数学情境一般有三种形式：①以文词语言表达的情境，语义丰富；②以数学符号语言表达的情境，简洁而抽象；③以图形语言表达的情境，形象而直观。[②] 小学数学数与代数中的绝大部分内容都是以具体情境为知识背景加以呈现的，并且在具体情境中认识数学的基本概念，多是基于学生的生活经验出发。若是忽略了数学情境，学生对数学知识和现实情境之间的联系敏感度不高，那么学生在应用数学知识时，也就难以准确地提取社会运行背景中的数学信息，也做不到将数学知识转换成能力、素养。此外，《义务教育数学课程标准（2022年版）》中，情境作为一个高频词，共出现172次，较《义务教育数学课程标准（2011年版）》、《全日制义务教育数学课程标准（实验稿）》中的64次、62次有非常明显的增加。所以，加强小学数学教学情境的研究很有必要。

三、数与代数教学的理念

《义务教育数学课程标准（2022年版）》正式提出数学核心素养，这是课程理念的重要革新。新的课程标准体现了新的教学理念，具体表现为以下几个方面。

（一）教学目标上坚持核心素养导向

设计教学目标时，要坚持核心素养导向，即教学目标的确立要充分考虑核心素养的达成。数学核心素养和一定的教学内容相对应，与内容的表现形式有关。教师要考虑教学内容和核心素养之间的联系，确立指向核心素养的教学目标，将核心素养的具体表现体现在教学要求之中，以核心素养统领教学，落实学生数学核心素养的培养。在此过程

---

① 王亚辉：《数学方法论》，北京大学出版社，2001，第82页。
② 吕昌旭、汪秉彝：《浅析数学情境的创设》，《贵州师范大学学报（自然科学版）》2002年第1期。

中，教师需要从核心素养的一致性、整体性和阶段性来进行把握。教师要在核心素养一致性和整体性的统领下，由大及小地细化课时目标，在清楚整个小学阶段的教学目标下，明确一学段、一学期、一课时的教学目标。随着学段的上升，在小学数与代数知识内容进阶的同时，数学核心素养的具体表现也呈现出上升趋势，教师应当结合小学数与代数具体内容，用发展的眼光将核心素养具体表现融入教学目标中。同时，数学核心素养的具体表现相互交叉融合，教师在教学中需要横向思考，要让核心素养不同表现的相互作用体现在学生的学习过程中。

（二）教学方式上凸显结构化特征

选择教学方式时，要坚持结构化导向，即教学方式的选择要体现结构化特征。《义务教育数学课程标准（2022年版）》强调课程内容的整体把握，要求教学应当指向核心素养，体现课程内容结构。教学内容是课程内容的转化，教学内容的结构化需要通过教材内容的结构化编排以及教师对教学内容的结构化调整来实现。在依据《义务教育数学课程标准（2022年版）》编写的新教材还未发行之前，教师的教学方式是实现课程内容结构化、发展学生数学核心素养的关键。教师应当依据《义务教育数学课程标准（2022年版）》的内容，结构性地理解单元学习内容，重视数学知识之间的联系，以整合的思想采用一定的教学方式来适应结构化特征。"大概念"导向的教学是体现结构化的教学方式之一。大概念是指反映学科本质与特点并构成学科框架的概念，具备持久性、迁移性、中心性等特征。"大概念"导向的教学能够推动学生进行自我建构，形成学科观念，发展终身素养。[①]

（三）教学实施上强调真实问题情境

进行教学设计时，要坚持真实问题情境导向，即教学设计要体现"真情境、真问题、真解决"，由此培养学生解决问题的能力。根据建构主义理论的"知识观"与"教学观"，情境对于教师的教和学生的学具有不可忽视的作用，问题情境教学法也是"数学化"方法的体现。数学核心素养是对"四基""四能"的继承与进一步发展，问题解决能力是数学核心素养中关键能力的重要体现。真实情境下真实问题的解决是指向核心素养教学的基本要求[②]，问题情境能够实现知识迁移，问题解决更能深化知识的理解。数学本质的揭示是判断是否为"真情境"的标准。"真问题"是能够解决的高质量学科问题，其以学科情境为载体，以学科知识为凭借，指向真实教学目标，体现教学重难点，紧紧围绕着数学核心素养。

（四）教学活动上注重合作探究

开展教学活动时，要坚持合作探究导向，即教学设计要重视合作探究过程，建构主义理论认为学习是学生自主建构的过程，教师的教学应当为学生的自主建构提供相应的条件。荷兰著名数学教育家弗赖登塔尔在《作为教育任务的数学》中提出，数学教学过程应重视学生的"再创造"，数学核心素养由数学眼光、数学思维和数学语言构成，数

[①] 李刚、吕立杰：《大概念课程设计：指向学科核心素养落实的课程架构》，《教育发展研究》2018年第C2期。

[②] 李作林、刘长焕、陶业曦、施一宁、李淑红：《真实问题解决：指向核心素养提升的教学策略——以人大附中通用技术课程建设为例》，《中国电化教育》2020年第2期。

学核心素养的培养自然也需要经历自主建构的过程。自主探究和合作交流是自主建构的方式，数学教师在设计教学活动时要坚持合作探究导向，让学生在自主探究、合作交流中进行自主建构，让学生经历提出问题、做出假设等一系列科学探究过程，保证所有学生都能在探究过程中进行充分的思考并参与。

（五）教学评价上追求以评促学

进行教学评价时，要坚持以评促学导向，即教学评价的选择要追求实现以评促学的效果。为保证数学核心素养从课程标准的文本层面走向课程教学的实施层面，课程、教材、教学、测评等要素都应指向核心素养，与课程标准紧密结合，核心素养导向下小学数与代数的教学评价应当在方式、维度、主体、结果的呈现与运用方面做出努力。首先，丰富的教学评价方式。评价方式应包括书面测验、口头测验、活动报告、课堂观察、课后访谈、课内外作业、成长记录等，可以采用线上线下相结合的方式。每种评价方式各有特点，教师应结合学习内容、学生学习特点，选择适当的评价方式。其次，多元的教学评价维度。多元的评价维度是指在评价过程中，在关注"四基""四能"达成的同时，特别关注核心素养的相应表现。不仅要关注学生知识技能的掌握，还要关注学生对基本思想的把握、基本活动经验的积累；不仅要关注学生分析问题、解决问题能力的培养，还要关注学生发现问题、提出问题能力的培养，全面考核和评价学生核心素养的形成和发展。再次，多样的教学评价主体。教学评价主体应包括教师、学生、家长等。综合运用教师评价、学生自我评价、学生相互评价、家长评价等方式，对学生的学习情况进行全方位的考查。最后，评价结果的呈现与运用。在呈现评价结果时，教师应当做到定性和定量相结合，关注每一名学生的学习过程，关注学生已有的学业水平与提升空间，为后续的教学提供参考。评价结果的运用应有利于增强学生学习数学的自信心，有利于提高学生学习数学的兴趣，使学生养成良好的学习习惯，促进学生核心素养的发展。

四、数与代数教学的意义

恩格斯曾说："数学是关于空间形式和数量关系的学科。"数与代数作为中小学数学课程中的经典内容，在义务教育阶段的数学课程中占据着重要地位，具有重要的教育价值。因此，小学数学数与代数教学具有重要的意义。

（一）有助于培养学生的数学思维和应用能力

小学数学数与代数的教学能使学生体会到数学与现实生活的紧密联系，认识到数与符号是刻画现实世界数量关系的重要语言，认识到方程、不等式与函数是现实世界的数学模型，体会到数学是解决实际问题和进行交流的重要工具，感受到数学的价值，初步学会运用数学的思维方式去观察、分析现实社会，去解决日常生活和其他学科学习中的问题，增强应用意识，培养初步的应用能力。

（二）有利于培养学生初步的创新意识和发现能力

在数与代数的学习过程中，通过对现实世界中数量关系及其变化规律的探索，数的概念的建立、扩充以及数的运算，公式的建立和推导，方程的建立和求解，函数关系的探究等活动的学习，有助于激发学生学习数学的兴趣，提高学习解决问题的能力和自信心，有利于培养学生初步的创新意识和发现能力。

（三）有利于学生用科学的观点认识现实世界

在数与代数中，在知识中存在着对立和统一，如正数与负数、加法与减法、常量和变量、精确与近似等；在研究过程中也充满了对立与统一，如已知与未知、特殊与一般、具体与抽象、实践与理论等；在变量和函数的研究中充满着运动、变化的项。因此，对这部分内容进行学习，必将有助于培养学生的辩证唯物主义观点，有利于学生用科学的观点认识现实世界。

（四）有利于发展学生思维，培养数学情感

将"人人学有价值的数学"这一理念落实到义务教育阶段，就要求我们教师不仅要关注学生知识技能的掌握，更要关注学生情感、态度、价值观和一般能力的培养。思维能力、思想方法、习惯、情感和态度对于学生今后去创造生活有着不可估量的价值。数与代数作为基础部分，它主要研究现实世界中的数量关系以及运动、变化规律，它可以帮助人们从数量关系的角度准确而清晰地认识、描述和把握现实世界并解决现实世界的问题，能有效发展学生思维、培养学生的数学情感，这些就是有价值的数学的体现。

第二节　数与代数的教学内容

依据《义务教育数学课程标准（2022年版）》提出的"对内容进行结构化整合，探索发展学生核心素养的路径"的理念，数与代数领域通过主题整合的方式实现内容的结构化。内容结构化是指将具有相同本质特征的内容整合为同一主题，主要体现在内容主题的重整，具体如表6-1所示。

表6-1　各学段数与代数领域的主题

领域	学段			
	第一学段 （1~2年级）	第二学段 （3~4年级）	第三学段 （5~6年级）	第四学段 （7~9年级）
数与代数	1. 数与运算 2. 数量关系	1. 数与运算 2. 数量关系	1. 数与运算 2. 数量关系	1. 数与式 2. 方程与不等式 3. 函数

由表6-1可以看出，数与代数领域的下属主题整合，体现了学习内容的整体性和一致性。在主题统整之下，每个领域的课程内容按"内容要求""学业要求""教学提示"三个方面呈现。"内容要求"指向"学什么"，主要强调在教材结构中的、扎实的基础知识学习的重要性，其目的是防止将知识虚化、知识落实不到位。内容要求对学生要学习什么内容做出了明确的规定，教师必须以此为依据开展课堂教学，在课

堂上把基础知识给学生传授到位。对于学生而言，掌握基础知识是前提、是关键，只有打牢了双基，形成了能力，才能更好地发展。因此，本节将首先梳理第一到第三学段的内容要求，以明确数与代数领域的教学内容。

一、小学数学数与代数的内容要求

以主题为统领，小学数与代数领域的内容按三个学段依次展开，具体如下。

（一）第一学段（1~2年级）

1. 数与运算的教学内容要求

（1）在实际情境中感悟并理解万以内数的意义，理解数位的含义，知道用算盘可以表示多位数。

（2）了解符号<，=，>的含义，会比较万以内数的大小；通过数的大小比较，感悟相等和不等关系。

（3）在具体情境中，了解四则运算的意义，感悟运算之间的关系。

（4）探索加法和减法的算理与算法，会整数加减法。

（5）探索乘法和除法的算理与算法，会简单的整数乘除法。

（6）在解决生活情境问题的过程中，体会数和运算的意义，初步形成符号意识、数感、运算能力和推理意识。

2. 数量关系的教学内容要求

（1）在简单的生活情境中，运用数和数的运算解决问题，能解释结果的实际意义，形成初步的应用意识。

（2）探索用数或符号表达简单情境中的变化规律。

（二）第二学段（3~4年级）

1. 数与运算的教学内容要求

（1）在具体情境中，认识万以上的数，了解十进制计数法；探索并掌握多位数的乘除法，感悟从未知到已知的转化。

（2）结合具体情境，初步认识小数和分数，感悟分数单位；会同分母分数的加减法和一位小数的加减法。

（3）在解决简单实际问题的过程中，理解四则运算的意义，能进行整数四则混合运算。

（4）探索并理解运算律（加法交换律和结合律、乘法交换律和结合律、乘法对加法的分配律），能用字母表示运算律。

（5）会运用数描述生活情境中事物的特征，逐步形成数感、运算能力和初步的推理意识。

2. 数量关系的教学内容要求

（1）在实际情境中，运用数和数的运算解决问题；在解决实际问题的过程中，能结合具体情境，选择合适的单位进行简单估算，体会估算在生活中的作用。

（2）能借助计算器进行计算，解决简单的实际问题，探索简单的规律。

（3）在具体情境中，认识常见数量关系：总量＝分量＋分量、总价＝单价×数量、路程＝速度×时间；能利用这些关系解决简单的实际问题。

（4）能在具体情境中了解等量的等量相等。

（5）能解决生活中的简单问题，并能对结果的实际意义作出解释，经历探索简单规律的过程，形成初步的模型意识和应用意识。

（三）第三学段（5～6年级）

1. 数与运算的教学内容要求

（1）知道2、3、5的倍数的特征，了解公倍数和最小公倍数，了解公因数和最大公因数，了解奇数、偶数、质数（或素数）和合数。

（2）结合具体情境探索并理解小数和分数的意义，感悟计数单位；会进行小数、分数的转化，进一步发展数感和符号意识。

（3）结合具体情境理解整数除法与分数的关系。

（4）能进行简单的小数、分数四则运算和混合运算，感悟运算的一致性，发展运算能力和推理意识。

2. 数量关系的教学内容要求

（1）根据具体情境理解等式的基本性质。

（2）在解决实际问题的过程中，会选择合适的方法进行估算。

（3）在具体情境中，探索用字母表示事物的关系、性质和规律的方法，感悟用字母表示的一般性。

（4）在实际情境中理解比和比例以及按比例分配的含义，能解决简单的问题。

（5）通过具体情境，认识成正比的量（如$\frac{y}{x}=5$）；能探索规律或变化趋势（如$y=5x$）。

（6）能运用常见的数量关系解决实际问题，能合理解释结果的实际意义，逐步形成模型意识和几何直观，提高解决问题的能力。

综上，与《义务教育数学课程标准（2011年版）》相比，数与代数领域具体内容及其要求均做出了结构化整合，主要体现在以下几个方面。

（1）调整了小学各学段数学领域课程内容主题。无论是《义务教育数学课程标准（2022年版）》还是《义务教育数学课程标准（2011年版）》，数与代数都是义务教育阶段学生数学学习的重要领域。《义务教育数学课程标准（2011年版）》把数与代数领域分解为六个方面的内容主题：数的认识、数的运算、量与计量、探索规律、式与方程、正比例和反比例。《义务教育数学课程标准（2022年版）》的数与代数领域只有两个主题：数与运算、数量关系。具体不同主要表现为：一是将数的认识和数的运算合并为数与运算主题；二是将探索规律、式与方程、正比例和反比例合并为数量关系主题，将方程和反比例移至第四学段；三是将量与计量内容调整至综合与实践领域。

数与运算主要包括整数、小数和分数的认识及其四则运算。数学的研究对象是客观世界的数量关系与空间形式。数是对数量的抽象，数的运算重点在于理解算理和掌握算法。数与运算之间有着密切的关联，数概念的认识是数运算的基础，数的运算可以进一步促进学生对数概念的认识和理解，两者相辅相成。

数量关系主要是"用符号（包括数）或含有符号的式子表达数量之间的关系或规律"。《义务教育数学课程标准（2022年版）》强调让学生"经历在具体情境中运用数量关系解决问题的过程，感悟加法模型和乘法模型的意义，提高发现和提出问题、分析和解决问题的能力，形成模型意识和初步的应用意识。"

（2）强调数的概念与数的运算的一致性。《义务教育数学课程标准（2022年版）》在数与运算教学内容部分，特别强调"数的概念本质上的一致性"和"数的运算本质上的一致性"。一致性体现在同一主题的学科本质与相关的核心素养的一致。下面以小学阶段数的数与运算这一主题为例来分析它们"内容要求"表述的一致性。

首先，我们先来了解数的认识的一致性。数的认识从整数的认识开始。第一、第二学段由万以内数的认识拓展到万以上数的认识；第二、第三学段由小数、分数的初步认识到小数、分数意义的理解再到负数、有理数的认识，它们的本质特征都是数量到数的抽象，计数单位就是这些数表达的核心概念。数的意义在拓展，表达的方式也各有不同，但是它们的本质都是用计数单位在表达。

其次，数的运算的一致性更为明显。第一学段主要是整数的运算，重在"了解四则运算的意义"，感悟运算之间的关系，探索加减乘除的算理和算法。第二学段重在对小数和分数的初步认识，要求"会同分母分数的加减法和一位小数的加减法"，强调"理解四则运算的意义，能进行整数四则混合运算"，运用和拓展第一学段有关整数运算的算理和算法。第三学段重在认识小数和分数的意义，要求"能进行简单的小数、分数四则运算和混合运算"。不管是整数、小数的运算，还是不同表现形式的分数的运算，其运算的算理是一致的，都可以理解为相同的"计数单位"相累加的过程。

（3）注重加法模型和乘法模型的教学。自《义务教育数学课程标准（2011年版）》在核心词中增加"模型思想"以来，这已经成了数学学科的基本思想之一。《义务教育数学课程标准（2022年版）》把小学阶段相关核心素养的表现调整为"模型意识"，更加体现了小学阶段重在经验的感悟这一阶段性特征。《义务教育数学课程标准（2022年版）》指出："模型意识主要是指对数学模型普适性的初步感悟。"模型意识主要包括两方面含义：一是知道数学模型可以用来解决一类问题；二是能够有意识地用数学的概念与方法解释生活中的数学问题。

《义务教育数学课程标准（2022年版）》在第二学段正式编排了加法模型和乘法模型的三种数量关系：总量=分量+分量，总价=单价×数量，路程=速度×时间。此处，加法模型是新增加的数量关系表达，而乘法模型具体表现为两种形式：一种是与个数有关的（总价=单价×数量）；另一种是与物理量有关的（路程=速度×时间）。《义务教育数学课程标准（2022年版）》指出，教学时应设计合适的问题情境，引导学生分析和表达情境中的数量关系，启发学生用数学的语言表达现实世界，形成初步的模型意识，提升问题解决能力。

二、小学数学数与代数的学业要求

"学业要求"指向"学得怎么样",结合教学内容要求,提出素养发展目标。其实"学业要求"即教和学的目标。只有明确目标,才能向着目标出发。各个学科的课标中的"学业要求",对学习目标做出了明确的规定。教师只有明确了目标,才能做到心中有数,有的放矢,不至于将课堂教学偏离目标和方向,由此可见"学业要求"的重要性,同时,教师也应该将知识目标转化为核心素养发展目标。

(一)第一学段(1~2年级)

1. 数与运算的学业要求

能用数表示物体的个数或事物的顺序,能认、读、写万以内的数;能说出不同数位上的数表示的数值;能用符号表示数的大小关系,形成初步的数感和符号意识。

能描述四则运算的含义,知道减法是加法的逆运算、乘法是加法的简便运算、除法是乘法的逆运算;能熟练口算20以内数的加减法和表内乘除法,能口算简单的百以内数的加减法;能计算两位数和三位数的加减法。形成初步的运算能力。

2. 数量关系的学业要求

能在熟悉的生活情境中运用数和数的运算,合理表达简单的数量关系,解决简单的问题。

能在解决问题的过程中,体会解决问题的道理,解释计算结果的实际意义,感悟数学与现实世界的关联,形成初步的模型意识、几何直观和应用意识。

(二)第二学段(3~4年级)

1. 数与运算的学业要求

能结合具体实例解释万以上数的含义,能认、读、写万以上的数,会用万、亿为单位表示大数。能计算两位数乘除三位数。

能直观描述小数和分数,能比较简单的小数的大小和分数的大小;会进行同分母分数的加减运算和一位小数的加减运算。形成数感、符号意识和运算能力。

能描述减法与加法的关系、除法与乘法的关系;能进行整数四则混合运算(以两步为主,不超过三步),正确运用小括号和中括号。能说出运算律的含义,并能用字母表示;能运用运算律进行简便运算,解决相关的简单实际问题,形成运算能力。

2. 数量关系的学业要求

能在简单的实际情境中,运用四则混合运算解决问题,能选择合适的单位通过估算解决实际问题,形成初步的应用意识。

能在真实情境中,发现常见数量关系,感悟利用常见数量关系解决问题;能借助计算器进行计算,并解释计算结果的实际意义;形成初步的模型意识、几何直观和应用意识。

能在真实情境中,合理利用等量的等量相等进行推理,形成初步的推理意识。

(三) 第三学段（5～6年级）

1. 数与运算的学业要求

能找出 2、3、5 的倍数。在 1～100 的自然数中：能找出 10 以内自然数的所有倍数，10 以内两个自然数的公倍数和最小公倍数；能找出一个自然数的所有因数，两个自然数的公因数和最大公因数；能判断一个自然数是否是质数或合数。

能用直观的方式表示分数和小数，能比较两个分数的大小和两个小数的大小；会进行小数和分数的转化（不包括将循环小数转化成分数）。能在实际情境中运用小数和分数解决问题，进一步发展符号意识和数感。

能进行简单小数和分数的四则运算和混合运算（不超过三步），并说明运算过程。能在较复杂的真实情境中，选择恰当的运算方法解决问题，形成运算能力和推理意识。

2. 数量关系的学业要求

能在具体问题中感受等式的基本性质。

能在解决实际问题中运用恰当的方法进行估算，并能描述估算的过程。

能在具体情境中，用字母或含有字母的式子表示数量之间的关系、性质和规律，感悟用字母表示具有一般性。

能在具体情境中判断两个量的比，会计算比值，理解比值相同的量，能解决按比例分配的简单问题。

能在具体情境中描述成正比的量 $y/x=k(k\neq 0)$，能找出生活中成正比的量的实例；能根据给出的成正比关系的数据在方格纸上画图，了解 $y=kx(k\neq 0)$ 的形式，能根据其中一个量的值计算另一个量的值。

能解决较复杂的真实问题，形成几何直观和初步的应用意识，提高解决问题的能力。

综上，学业要求是教师在开展每个模块的教学时制订教学目标的依据，主要体现在以下两个方面。第一，学业要求在描述时，将每个模块的知识要求与素养目标相融合，有比较明显的核心素养导向。教师在实施课堂教学时，结合模块内容条目，参考相关的学业要求内容，可以比较准确地设计一个单元或一节课的目标。第二，学业要求是每个模块的评价目标。学业要求是整合一个模块的教学内容后再制订的，因此可以作为学完一个模块以后的学业水平评价标准。无论采用何种学业测评方式，学业要求都可以作为依据。

因此，课标中有了学业要求和学业质量标准，相当于将教学目标和评价目标真正实现了有机统一。教师们在日常教学中按照学业要求把握教学目标，在一个阶段教学结束后，参照学业质量标准设计评价方案，检测学生的学业成绩，就可以较好地落实课程理念中提出的"强化素养导向的多元评价，以评促教、以评促学，保证教—学—评一致性"。

第三节　数与代数的教学策略

在小学"数与代数"领域，要让学生初步体会数是对数量的抽象，感悟数的概念的一致性，形成数感和符号意识；感悟数的运算以及运算之间的关系，体会数的运算的一致性，形成运算能力和初步的推理意识。教学中，也要沟通数的概念与数的运算之间的关系，突出数与运算的一致性。[①]

一、数与运算的教学策略

数与运算的教学中，主要参考使用以下几种策略。

（一）引导学生整体认识数与运算的一致性

小学数与代数领域主要包括整数、小数以及分数三种数据类型。要引导学生整体认识数与运算的一致性，首先要厘清上述三种数概念的一致性、四则运算的一致性以及数与运算的一致性，具体从以下三个方面展开。

1. 数概念的一致性

整数、小数和分数的表现形式各不相同，不同形式背后却有着相同的本质。它们都是人们在生产和生活中用来表示物体个数的符号：人们最初"一个一个"数数，后来按"群"计数，产生了自然数的计数单位"一、十、百、千……"。随着生产和生活的需要，人们通过对单位"1"进行等分产生了新的、更小的小数和分数的计数单位："百分之一、十分之一、二分之一、三分之一……"从这个角度讲整数是计数单位不断累加的结果，是宏观的计数；小数和分数是计数单位不断细分所致，是微观的计数。小数和分数是数概念发展的两个不同方向，它们以整数为基础共同构成了完备的小学数学数概念的知识结构：我们用有限的 10 个数字表达无限的"宏观"或"微观"的数，依赖于计数单位、数位、位值制、十进制等基本概念的支撑，对数的多元表征都一致地表达了计数单位个数的多少。

2. 四则运算的一致性

四则运算的一致性包括四则运算意义的一致性以及四则运算算理的一致性，具体如下。

（1）四则运算意义的一致性。整数、小数和分数的四则运算都是以加法为基础的计数单位及其个数的变化：加法是计数单位的增加，减法是计数单位的减少，乘法是计数单位的倍增，除法是计数单位的细分。

（2）四则运算算理的一致性。整数、小数和分数四则运算的算法各不相同，不同算法背后却是相同算理的支撑：整数、小数和分数加减法中的相同数位对齐、小数点对齐、同分母分数分母不变分子相加减、异分母分数通分后再加减，其背后的算理都是相同计数单位个数的加减。

整数、小数和分数乘除法都是通过不断拆分，转化成表内乘除法进行计算的。乘除法计算都一致体现为计数单位及其个数之间分别运算的结果。和加减法不一样的是，乘除法中计数单位之间的运算会产生新的计数单位，如 $0.1 \times 0.1 = 0.01$，$15 \times 14 = 210$，

[①] 巩子坤、史宁中、张丹：《义务教育数学课程标准修订的新视角：数的概念与运算的一致性》，《课程·教材·教法》2022 年第 6 期。

100∶10=10，1÷0.1=10 等；除法中相同计数单位相除则相互抵消，如 0.1÷0.1=1，13×4÷13×4=1 等。而加减法中则体现为相加满十进位、不够减退位时计数单位会发生变化。

3. 数与运算的一致性

数是对计数单位及其个数的表达，四则运算则是计数单位及其个数的增减变化，二者的研究对象是一致的。从逻辑联系上看，数是运算的对象和基础，没有数也就不会有相关的运算，四则运算是数概念的具体化和发展。数的组成是数与运算的纽带，如根据 2 和 5 组成 7，可以计算 2+5=7；同时数的运算又是对数概念的巩固，如 45-7，先算 15-7=8，再算 30+8=38，把 45 分成了 30 和 15，是对数结构的再认识。因此，不要孤立地看待数与运算，应根据事物普遍联系的辩证唯物主义观点，将数与运算纳入同一学习任务的不同侧面，它们是不可分割的有机整体。

（二）以计数单位统领数与运算的教学

美国学者布鲁纳指出，要"给予那些和基础课有关的普遍的和强有力的观念和态度以中心地位"。[①] 在数学教学中"将基本概念、基本规律和基本原理等核心内容置于教学的中心地位"[②] 是新一轮课程改革的价值取向和共同追求。数与运算的核心是计数单位，因此，要切实树立起计数单位的核心地位，引导学生深刻理解并掌握计数单位的概念，建立起概念间互相融通的复杂认知结构。

1. 突出计数单位在数与运算中的核心地位

从数与运算的一致性可以知道：数概念是对计数单位及其个数的静态描述，四则运算是计数单位及其个数的动态表达。计数单位从不同状态反映了数与运算的共同本质，它既是学习数与运算知识结构的逻辑起点，又是统领该部分知识内容的理论支柱。学生能否整体把握数与运算的知识结构，很大程度上取决于对计数单位的理解与掌握水平。因此，教师应自始至终把计数单位置于教学的中心地位，突出它的统帅作用。

计数单位是数与运算知识结构中的基本概念，具有广泛的迁移力和普遍的实用性，在它的统领下，其他知识都可以看成是特定情境中的具体化。例如，数位是计数单位所占位置的命名，十进制是计数单位之间进率的具体化，算式 50+8=58、0.53-0.5=0.03 等从根本上讲是数的组成的具体应用，而数的组成本身就是计数单位个数的表达。

2. 帮助学生切实建立起计数单位的概念

在数与运算的教学中，教师应根据学生年龄特点和认知水平采取适合的教学方式，循序渐进地帮助学生理解并掌握计数单位这一核心概念。例如，低年级学生教学中应充分运用操作、观察等直观手段，把计数单位的本质属性以形象的物化过程展现出来，帮助学生在头脑里建立起清晰且正确的表象，从而更好地感知其深刻含义。例如，计数单位"十"，通过把 10 根小棒合起来捆成一捆的动作表征，在头脑里形象地建立 1 个"十"的表象，进而半抽象为计数器十位上的 1 颗珠子、记作十位上的数字"1"，经过

[①] 布鲁纳：《教育过程》，邵瑞珍译，文化教育出版社，1982，第 37 页。
[②] 李光树主编《小学数学教学论》，人民教育出版社，2003，第 110 页。

层层抽象，逐步建立"十"的单位概念。随着学生年龄的增长、认知水平的提高以及数域的不断扩充，计数单位的知识也可以根据迁移原理类推出来，如根据 10 个十是 1 个百，类推出 10 个百是 1 个千等。

与整数计数单位不断累加产生新的、更大的计数单位相反，分数的计数单位是通过等分得到的。从整数到分数是宏观到微观的认知跨越，加之整数都是十进制计数原则，而分数则为随机的等分，计数单位之间没有规则的进率。因此，分数计数单位的建构，需要学生在具体操作或直观图示的基础上，形成计数单位的表象，通过对大量的、典型的感性材料的感知、抽象，概括得出分数计数的一般规律，切实建立起分数计数单位的概念。例如，引导学生实际操作将一张同样的纸等分成 5 份，任意表示出其中几份，得到 $\frac{1}{5}$、$\frac{2}{5}$、$\frac{3}{5}$、$\frac{4}{5}$、$\frac{5}{5}$ 等。通过数数，数出每个分数包含计数单位的个数，体会同分母分数计数单位越多，分数值就越大。当数到 $\frac{5}{5}$ 时，引导学生得出分母是 5 的分数与 1 之间的进率，进而引发思考：还可以继续数吗？继续数下去是怎样的分数，怎样用图表示等。带领学生探索计数单位不断累加，满几个 1，就是整数几。进而讲述分数进率与整数十进制进率之间的关系，强化学生对分数单位的认识。

数源于数，数数是帮助学生建构计数单位概念的重要数学活动。数数的本质就是数计数单位的个数。通过数数不仅可以丰富学生对计数单位的体验，还能加深学生对满十进一的理解。不同方式的数数，更是能帮助学生沟通不同计数单位之间的关系。例如数 35，学生可以一个一个地从 1 数到 35，其中 9 的下一个数是 10，19 的下一个数是 20，29 的下一个数是 30。如此，学生对满十进一就会产生深刻的体会，积累数数的经验。同样是数 35，学生还可以一十一十地数出 3 个十，再一个一个地数出 5 个一，借此理解 35 是由 3 个十和 5 个一组成。对比沟通两种数数方法，学生还能得出 35 既可以由 35 个一组成，也可以由 3 个十和 5 个一组成，理解不同表征背后相同的大小关系。

3. 以计数单位为核心建立起数与运算的认知结构网

计数单位是数与运算认知结构中重要的连结点，通过它可以不断吸纳概念、组织信息，促成数与运算知识结构间的融会贯通。因此，数与运算教学应以计数单位为固着点，将概念、法则、规律等有效组织起来并建立起相互之间的联结。

数与运算知识结构中的具体内容以计数单位为核心展开，按照抽象程度可以分为四个层次，层次之间、概念之间以及具体应用之间存在着紧密的联系。教学时教师要低起点高站位，立足具体实践知识，着眼于核心概念的理解，将各部分知识有机联系起来，有效建立起学生数与运算的认知结构。例如学习同分母分数加法 $\frac{3}{8}+\frac{4}{8}$；教师要引导学生画图理解算理：3 个 $\frac{3}{8}$ 与 4 个 $\frac{1}{8}$ 合并在一起是 7 个 $\frac{1}{8}$，即 $\frac{7}{8}$，计算的是 3+4；类推出 3+4 还可以计算诸如 $\frac{3}{7}+\frac{4}{7}$、$\frac{3}{11}+\frac{4}{11}$ 等，理解分母不变、分子相加的道理。将这一道理与整数、小数的算理融通，同样地，3+4 还可以计算 30+40、0.3+0.4 等整数与小数的加法。如此，就可以打通整数、小数和分数加法计算的阻隔，整体建构加法的认知结构。

（三）紧扣核心概念设计基本问题，实施一致性教学

问题驱动的课堂教学是小学数学教学的一般模式，作为驱动课堂教学的问题应与核心概念相匹配，具有广泛的迁移力和普遍的适应性，故被称为基本问题。数与运算的教学应以基本问题为驱动，在深度学习中不断丰富学生对核心概念的理解，整体建构认知结构。

1. 把握基本问题的融通性，形成知识结构进阶的通道

数与运算的核心概念是计数单位，与之对应的基本问题是"计数单位是什么，有多少个？"这一问题不仅揭示了数与运算的本质，还具有开放性，能激发全体学生对计数单位这一核心概念的持续性思考，形成数与运算知识结构进阶的通道。基本问题贯穿于数与运算学习的全过程，但计数单位是一个高度抽象的概念，教学时我们应根据数与运算的逻辑，顺应学生的年龄特征和思维水平，将基本问题具体化。比如低年级学生认识两位数时，教师可以将"计数单位是什么，有多少个？"这一基本问题具体化为："怎样用你喜欢的方式表示 25？"学生可能回答：用小棒摆出来；用语言读（数）出来；用符号写出来；用算式 25 = 20+5 表示等。这个开放的问题留足了学生思考的空间，不同认知水平的学生都能表达自己的理解。通过分享交流，学生学会用多种方式表示数，相互之间取长补短，能建立起清晰的数的表象。针对高年级学生，教师可以直接提问"计数单位是什么，有多少个？"这一基本问题，如五年级学习小数乘法3.5×3，人教版教科书借助"一只风筝 3.5 元，买 3 只多少元"的情境引出。结合具体情境直接抛出基本问题：单位是什么，有多少个？基于对单位的多元理解，学生呈现不同的算法：3.5 元 = 3 元+5 角，3.5 元×3 = 3 元×3+5 角×3 = 9 元+15 角 = 10.5 元；3.5 元 = 35 角，35 角×3 = 105 角 = 10.5 元；3.5 = 35 个 0.1，3.5×3 = 35 个（0.1）×3 = 105 个（0.1）= 10.5。在沟通多种算法的基础上，帮助学生理解小数乘法的本质及一般计算方法。

2. 优化教学结构，形成一致性学习路径

学习路径就是在基本问题引领下的学习过程的结构化。路径中，自主探索、合作学习是学习的主要方式，是围绕基本问题的个性化学习。分享交流、抽象概括的环节是生生之间、师生之间的对话。教师要引导学生通过数数、读数、写数、数的组成等一系列活动去理解数的大小，建立起数的表象或者理解多样算法背后不变的算理，优化出具有普适性的一般算法，抽象概括一般算法的法则。结构化的学习路径强调学生在学习过程中的体验与感悟，强调学生对知识的自主建构，有助于学生学习力的提高，普遍适用于其他数学知识的学习。

3. 明确思维方式的共通性，形成结构化思维

通过数与运算的教学，教师不仅要引导学生掌握数学运算的知识和技能，更重要的是引导学生积累数学经验并获得思想方法，培养和发展学生的思维能力。数与运算主题结构相似、思想方法相通，因此对数与运算的学习及探究方式也具有共通性。问题引领下共通的学习方式有助于学生思维的结构化。

例如通过对整数、小数和分数算理共性的研究可以帮助学生形成借助旧经验转化新知识、解决新问题、学习新知识的结构化思维。学习两位数乘两位数 14×12，我们的基本问题是：计算的方法是什么？为什么可以这样计算？教学中基本问题转化成具体学习任务：14×12 可以怎么计算，哪种方法最好？算一算、画一画、比一比、说一说：任务驱动下，学生首先根据数的结构进行拆分，实现转化，如 14×12 = 14×10＋14×2；12 = 6＋6，14×12 = 14×6＋14×6；12 = 4＋8，14×12 = 14×4＋14×8……在此基础上引导学生用竖式表达拆分过程，比较发现拆分成整十数和一位数，能用竖式简洁地表达，具有一般性，从而建构起具有一般性的两位数乘两位数的算法。这个学习建构的过程教师不仅要关注学生怎么做，更应关注学生怎么想。如看到 14×12，你想到了什么？引导学生展开这样的思维活动：唤醒（激活旧经验）—关联（通过拆分实现转化）—比较综合（考量旧经验对新情境的适用程度）—抽象概括（调整完善认知，完成新知识建构）。这样的思维架构是探究四则运算算法的一般思维方式，同样也适用于其他数学知识的学习及问题的解决。因此，四则运算中教师要关注并培养学生思维方式的结构化，使之成为学生认知的一般范式，进而广泛应用到学习和生活情境中，促进学生思维水平和解决问题能力的不断提高。

二、数量关系的教学策略

数量关系的教学中，学生要理解用字母表示的一般性，形成初步的代数思维。

（一）关注符号意识，激发代数思维

当今社会是符号的社会，在学生生活、学习的任何一个角落，学校、家庭、社区、医院、广场、商场、公园……无不被符号包围着。例如，随着科技的发展，📶 这样的标识随处可见，它表示无线网络覆盖；在商场看到 KFC 标识，就知道这是肯德基店；道路边立有 P 的标识牌，表示此处是停车场，等等。这些生活中的符号看似与数学符号完全没有关系，事实上它对学生数学符号意识的培养起着启蒙的作用。《义务教育数学课程标准（2022 年版）》中提出，小学符号意识是指能够感悟符号的数学功能。知道符号表达的现实意义；能够初步运用符号表示数量、关系和一般规律；知道用符号表达的运算规律和推理结论具有一般性；初步体会符号的使用是数学表达和数学思考的重要形式。符号意识是形成抽象能力和推理能力的经验基础。学生是生活中的个体，数学知识来源于生活实际，数学符号更是与日常生活紧密联系。在培养学生符号意识的教学中，要注意以下几点。

1. 联系生活，渗透符号意识

语言学家皮埃尔·吉罗认为，我们生活在符号之中。现实生活中充满了形形色色的符号，可以说现实生活是数学的一个重要源泉。数学知识来源于生活，生活中处处有符号，学生在平时的生活经验中潜藏着符号意识，因此应该结合生活实际，创设教学情境。在小学阶段，学生的思维是以具体形象思维为主的，教学中让学生充分经历"具体情境—数学符号表示—符号语言释疑"的认知过程，让学生学会用符号语言来表述数学知识，揭示数量关系和变化规律，从而解决生活问题。在创设生活化情境时，应考虑学

生已有的生活经验和学生最近发展区，这样更有利于学生形成符号意识。

2. 操作实践，感受符号意识

在数学教学过程中，学生通过实践操作去感受符号意识，领悟数学符号所具有的简约思维，提高了学习效率。因此，在教学中，教师要尽可能地让学生经历操作过程，运用数学符号表达数学思考，使复杂问题简单化，感受符号的魅力，获得积极的数学学习活动情感。

3. 建构模型，发展符号意识

数学符号是数学抽象思维的产物，为抽象思维提供了必要的直观形式。数学符号有助于发展思维，交流和传播数学思想。数学符号是数学思维活动的载体，数学教学是数学符号得以体现的阵地，在教学中要让学生感受和拥有使用数学符号的能力。

4. 灵活运用，强化符号意识

建构主义理论认为，走进学校的学生不是一张白纸，他们有着不同程度的生活经验，教师的教学不能无视学生已有的知识经验，简单强硬地从外部对学生实施知识的"填灌"，而是要把学生原有的知识经验作为新知识的生长点，生长出新的知识经验，从而帮助学生更好地运用数学知识解决生活问题。

（二）巧用代数推理，助推代数思维

《义务教育数学课程标准（2022年版）》强调代数推理的教学理念，代数推理能为学生的逻辑推理提供一般化的工具。小学数学教师应该在教学中巧妙地使用代数推理，让学生初步感知代数推理的过程，发展学生的代数思维。

例如，六年级分数除法的算理是小学算理中最难理解的，教材通过具体情境及数形结合来帮助学生理解，但教学后多数学生对算理依旧模糊不清，而直接运用结论进行计算，这对学生思维的发展是不利的。我们在学习减法算理时，提倡"想加做减"，从减法是加法的逆运算来理解算理；同样在学习除法时，也应该从除法是乘法的逆运算来加以理解。

（三）渗透模型思想，提升代数思维

《义务教育数学课程标准（2022年版）》强调"四基""四能"。模型思想是数学的基本思想方法之一。数学的发展过程就是不断地抽象、概括、模式化的过程。模型思想主要是指通过建立数学模型解决问题的一种思想方法。数学模型通过对具体问题和研究对象的基本属性、功能和特征进行理解和认识，用简洁的语言抽象出描述客观现象的运动变化规律。数学模型具备了原型对象的本质属性，但是不能反映原型的所有方面。比如，"速度×时间=路程"是用来研究行程问题的数学模型。

小学数学教材虽然没有对模型思想进行明确的定义，但是模型思想无处不在。在教学过程中学生经历观察、合作、交流、归纳、符号抽象及代数推理，建立起具有一般性的数学模型，然后应用模型。通过建模，让学生经历由特殊到一般，再从一般到特殊的过程，体会到代数思维的一般性和广泛性，为学生用数学语言来表达现实世界奠定必要的基础。

第四节　数与代数的教学案例

为了进一步分析数与代数教学的策略，本节将选取 3 个不同类型的课型的案例，结合相关案例进行分析，具体见表 6-2。

表 6-2　教学案例表

序　号	教学内容	课　型
1	几分之一	概念教学
2	笔算除法	计算教学
3	用乘除法解决问题	解决问题教学

案例一："认识几分之一"教学片段

环节一：借助图形，创设问题情境

（课件出示师生秋游时的照片）并提问学生秋游中的快乐事情，同时指出秋游中的数学问题。

教师：在小组聚餐中，乐乐同学从家里带来了 4 块月饼，大家帮她想想可以怎样分呢？（出示课件 4 块月饼）

学生 1：4 个人分，每人一块。

学生 2：2 个人分，每人两块。

教师：现在只有 1 块月饼，要想分给他们两个人，应该怎样分呢？利用你手中的圆片，把你的方法折一折。（注：展示不同折法并追问）

教师：两种不同的折法，你们觉得他的折法可以吗？（学生：不公平、不合理）

教师：你怎么折的？（学生：一人一半）

教师：我们应该怎么折，让每份同样多？（引出平均分）

教师：（边说边演示卡片，把一块月饼平均分成两份，每份分得月饼的一半）能不能用我们以前学过的数来表示呢？

教师：那么用什么数表示这半块月饼合适呢？（揭示课题）

教师：是啊，数学上常用 1/2 这个分数来表示一半，今天这节课，我们就来认识这个新的数——分数。（板书：分数的初步认识）

环节二：操作探究中，联结数与形，揭示分数

认识教学 1/2 的读写法。

教师：（边讲边板书）刚才我们把一个月饼平均分成了两份，每份就是 1/2。

教师：同学们，左边的这块月饼我们可以怎么表示？那右边的呢？

学生疑问：老师，我这个可不可以用 1/2 来表示呢？（引出：要平均分）

学生说 1/2 的意思。

注：

（1）结合实际，理解 1/2 的具体含义（小蛋糕、一个苹果平均分成两份，就是它的 1/2）。

（2）认识 1/3，提问：老师这里有一个圆形，你能找到它的几分之一（板书）。

（3）借助分数图形，认识分数动手操作，折出几分之一（1/4，1/8）。

（学生：为什么折出来的不一样的图形，都可以用 1/4 来表示呢？）

（4）认识分数各部分名词。

观察图片，说一说你得到了哪个分数？

环节三：巩固练习

（1）下面的分数能表示各图中的分数吗？说一说理由。

（2）你知道涂色部分占这个图形的几分之一吗？

本案例中，教师教学设计有以下亮点。

（1）深化学习目标的认识，提高学习目标的适切性。在组织教学活动的时候，教师首先需要明确"为什么教？"，即明确目标。同时，目标作为教育者对教学活动预设的一种目的，在教学活动中指导和调节教学，而教学活动则是对目标的贯彻。

（2）利用学生已有知识经验，灵活挖掘教材资源。在本节课中，教师应重视学生已有知识经验和生活经验，利用学生生活化的场景以及学生对平均分的认知作为知识基础，进而展开对几分之一的认识；利用学生对平均分的认识，深度把握分数的本质，只有平均分成两份才能用 1/2 表示；进一步将对几分之一的认识推向深处，顺次展开说一说 1/2 还可以表示什么；结合生活以及操作活动，充分地激发学生的学习兴趣，使学生在具体的情境探索中感受分数产生的必要性以及分数的意义。

（3）注重多种方法的结合，理解概念本质。教学方法的科学性决定着教学的实际效果，好的教学方法能更好地实现学生的全面发展。基于此，教师在进行教学设计和组织教学活动的时候，要考虑学生的特点和教学的内容灵活地使用教学方法。三年级学生的思维发展不成熟，处于具体形象思维向抽象思维的过渡阶段，因此，教师在选用教学方法时要注重多种方法的结合，要引导学生经历概念形成的抽象过程。

案例二："笔算除法"教学片段[①]

一、复习旧知

（1）27÷3 学生板演。

（2）口算。

（3）说说 22÷2 的口算过程。

---

① 冯婷：《数形结合思想在小学数与代数教学中的应用研究》，硕士学位论文，西南大学，2021。

二、创设情境，导入新课

（1）出示课本的情境图。

教师：图中小朋友在做什么？能从图中获取哪些数学信息？（板书：三年级平均每班种多少棵树？）你能根据这些信息列出算式吗？

（2）动手操作，理解除法。

教师：同学们拿出小棒，摆一摆42÷2得多少呢？说一说你是怎么摆的（学生动手操作并回答）。

教师：请同学用摆小棒的方法来写出42÷2的竖式？

（3）交流分享，探讨算法（四种不同算法的理解）。

教师：十位上为何商2？这里的4表示上什么呢？2是怎么来的呢？比较算式：（27÷3＝9）（十位上没有上、上是一位数、一步运算）

三、趣味练习

（1）你能判断上面各题的商是几位数吗？请同学完成竖式的书写并说说是怎么做的？

（2）分组拔萝卜。

四、课堂小结

本案例是数形结合思想在小学数与代数教学应用中的一个经典片段。其教学策略也值得我们借鉴。

（1）关注学生知识和思维目标的整合。教师以学生掌握除数是一位数、商是两位数的除法笔算方法为重点，教学设计立足于学生知识基础和思维发展的起点，重视知识和思维目标的有机整合。教师对教学目标和教学重难点认识清晰，借助有层次化的提问，来指向学生知识和思维目标的整合；同时，在算理和算法的掌握中，渗透数形结合思想的培养。

（2）注重对素材资源的开发与利用，加深学生对知识的理解。教师充分地结合教学内容和学情，对教学内容进行深入的挖掘，收集和整理各种贴合教学目的的资源，进而开发与利用资源，并结合各种资源设计教学环节。

（3）尊重学生主体地位，让学生在自主探索中获得对算法和算理的理解。教师在进行"笔算除法"的教学中，充分认识到学生是学习的主体。发挥学生学习的主体性和创造性，引导学生参与到学习中来，对学习内容进行建构。

案例三："解决问题：归一问题"教学片段[①]

一、借助直观，抽象数量关系

老师：妈妈买了3个碗用了18元，读到了这里你能提出什么问题？换着看，如果买同样的8个碗要用多少钱？请你独立解决，如果遇到困难可以画画图，看能否帮助你

[①] 冯婷：《数形结合思想在小学数与代数教学中的应用研究》，硕士学位论文，西南大学，2021。

解决它？（要求学生交流想法）

老师：仔细观察，你能读懂它的意思吗？（出示学生画出的图形）（图 6-1）

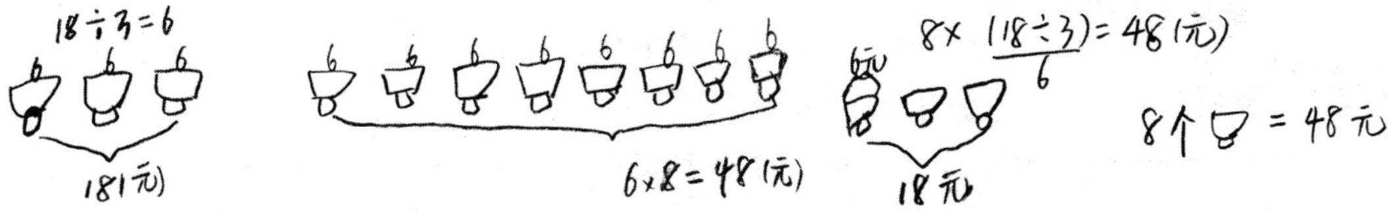

图 6-1

学生 1：他的意思是 3 个碗是 18 元，这里的 8 个碗，他用的是 6×8 这个算式是 48 元。

老师：还有一个同学有点不一样？这你们能看懂吗？

学生 2：18÷3 就是 6 元，妈妈要买 8 个，就是 8 个 6 元，所以就是 6×8 是 48 元。

老师：还有不一样，它是用什么表示的？（线段图）（图 6-2）

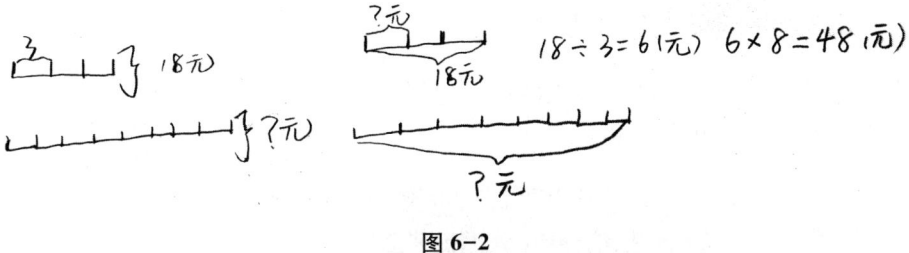

图 6-2

学生 3：3 个碗是 18 元，所以每个就是 6 元，他画了 8 个线段就代表着 8 个碗，然后 8×6 就是 48 元。

老师：你们能从图中看出为什么每段线段长度是一样长么？（因为妈妈买的碗是一样的）

老师：他这里还有一点点特别的，这是什么？这个小问号是表示什么？

学生：一份，就是一个碗。

老师：他求了一个碗的价格，你们都求了吗？是多少？

老师：求出它就可以知道一个碗的价格，才能求 8 个碗的价格，所以列式 18÷3＝6（元），6×8＝48（元）。

老师：有人列了综合算式，它列的第一步是 18÷3，再×8，虽然这两个算式不一样，但是都是先求的是一个碗的价格，然后求 8 个碗的价格。（图 6-3）

老师：还有直接列式的，你能理解这些算式每一步求的是什么吗？

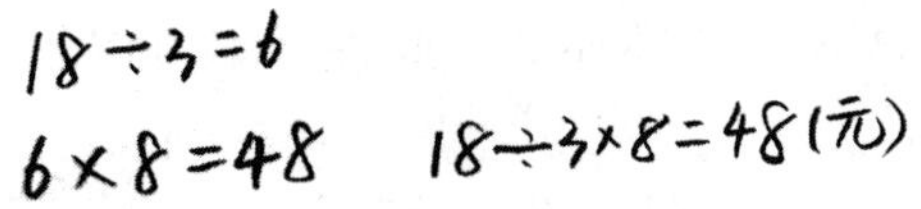

$$18 \div 3 = 6$$
$$6 \times 8 = 48 \qquad 18 \div 3 \times 8 = 48(元)$$

图 6-3

二、运用推理，归纳解题方法

（1）比较中概括。

老师：12元买6张书签，买40张同样的书签需要多少钱？要想解决这个问题，你最想知道什么？（学生：一张书签是多少元？）

老师：6秒发2张照片，发9张图片需要多少秒？要解决这个问题，你最想知道什么？（学生：发一张照片需要多少秒？）

老师：只要知道了一张，你就能知道总的？看来一张很关键。

（2）归纳中推理。

老师：要解决这些问题，需要知道什么？（先求一份数，你们心中的小问号）

老师：在养蜂工厂中，工人叔叔负责4组蜂箱，你们能读懂这些信息吗？能解决这些问题？

学生汇报。（第一组、第二组、第三组、第四组依次汇报）

老师：在解决这些问题中，我们是怎么做的？（先求一份数，再求几份）

三、应用直观，感受模型价值

老师：亮亮正在下载一部很喜欢的动画电影，下载了6分钟，问亮亮还需要等几分钟才能下载完成？这部电影一共要下载多少分钟？（图6-4）

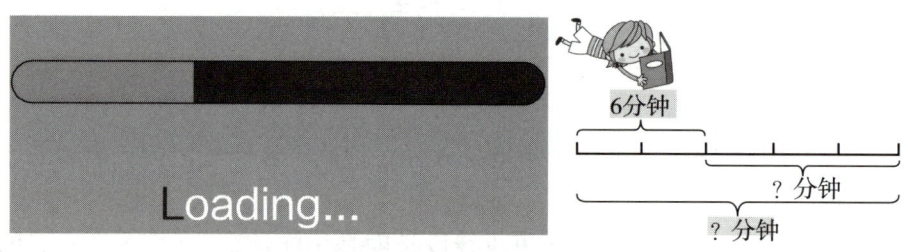

图6-4

老师：老师在使用单车时遇到一个问题，你能帮忙解决吗？（课件出示问题）

学生：20分钟走了2千米，1千米要用10分钟，列出算式是20÷2＝10（分钟），5×10＝50（分钟），需要50分钟。

学生：老师骑车骑了2千米，然后时间是20分钟，把它分成两段就是20÷2＝10，5×10＝50，所以5段就是50分钟。

老师：哪儿不一样？

老师：看来用线段能解决好多问题。（图6-5）

从以上这节课可以看出，本节课围绕解决问题的思路呈现了"阅读与理解""分析与解决""回顾与反思"这三个解题环节。此外，本节课还有以下三个亮点值得我们借鉴。

（1）处理好直观感受与抽象归纳之间的关系。在例题探究环节中，教师鼓励学生用直观图形来分析问题、表征信息，以及进行算式的解释。结合图形和语言的多元直观帮

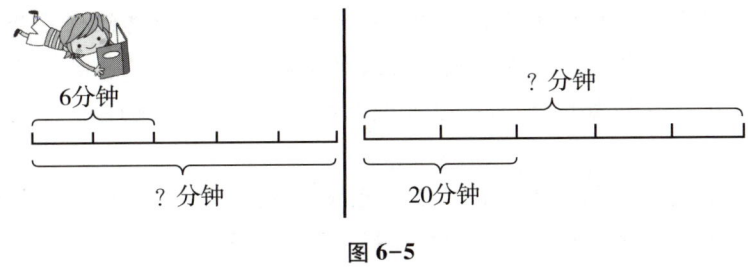

图 6-5

助,引导学生解决问题。学生在独立解决时,教师提出:遇到困难,可以试着画图;能直接列式的,画图来说一说所列的算式。同时,鼓励学生认真地解决图形中包含的数学问题,鼓励学生利用数与形的联系,借助数形结合,沟通数学。让学生用图表征题意,从不同的图形表征中,帮助学生分析数量关系,分析解题思路,在数形结合思想的帮助下,把握解决问题的核心要素。这表明教师在教学过程中,能够遵循教育家精神的基本内涵,启智润心、因材施教、尊重学生、鼓励学生,及时给予学生指导和支持。

(2)注重数形结合等思想方法的运用。教师在帮助学生发现解决归一问题的思路中,重视数形结合方法的应用,引导学生从对直观图形的分析中,理解内在的数量关系,从而列出算式。同时,以线段图形为支撑材料,完成学生对数学建模。从同类问题的归纳中,发现解决此类问题的方法在于先找到其中的一份表示多少,再寻找几份表示多少。在线段图的直观材料的呈现下,追问学生,还可以解决生活中的哪些问题,逐步引导学生进行数学建模。总之,应用各种方法,有层次地引导学生在数与形的结合中实现数学抽象、归纳与建构。

(3)合理选用教学方法,组织教学活动。教师执教的内容属于"数的运算"教学,该内容的核心是对算理和算法的掌握。而算理和算法是较为抽象的内容,教师在教学中,注重多种方法的结合,以期达成教学目标:一是注重数形结合,借助线段图等直观的方式帮助学生来理解算理,进而对算法展开研究;二是个别提问和小组谈论相结合,推动学生理解所学知识及提高课堂的参与度。借助多种方法,真正将学生的学作为教学的目标,也体现了教师乐教爱生的仁爱之心。

阅读与拓展

1. 孙兴华,马云鹏. 挑战与可能:探析《数学课标(2022版)》之批判性思维培养[J]. 教育科学研究,2024,(02):58-64.

本文从渊源和含义层面探析了批判性思维,对批判性思维与数学学习进行了四个方面的讨论,包括数学学习中批判性思维的提出、批判性思维融入数学课程目标、批判性思维与数学问题解决、批判性思维与数学学业成就；对批判性思维培养融入数学教学提出了四个方面的建议，包括发现课程内容涉及的批判性思维技能、跳出二维教学设计发展学生批判性思维、重视教师示范指导批判性思维、开展动态评估唤起学生的批判性思维。

2. 郭立军，李美娟，何光峰. 提升小学生数学问题解决能力的教学策略：一项追踪实验研究［J］. 课程·教材·教法，2023，43（10）：97-104.

本文基于对400名小学生进行的连续三年的追踪实验研究，提出提升小学生数学问题解决能力的教学路径：围绕问题解决的四个认知过程（即提取与理解、表征与提出、计划与执行、监控与反思），形成课堂教学中暴露问题—分析问题—解决问题—反思问题的四个教学环节。实验结果表明，实验校教师的问题解决教学能力得到了显著提升，实验校学生的问题解决能力，尤其是在监控与反思方面的能力显著高于控制校学生；实验校学生在监控与反思方面解决问题的自信心显著高于控制校学生。

3. 张雨秀，张睦楚. 中国式现代化视域下教育家精神的内涵阐释、时代价值与养成路径［J］. 教育文化论坛，2024，16（05）：22-31.

中国式现代化对新时代教育发展提出了新要求，即在教育工作中提倡教育家精神。教育家精神的内涵旨在重申广大教育工作者应全面落实立德树人根本任务，坚定理想信念，厚植爱国主义情怀，加强品德修养，巩固乐教、爱生、敬业、奉献等基本要求。教育家精神的养成关乎广大教育工作者对教育及教育问题的基本认知和根本看法，以及在此基础上形成的对国家教育的情感认同和责任意识，并在具体实践中主动践履教育家精神的行动表现。教育家精神的养成，不仅关涉自身发展，与新时代中国教育事业的兴衰成败相关，更是推进中国式现代化的重要一环。在中国式现代化视域下，教育家精神应包括：师者的"泛爱"，学者的"自觉"，知识分子的"良善"。为促进中国式现代化建设，广大教师应将教育家精神作为根本追寻，坚守以学生为本、立德树人的理性价值，不断超脱浮躁的工具主义，回归教育的本真，致力于成为人性良善、精神饱满、富有情怀的教师。

4. 谢敏，邹太龙. 教育家精神的生成之道、价值之维与弘扬之径［J/OL］. 湖北师范大学学报（哲学社会科学版），1-9［2024-09-09］.

教育家精神是广大教育工作者的精神导向和行动指南。探寻教育家精神的生成之道、价值之维和弘扬之径对于助力新时代我国教育强国建设具有重大意义。教育家精神根植于源远流长的中华优秀传统教育文化，生发于习近平总书记关于教师教育的系列重要论述，形成于扎根中国大地的近现代育人实践。弘扬教育家精神的价值之维在于其丰富和发展了中国共产党人的精神谱系、为教育强国建设凝心聚力和为新时代高素质教师队伍建设提供根本遵循。弘扬教育家精神要以构建社会大课堂、实践小课堂和网络云课堂为平台，使教育家精神成为新时代教师队伍建设的精神坐标和实践指南。

第七章
图形与几何内容分析与教学研究

> **学习目标**
> 1. 理解图形与几何的概念与教学特点。
> 2. 掌握小学数学图形与几何的教学内容。
> 3. 掌握小学数学图形与几何的教学策略。

第一节 图形与几何教学概述

图形与几何是义务教育阶段学生数学学习的重要领域，在小学阶段包括图形的认识与测量和图形的位置与运动两个主题。学段之间的内容相互关联，螺旋上升，逐段递进，掌握图形与几何知识学习的基本方法，发展学生的空间想象能力，对于学生更好地进行图形认知以及生活应用有着更为长远的意义。本节从图形与几何教学的概念、特点、理念和意义四个方面做具体分析。

一、图形与几何的概念

《义务教育数学课程标准（2022年版）》界定了小学阶段图形与几何的内涵，课标明确指出其主要由图形的认识与测量和图形的位置与运动两部分组成。

图形的认识与测量包括立体图形和平面图形的认识、线段长度的测量，以及图形的周长、面积和体积的计算。

图形的认识主要是对图形的抽象理解。学生经历从实际物体抽象出几何图形的过程，认识图形的特征，感悟点、线、面、体的关系；积累观察和思考的经验，逐步形成空间观念。图形的认识与图形的测量有密切关系。图形的测量重点是确定图形的大小。学生经历统一度量单位的过程，感受统一度量单位的意义，基于度量单位理解图形长度、角度、周长、面积、体积。在推导一些常见图形周长、面积、体积计算方法的过程中，感悟数学度量方法，逐步形成量感和推理意识。

图形的位置与运动包括确定点的位置，认识图形的平移、旋转和轴对称。学生结合实际情境判断物体的位置，探索用数对表示平面上点的位置，增强空间观念和应用意识。学生经历对现实生活中图形运动的抽象过程，认识平移、旋转和轴对称的特征，体会运动前后图形的变与不变，感受数学美，逐步形成空间观念和几何直观。

二、图形与几何教学的特点

图形与几何是小学数学教学中的重要组成部分，是认识和描述我们赖以生存的空间世界的重要工具，不仅能够帮助学生建立空间观念，培养空间思维能力和空间想象能力，而且能够帮助学生培养严谨的逻辑推理能力。图形与几何的教学主要包括以下五个特点。

（一）情境性

小学阶段图形与几何教学的情境性是指教学要将知识学习与具体的、实际的或模拟的情境相结合，使学生能够在情境中观察、思考和探索，从而促进他们对知识的理解和掌握。《义务教育数学课程标准（2022年版）》强调教学情境的真实性，明确提出："教学活动应该引导学生在真实情境中发现和提出问题。"几何知识跟学生们的生活有着密切联系，这就需要教师在掌握好课本的前提下，将知识融入生活中去，让学生在课堂中感受到几何知识与生活之间的联系，真切体会到几何图形知识的实用价值。

任何一门学科的教学都不能与现实相分离，小学数学教学活动也要从现实出发，教师要对生活中的材料进行充分的挖掘，把握住关键问题，指导学生将数学知识与生活相结合，对数学知识进行思考和学习，将抽象的知识进行生活化处理。例如，在图形的运动这个板块的教学中，停车场出入口栏杆的抬起与降落以及银行门口的自动感应开关门等都属于图形的运动现象，教师可以依据这些生活中学生所熟知的具体事例来创设几何知识教学情境。

（二）操作性

小学阶段图形与几何教学的操作性不仅是指教师传授知识的技能，更是一种艺术性的实践，一种能够引领学生走向知识深处、启迪智慧、激发潜能的过程。学习的实质是一个以原有的经验为基础、逐步建立起新经验的过程，依托操作表征，充裕数学课堂厚度，教师让学生在自己动手操作的过程中去发现知识、理解知识，学生通过自主学习和自主探索，提高自主学习能力，充分利用各种资源来获取知识，为将来在任何一个领域的学习打下坚实的基础。小学阶段数学教材明确编排有"做一做"教学内容，强调学生通过实物模型操作来深挖几何知识的本质。例如，人教版数学四年级上册"角的度量"章节的"做一做"部分就是让学生拿量角器量一量已有角的度数。再如，人教版数学四年级上册"公顷和平方千米"章节的"做一做"部分安排的内容是：在操场上量出边长是10米的正方形，看看它的面积有多大。（　　）个这么大的正方形的面积是1公顷。

（三）直观性

小学阶段图形与几何教学的直观性是指在教学过程中教师通过使用直观的教学方法和工具，使学生能够直接感知、体验并理解教学内容。儿童认识图形必须从具体、直观的角度入手。图形与几何存在立体性，但也存在直观性，学生在进行必要的活动中都可以对生活里的各个实际存在的物品直观地进行感受，并且这些实际存在的物品都很适合小学生的学习。例如直接观察实际物体，教师可将很多相似的实际物体统一拿给学生观看，让学生自己发现事物的规律，并进行汇总记录，加深印象。

（四）抽象性

小学阶段图形与几何教学的抽象性主要是指在教学过程中，教师通过引导学生脱离具体形象，运用概念、判断、推理等方法锻炼思维。直观是前提，抽象是本质。图形是客观世界抽象概括的产物，其本质是抽象的。图形与几何具有很强的立体感，因此是小学数学学习时期学生学习的重难点，它不仅能增强学生的空间想象能力，还可以锻炼学生的空间思考能力，提升学生的综合水平。首先，小学阶段图形与几何侧重于对学生空间观念的培养，空间观念注重学生实物与几何图形之间相互想象（转换）的能力以及物体的方位及相互之间的位置关系。其次，小学阶段图形与几何的学习内容包括点、线、面、体等方面，从这些学习内容来看，小学图形与几何具有抽象性。例如，直线的概念涉及了无限的思想，在实际中并没"直线"的实际东西存在，这就需要学生具有空间想象能力及空间思考能力。正如在对立体图形的展开图进行辨认的时候，学生要经过反复练习，以增强空间想象能力和空间思考能力。

（五）实践性

小学阶段图形与几何教学的实践性主要是指利用教具、学具等教学媒体，让学生通过亲身体验，并通过观察、分析得出关于对某一事实的某种猜想和结论的过程。实践性立足于《义务教育数学课程标准（2022年版）》中要求的学生对知识的掌握程度。实践性主要体现在三个行为动词：操作、探索和解决，即要求学生自己进行动手操作，探索数学理论知识，并将所学的数学知识应用到现实生活中，解决生活中的简单数学问题。该特点更多地体现在小学数学第二学段，尤其体现在测量、图形的运动和图形与位置。例如，探索并掌握三角形、平行四边形和梯形的面积公式，并能解决简单的实际问题；体验某些实物（如土豆）体积的测量方法。

三、图形与几何教学的理念

相较于《义务教育数学课程标准（2011年版）》，《义务教育数学课程标准（2022年版）》最引人注目的一个变化就是确立了核心素养在课程标准中的导向作用，把培养学科素养提到了一个前所未有的高度，对小学图形与几何领域做出了新的调整，体现了新的教学理念，具体表现为以下几个方面。

（一）教学目标的制定更加体现核心素养的导向性

教学目标的制定从以下几个方面体现核心素养的导向性。

1. 更加关注知识掌握的过程

在小学阶段，《义务教育数学课程标准（2022年版）》以学习活动结果目标的不同水平为依据，对每一个知识点的教学目标制定的层次由低到高分别是：了解（知道、初步认识）、理解（认识、会）、掌握（能）、运用（证明）四个部分。根据黎婉婷、李祖祥的研究，《义务教育数学课程标准（2011年版）》和《义务教育数学课程标准（2022年版）》相比，减少了"了解"部分的内容，由原来的36个调整到22个，降幅为38.89%，《义务教育数学课程标准（2011年版）》"了解"部分的内容在《义务教育数学课程标准（2022年版）》中被调整到"理解"部分，如长度单位、面积单位、轴对称图形、物体的方位、有序数对与方格纸上点的对应关系、圆周率、比例尺等。同时，《义务教育数学课程标准（2022年版）》还增加了"理解"和"掌握"部分的内容，"理解"由原来的49个调整为60个，增幅为22.45%，增加的内容主要有：平移和旋转，对称轴测量，三角形、长方形和正方形的周长，长方形、正方形周长和面积的计算公式，用量角器度量角的大小，用直尺和圆规画三角形。"掌握"部分内容则是大幅增加，由原来的61个调整为128个，增幅为109.84%。

2. 更加关注核心素养的培养

《义务教育数学课程标准（2022年版）》将"量感"作为新增的核心素养。"量感"与几何知识的学习有着紧密的联系，学习各种长度单位和面积单位都能培养学生的量感。比如：认识长度单位"厘米、米和千米"；随着大数据和智能技术的发展，现实世界具备更多的"可测量"性，如"雾霾指数""蓝天指数"等。① 量感的建立有助于学生对量的理解和把握，量感的加入增加了图形与几何内容的深度。可见，《义务教育数学课程标准（2022年版）》对培养学生核心素养的要求大幅提高，更加重视学生在空间观念、几何直观、推理能力、量感等方面的发展。

发展学生量感的策略

（二）教学内容的组织强调知识的整合性

《义务教育数学课程标准（2022年版）》在教材教学建议中指出，教师在教学时要整体把握教学内容，注重教学内容的结构化，教学内容是实现教学目标的载体，是培养学生核心素养的重要途径。教师带着整体的思想去理解教材、选择教学内容，才能在教学中潜移默化地培养学生用整体的眼光去分析问题的能力。《义务教育数学课程标准（2022年版）》在教材编写建议中指出，教材素材应尽量与学生的实际情况相接近，以便于学生在实际生活中能够联系已学过知识之间的联系，利用旧知识来解决新问题，从而培养学生的迁移能力等。学生的现实主要包括生活现实、数学现实、其他学科现实等三个方面，教师对于图形与几何的教学内容的选择要符合学生空间思维发展阶段。

1. 强调知识的关联性

《义务教育数学课程标准（2022年版）》将图形的认识与测量和图形的运动与位置分别进行了整合，结构上更加突出了主题的整合性，整合后两个板块的关系更加紧密了：图形的认识是测量的基础，而测量加深了对图形的认识。图形与几何板块的知识是以图形的认识与测量和图形的运动与位置两个部分贯穿于1~6年级的各个单元中的，并且这些知识之间具有极强的联系，教师要善于对几何教学内容进行结构化的组织，帮助学生构建各种图形之间的关系，帮助学生顺利进行二维与三维空间的转化。

2. 教学内容贴近学生几何现实原型

教学内容的选择要贴近学生几何现实原型，低学段学生的学习需要具体实物作为支撑，中、高学段的学生虽然已经能够通过自我学习掌握图形的概念和基本特征，能够根

---

① 唐彩斌、王罗那、徐斌艳：《义务教育数学课程标准修订的新视角：指向小学数学图形与几何领域的素养及其达成》，《课程·教材·教法》2022年第8期。

据教师所给出的特征和属性判断出图形的性质，具有一定的抽象逻辑思维，但是学生空间想象力的发展仍然离不开现实生活材料和实物教具的支撑。因此，教学内容的选择要贴近学生生活几何原型，借助学生已有的数学现实经验和其他学科现实经验充实学生的几何知识，加深学生核心素养的内化程度。

（三）教学方式与手段更加注重探究性和协调性

探究性教学是指在教学过程中，要求学生在教师的指导下，通过以"自主、探究、合作"为特征的学习方式对当前学习内容中的主要知识点进行自主学习、深入探究或者小组合作交流。图形与几何在教学方式上应更加注重探究性和过程性。通过形式多样的教学，让学生在丰富多样的几何操作体验中感受到研究数学的乐趣，积累数学活动经验，逐渐形成科学精神和科学态度，发挥每一种教学方式的育人价值，促进学生核心素养发展。① 仅仅靠教师的讲授去发展学生的核心素养是不行的，需要学生主动去进行大胆的猜想、动手操作、交流谈论、验证分析等步骤，在自己进行探究之后体会到图形的运动与变化、图形之间的相互联系、加深对图形性质的了解，从而逐步培养学生的核心素养。在图形与几何这一板块，利用几何教学软件丰富学生的图形世界和学习方式，帮助学生从具体形象思维过渡到抽象思维。同时，教师也应该意识到几何教学软件并不能完全代替传统的教学方式，传统实物教具的使用对于学生图形与几何的学习也是不可或缺的。学生如果只观看教师播放的教学视频，而不用实物进行动手操作、画图展示，那么学生的思维水平发展只停留在视觉层面，而没有内化成学生自己的知识，学生更不会将学过的知识进行迁移。

因此，教师不能只将几何教学软件作为探究活动教学的工具，更不能因为课堂上动手操作需要耗费的时间较长，最后就只用课件演示代替学生的动手操作。教师不能只进行自我总结却忽视学生的讨论交流。教师在教学中应该为学生提供真实、丰富的几何实物教具，引导学生真实体验思维探究的过程。

（四）教学过程更加强调引导性和融合性

教学过程从以下两个方面加强引导性和融合性。

1. 加强对学生几何操作活动的指导

在课堂几何操作过程中，教师应该发挥主导作用，明确操作要求，避免学生操作过程中的盲目性和随意性。对于第一学段的学生，教师应该先和学生明确要求，再让学生动手操作。在这个过程中，教师对学生动手操作进行规范指导，同时鼓励学生用几何语言进行交流谈论，最后结合知识点进行总结，培养学生的抽象思维和逻辑思维能力。而对于第二、三学段的学生来说，他们已经积累了一定的空间表象，空间想象力和推理能力有所发展，教师可以先引导学生进行充分的观察、想象、讨论，再进行动手操作，验证自己的猜想，最后引导学生进行交流总结并纠正学生的几何语言。同时，教师要保证学生课堂动手操作时间，不能因课堂时间不够而减少学生动手操作时间，或者直接替代

---

① 周海斌：《数学实验：让经验与思想同构共生——以〈多边形的内角和〉教学为例》，《河北教育（教学版）》2022年第9期。

学生动手操作过程。否则，学生空间观念不能达到有效的发展。

2. 寻找学科融合点促进教学深度融合

在教学过程中可以融入其他学科的知识帮助学生建立知识结构化。《义务教育数学课程标准（2022年版）》提倡：在教学过程中，教师应该树立跨学科的意识，对教材内容进行创新，不仅要重视学科知识之间的内在关联，还要注重将数学学科知识点与其他学科知识点相结合并加以运用，打破学科界限，改变传统模式，以促进学生的全面发展为最终目的。[①] 我们提倡数学知识与其他学科知识的融合，要注意把握一点，即无论怎样的融合都不应该放弃数学学科的本质属性，教学的目的是寻找到知识点之间的有效联系，以此来提升学生数学学习的效果，让学生感受数学知识的广泛性和应用性，进而推动学生数学能力的提升。

（五）教学评价方式注重定性与定量相结合

《义务教育数学课程标准（2022年版）》指出，对学生的评价应该：评价方式丰富、评价维度多元、评价主体多样。图形与几何教学评价应该采取多种方式，将定量评价与定性评价相结合。应注重对学生进行纵向评价，关注学生在教学过程中的进步与变化；要注意评价学生学科能力方面的增值，而不是只对学生进行终结性评价；引导学生将自身与过去相比，使学生真正体验、感受到自己的进步。在教学过程中，应该增加评价主体的多元化，将教师评价与学生自评和互评结合起来。例如，在探究长方体体积公式的时候，教师请学生上台说明长方体体积与什么有关，再由学生来证明评价长方体体积与长宽高有关的理由。教师评价维度要多元，在图形与几何教学中不仅要评价测量与计算等知识技能的掌握情况，还要评价学生空间观念、几何直观等核心素养的发展。比如，二维图形与三维图形相换转化的能力，想象物体方向的能力，描述图形运动变化的能力，以及作图是否规范、完整的能力。

四、图形与几何教学的意义

图形与几何的教学对学生有很多方面的促进作用，以下是图形与几何教学的意义。

（一）帮助学生理解生存空间

几何知识来源于生产劳动，在生活、生产中有广泛的应用。学生对周围事物的认知，往往要通过对其形状和大小的描述，选择适当的方式来表达事物间的联系。学生通过学习几何知识，并将几何知识应用到设计路线图和查阅地图等活动中，逐渐学会从几何的视角来观察生存空间中的物体，并认识其特征，培养应用数学的意识，提高利用图形知识来解决简单的实际问题的能力。例如在学习了方向与位置的相关知识后，学生就可以很容易地根据太阳的位置或者自己家的位置确定东南西北，也能更好地用几何语言准确地给别人指路了；乘坐电梯、缆车，找电影票上的座位，骑自行车时感受之前学过的平移和旋转现象；手中没有测量工具但是想测出大树有多粗？从公园到家走了462步，从公园到家一共多少米？以身体作为标准对周围事物进行估算。这些生活中的现象

---

① 韩良：《小学科学和数学学习资源有效融合的实践》，《教学与管理》2013年第2期。

都蕴含着图形与几何知识，学生若能够主动观察、感知这些现象并发现其中蕴含的空间知识，将有利于增强几何学习与生活的联系，促进空间观念、几何直观的发展；将课程的内容与现实生活相结合，也可以让学生对生存空间有更好的认识、理解和把握。

（二）培养学生的思维能力

图形与几何的教学可以培养学生基本的归纳与比较、抽象与概括、判断与推理等逻辑思维的能力。对图形性质的学习，需要学生根据已有经验，通过对实物教具的"摸一摸""比一比"等活动去感受图形的性质；了解不同概念间的联系，通过对它们的分析，来对比它们的相似性和不同点，并做出正确的判断。想象是思维活动的一种形式，思维活动是数学课堂的灵魂，不给学生想象思考的时间，空间观念的发展就无从谈起。我们不能为了完成知识教学而牺牲学生的思考时间。要让学生去猜想、去验证，不要在乎他们猜对还是猜错。学生去猜了，就说明他们去想了。学生去想了，然后结合演示，验证自己的想法，抽象能力就能得到发展。例如，有一位教师在教学"圆锥侧面展开图"时，他拿着圆锥模型，让学生看着模型猜猜圆锥侧面展开图是什么样子的？学生们进入了思考状态：有的用手比画着，有的用笔比画着……过了一会儿，这位老师说："想好的同学，请把你想的形状在黑板上画出来。"于是，部分学生走上讲台，在黑板上画了起来。下面的学生也小声地议论起来，有的赞同这样的想法，有的同意那样的想法。当时学生们猜想的有这样一些形状：三角形、梯形、半圆、扇形。之后，这位老师把事先准备的圆锥教具的侧面展开来，学生都聚精会神地看过来。演示刚结束，有的学生高兴得叫起来："我猜对了！"有的学生则会意地笑了……在猜与想中、在对与错中，学生的空间观念得到了发展。想象往往和观察、试验等活动结合起来，通过想象，学生直接有效地发展了关于图形方位的表象。

（三）发展学生的空间观念

发展学生的空间观念是《义务教育数学课程标准（2022年版）》中一个重要的目标，也是图形与几何教学的核心目标之一，操作启动思维，思维服务于操作。空间观念的形成是建立在观察、感知、操作、思考、想象等活动基础之上的。图形与几何教学的内容、情境、方式等对于学生形成空间观念都具有重要的价值。在义务教育阶段，空间观念的培养是一项非常重要的教学内容。图形与几何的学习对于发展空间观念具有非常重要的作用，可以培养学生的基本空间想象力和创新能力。根据小学生的年龄特点，引导学生通过观察、动手操作、自主探索等方法进行学习，建立初步的几何概念，并以学生的空间感觉和体验为基础进一步加强。图形与几何的价值，只有达到发展空间观念的目标才能算是全面充分的得以体现。

（四）促进学生数形结合思维的发展

数学学科不仅包括代数知识，还包括几何知识。代数与几何可以说是数学教学中不可分割的有机整体。虽然在数学教学中培养学生的数量关系运算能力、几何图形分析应用能力都非常重要，但将两者相结合的数形结合思维能力更为重要。[①] 图形与几

[①] 许菊香：《小学数学"图形与几何"的高效教学策略思考》，《智力》2022年第28期。

何教学中不仅会涉及大量的几何图形，而且会涉及很多数量关系。在学习图形与几何知识时，学生既要掌握图形的性质和特点，也要将图形与几何中所涉及的数量关系运用到具体的数学问题中，这样才能妥善解决图形与几何问题。学生在利用图形与几何知识和数量关系解决问题时，需要将数量关系和几何图形进行有效的结合。在这一过程中，学生的数形结合能力会得到有效提升。

第二节　图形与几何的内容要求

小学阶段图形与几何的学习，是学生进一步学习其他数学内容的必备基础，图形或几何知识让学生用抽象的思维解决抽象的数学问题。学生空间观念、几何直观和形象思维的初步形成，对学生的数学学习乃至日常生活，都有很积极的促进作用。图形与几何的内容一直是小学数学学习的重要领域，分析图形与几何领域的教学内容，对于把握其"形"的特殊规律，对于更好地实施图形与几何的教学，都有直接的帮助。

一、小学数学图形与几何教学的内容要求

小学是基础教育的重要阶段，随着新课标的实施，从"核心素养"的角度来看，小学教学的生态逻辑已经发生了变化。在知识大爆炸的时代，数学学科教学的内容越来越丰富，教材的内容组织也越来越复杂。以主题为统领，小学图形与几何领域的内容按三个学段依次展开，具体如下。

（一）第一学段（1~2年级）

图形的认识与测量的内容要求

（1）通过实物和模型辨认简单的立体图形和平面图形，能对图形进行分类，会用简单图形拼图。

（2）结合生活实际，体会建立统一度量单位的重要性，认识长度单位米、厘米；能估测一些物体的长度，并进行测量。

（3）在图形认识与测量的过程中，形成初步的空间观念和量感。

（二）第二学段（3~4年级）

1. 图形的认识与测量的内容要求

（1）结合实例认识线段、射线和直线；体会两点间所有连线中线段最短，知道两点间距离；会用直尺和圆规作一条线段等于已知线段；了解同一平面内两条直线的位置关系。

（2）结合生活情境认识角，知道角的大小关系；会用量角器量角，会用量角器或三角板画角。

（3）认识长度单位千米，知道分米、毫米；认识面积单位平方厘米、平方分米、平方米；能进行简单的单位换算；能恰当地选择单位估测一些物体的长度和面积，会进行测量。

（4）认识三角形和四边形，会根据图形特征对三角形和四边形进行分类。

（5）结合实例认识周长和面积；探索并掌握长方形、正方形的周长和面积的计算公式。

（6）能根据具体事物、照片或直观图辨认从不同角度观察到的简单物体。

（7）在图形认识与测量的过程中，增强空间观念和量感。

2. 图形的位置与运动的教学内容要求

（1）结合实例，感受平移、旋转、轴对称现象。

（2）在感受图形的位置与运动的过程中，形成空间观念和初步的几何直观。

（三）第三学段（5~6年级）

1. 图形的认识与测量的内容要求

（1）知道三角形任意两边之和大于第三边；知道三角形内角和是180°。

（2）认识圆和扇形，会用圆规画圆；认识圆周率；探索圆的周长和面积计算公式，能解决简单的实际问题。

（3）知道面积单位平方千米、平方公顷；探索并掌握平行四边形、三角形和梯形的面积计算公式；会估计不规则图形的面积。

（4）通过实例了解体积（或容积）的意义，知道体积（或容积）的度量单位，能进行单位之间的换算；体验不规则物体体积的测量方法。

（5）认识长方体、正方体和圆柱，了解这些立体图形的展开图，探索并掌握这些立体图形的体积和表面积的计算公式，认识圆锥并探索其体积的计算公式，能用这些公式解决简单的实际问题。

（6）对于简单物体，能辨认不同方向（前面、侧面、上面）的形状图。

（7）在图形认识与测量的过程中，进一步形成量感、空间观念和几何直观。

2. 图形的位置与运动的内容要求

（1）能根据参照点的方向和距离确定物体的位置；会在实际情境中，描述简单的路线图。

（2）能用有序数对（限于自然数）表示点的位置，理解有序数对与方格纸上点的对应关系。

（3）了解比例尺，能利用方格纸按比例将简单图形放大或缩小。

（4）能在方格纸上进行简单图形的平移和旋转；认识轴对称图形和对称轴，能在方格纸上补全简单的轴对称图形。

（5）能从平移、旋转和轴对称的角度欣赏生活中的图案，能借助方格纸设计简单的图案，感受数学美，形成空间观念。

综上，"内容要求"指向"学什么"，主要强调在教材结构中的、扎实的基础知识学习的重要性，其目的是防止知识虚化、知识落实不到位。内容要求对学生要学习什么内容，做出了明确的规定，教师必须以此为依据、为准绳，开展课堂教学，在课堂上把基础知识给学生传授到位。对学生而言，掌握基础知识是前提、是关键，只有打牢了双基，形成了能力，才能更好地发展。

二、小学数学图形与几何的学业要求

学业要求解决"学到什么程度"的问题，是指修习每个模块后应该达到的学习要求，是对完成某一个主题学习任务之后，学生核心素养发展水平的评价。小学数学图形与几何的学业要求如下。

（一）第一学段（1~2年级）

图形的认识与测量的学业要求

（1）能辨认长方体、正方体、圆柱、球等立体图形，能直观描述这些立体图形的特征；能辨认长方形、正方形、平行四边形、三角形、圆等平面图形，能直观描述这些平面图形的特征；能根据描述的特征对图形进行简单分类。

（2）会用简单的图形拼图；能在组合图形中说出各组成部分图形的名称；能说出立方体中某一个面对应的平面图形；形成初步的空间观念。

（3）感悟统一单位的重要性，能恰当地选择长度单位米、厘米描述生活中常见物体的长度，能进行单位之间的换算；能估测一些身边常见物体的长度，并能借助工具测量生活中物体的长度；初步形成量感。

（二）第二学段（3~4年级）

1. 图形的认识与测量的学业要求

（1）能说出线段、射线和直线的共性与区别；知道两点间所有连线中线段最短，能在具体情境中运用"两点之间线段最短"解决简单问题；能辨认同一平面内两条直线是否平行或垂直；能辨认从不同角度观察简单物体所对应的照片或直观图；形成空间观念和初步的几何直观。

（2）会比较角的大小；能说出直角、锐角、钝角的特征，能辨认平角和周角；会用量角器测量角的大小，能用直尺和量角器画出指定度数的角；会用三角板画30°、45°、60°、90°的角。

（3）会根据角的特征对三角形进行分类，认识直角三角形、锐角三角形和钝角三角形；能根据边的相等关系，认识等腰三角形和等边三角形；能说出长方形、正方形、平行四边形、梯形的特征；能说出图形之间的共性与区别；形成空间观念和初步的几何直观。

（4）能描述长度单位千米、分米、毫米，能进行长度单位之间的换算；能在真实情境中选择合适的长度单位；能通过具体事例描述面积单位平方厘米、平方分米、平方米，能进行面积单位之间的换算。

（5）经历用直尺和圆规将三角形的三条边画到一条直线上的过程，直观感受三角形的周长，知道什么是图形的周长；会测量三角形、长方形和正方形的周长；会计算长方形、正方形的周长和面积。

（6）在解决图形周长、面积的实际问题过程中，逐步积累操作的经验，形成量感和初步的几何直观。

2. 图形的位置与运动的学业要求

能在实际情境中，辨认出生活中的平移、旋转和轴对称现象，直观感知平移、旋转和轴对称的特征，能利用平移或旋转解释现实生活中的现象，形成空间观念。

（三）第三学段（5～6年级）

1. 图形的认识与测量的学业要求

（1）探索并说明三角形任意两边之和大于第三边的道理；通过对图形的操作，感知三角形内角和是180°，能根据已知两个角的度数求出第三个角的度数。

（2）会计算平行四边形、三角形、梯形的面积，能用相应公式解决实际问题。

（3）会用圆规画圆，能描述圆和扇形的特征；知道圆的周长、半径和直径，了解圆的周长与其直径之比是一个定值，认识圆周率；会计算圆的周长和面积，能用相应公式解决简单的实际问题。

（4）认识长方体、正方体和圆柱，能说出这些立体图形的特征，能辨认这些立体图形的展开图，会计算这些图形的体积和表面积；认识圆锥，能说出圆锥的特征，会计算圆锥的体积；能用相应公式解决简单的实际问题，形成空间观念和初步的应用意识。

（5）能说出面积单位平方千米、公顷和体积单位立方米、立方分米、立方厘米，以及容积单位升、毫升，能进行单位换算，能选择合适的单位描述实际问题。

（6）对于简单物体，能辨认不同方向（前面、侧面、上面）的形状图，能把观察的方向与相应形状图对应起来，形成空间观念。

2. 图形的位置与运动的学业要求

（1）能根据指定参照点的具体方向和距离描述物体所处位置；能在熟悉的情境中，描述简单的路线图，形成几何直观。

（2）能在方格纸上用有序数对（限于自然数）确定点的位置，理解有序数对与对应点的关系，形成空间观念。

（3）认识比例尺，能说出比例尺的意义；在实际情境中，会按给定比例进行图上距离与实际距离的换算；能在方格纸上，按给定比例画出简单图形放大或缩小后的图形，形成空间观念和推理意识。

（4）能在方格纸上描述图形的位置，能辨别和想象简单图形平移、旋转后的图形，画出简单图形沿水平或垂直方向平移后的图形，以及旋转90°后的图形；能借助方格纸，了解图形平移、旋转的变化特征；知道轴对称图形的对称轴，能在方格纸上补全轴对称图形，形成推理意识。

（5）对给定的简单图形，能用平移、旋转和轴对称的方法，在方格纸上设计图案，并能说出设计图案与简单图形的关系。

综上所述，学业要求在内容上是对内容要求的再提炼，在表述上仍然采用"行为化"的方式。学业要求有对内容要求是否达标的检验作用，所以学业要求与内容要求行为动词层级的关系或者等同或者内容要求高于学业要求，而不能使学业要求高于内容要求。内容要求表示学生要做什么，但并没有表示做的程度如何，在学业要求中就有了做的程度要求。每个主题下的学业要求都是通过对主题内容要求的提炼后，明确学生能够做什么也就是做到什么程度的要求。

第三节　图形与几何的教学策略

在进行图形与几何知识的学习时，部分小学生由于空间思维能力不够强，很难有效理解相应的几何内容。对此，小学数学教师要运用多样的数学方法和策略，优化教学机制，有效激发学生的学习兴趣，以培养学生的数学核心素养，带给学生更好的学习体验。本节主要从图形的认识与测量的教学策略和图形的位置与运动的教学策略两个方面阐述，希望能够给小学数学教师提供一些参考，更好地展开图形与几何的教学，提升教学效果。

一、图形的认识与测量的教学策略

图形的认识与测量是将图形的学习与几何进行连接的重要环节，学生通过对图形相关数量关系的学习，可以培养几何思维。学生掌握基本的测量方法，提高对于几何测量数字的严谨性，才能在具体的问题中进行恰当的估测，从而形成准确的测量数据。

（一）确立整体教学理念与目标

明确单元整体教学理念，以学生为中心展开教学引导，创设丰富的学习情境，设置启发性的学习问题，让学生在学习与探究图形结构的过程中不断进行思考。首先要实现对各种平面图形的准确认识，识别出不同的平面图形。比如在小学低学段，要让学生能够辨别长方形、正方形及三角形等。让学生学会抓住不同的平面图形的特点进行详细的描述，进而更好地促进学生的成长与发展。其次，理解不同几何图形周长的含义，通过对平面图形边界上的长度总和进行测量以及计算，让学生更为清晰地理解几何图形自身所具备的特点；根据图形的边长计算周长，让学生结合测量进行计算，从而解决实际生活中具体的图形问题。教师在教学中也要将问题的解决与课堂知识的教学进行整合，比如计算围栏的长度等，让学生在测量及计算的过程中理解计算的原理，并且熟练地掌握和运用计算的公式。最后要注重对学生观察力和思维能力的培养，教师在单元整体教学中尤其要注重对图形不同特征的观察与比较，要让学生形成对图形的思维敏感力，培养学生的归纳推理能力及逻辑思维能力，进而更好地激发学生的学习主动性。

（二）联系新知与旧知，建构系统化知识体系

图形的认识与测量需要引导学生学会迁移。在引入新知识之前，教师应先引导学生复习已有的知识，将其与新知识进行联系，帮助学生在脑海中构建起系统化的知识体系。例如，教师可通过复习前面学过的图形知识引导学生回忆、总结图形的基本特征和命名方法，为后续的学习打下基础。

以三年级"长方形与正方形"部分知识内容的教学为例，在前期一、二年级的数学课程中，学生已接触过一些基本的平面图形，如圆形、三角形、正方形和长方形等，他们已经学会了观察、辨别这些图形，并能够简单地描述它们的特征和命名方法，故教师

可引导学生回忆、总结这些图形的基本特征。例如，圆形是一个闭合曲线，三角形有三条边和三个角，正方形有四条相等的边和四个直角，长方形有两对相等的边和四个直角等。通过复习图形的这些基本特征，学生能够巩固旧知识，为学习新的图形知识打下基础。

除了回顾基本特征，教师还可引导学生运用已学过的知识进行分类和比较。通过观察不同图形的特征和相似之处，学生可将它们进行分组，形成一个简单的分类系统。例如，学生可将正方形、长方形归于一类，这样的分类和比较可帮助学生理解图形之间的关系。学生通过联系新旧知识进行学习，一方面可以起到对以往所学知识的复习与巩固作用，另一方面可以在学习新知识的过程中学会对以往所学图形方法进行调整，从而掌握适合自己的学习方法，减轻在图形认识相关知识学习上的压力与负担。教师在课堂教学中要主动引导学生养成知识迁移的学习习惯，让学生逐步对学习数学知识产生兴趣，在头脑中形成清晰且完善的数学知识结构框架。

（三）注重图形的认识与测量和生活的连接

学习实践表明，学生在学习过程中建立与日常生活经验的连接可以提高学习效率，学生在日常生活中所接触到的实际图形可以帮助学生更快速地理解课堂上所学习的图形，让学生通过图形的原型，学会对图形的观察与分析。[①] 教师也可以展示真实物体或者相关图像，使学生通过更为直接的感知，更快速且准确地识别各种图形，从而在头脑中形成清晰的立体图像，更好地学习与掌握几何图形知识。

教师可以借助学校的教学设备，或者校园中的各种建筑物，或者身边的各种物体，来寻找不同的图形。最为简洁以及快速的方式是学生所生活的教室，比如在窗户上、书桌上以及黑板上都能找到常见的图形。学生通过对具体事物的观察形成对几何形状的特定认知，教师进一步让学生观察并且辨认图形所呈现的形状和特征。借助这样的实地观察和讨论，让学生将抽象的图形与具体化的事物进行联系，可以让学生更为深入地理解与感知相关图形的概念，增强学生的图形直观感知力。通过多媒体呈现不同的图片或者视频，也是一种让学生对几何图形学习具体化的一种方式。学生通过观看各种图形和图像，观察建筑物以及交通工具等常见事物，可以进一步对各种图形进行感知。学生在观察与分析的过程中，必须带有一定的目的，教师在这一过程中要主动进行引导，主动提出问题，并且发表具体观点。通过创设一定的生活情境，引导学生思考，这样也能让学生将所认识的图形与实际生活进行联系，从而理解图形的特点和不同的图形在日常生活中使用的各种途径和功能。例如，"圆的认识"是小学六年级教材中相对较难的一课，教学中既需要学生理解很多概念性的内容，还需要学生通过动手操作去理解并掌握圆的特征以及相关知识。教师可以在教学伊始从生活实际的事物进行导入，去增强学生的求知欲。然后让学生动手操作，把学具（圆形）进行对折并在自己的本上画圆，测量直径和半径的长度，来学习和了解圆的相关知识，学生学习兴趣盎然，感性认识增强，从而使学生的学习变得更加积极和主动。教师还可以以生活中道路上的井盖和篝火为什么都选用圆形等事例，让学生充分体验图形和生

---

① 吴小洁：《小学数学"认识平面图形"单元整体模块教学探究》，《数学学习与研究》2023年第20期。

活的联系，从而提高学生数学学习的兴趣和审美情趣。

（四）明确测量的核心概念

度量的学习是学生思维的发展。提高学生思维的活跃度，让学生从感性的直觉意识走向理性的思辨，就是图形测量的基础，也是图形测量的最终目的所在。在课堂教学中，教师要注重对学生"量"的意识的培养，引导学生进行实际的测量与操作，进而让学生形成更为直观且准确的思维意识，让学生通过测量有效解决实际生活中的问题，从而真正触发学生的量感思维。[①] 在教学中，教师要让学生明确测量的基本概念，并且让学生学会进行图形的测量，注重对学生思维意识的全面激发；帮助学生找到测量不同图形的方法和思路，使学生在反复的实践操作及测量过程中，实现对自己测量思路及方法的优化与调整，这样可以帮助学生实现对问题的反思。教师要有意识地将"量感"的培养贯穿度量单位教学的始终。有效地估测是形成"量感"的一个重要途径，估测不仅是生活中常用的技能，也是具有良好空间观念的具体表现。

比如，在认识了1米之后，课堂中设计了多层次的估测活动。例如，估测1米，估一估哪件物品的高度大约是1米？以此来检验学生对1米的长度是否已有比较准确的把握；估测几米，估测可以伸缩的钓鱼竿的长度，丰富对量的感知。第一次拉伸，提问："现在这根钓竿大约长多少米？"引导学生利用心中已有的1米的经验进行简单估测，明确"有2个1米就是2米"；第二次拉伸，长度比1米长很多，需要学生利用心中的1米进行多次估测，估测有点困难，提问："大家可以先想一想1米有多长，然后比对一下，现在你能估测了吗？"进一步明确"有几个1米就是几米"，突出度量的本质。在对基本量（1米）的充分感知的基础上，将基本量（1米）进行不断累加，最后延伸到几个基本量。不断丰富学生对米的认识，发展学生的"量感"。学生心中所建立的一般都是1米的表象，在估测较长的物品时，误差就会较大。当估测的物品长度得到较为精准的验证时，学生就可以以此作为新的参照物。例如估测黑板，将钓鱼竿摆在黑板附近，学生就容易产生联想加以对比，从而提高学生的估测准确率。

教师要注重对学生测量意识的培养，提高学生对数字的敏感度，帮助学生在估测的过程中减少误差。其实最重要的就是让学生确定好测量的参照物，通过明确具体参照物的准确值，可以帮助学生准确进行小物体的测量，也能让学生借助不同估测方式及参照物，实现对较大物体的准确估测，逐步让学生在具体的操作中明确测量的基本意义。

二、图形的位置与运动的教学策略

（一）运用信息技术，化抽象为直观

在图形的运动教学过程中，教师要给学生创设趣味性的学习环境，让学生通过图形的运动感受数学知识的魅力与奥妙，激发学生学习数学知识的兴趣。将信息技术应用于图形运动的学习，可以帮助学生巧妙地走出认知误区，也能让学生更为抽象和直观地进行知识的学习，将图形运动知识化难为易，帮助学生轻松地突破难点。

---

① 金爱萍：《小学数学教学中培养学生"量感"的有效策略以"图形的测量"相关教学为例》，《上海教育》2023年第10期。

小学阶段的学生年龄小，形象思维发展快，但抽象思维能力发展较慢。在图形的运动的教学中，有一些教学难点无法靠教师的口头语言及身体语言等来解决，会造成学生学习上的困难，直接影响学生对基础知识的掌握和基本技能的提高。而信息技术具有形象具体、动静结合、声色兼备的特点，可以把书本上抽象的文字描绘和静止的图像转化为具体、直观的动态过程，为学生提供更多直观动态的信息，有利于激发学生的形象思维，为学生的学习设置了一座"天桥"，让学生有更多的时间、空间进行自主思考，从而有效地突破教学的重点、难点。[①] 此外，数学源于生活，教师可以把学生的直接生活经验与学科知识探究相融合，通过多媒体创设数学生活情境，引导学生在生活中学习、用生活经验学习。

在实际教学中，教师借助信息技术动态且具象的特点，创设生活情境，可以有效地培养学生的数学抽象思维。例如，在进行三年级下册"旋转"这一课的教学时，学生很难理解旋转的抽象性。教师可借助信息技术依次动态呈现生活中的旋转现象，创设真实的数学生活情境，为学生展示鲜活的生活经验，让课件依次呈现形象物体到抽象图形的过程，并引导学生自主回答问题。这样的教学突破了以往只重视讲解、浏览以及"想象"等模式，为学生展示了视觉上可支撑、理解的工具，使数学知识可以与学生的日常生活相融合。运用信息技术实现对图形运动的有效呈现，可以解决以往教师在课堂教学中难以表述的困难，让学生可以在学习上实现对视觉的支撑。教师要注重对信息技术相关技能的掌握，并结合学生日常生活的实际经验，实现对课堂所学知识的融合，运用信息技术进行图形运动的设计，这样才能避免学生陷入思维误区，让学生对图形的运动产生更多的学习热情。

（二）借助信息技术，化静态为动态

在现代化的数学课堂教学中，信息技术应用广泛。教师在图形的运动课堂教学中要注重对信息技术的有效应用。通过信息技术相关软件可以实现对静态图形的动态转化。学生学会一点的移动这一基础知识，并在此基础上进行图形的平移，也就实现了知识的迁移。学生也可以主动实现动手操作，在多媒体中通过对点的平移以及运动来实现对图形的平移或旋转，让学生在实践操作的过程中更为直观地理解相关知识，从而实现对难点的有效突破。信息技术的清晰动态化感受可以帮助学生更为真实地理解相关知识，提高学生的核心素养水平。

将静态的平面图形转化为动态的运动图形，可以让学生的思维动起来。把碎片化的思维通过多媒体实现连续的动态展示，融合为连续式的思维，可以使学生模糊的思维变得清晰起来。学生在学习的过程中要加强对个人思维品质的提升。动手操作实践的过程可以很好地呈现知识的动态形成，能够让学生了解动态图形形成的完整化的结构体系，也能让学生理解图形原来的位置与运动后位置的变化，为学生接下来图形位置的学习奠定良好的基础。

教师可以在教学中通过演示与讲解的融合，从不同角度丰富学生的感性认识，提高学生的感性思维能力，解决学生日常生活中存在的问题，并且不断激发学生的探究兴

---

① 李美美：《运用信息技术提升小学数学教学有效性以"图形的运动"为例》，《上海教育》2023年第16期。

趣，进而帮助学生提高学习能力。通过信息技术实现对静态图形的转化，帮助学生突破重点知识及难点知识，这样就可以降低教学的时间成本，让学生在学习的过程中更为精准且快速地掌握课堂知识，学生的观察和推导的过程也会变得更加快速。教师在教学中要注重培养和提升学生的品质，不断了解学生在学习中存在的各种问题，加强学生对课堂所学知识的深入研究与评价，保证课堂的教学效果。

（三）运用信息技术，实现实践操作

让学生建构清晰的知识结构框架，这是图形运动学习的重点。学生借助信息技术可以进行图形的建构，并且能够体会图形的运动美。通过绘制变化的图形，可以增强学生的绘图能力。学生可以尝试在方格纸上画出经过变化的图形，在绘制图形的过程中感受图形变化的特征，这也是让学生从整体层面感知图形变化的一种重要方式。学生要学会探索图形的平移及旋转，借助信息技术实现动态的操作实践。学生在操作过程中，容易在确定平移的格数或者旋转角度时出现错误，对图形的变化方向不够明确。这都是学生在实践操作过程中需要巩固的薄弱点。教师在教学中要鼓励学生学会进行整体及局部的观察，并且在实践操作前明确观察要求，这样能让学生从整体上感知具体的变化。教师要明确从低年级到高年级的日常教学的基本要求，要让学生通过观察及想象，再到实践操作，来实现对图形运动知识的掌握。学生在实践操作的过程中也会形成对图形运动的正确认知。

教学中要让学生联系实际生活进行实践运用，并且让学生在实践操作的过程中及时进行总结与提升。比如，观察生活中的对称现象；使用媒体技术绘制具体图案，在绘制后进行比较和概括，从而总结出对称图形的共同特征。教师在教学中要引导学生正确地观察图形运动，并且在观察与学习的过程中不断实现提升。

（四）运用数学术语，描述图形位置

在初步学习图形方向的辨认后，学生能够明确不同物体的位置，并且能够看懂日常生活中的线路图，实现了对课堂所学知识的延伸与巩固。通过熟悉的环境所积累的对线路图的辨认经验，是学生学会运用数学术语进行图形位置描述的基础。教师在课堂教学活动中要结合学生的实际生活，给学生设计好相关的线路图，或者组织学生分组合作进行线路图的制作。学生在制作线路图的过程中也就明确了不同物体的相对位置，可以站在不同的视角对物体相对位置进行有效描述。设计好线路图之后，教师要鼓励学生观察不同的刻画地点，并且使用不同的方法进行事物相对位置的描述；向学生介绍生活中有趣的位置，并且通过位置的明确让学生感受到线路图在日常生活中的重要作用。学生在描述的过程中要使用数学术语，体会数学对确定位置的重要作用，将抽象的位置转化为具体化的数字语言，从而确定图形位置的共同特征。

比如，教师在教室中可以向学生提问：如何进行具体情境位置的确定？学生可以将抽象的位置转化为具象化的线路图中的一点，通过横竖组成位置方格，这样可以让学生形成对生活情境中具体事物在线路图中某一点的具体描述。学生通过将所学抽象化的知识进行具象化，可以更深刻地理解和感悟图形位置的魅力。教师通过随时抛出比较有深度的相关问题，让学生在设计及语言描述的过程中及时解决问题，从而加深学生对本节

知识的理解。

第四节　图形与几何的教学案例

图形与几何是小学数学的重要组成部分，该模块的学习主要要求学生通过对平面图形及空间几何图形的观察来探究其中的关系，以获得核心素养的提升。在教学中，教师要采用以学生为主的新型多元化的教学方法，引导学生在课堂中积极探究。本节主要列举了三个教学片段及其分析，以供教学参考。

案例一　"认识三角形"教学片段[①]

一、创设情境

课件展示教材主题图情境创设。

教师：同学们请看，在公园里都有哪些图形？出现最多的是什么图形？

学生：三角形。

教师：哪里有三角形呢？（学生找三角形，并回答）（①出示实物中的三角形；②抽象出实物中的三角形。）

教师：三角形在我们的生活中无处不在，这节课我们去图形的王国玩一玩，再次认识三角形这位老朋友。（板书：三角形的特征）

二、探究新知

1. 感受三角形

（1）找一找三角形。

教师：生活中还有许多三角形，请再举几个例子？学生列举生活中的三角形。

教师：老师这里，也发现了生活中的三角形，同学们请看。（出示课件）

教师：这些图片上，三角形藏在哪里呢？（学生回答）

（2）画一画三角形。

教师：同学们说出了也找出了那么多三角形，现在，我们来想一想，你的头脑里有三角形吗？接下来，拿出课前准备的学具，在草稿本上画一画你头脑里的三角形吧。（学生动手画）

2. 揭示三角形的含义

（1）展示三角形。

教师：哪位同学愿意将自己画的三角形和大家分享？（学生分享时，找出四张比较有差别的三角形，贴在黑板上）

[①] 李思倩：《APOS理论下小学数学概念教学策略研究——以图形的认识为例》，硕士学位论文，西南大学教育学部，2022。

（2）比较归纳三角形的含义。

教师：同学们仔细观察这几个三角形，说一说这几个三角形的不同之处。

学生1：大小不一样，有的大有的小。（教师：这说的是三角形的边长不同）

学生2：有的有直角，有的没有直角。（教师：这说的是三角形的角不同）

教师：接下来，同学们找一找它们的相同之处。

学生1：都有三条边，三个角。（教师板书三条边、三个角）

学生2：三条边的首尾都是连在一起的。

教师：三条边首尾相连，我们可以把这个叫作由三条边围成！

教师：一条边与另一条边组成了一个角，这是三角形的一个顶角，那么一共有几个顶角呢？（三个，并板书三个顶角）

教师：看一看我们归纳出的，大家一起想一想哪些部分组成了三角形？

学生：三条边、三个角、三个顶角。

教师：拿出同学们自己画的三角形，把边、角、顶角标出来。与同桌说一说，指一指。（学生动手操作）

教师：用你自己的话来说，到底什么是三角形？

学生1：三角形是有三个角、三条边、三个顶角的图形。

学生2：三角形是由三条边、三个角组成的图形。

学生3：三角形是由三条边围成的图形。

教师：同学们的想法都很棒，在数学中，概念的表达要简洁明了。我们一起看看教材是怎么定义的。请同学们齐读并勾画出这句话——像这样由三条线段围成的图形是三角形。（板书三角形的定义）

教师：这句话中，你觉得哪些词不可缺少呢？说一说你的理由。

学生1：三条线段比较重要。

学生2：我觉得围成这个词语更重要。

教师：说一说你的理由。

学生1：围成就是要三条边必须首尾相连，不能出现缺口。

教师：说得很有道理，一定要注意围成这个词语，有的时候判断题会在这里给你挖坑哦。

出示练习九第一题，判断下面哪些图形是三角形。

3. 学习三角形的高

（1）学习三角形高的含义。

教师：看来大家对三角形的知识掌握得还不错，那咱们接着来看一张图。（出示重庆千厮门大桥）

教师：这是哪里？（重庆千厮门大桥）

教师：你发现了什么图形？（三角形）

小组活动：如何测量重庆千厮门大桥的高度。

教师：重庆千厮门大桥从顶端到桥面的高度，应该如何测量呢？先想一想，然后在小组内说一说你的想法。（选择两个小组进行汇报。课前教师会给每个小组一张三角形，这张三角形与重庆千厮门大桥的三角形大致相同）。

小组1：小组画出了高。

教师：为什么这条线是大桥的顶端到桥面的距离呢？

学生1：因为之前我们学过垂线段，这是垂直的。

教师：如何得知是垂线段呢？应该怎么画？（教师示范画垂线段的步骤。直角三角板的一条直角边与三角形的一条边重合）

教师：大桥的顶端相当于三角形的顶点，桥面相当于三角形的底，并且底是这个顶点的对边。（教师播放课件进行演示并进行讲解）

教师：首先找到一个顶点，其次找到这个顶点的对边也就是三角形的底，最后过这个顶点画对边的垂线段。

（2）画三角形的高。

教师：接下来，我们一起来画一画高。（教师按照步骤讲解如何画高，在黑板上演示）

自主活动：拿出自己之前画的三角形，画一画高。教师下讲台巡视情况，抽取画得正确的与不正确的作品进行展示，让学生上台说自己是如何画的。

（3）拓展。

教师：一个三角形只有一条高吗？

学生1：是的。

教师：三角形有三个顶点，每个顶点可以画一条高，那应该有？

学生1：三条！（教师展示锐角三角形的高）

教师：三个顶角都可以向对边画出一条垂线段，所以有三条高。（展示直角三角形的高）

教师：直角三角形的高有特殊性，每一条直角边都是另一条直角边的高。（展示一条钝角三角形的高）

（4）练习题。

请同学们完成课本练习九的2、3题。

本节课是属于比较传统的课堂，首先引入情境，到探究新知，再到巩固练习，最后进行知识总结。

本节课有以下几个方面的亮点。

①教学内容贴合教学目标。本节课教师让学生掌握了三角形的概念，明确了三角形每个部分的名称，并让学生掌握了三角形底和高的含义。通过学习，学生增强了比较、归纳、推理能力，加强了空间观念，积累了认识图形的经验与方法。这些教学内容贴合学生实际，也符合图形与几何的教学目标。

②课堂以学生为主体。通过画一画的方式，让学生亲身经历活动过程，并且主要概念要由学生来提出，教师引导学生进行归纳，最终回到教材；在具体的活动和与教师的对话中让学生明白概念的具体含义；将乐教爱生、甘于奉献的仁爱之心融入课堂，全心全意为学生服务，关心学生的发展。

③整堂课结构完整。从接触新知识到探索新知识再到获得新知识、应用新知识、总结新知识，这堂课知识结构完整。

案例二　"不规则图形的面积"教学片段[①]

一、情境导入，让思维初步激活

教师：刚刚欣赏了很多美景、美食。当我们用数学的眼光观察物体时，会观察哪些方面？

学生：形状。

教师：你能在这些物体上看到哪些形状？（图7-1）

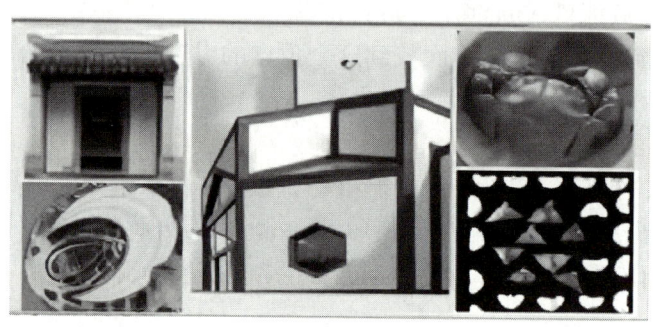

图 7-1

学生1：长方形、正方形。

学生2：三角形、平行四边形、六边形。

教师：那这个建筑屋顶的形状呢？

学生：月牙形。

教师：标准的月牙形吗？谁能上来描一描？（学生上黑板描绘）

师：刚刚我们从一些物体上面找到了这些形状。如果分成两类，你会怎么分？

学生：可以分成规则图形和不规则图形。

教师：哪些是规则图形？

学生：长方形、三角形、平行四边形、梯形是规则图形，其他的是不规则图形。

（板书课题：不规则图形的面积）

教师：看到这个课题，你有什么想问的？

学生1：不规则图形各式各样，该怎么求面积呢？（图7-2）

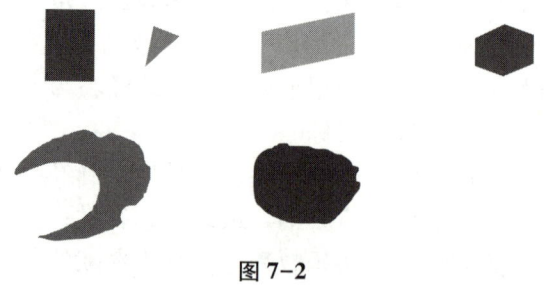

图 7-2

[①] 黄苏萍，陈六一：《基于测量本质实现思维进阶——"不规则图形的面积"教学片段与思考》，《教育科学论坛》2024年第4期。

二、集思广益，让思维足够发散

教师：看，老师带了一片树叶，它是什么形状的？如果想要知道这片树叶有多大，你们有什么好主意吗？

（小组讨论）

学生：可以量出这片叶子的长度和宽度，然后把它们相乘就可以了。

教师：把叶子的长度和宽度相乘就是树叶的面积吗？其实是什么的面积？

学生：长方形的面积。

教师：哪个长方形？请你上台描一描。

（学生画出长方形）

教师：这其实是想把不规则的树叶的面积看成与它近似的长方形的面积。事实上，这片树叶的面积要比长方形的面积怎样？

学生（齐）：小。

教师：如果还想更精确些，我们还可以把它看成什么？

学生1：还可以看成一个近似的平行四边形，再量出底和高就行。

学生2：我觉得这样和看成长方形的误差差不多。我们可以把树叶两端的部分看成三角形，中间可以看成长方形。

教师：借助橡皮泥铺，把叶子的面积替换成规则图形的面积，真会思考。刚刚这位同学的提醒也很有价值。受这位同学方法的启发，你还能想到用什么去铺？

学生：可以用1平方厘米的小正方形去铺，看看大概有多少个正方形，就能计算出面积多大。

教师：1平方厘米就是一个面积单位。任何一个图形的面积都是面积单位的累加，对于不规则图形，我们也可以去数有多少个面积单位。

（板书：数面积单位）

教师：用什么工具，正好有这些1平方厘米的正方形呢？

学生（齐）：方格纸。

三、动手测量，让思维纵向深入

教师：老师为同学们准备了这样的方格纸，请你们尝试完成学习单。

（学生独立完成后进行展示）

呈现三种答案（图7-3）：

教师：比较这三位同学的方法，虽然他们答案不同，但都做了同一件事，是什么？

学生1：都数出了有15个一格的。

学生2：都是先数一格的部分，再数不是一格的部分。

教师：数学上，我们把这样的完整一格称为整格，不满一格称为不满整格。他们都先数出了整格的有15格。

教师：有数的不一样的吗？

学生：我数出了16格。

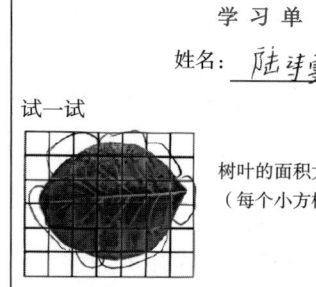
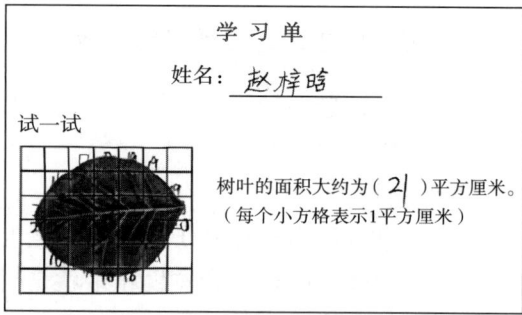
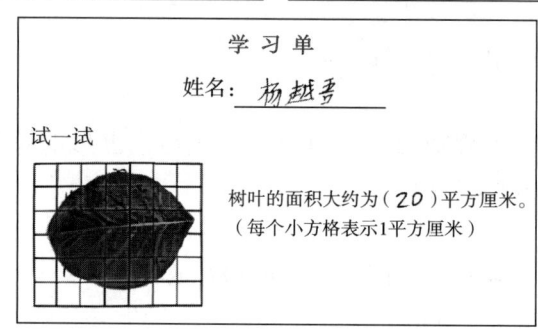

图 7-3

教师：谁知道这是怎么回事？

学生：他肯定是把差一点点是整格的看成了整格。

教师：同学们要注意，整格就是整格，哪怕差一点点才是整格的，都不算。刚刚有位同学在数之前先做了这样的标记，这样标记有什么好处？（图 7-4）

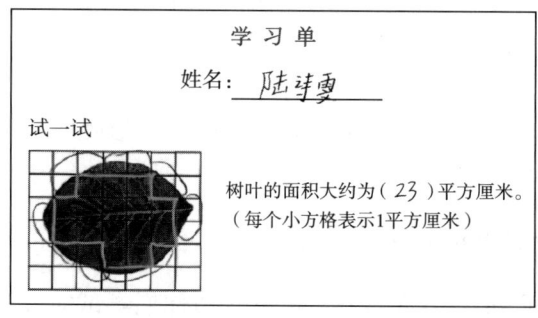

图 7-4

学生：能清楚地区分整格和不满整格的部分。

教师：是的，把不规则的面积分成了两部分，整格的部分是大家都一样，是都确定的部分。那是什么导致大家的结果不一样呢？

学生1：不满整格的部分。

学生2：大家拼凑的方法不一样。

教师：看来就是因为这些不满整格的部分才造成了答案的不确定性，而大家对不满整格的部分处理的不同导致结果的不同。

教师：刚刚老师在下面找到了这样的结果，你们知道他是怎么数的吗？

学生：他是把所有不满整格的都估成了整格。

教师：是不是这样呢？数一数不满整格的部分一共有多少格。

学生：16格。

教师：15+16=31，果然是这样，那这样估合适吗？

学生：不合适，这样误差太大了。

教师：但是我们能从这样的结果中知道这片树叶的面积一定比31怎样？

学生（齐）：小。

教师：那一定比几大呢？

学生：比15大。

教师：这样我们就确定了这片树叶的面积范围是在什么之间？

学生：15和31之间。

四、精益求精，让思维更加严谨

教师：刚刚我们是用面积单位是1平方厘米的正方形去数，数出了一些答案。那如果还想要更加精确，可以怎么做？

学生1：可以使用更小的面积单位。

学生2：用1平方毫米去数。

教师：1平方毫米太小啦，还是用平方厘米作单位，可以是什么？

学生1：0.5平方厘米。

学生2：0.25平方厘米。

教师：那就用0.25平方厘米为面积单位去数。为什么用更小的面积单位就会更精确呢？

学生：因为这样不满整格的部分就减少了。

教师：不满整格的部分减少了，不确定性就减小了，结果自然更精确了。那还想更精确呢？

学生：再小一些的面积单位。

教师：再精确一些呢？

学生：再小一些的面积单位。

教师：还想更精确。

学生：再小一些。

教师：想象一下，当这些面积单位足够小时，还会有不满整格的部分吗？

学生（齐）：没有了。

教师：那答案还确不确定？

学生（齐）：确定。

教师：小学阶段虽然不能得到确定值，但不影响我们想象！

五、总结巩固，让思维横向延伸

教师：掌握得真不错！第二个问题：不规则图形和规则图形的面积计算方法有什么关系呢？

学生：规则图形的面积是确定的，不规则图形的面积是不确定的。

教师：为什么规则图形的面积是确定的呢？

学生：因为规则图形的面积都是整格的。

教师：同学们真是活学活用。

在本课例中，整个教学过程主要有以下几个方面的亮点。

（1）创设具体情境，激活已有经验。教师先通过创设具体情境，培养学生能从中抽象出数学的研究对象和属性的能力；引导学生抽象出形状，并关注图形的周长和面积，从而丰富学生已有的学习面积的经验。

（2）运用多种方法培养学生核心素养。《义务教育数学课程标准（2022年版）》指出，要在推导一些常见图形周长、面积、体积计算方法的过程中，感悟数学度量方法，逐步形成量感和推理意识。在这节课上，量感主要体现在培养学生估算策略和方法的多样性上，主要有两种思路：①近似地看成与它近似的规则图形的面积；②数有多少个面积单位。这部分操作，也是为后面进行结构化的知识关联做铺垫。在用数格子的方法估测不规则图形的面积时，学生通过亲自数一数，感受不规则图形分成两部分，即整格的部分和不满整格的部分。学生对不满整格的处理通常呈现三种思维方式：第一种最自然，即把不满整格的部分拼凑成整格；第二种是四舍五入，把超过半格的看成一格，不超过半格的部分舍去；第三种就是把不满一格的统一看成半格。无论哪种方法，都无法做到最精确，但从操作的角度看，统一把非整格的看成半格更方便些。通过引导学生充分地表达不同的处理方式，使学生发现是不满整格的处理导致了不确定性，再一次发展了学生的量感和推理意识；充分体现了启智润心、因材施教的教育家精神，以及对现代教育价值理念的融通和发展。

案例三 "左、右"的认识教学片段[①]

一、导入新课，激发学生的学习兴趣

教师：今天这节课我们一起来做游戏，在游戏中学习新的本领！你们愿意吗？愿意的请举手。（有的举左手，有的举右手）

教师：举着别放下。现在谁能告诉我你举的是左手还是右手？

学生：我举的是右手。

教师：那另外一只手是左手还是右手呢？

学生：左手。

教师：对，我们都有两只手，左手和右手。大家说说看，我们在生活中常用右手做

---

① 曹培英：《"图形与位置"的备课与教学》，《人民教育》2006年第13期。

哪些事情？

教师：我们大部分小朋友都习惯用右手做事。但是有一些小朋友是左利手，习惯用左手做事。我们的左手和右手是一对好朋友，配合起来力量可大了。大家找一找，我们的身体上还有这样分左和右的好朋友吗？

学生：……（发散思维）

教师：我们身体上像左手、右手这样的好朋友可真不少呀！这节课就来认识左、右。（板书"左与右"）

二、巩固对自身左与右的认识

教师：你是怎么记住左和右的？

教师：我们来运用左和右做个机器人游戏，我是遥控器，你们是机器人，我发出指令，比一比哪组机器人的动作做得又对、又快、又整齐。机器人准备好了吗？

教师：伸出左手摆一摆；跺跺你的右脚，1、2、3。

教师：现在遥控器要提高难度啦，听清楚，左手拍左肩。（做错的小朋友纠正）

三、感知身边的左与右

教师：自己身体上的左和右都清楚了。你身边的左和右分得清吗？

教师：我们来看这个同学（拿出小女孩的头像贴在黑板上），她坐的方向和你们一样吗？

学生：一样。

教师：那么她的左和右在哪里呢，谁来贴贴看？

（请学生贴出左、右两只手）

教师：第二个游戏"找邻居"，请你们找出自己左边和右边的邻居。

（同桌两个学生互说、互评）

教师：我们来听听几位小朋友找的邻居对不对。

（学生汇报）

教师：每位同学都找到了自己的邻居，在以后共处的日子里，邻居之间要相互团结、相互帮助。

四、理解左右的相对性

教师：自己身边的左和右也分清楚了。那么左和右还有什么小秘密，你们想知道吗？现在我请一个小朋友上来。

（请一位同学上讲台，背对大家举起右手。下面的同学也举起右手）

教师：她现在和你们的方向一样吗？

学生：一样。

教师：我们请她向后转。现在她和你们的方向一样吗？

学生：现在她和我们是面对面。

教师：那么她的左和右呢？

教师：哦，你们发现了什么？她的左与右和刚才的左与右有什么不一样？

学生：左和右相反了。

教师：（拿出另一个头像与左、右两字）谁来贴贴看。

教师：对呀。面对面的情况下，左和右相反了。

教师：现在我们请她做一些动作，你们说说她的动作是怎样做的。

（分别是：左手摸左耳；右手摸左边的辫子；右手碰左边的膝盖）

教师：你们说得很对。有什么好方法可以说得又快又准确？

学生：我只要看。我看到的左就是她的右。

教师：为什么？

学生：因为我们面对面，左和右相反了。

教师：你们真棒，一下子就发现了这个小秘密。

五、巩固左右的相对性的练习

教师：下面我们就利用这个小秘密，再做一个机器人游戏。请全体起立，第一、三行同学向后转。

教师：现在前后两个同学都面对面了。听清楚指令：用你的右手碰对方的右肩……

教师：大部分同学都做对了，个别同学开始时反应有点慢，别着急，看看你的右手，想想他的右手在哪里，就能做对了。

六、左右在生活中的应用

（1）由学生举例说说左右在生活中的应用。

教师：其实生活中有很多事情要用到左和右的。请同学们说说看，我们生活中哪些事情是按照左、右规则的呢？

学生1：吃饭的时候用右手。

学生2：写字的时候是先左后右。

教师：对呀，我们写算式的时候也是从左往右写的。（课件演示算式书写过程：3+2=5）还有吗？

学生：我们读书的时候也是从左往右一个一个字读的。

（2）上下楼梯该靠哪边走？

……

综观上述课例的教学过程，有以下优点值得我们借鉴。

（1）整个过程脉络清晰。认识自身的左、右—巩固练习（"机器人"游戏1）—认识身边的左、右—巩固练习（找"邻居"游戏）—认识左、右相对性—巩固练习（"机器人"游戏2）—了解左、右的应用（生活中的应用—数学中的应用）。整个教学过程脉络清晰，引领学生逐步提升左、右概念的概括性和灵活性。

（2）注重知识的多方面应用。在联系实际方面，本课例既关注了左、右在生活中的应用，又初步揭示了左、右在数学中的应用，而不是整节课除了伸手、抬腿直至"韵律操"，没有一点数学味。

（3）注重联系生活实践。形与位置这部分内容与学生的实际生活具有天然的联系，利用这一联系让学生在感兴趣的情境中进行学习，有利于唤起学生已有的常识和经验，提高感知的效果。

（4）注重将勤学笃行、求是创新的躬耕态度融入教学。在左、右的练习中，教师通过"找邻居"游戏和"机器人"游戏让学生对左、右进行练习，对学生来说新颖好奇。教师是学生思想的领路人，也是创新的领路人。教师注重在教学中的创新，启迪学生智慧，才能培养更多富有创新思维的学生。

阅读与拓展

1. 周玉仁，杨文荣. 吴正宪的儿童数学教育：真心与儿童做朋友［M］. 北京：北京师范大学出版社，2010：53.

这是一本关于儿童数学教育的专著，它强调了教育者应该真心与儿童做朋友，以更加贴近儿童的方式来进行数学教育。该书以生动具体的案例和故事来阐述作者的观点，让读者更加容易理解和接受。同时，还结合了作者多年的实践经验，提出了许多实用的教育方法和技巧，对教育工作者和家长都有很大的启发和帮助。

2. 笛卡尔. 笛卡尔几何［M］. 陆美亦，王瑞乔，译. 重庆：重庆出版社，2022.09.

该书的主要内容是探讨如何使用直线和圆进行作图，以及曲线的性质。笛卡尔的解析几何方法，使得复杂的几何问题变得简单明了，他通过代数和几何的结合，开创了一种全新的数学研究方法。这种方法不仅在数学领域产生了深远影响，也为其他学科的发展提供了新的思路。同时，笛卡尔的哲学思想和方法论也为我们提供了一种新的思考方式，鼓励我们勇敢追求真理，不畏权威。无论是数学研究者还是普通读者，都能从这本书中受益匪浅。

3. 杜时忠，冯建军，刘铁芳，等. 笔谈：中国教育家精神与现代教育［J］. 现代大学教育，2024（1）：1-13.

2023年教师节前夕，习近平总书记致信全国优秀教师代表时勉励全国广大教师"以教育家为榜样，大力弘扬教育家精神"，并从理想信念、道德情操、育人智慧、躬耕态度、仁爱之心、弘道追求六个方面提出了具体要求。该文献的四篇文章分别从教育家与时代精神、教育家精神的内在理路、教育家精神的超越性精神向度、中国教育家精神的内构性特点等视角各抒己见，但又彼此关联，为中国教育家精神的培育提供新的思路。

4. 张志勇，史新茹. "中国特有的教育家精神"的演进逻辑、本质内涵和时代价值

[J]. 中国教育学刊，2023（11）：1-6.

"中国特有的教育家精神"对指导新时代教师队伍建设意义重大。本研究通过回溯新时代以来"中国特有的教育家精神"的形成过程，阐明其思想演变和内在逻辑，凸显其对教师文化的传承与创新。在此基础上，从价值追求、时代精神、集体人格、职业精神四个角度阐释了教育家精神的本质内涵。最后，从教育的价值观、主体观、方法论、认识论、伦理观、实践哲学六个层面揭示了"中国特有的教育家精神"的时代价值，旨在引导广大教师弘扬教育家精神，加快教育强国建设。

第八章
统计与概率内容分析与教学研究

> **学习目标**
>
> 1. 理解小学数学统计与概率的内涵与教学理念。
> 2. 理解小学阶段统计与概率的意义。
> 3. 掌握三个学段教学过程中的教学策略。
> 4. 根据教学片段，初步形成课堂教学的能力。

第一节 统计与概率概述

在小学数学课程教学中，统计与概率是一门必选的基础数学课程，因为统计与概率课程所蕴含的随机思想和统计观念对学生培养数学思维、形成科学的思维方式和解决问题的能力有很大帮助，所以与其他课程相比，具有不可替代的重要地位。本节从统计与概率的概念、理念和意义三个方面对统计与概率进行阐释。

一、统计与概率的概念

《义务教育数学课程标准（2022年版）》中明确指出，统计与概率部分作为义务教育阶段数学的重要领域之一，主要研究现实生活中的数据和客观世界中的随机现象，它通过对数据收集、整理、描述和分析以及对事件发生可能性的刻画，来帮助人们做出合理的决策。统计与概率包括数据分类，数据的收集、整理与表达和随机现象发生的可能性三个主题。

（一）数据分类

数据分类的本质是根据信息对事物进行分类。学生经历从事物分类到数据分类的过程，感悟如何根据事物的不同属性确定标准，依据标准区分事物，形成不同的类。在学习统计图表时，学生将进一步认识数据的分类，从中感悟对事物共性的抽象过程，不仅为统计学习，也为数学学习奠定基础。

（二）数据收集、整理与表达

数据的收集、整理与表达包括数据的收集，用统计图表、平均数、百分数表达数据。在学习过程中，让学生初步感受现实生活中存在大量数据，其中蕴含着有价值的信息，利用统计图表和统计量可以呈现和刻画这些信息，形成初步的数据意识。

（三）随机现象发生的可能性

随机现象发生的可能性是指通过试验、游戏等活动，让学生了解简单的随机现象，感受并定性描述随机现象发生可能性的大小，感悟数据的随机性，形成数据意识。

二、统计与概率教学理念

《义务教育数学课程标准（2022年版）》确立了核心素养在课程标准中的导向作用，把培养学科素养贯穿于教学工作的整个过程，对小学统计与概率领域做出新的整合。

新的课程标准体现了新的教学理念，具体表现为以下几个方面。

（一）教学目标上坚持以核心素养为导向

教学目标要明确体现核心素养的具体表现，挖掘出特定的学习内容所培育的相关核心素养，并考虑核心素养在数学教学中的落实。教学目标要结合具体的教学内容，全面分析主题单元和课时的特征。教学目标要基于主题单元进行整体设计，具体课时的教学目标要围绕单元目标进行细化。在具体情境中认识随机事件和确定事件，了解概率的意义；会用列表法或树状图法来罗列出所有可能发生的结果；利用公式计算指定随机事件发生的概率，并做出简单的判断；通过大量重复试验获得事件发生的频率，感悟可以用频率来估计概率的道理；引导学生动手操作和主动参与，让他们在试验、观察、交流等活动中体会和理解随机事件发生的不确定性及频率的稳定性等相关内容，从而培养学生的动手能力和合作精神、创新意识和实践能力；从实际情境出发，再回归到实际问题中去，使学生体会数学在实际生活中的应用价值；经历试验操作的具体过程，使学生积累基本活动经验，帮助学生对概念建立理性的认识；引导学生逐步学会设计试验，通过试验数据探索规律，并学会合作与交流。

（二）教学内容上体现结构化特征

教学内容是落实教学目标、发展学生核心素养的载体。教师在教学中要做到全面分析教学内容，引导学生建立体现数学学科本质结构化的数学知识体系。一方面，要了解数学知识的起源、结构与价值，解析课程教学内容的设置意图。另一方面，在教学中要强化对数学本质的理解。关注数学概念的现实背景，引导学生从数学核心概念、原理及相关知识的联系出发，建立起对未来学习有支持意义的知识结构。通过主题式教学帮助学生学会用数学的眼光看问题，形成科学的思维习惯与理性精神，发展核心素养。在教学过程中，既要关注内容主线与核心素养发展之间的关联，也要加强具体内容与核心素养之间的关联。

小学阶段，学生在自然界和生活情境中感受简单的随机现象。通过对"一个袋子中装有不同颜色的球，有放回的摸球试验记录"的学习，感受数据的不确定性以及随机事件发生的可能性大小，并学会计算简单随机事件的发生概率；通过重复试验理解频率和概率之间的关联，并在生活情境当中运用数学知识来解决实际问题，培养数据观念。

（三）教学活动上强调促进学生发展

有效的教学活动是学生学和教师教的统一。学生的学习应当是一个主动的过程，学生应认真思考并动手实践。教师是学习的组织者、引导者，负责选取能反映真实情境的素材，引导学生发现问题并提出问题，设置教学问题供学生自主探索，安排小组活动（如跨学科活动）帮助学生获得数学的基本活动经验。首先改变独立的课时教学设计思路，按照"学段—领域—章—节"的顺序形成整体的教学思路，再按照"节—章—领域—学段"的顺序明确教学目标，思考教学内容与教学方式。教师在教学设计中注重发挥情境设计与问题提出对学生主动参与数学活动的促进作用。在教学过程中，可以通过复习旧知识提出新问题的方式来引入课程主题，也可通过生活情境的选取将生活问题转化成数学问题。正常教学时，课时并非完全的理想化独立，经常是先订正作业再讲新课。从作业的错题中生成资源也是新课展开的一种途径。无论采取哪种情境设计，只要能引发学生思考，能促进课程内容顺利展开，就是好的引入方式。

（四）教学评价上注重探索激励教学与改进教学

教学评价是指以课程的教学目标为依据，对整个教学过程与教学效果进行评价，或对一节课的学习活动的价值进行评估的过程。内容具体、方向明确的教学评价能引导学生回顾学习过程，激发学生学习的热情，培养学生进行总结归纳的习惯。积极的教学评价不仅能促进学生学习能力的自主驱动发展，还能帮助教师更快地实现个人专业化成长，从而提高课堂教学的有效性。本文结合《义务教育数学课程标准（2022年版）》对教学评价的建议，从评价主体的角度设计教学评价内容，主要有以下几个方面。

1. 学生自主评价

"学而不思则罔，思而不学则殆。"这里的"思"既包含对知识技能、思想方法的思考，也包含对自己学习方法、学习态度的反思。学生自主评价能促使学生将自己的课程表现与其他同学的课堂表现做对比，回顾自己的课堂表现，对自己的学习行为进行主观性的总结，这有利于学生更加积极地投入学习中，更大限度地提高学习效率。学生自主评价可以从学习准备（有没有课前完成预习，有针对性地听课）、学习态度（上课过程中注意力的集中程度，作业的完成程度）、学习方法（上课有没有跟着老师的节奏走，记笔记有没有简明扼要，笔记多久复习一次）以及学习效率（课后作业大约需要多久完成，作业准确率高不高）等角度对自己的学习行为进行剖析，帮助学生学会学习。

2. 学生互相评价

学生是彼此学习道路上的陪伴者、合作者，教师引导学生进行积极的互评，有助于学生之间形成合作共赢的竞争机制。如果仅仅是教师评价学生，则容易变成单向传输，达不到评价的真正意义。学生之间的互相评价，可以让同学成为自己的一面镜子，帮助学生从多角度更加客观地认识自己，为自己的学习能力成长构建有效的通道。互相评价要求学生具备一双会发现美的眼睛，能观察同学身上的优点，并衷心地进行称赞，反思自己有哪些可以改进的地方，同时敢于指出同学的不足，为同学的进步指明方向。

3. 学生评价老师

真正有效的教学应当立足于真实的学生学情，建立明确具体的教学目标，选取贴近学生生活的素材组织教学内容，采用合适的教学方法使课堂有序化。学生关于上课过程的真实感受，比如教学节奏、对知识点的理解程度、作业的量与难度、课堂组织形式

（小组合作的时间够不够）、课堂问题的难度，等等，是除作业准确率外能反映学生学情的第一手资料。教师可通过学生的评价了解学生的所思所想以及教学设计中与学生实际情况脱节的地方，从而不断修正自己的教学设计与教学表达，建立起师生之间有效的信息传递渠道，从而提高数学教学的有效性。

4. 教师自我评价

教师的自我评价是促进教师个人专业化成长的必经之路。先有思想上的触动，才有可能引起行为上的变化。教师自我评价可从教学目标、教学内容、教学组织、教学态度四个方面展开。教学目标设置应当明确且具体，既要符合学生的真实学情，又要体现核心素养。立足于教学目标选取教学素材进而设计教学内容，教师应当仔细研读教师用书，了解每一环节设置的理由，结合学生的真实学情，对其中的教学内容进行必要改动，应创造性地使用教材，切忌照本宣科。教学组织是将教学内容呈现给学生的教学方式。既然明确了学生是课堂的主体地位，如何让学生动脑思考动手操作便成了教学组织方式的依据。通过启发式、探究式、参与式、互动式教学等，让学生经历实践、探究、体验、反思、合作、交流的过程，可发挥每一种教学方式的育人价值，促进学生核心素养的发展。教学态度是教师基本的职业素养，事实上学生评价是对教师工作质量的反馈，教师可通过这些资料及时地进行教后反思，了解教学方面可以改进的地方，从而促进自己的教学能力增长。

三、统计与概率教学的意义

随着社会、经济和信息技术的发展，统计与概率在现代化国家管理、企业管理科学研究以及社会生活方方面面占据着越来越重要的地位，以下是统计与概率教学的意义。

（一）有助于逐步培养学生的数据意识

统计与概率最为核心的"运用数据进行推断"已经成为现代信息社会大众不可或缺并且强有力的思考方式。作为一门方法论科学，统计强调实事求是的科学精神，包括调查研究的意识，对数据的来源、处理、结果进行合理质疑的意识，尊重事实的态度，以及用数据说话的习惯等。教学永远具有教育性，统计与概率自身的特点，决定了它在培养学生实事求是的科学精神方面具有得天独厚的有利因素，可以发挥潜移默化的影响。例如，通过统计活动让数据告诉大家全班多数同学最喜欢吃什么水果、最爱看哪部电影，这些统计活动本身就是尊重事实的体现，关键在于学生是否带着统计的需要投入了活动的全过程，能否根据数据做出决策，并从中体会到个人喜好与群体意向的联系与差异。

（二）有助于培养学生的数据分析能力

数据分析能力在学生以后的学习和工作中具有重要意义。学习统计与概率有助于学生学会收集数据、整理数据、描述数据，并从数据中发现规律和趋势。观察和分析真实数据，有助于学生培养数据分析能力，提高处理信息和解决问题的能力。学生数据分析能力的培养可以分为四个层次。第一层次是数据收集与整理。教师可以开展一些简单的问卷调查活动，让学生主动收集数据，如了解同学的兴趣爱好等。这样能帮助学生学会整理和分析数据，借助图表清晰地描述数据，使数据可视化。第二层次是数据比较与分析。课堂上，教师要引导学生对数据进行比较和分析，发现规律和趋势，如让学生比较不同班级同学的平均身高等。这样能促使学生思考数据之间的差异和联系，培养学生的比较和分析能力，从而提高学生从大量数据中提取信息和得出结论的能力。第三层次是数学建模与推理。教师要引导学生使用合适的数据模型和方法进行推理与预测，如让学生通过模型预测某个指标的变化趋势或使用模型分析某个事件发生的可能性等。这样能提高学生数学建模和推理的能力，培养学生的科学思维。第四层次是问题解决与决策。教师可以提出一些具有挑战性的真实问题，让学生通过数据分析解决问题，如让学生分析市场调查中的某些数据，能根据数据分析结果，对某种产品提出建议，等等。这样不仅可以培养学生的数据分析能力，还能提高学生解决问题和决策的能力。①

（三）有助于培养学生解决实际问题的能力

统计与概率教学强调从实际问题出发，通过数据的收集和分析来解决问题。这样有助于学生学会提出科学合理的问题，懂得选择适当的方法和工具进行推理、判断，得出正确的结论。首先，统计与概率教学能帮助学生定义问题。当学生遇到问题时，可以利用统计与概率的知识来明确问题的范围。通过分析相关数据，学生可以找到问题的关键点，并确定解决问题所需数据的类型和来源。其次，统计与概率教学能培养学生的推理和判断能力。在数据分析过程中，学生要运用推理和逻辑思维来解释数据背后的原因与关系，做出合理的判断和决策，以比较、对照和推断等方式揭示数据呈现的规律与趋势。最后，统计与概率教学能提高学生解决实际问题的能力。在解决实际问题的过程中，开展调查问卷、收集数据、分析数据等活动，可以帮助学生将统计知识内化为实际能力，让学生能更深入地理解数据的价值和应用，提高运用知识解决实际问题的能力。

第二节　统计与概率的教学内容

《义务教育数学课程标准（2022年版）》以学生发展为中心，从"三会"角度解释课程目标，就某一具体学段课程目标而言，要求更明确。《义务教育数学课程标准（2022年版）》将"数据分析观念"拆分为"数据意识"和"数据观念"两个核心素养，这种变化更遵循学生身心发展规律，体现了学生在不同阶段的不同发展要求，具体如表8-1所示。

表8-1　各学段统计与概率领域的主题

领域	学　段		
	第一学段（1～2年级）	第二学段（3～4年级）	第三学段（5～6年级）
统计与概率	1. 数据分类	1. 数据的收集、整理与表达	1. 数据的收集、整理与表达 2. 随机现象发生的可能性

---

① 戴丽丽：《浅析"统计与概率"的教学价值及实施路径》，《小学教学参考》2024年第3期。

一、小学数学统计与概率的内容要求

以主题为统领,小学数学统计与概率的教学内容按三个学段依次展开,具体如下。

(一)第一学段(1~2年级)

数据分类的内容要求:会对物体、图形或数据进行分类,初步了解分类与分类标准的关系,形成初步的数据意识。

数据分类主题设置在第一学段中,但该主题的相关内容贯穿于整个统计与概率领域。数据分类的本质是根据信息对事物进行分类,主要包括两个层面。一是对事物进行分类,比如生活中物体的分类、数的分类、图形的分类等。这种对事物的分类可以看作初级的数据分类,即在一组事物中把具有相同属性的事物作为一类,如按大小分类、按颜色分类、按形状分类、按摆放的位置分类等。二是对通过调查等取得的数据分类。解决问题时经常需要调查研究或试验探究,收集数据,通过具体调查或试验取得数据是统计分析的前提,数据整理的第一步就是分类。

(二)第二学段(3~4年级)

数据的收集、整理与表达的内容要求。

(1)经历简单的数据收集和整理、描述和分析的过程,了解简单的收集数据的方法,会呈现数据整理的结果。

(2)通过对数据的简单分析,感受数据蕴含着信息,体会运用数据进行表达与交流的作用。

(3)认识条形统计图,会用条形统计图合理表示和分析数据,能读懂报纸、电视、互联网等媒体中的简单统计图表。

(4)探索平均数的意义,能解决有关的简单实际问题,能在简单的实际情境中合理应用统计图表和平均数,形成初步的数据意识和应用意识。

数据的收集、整理与表达主题贯穿于第二、第三学段中。这一主题主要围绕数据分析的过程展开,包括收集数据,整理数据,利用统计图表、平均数和百分数等表达数据,等等。数据是统计的基本要素,不同学段学生的生活经验与认知发展存在差异,因此,第二、第三学段虽然都设置了数据的收集、整理与表达主题,但是所针对的数据的复杂程度是有区别的。具体来看,第二学段要求在具体实例中经历简单数据分析的过程,重点是让学生在具体实例中感受数据中蕴含着丰富的信息,并采用简单的方法整理和表达数据及其特征;第三学段则要求根据实际问题经历数据分析的整个过程,重点是让学生在实际情境中收集数据,并采用合适的方法整理和表达数据,解决简单的实际问题。随着所面临的问题以及数据复杂程度的增大,处理数据的方法也逐渐变得丰富,这主要体现在统计图与统计量两方面。

(三)第三学段(5~6年级)

1. 数据的收集、整理与表达的内容要求

(1)根据实际问题需要,经历数据收集、整理和分析的过程,能合理述说数据分析的结论。

（2）认识折线统计图、扇形统计图，会用条形统计图、折线统计图呈现相关数据，解释所表达的意义。

（3）能从各种媒体中获得所需要的数据，读懂其中的简单统计图表。

（4）结合具体情境，探索百分数的意义，能解决与百分数有关的简单实际问题，感受百分数的统计意义。

（5）在简单的实际情境中，应用统计图表或百分数，形成数据意识和初步的应用意识。

2. 随机现象发生的可能性的内容要求

（1）通过实例感受简单的随机现象及其结果发生的可能性。

（2）在实际情境中，对一些简单随机现象发生可能性的大小做出定性描述。

随机现象发生的可能性主题设置在第三学段，主要是对不确定现象的定性描述。自然界和人类社会中的现象可以分为两类：一类是在一定的条件下，必然会发生（出现）的现象，称为确定现象，如"地球围绕太阳转""水从高处往低处流""同性电荷相互排斥"等；另一类则是在相同的条件下，试验或观察之前不能确定会出现哪种结果，不同次的试验或观察会得到不同的结果的现象，称为随机现象，如向上抛掷一枚硬币，事先无法确定硬币掉下来后哪一面朝上，不同次的抛掷会出现"正面朝上"和"反面朝上"两种不同的结果。

第三学段有关可能性的教学内容主要包括两方面：一是通过实例认识生活中有些事情的发生是不确定的，而不确定的事件中可能发生的不同结果的可能性是有大小的；二是初步学会根据所有可能发生的情况，正确判断某种结果发生的可能性大小。具体内容可从以下四个方面去把握。

第一，在具体的情境中，通过实例感受简单的随机现象。这一内容要求的重点是让学生体验不同事件的结果的随机性是不确定的，有的事件为必然事件。

第二，在处理随机现象时能够通过穷举列出全部有机会发生的事件。将试验结果简要记录下来，才能够对事件发生的可能性进行进一步分析。记录随机现象的过程，能够帮助学生加深对概念的理解，以及对随机现象产生的原因进行简单分析。随机现象的教学重点在于引导学生自主完成试验和操作。该内容要求的试验具有一定的游戏性，有助于培养学生自主学习的能力。

第三，在游戏和试验过程中，加深对随机现象事件发生可能性大小的理解。影响事件发生可能性的因素来自多方。例如摸球实验，当某一颜色小球数量比其他颜色小球数量多时，则摸出这种颜色小球的可能性就比摸出其他颜色的小球的可能性大。这一道理很明显，学生结合实际生活能有一定的感知，但是在教学过程中，教师切忌将道理直接灌输给学生听，也不能太过明显地在活动中加入道理进行讲解，而应引导学生一边活动，一边体会和感悟，从而得出最终结论。在设计活动时可以设计对比活动，让学生在结果中感悟道理，发现规律。

第四，能够定性描述部分复杂度较低的随机现象发生的可能性，并可以针对结果进行交流讨论。学生用自己的语言来描述随机现象发生的可能性（其中包含自己的感受），并能和同伴进行交流。在操作活动中，教师可以请学生来描述这种随机现象发生的可能性。学生只有在活动中，一边操作，一边记录，一边观察，一边描述，才能真正体会"一定""偶尔""不可能"等描述概率性质的词语，教师继而才能组织其他活动来对这些词汇的程度进行深入讲解。

综上所述，与《义务教育数学课程标准（2011年版）》相比，《义务教育数学课程标准（2022年版）》统计与概率领域具体内容及其要求均做出了调整，主要体现在以下几个方面。

（1）增加概率的知识。为了让学生逐步感受、体会概率知识存在于日常生活之中，在小学阶段的第二学段，安排了概率的初步知识，提出在具体情境中，通过实例感受简单的随机现象，能列出简单的随机现象中所有可能发生的结果，通过试验、游戏等活动，感受随机现象结果发生的可能性是有大小的，能对一些简单的随机现象发生的可能性大小做出定性描述，并能进行交流要求。其核心在于让学生初步感受随机现象。

（2）强化统计学习的过程。小学四年级达到"初步认识简单的统计图表；初步理解平均数的意义；会求简单的平均数；通过统计材料，使学生了解我国社会主义建设的成就"；五年级达到"初步学会收集数据和分类整理；会填写简单的统计表；会根据收集的数据求平均数；通过有说服力的数据和统计材料，使学生受到爱祖国、爱社会主义的思想教育"；六年级达到"会制作简单的统计表；会利用作图纸绘制简单的统计图；会对统计图表进行一些简单的分析，使学生受到国情教育；绘制统计图表要注意整洁、美观"。现行的小学统计与概率内容的核心在于数据分析观念及随机意识。而观念和意识不同于一般的数学知识，必须通过学习者的亲身体验和感受才能形成。为此，现行的小学统计与概率课程内容强化统计学习的过程性，主张小学生应对统计数据有较为全面、客观的认识，既要能从各种渠道获取尽可能多的有用信息，又要能保持理智的心态，能对数据的来源、方法和呈现方式以及由此得到的结论等进行合理的质疑。而这一切正是当代公民所应有的基本的数据素养。

（3）削弱单纯的计算。淡化单纯的统计量的计算以及统计概念等有关术语的严格表述，是小学统计与概率课程内容在统计方面削弱的主要内容。统计知识包含较多的概念、公式和统计图表，如平均数、众数、中位数、折线统计图、扇形统计图等。这些内容的教学，既不能简单地作为名词和术语性学习来处理，也不能仅仅作为相应的代数和图形知识的学习来处理。单纯的统计量计算，单纯记忆公式及画统计图表，实际上是将这部分内容学习变成数字运算的练习。与一般的统计科学内容相比，现行的小学统计与概率在具体内容中基本上不提统计量的计算以及概念的严格定义，而是十分注重对统计量的意义理解，突出概念、公式和图表所蕴含的统计背景，反对强化各种专业性术语和单纯的技巧性学习。以平均数为例，重要的不是它的定义和作为代数公式的运算程序，而是它所包含的统计意义，以及能够在新的问题情境中准确地运用它去解决问题。

二、小学数学统计与概率的学业要求

《义务教育数学课程标准（2022年版）》对小学数学统计与概率教学三个学段提出

了学业要求，将总目标的思想、理念、精神贯穿在学业要求之中。

（一）第一学段（1~2年级）

数据分类的学业要求：能依据事物特征，按照一定的标准进行分类，能发现事物的特征并制定分类标准，依据标准对事物分类；能用语言简单描述分类的过程；能感知事物的共性和差异，形成初步的数据意识。

第一学段（1~2年级）的学生经历从事物分类到数据分类的过程，认识到分类是基于标准的，感悟如何根据事物的不同属性确定标准，并依据标准区分事物以形成不同的类；运用文字、图画等多种方式记录分类的结果，从中可以获取信息；感悟分类是对事物或数据进行初步整理，分类标准与想要获取的数据信息密切相关，可以根据想要获取的信息确定分类标准。在本学段学习过程中，学生将体会分类的价值，形成初步的数据意识。对于数据分类的教学，要重视对接学生学前阶段已有的生活经验，鼓励学生在活动中学会物体的简单分类，在亲身参与的动手活动中感悟分类的价值，在分类的过程中认识事物的共性与区别，学会分类的方法。鼓励学生运用文字、图画或表格等方式记录并描述分类的结果，体会如何用数学语言表达现实世界，形成初步的数据意识，为后续学习统计中的数据分类打好基础。

（二）第二学段（3~4年级）

数据的收集、整理与表达的学业要求如下所述。

（1）能收集、整理具体实例中的数据，并用合适的方式描述数据，分析与表达数据中蕴含的信息。能用条形统计图合理表示数据，说明数据的现实意义。知道用平均数可以刻画一组数据的集中趋势，知道平均数的统计意义。

（2）知道平均数是介于最大数与最小数之间的数，能描述平均数的含义；能用平均数解决有关的简单实际问题，形成初步的数据意识和应用意识。

第二学段（3~4年级）的学生正好处于具体运算阶段。该学段学生的思维运算必须有具体的事物支持，有些问题必须在具体事物帮助下才可以顺利解决，而不能利用语言、文字陈述的事物和过程为基础来运算。因此，在第二学段统计与概率的教学中，学生对统计技能的掌握、可能性的判断，都必须依赖于具体的事物。例如在统计图表的教学中，教师需要借助具体的事物或事件，将数据和具体的事物或事件相对应，对抽象的数据赋予意义，帮助学生理解。在随机事件和可能性的学习中，教师教学借助"摸球游戏"这样一个数学模型，让学生亲自去经历和感受，理解随机现象这一概念。处于形式运算阶段的学生不必从具体事物和过程开始，可以利用语言文字，在头脑中想象和思维，重建事物和过程来解决问题。但值得注意的是，学生能够重建具体事物和过程的前提是学生在此之前是有感受过这些具体事物和过程的，存在一定的积累，否则就不能发生这样的重建。

（三）第三学段（5~6年级）

1. 数据的收集、整理与表达的学业要求

（1）能根据问题的需要，从报纸、杂志、电视、互联网等媒体上获取数据，或者通过其他合适的方式获取数据，能把数据整理成条形统计图、折线统计图，知道条形统计

图、折线统计图和扇形统计图的功能，会解释统计图表达的意义，能根据结果做出简单的判断和预测。

（2）能在真实情境中理解百分数的统计意义，解决与百分数有关的简单问题。能在认识及应用统计图表和百分数的过程中，形成数据意识，发展应用意识。

2. 随机现象发生的可能性的学业要求

能列举生活中的随机现象，列出简单随机现象中所有可能发生的结果，判断简单随机现象发生的可能性的大小。对于现实生活中的一些简单问题，能根据数据提供的信息，判断随机现象发生的可能性。

第三学段（5～6年级）是学生学习统计与概率知识最重要的时期，对于数据的收集、整理与表达的教学，要从实际情境和真实问题入手，引导学生在条形统计图的基础上，进一步学习统计图；在平均数的基础上，进一步学习百分数。学生在学习过程中了解数据具有随机性。折线统计图教学要引导学生理解折线统计图的主要功能是表达数据的变化趋势。例如，利用折线统计图，可以表达中国高速铁路运营里程的逐年增长、某学生身高的逐年增长、某地区一个月最高温度的变化等。体会折线统计图与条形统计图的区别，知道针对不同问题应选择不同的表达方式，逐步感知统计学基于合理性的价值判断准则。有条件的学校可以利用信息技术处理数据、绘制统计图。

百分数教学要引导学生知道百分数是两个数量倍数关系的表达，既可以表达确定数据，如饮料中果汁的含量、税率、利息和折扣等；也可以表达随机数据，如某篮球运动员罚球命中率、某城市雾霾天数所占比例等。建议利用现实问题中的随机数据引入百分数的学习，帮助学生了解百分数的统计意义，了解利用百分数可以认识现实世界中的随机现象，做出判断、制定标准。同时，引导学生了解扇形统计图可以更好地表达和理解百分数，体会百分数中部分与整体的关系。

随机现象发生的可能性的教学。引导学生在自然界和生活的情境中感受简单的随机现象，如下周三是否为晴天，从家到学校所需要的时间等，知道在现实世界中随机现象普遍存在；感知随机现象的基本特征，可能发生也可能不发生，可能以这样的程度发生也可能以那样的程度发生。让学生感知，许多随机现象发生可能性的大小是可以预测的。例如，一个袋子里装有若干不同颜色的球，学生通过有放回地摸球试验记录，感受数据的随机性，判断各种颜色球的多与少，发展数据意识。

第三节 统计与概率的教学策略

在核心素养教学理念要求下，小学数学教师应逐步将学科教学重点由理论知识教学转向核心能力培养，塑造学生的运算能力、符号意识、数据分析观念。小学数学教师应将统计与概率知识模块教学作为培养学生数据分析观念核心素养的主阵地，引导学生有序展开对统计与概率知识的深度学习，逐步养成数据分析观念。为了更好地帮助学生理解和应用统计与概率的相关知识，我们可以按学段分类采取以下教学策略。

一、第一学段（1~2年级）统计与概率的教学策略

第一学段（1~2年级）的学生更多地关注事物的新奇性和有趣味，他们的数学学习是否有效与自身已有的生活经验和知识背景密切相关，他们一般只能从感性上理解统计与概率的知识。因此，这一学段统计与概率的教学，宜侧重于初步的感受和体会，即通过具体的操作活动和现实生活中的例子，让学生充分体验这部分内容的必要性和重要性。在这一学段，概念的表达方式宜以描述性为主，应避免出现过多的专业术语，避免单纯计算而不重视学生的体验和活动。

（一）引导学生使用适当的方法收集数据

学习统计，很重要的一点是帮助学生经历数据收集的过程。如果我们把现成的数据提供给学生，那么对学生来说，他们只能学会处理有现成数据的问题。但是现实生活中很多问题是没有现成数据的，要想利用统计去处理和解决问题，学生就必须学会使用适当的方法去收集有关的数据。常用的收集数据的方法主要包括计数、测量、实验等。

使学生接受数据分析观念，最有效的方法是让他们真正投入统计的全过程中去：提出问题，考虑抽样，收集、整理数据，分析数据，做出决策，进行交流、评价与改进等，并在此过程中学习统计的思想方法。为此，在这一学段的教学实施中，教师要注重学生在统计全过程中的主动投入，并给学生提供丰富的素材和足够的时间与空间，注意在全过程中对学生的鼓励、引导与合作。当然，在统计过程中，教师还可以提出一些问题引发学生的讨论：同学们准备如何收集数据？需要抽样吗？用什么图表来展示数据？哪些数据最经常出现？数据表示出什么趋势？能从这些数据中得到怎样的解释？从这些解释中能做出什么预测？能想办法证实或反驳由这些数据得来的结论吗？

（二）引导学生参与数据分析的全过程

统计意味着对数字信息（即数据）进行收集、整理、描述和分析。在教学中，采取互动式的教学方式，对帮助学生体验数据的收集、整理、描述和分析的全过程十分有利。为此，在统计教学的起始阶段，收集、整理、描述和分析这几个环节就显得十分重要，尽管学生未必能严格区分这些环节。

在统计教学中，让学生发现或感受到统计活动的意义和作用是十分必要的。让学生认识到，为解决某个问题需要决定统计哪些信息及如何去统计等是十分重要的。参与数据分析的全过程有助于培养学生的独立性、责任心，提升他们的学习动机。在教学中，教师要注意让学生在具体情境中，体验统计的实际意义。对于第一学段的学生，更应把数据信息收集、整理、描述和分析的过程与他们的日常生活相联系，以便使他们可以对数据进行分析和解释，发表对数据信息的理解和判断。例如，低年级学生开展"掉牙"的信息收集活动，就是与学生生活密切相关的一个实例。在教学中，教师可以组织学生询问自己的同伴或亲戚，了解他们是几岁开始掉牙的，然后对了解到的数据进行小组交流。由于数据较多，这就需要对数据进行整理、归类。这些需要整理、归类的数据又与他们的生活经验密切相连，因此学生容易对其进行归类，也愿意对其进行简单的描述和分析。

（三）引导学生认识简单的统计图、表与统计量

人们整理和描述数据一般是通过统计表和统计图。统计图将数字、直观和言语信息结合在一起，使读者能直观、方便地掌握各数据之间的关系。统计图在统计中发挥着较大的作用，并且其呈现形式也较丰富多彩。统计图的学习一般要经历象形统计图、方块统计图、条形统计图这样逐步抽象的过程。为此，《义务教育数学课程标准（2022年版）》明确提出："经历简单的数据收集和整理过程，了解调查、测量等收集数据的简单方法，并运用自己的方式（文字、图画、表格等）呈现整理数据的结果"为第一学段(1~2年级)的课程目标要求；同时，也明确了这一学段对统计量的学习要求，即通过丰富的实例了解平均数的意义，会求简单数据的平均数（结果为整数）。这里的平均数是指算术平均数，教师不仅要让学生知道计算平均数的公式而且要让学生通过思考如何公平分配的问题，在实际的例子理解计算结果的实际意义。

（四）引导学生自主合作交流

引导学生根据统计图表中的数据提出并回答简单的问题，并能和同学交流自己的想法。教师在教学中，应通过以下问题促进学生分析和解释数据。一是判断统计图能否回答最初引发我们试图通过收集数据来解决的那些问题，即原始问题。例如通过统计图能否判断出哪种水果该买最多，哪种水果该买最少。二是判断统计图是否还能显示出什么别的信息。在这里，教师主要引导学生回答两类问题。一类是描述性问题，比如"喜欢吃苹果的人有多少？"等。另一类是比较性问题，比如"喜欢吃苹果的人比喜欢吃香蕉的人少还是多？如果多，多几个？"等。

（五）重视与其他领域的联系以及统计与概率之间的联系

教师应鼓励学生从报纸、杂志、电视等媒体中获取有关的数据信息。[①] 这样的活动有助于学生真正认识学习统计与概率的必要性，以及统计与概率在信息社会中的重要作用。从学生熟悉的生活情境与童话世界出发，选择学生身边的、感兴趣的事物，提出有关的数学问题，以激发学生学习的兴趣与动机，可以使学生初步感受数学与日常生活的密切联系。对统计与概率内容的教学来说，这一点尤其重要。因为，与其他数学内容相比，统计与概率更接近现实生活。当然，教学素材的选取，要关注现实的、有趣的、具体的、符合学生年龄特征与生活经验，并且素材需要富有一定启发性（如数学游戏），能使学生比较容易找到相应的实物或者模型，让学生经历应用统计知识和概率知识分析有关问题并加以解决的过程。

二、第二学段（3~4年级）统计与概率的教学策略

（一）教师做好课前准备，充分理解数据分析能力

充分的课前准备是上好课的前提，做好课前准备在教师日常工作中具有重要意义。数据分析能力指向统计与概率的教学准备，主要包括教师要有扎实的学科和教育理论知识，对数据分析能力有一定的认识，了解学生的学习特点，并能结合学生的学情形成有

---

① 马云鹏：《小学数学教学论》，人民教育出版社，2013，第147页。

针对性的教学方案。为了做好以上教学准备工作，第一，教师要有充分的教学准备的时间和空间。在实际教学中，教师除了上课还有大量其他的工作需要去做，留给备课的时间很少，因此学校应该适当减轻教师的压力，给教师留出备课时间。第二，学校要加强对教师的理论和实践培训。统计与概率的教学需要教师具有较高的理论素养，通过专题讲座、理论培训等方式，可以提高教师自身理论素养和教学能力，使教师能够理解和把握教学目标，充分理解数据分析能力的内涵。[①]

（二）增加备课途径，丰富统计与概率的教学设计

数据分析能力指向的统计与概率的教学非常强调让学生经历数据的收集、整理、描述和分析的过程，统计过程要和实际生活相联系，学生要在具体的生活实例中，去体验统计过程，去感受随机事件的发生。教师传统的备课途径主要来自教师用书、课标等，这些备课途径很难找到真正与实际生活相关的例子。因此，教师要加强在实际生活中对统计与概率的关注，加强对生活中数学实例的收集。要实现这一点，教师必须丰富备课途径。教师备课依据和资源不应该仅从传统的教师用书和课标中来，而应有意识地将生活中的例子收集起来，用于实际教学。比如，学生爱好的统计、做作业时间的统计、起床时间的统计等，都可以用于让学生体验收集数据的过程。选择合适的统计方法对数据进行分析，既可以提高学生对统计与概率的学习兴趣，还可以丰富学习内容。

（三）巧用生活情境，在活动中发挥学生学习主体性

小学第二学段（3~4年级）的学生还是以形象思维为主，并逐渐向抽象思维转变。但对于数据分析这些比较抽象的概念，学生天然地对这些内容带有排斥感。要想增加学生对数据的亲切感，第一，教师在教学过程中可选用一些贴近学生生活的内容，丰富教学内容，激发学生学习的主动性。比如，组织学生进行小组合作，对学生喜欢吃什么水果进行统计。学生在小组合作中，真正参与到统计活动中，收集数据，整理数据，描述数据，分析数据，完整经历统计过程，理解统计意义。第二，在教学中，教师往往会开展大量的课堂活动，需要学生亲身参与，学生在活动中发挥出主体性优势，学生才是活动的主要参与者。学生积极配合教师、提高课堂活动的学习效率的同时，还要注意自己在课堂活动中的"真"体验和"真"感受。

统计与概率学习的核心目标是培养小学生的数据分析能力，而学校教学受时间和空间的限制，许多活动没有办法在课堂教学中实施。统计与概率的内容与学生的日常生活相联系，因此，学生在日常生活中应积极地发现身边的统计概率的内容，主动地进行学习。数据分析能力的培养绝不是靠一朝一夕的学习，或是参与一两个统计活动就能培养起来的，需要学生从生活中有意识地培养数据分析观念，发展数据分析能力。

（四）重视学生数据分析语言的表达

学生数据分析能力发展的本质是学生能用数据分析的眼光和思维去看待问题。而语言是思维的工具，思维通过语言来表达出来。发展学生的思维是比较抽象的，教师在统

---

① 何红英，朱强，郭明月：《教学原则在〈概率统计〉教学中的体现》，《科学资讯》2007年第16期。

计与概率的教学中，要有意识地引导学生用数据分析语言去描述问题。例如，在小学第二学段（3~4年级）统计与概率的教学中，我们经常会出示一幅统计图，问学生发现了什么？这类题是数据比较开放式的问题，学生往往会用比较不规范的语言进行描述。教师要引导学生用："在……范围内有增加（减少）的趋势""在什么范围内最多（最少）"等语言进行描述，通过多次练习，学生能对数据分析有一定的感性认识。

（五）健全多元评价，促进学生数据分析能力的发展

应建立评价目标多元、评价方法多样的评价体系。教师对数学学习的评价，要关注学生学习的结果，更要关注他们学习的过程；要关注学生数学学习的水平，更要关注他们在数学活动中表示出来的情感与态度，帮助学生认识自我，建立自信。由此可以看出，实行多元评价有利于促进学生发展。目前教师在统计与概率教学中对学生的评价主要是采取书面作业的方式，但是统计与概率的教学主要强调让学生经历统计过程和体验随机事件及其发生的可能性，注重经历和体验，因此教师可采用考试评价、活动评级、作业评价等多种评价相结合，而不依赖于考试这一种方式评价学生。

三、第三学段（5~6年级）统计与概率的教学策略

（一）创设多样化的活动，发展学生的统计思维

对统计与概率的教学，除了要让学生学会统计的方法，更重要的是要培养学生的统计思维。对于统计方法，有些教师认为通过讲授法、问答法等方式也能完成，但统计思维的培养需要学生亲身经历统计活动的过程，仅靠教师的讲述介绍，难以让学生在思维上有所变化。因而教师需要转变原有的观念，将教学模式从讲授统计与概率知识转变到创设、组织统计与概率活动，让学生的统计思维能够在多样化的活动中真正得到提高。对于小学阶段的学生，可以采用"主题活动"的教学模式，让学生有参与感，拉近学生与数据的距离。例如，教学中可以开展调查班级同学的生日月份、身高体重、鞋码大小、近视情况、兴趣爱好等主题活动。[①] 教师可以采用任务驱动法，安排以小组为单位，发布主题任务，让学生以合作的形式完成任务。这样的主题活动是学生力所能及范围内的，且不增加教学的负担，同时，学生在活动中培养了合作精神，也明白了只有先对数据进行收集、整理才能解决问题，进而发展了学生的统计思维。

许多教师在统计与概率模块仍然采用传统、单一的教学模式，除了主题活动难以设计，更多的是统计与概率活动在时间和条件上不允许。对此，教师可以从两个方面进行思考：一是借助学科融合，二是利用课余时间。数学并非绝对独立存在的学科，它与其他学科之间密切关联。统计与概率的学习也并不是只能出现在数学学科教学中，教师要善于发现与其他学科的融合点。

（二）优化教学评价方式，立足学生的过程体验

教师的教学法知识不仅体现在教学中是否能够采用合理的教学方法和组织有效的教

---

① 杜贵荣：《基于数学核心素养的小学第三学段"统计与概率"教学存在的问题及对策研究》，硕士学位论文，内蒙古师范大学教育学院，2023。

学活动，也体现在教师是否具备教学评价的能力。但多数教师对学生统计与概率学习情况的评价较为单一，对学生的评价语言匮乏，教师对统计与概率的教学评价能力不足。统计与概率教学强调的是在活动中体验，在活动中学习。教师忽视学生的学习体验、活动参与度、经验获得以及思维发展的评价，不但会造成统计与概率教学的片面化，而且也在一定程度上限制了学生在统计与概率学习中的多元化发展。因此，基于统计与概率的教学特点，教师应立足统计活动中学生的过程体验，优化教学的评价方式。

1. 教师的评价要及时

统计与概率的教学更多的是组织学生在活动中进行学习。如果教师不能做到及时评价，教学活动结束后学生可能已经对一些活动的细节有所遗忘，有些课时难以再重新组织一次教学活动，教师后续再补充评价也远没有教师当即做出评价更让学生印象深刻。在统计与概率的教学活动中，一方面，教师可以为学生营造一个民主的学习氛围，鼓励每一位学生对自己和同伴的学习情况积极进行反思和评价。学生在参与评价的过程中不能仅仅回答"嗯！""对！"这样简单的语气词。教师可以提问学生："对于他（她）的数据分析方法，你怎么看？你有什么不同想法吗？"通过这样的方式学生不仅会对同伴回答的正确与否给出评价，也会根据自己的想法进行点评补充。另一方面，在教学活动的每一个环节也要及时评价。例如在数据收集环节，在学生收集完班级同学的身高数据后，教师可以通过投影仪展示学生的统计成果，让学生结合在操作活动中获得的经验说一说自己学会了什么和有哪些不足，教师再对其进行评价。教师将教学活动细化到每一个环节并进行评价，保证了课堂评价的及时性。

2. 教师的评价要精准

教师不但要对学生的知识技能进行评价，也要对学生的基本思想、活动经验的积累、解决问题的能力等方面进行评价。学生对于教学重难点问题回答，教师要及时做出精准的评价。例如，学生正确绘制出相关的统计表，教师对此的评价不但要包括对绘制出的正确结果的肯定，同时也要包括对学生的思考过程及操作能力的肯定。评价语言的运用要精准。教师要避免使用一些单调、随意、含糊不清的评价语言。教师要在认真审思审视的基础上使用具体且有意义的评价语言对学生的想法进行反馈。如何才能够有针对性地进行评价，教师可以以《义务教育课程标准（2022年版）》中所阐述的统计与概率的总目标、学段目标、内容要求、学业要求、教学提示为依据，将评价语言紧密联系教学目标。第三学段（4~6年级）的学段目标为初步养成认真勤奋、独立思考、合作交流、反思质疑的习惯，也就是说这一学段的教学目标更加侧重引导学生有依据地"表达"，因而教师要针对学生是否会用数学语言进行表达以及表达的准确与否进行教学评价。

3. 教师的评价要多元化

统计与概率的学习对学生认知、情感、思维、价值观等方面都起着重要的作用，因而教师在统计与概率的教学中要构建多元评价方式，从而全面评价学生的学习效果。小学阶段的统计与概率学习培养的是学生的数据分析观念，因而题型不能仅仅是对数据的罗列，更要体现对材料、数据和问题的分析。但书面测试只能考查表层，更深层次的数据意识却难以体现。因而可以与学生的日常生活联系，如在上述的学科融合中与小学科学课程共同评价，在课余时间的"家庭用电"统计活动中与家长共同评价。在学生经历活动的过程中进行过程性评价，更能突出学生的过程体验。

（三）挖掘教材呈现内容，紧扣统计与概率知识

教材是教学的依据，是对教师应"教什么？"的回应。对教材进行解读是教学前必不可少的一个环节。然而，很多教师对教材的解读存在一个认识误区，认为教学就是照搬使用教材上编排的内容，却没有考虑到教材其实是编者想呈现的教学画面，而这样的画面并非在所有的教学中都能如期出现。不同版本的教材有不同的编写方式，但不论采用哪种编写方式，教材所蕴含的数学知识都不会改变，而数学知识正是教师从教材中获取的有价值的教学内容。小学数学教材中统计与概率知识的挖掘可以从以下三个方面进行思考。

1. 整体结构

对整体结构的把握就是要对整个小学阶段的教材中有关统计与概率的课时及逻辑做框架的梳理。小学阶段不管是哪种版本的教材，在每个年级都有安排统计与概率相关的课时。这些课时并不是杂乱无章地堆砌，而是按照由易到难、由浅及深的原则将统计与概率领域的知识层层递进。教师对教材框架进行梳理有利于清楚每个年级、每个单元的统计与概率知识点大致需要多少课时才能完成，更重要的是能够清楚要上某一节课时，学生要先掌握哪一部分的先前知识。厘清知识的前后联系，教师在做教学设计时才能够更好地安排教学内容。

2. 教学内容

对教学内容的把握就是要熟悉教材中统计与概率的知识内容。小学阶段数学教材中统计与概率的教学内容可以归纳为"收集、整理与分析数据，各类统计图表的绘制，可能性事件以及平均数"。依据这些教学内容，教师可以有针对性地安排教学。比如各类统计图表的绘制反映的是对学生操作能力的培养，那么教师在教学中就应留有足够的时间让学生进行动手绘制。又如收集、整理与分析数据是三个不同的阶段，每个阶段对学生的能力要求有所不同，操作能力的培养仅仅是统计数据教学目的的一部分，其终极目的是培养学生分析能力，而培养分析能力的前提是学生要经历了操作能力的培养。在教学过程中，教师不但要给学生足够的空间去经历操作能力的形成，更要准备学生有能力收集的数据材料，从而帮助学生更好地进行数据分析。在对教学内容的把握上，教师除了阅读所教授的教材版本外，还可以对比其他版本的教材。比如同样是"可能性"单元，北师大版中四年级上册和五年级上册均有出现相关单元，而人教版则是安排在五年级上册，不变的是教材都是传达"可能性"的知识点，教师可以将二者进行对比。

3. 顺序安排

对教材顺序的安排主要是指教师要了解教材中所涉及的知识点、例题、习题等不同类型的编排顺序。统计与概率领域主要分为"统计"与"概率"两大知识板块。从整体上看，这两大知识板块在教材中是交错出现的。第一学段（1～2年级）安排"数据分类"的教学内容；第二学段（3～4年级）安排"数据的收集、整理与表达"的教学内容；第三学段（5～6年级）安排"随机现象发生的可能性"的教学内容，教师依据

这个顺序有针对性地进行教学设计。

第四节　统计与概率的教学案例

本节将选取"可能性"和"平均数"两节不同类型的课型案例进行分析,具体如下。

案例一:"可能性"教学片段[①]

一、实践操作,掌握新知

活动 1:抛硬币

教师:(出示一枚 1 元硬币)大家看,这是一枚 1 元的硬币,(将其放在投影上)这一面有国徽,我们叫它正面;(翻面)这一面有 1 元数字,我们叫它背面,咱们做的第一个游戏就是抛硬币。(板书:抛硬币)

教师:猜猜看,我们要怎么玩?

学生:把硬币在桌上一转,再用手一按,看是哪面朝上。

教师:说得差不多,咱们的玩法就是把硬币往上一抛,猜它落地后哪面朝上。(两位学生上台)

教师:你们的任务就是观察硬币落地后哪面朝上,并大声给班上同学汇报,明白吗?

教师:好了,老师要抛了,猜猜落地后哪面朝上?

学生:正面朝上。

学生:背面朝上。

(老师抛硬币,台上两学生观察后给其他同学汇报)

教师:老师又要抛了,再猜猜哪面朝上,跟小组同学说说看。

(学生在小组内热烈地猜。教师抛硬币,学生再次观察汇报)

教师:谁愿意上来玩一玩?

(一位学生上台抛硬币,其他同学猜,共进行 5 次)

教师:好了,我们不玩了,静下来回忆一下,刚才抛了这么多次,我们看到的是什么情况呢?

学生:一会儿是正面,一会儿是背面。

学生:第一次是背面,后来又是正面、正面、背面、正面。

教师:同学们观察得真仔细,这样的情况在数学上可以说硬币落地后可能正面朝上,也可能背面朝上。(板书:可能,也可能)

教师:谁能也像这样说一说?

学生:硬币落地后可能正面朝上,也可能背面朝上。

[①] 范文贵:《小学数学教学论》,华东师范大学出版社,2011,第 225-229 页。

【教学反思】由抛硬币游戏开始感受事物的不确定性，学生在观察、抛掷、猜测等活动中，初次体会硬币落地可能正面朝上，也可能背面朝上，尝试用"可能""也可能"等词汇进行教学表达，在知识、情感上为后面的练习打下很好的基础。

活动 2：摸球

教师：（出示盒子）现在咱们再来玩一个摸球的游戏。看，这是什么？

学生：纸盒。

教师：（摇一摇盒子）知道里面有些什么吗？

学生：球。

教师：（指盒上标签）对，里面有 3 个白球和 3 个黄球，谁愿意上台和老师一起玩？（学生踊跃举手，一位学生上台）

教师：咱们两人这样分工：我摸，你猜我摸出来的是什么颜色的球。

（台下同学聚精会神，饶有兴趣地看。教师动作夸张地做出不看盒子的样子，摸出一个球捏在手上）

学生：黄色。

（教师展开手掌正好是黄球。台下同学鼓起掌来，猜中了！第二次、第三次过程同上，猜中的学生鼓掌，没猜中的有点失望）

教师：你们也想这样摸一摸、猜一猜吗？（出示布袋）老师给每组同学都准备了一个布袋，每个布袋里装的都是 3 个白球和 3 个黄球。摸之前，我们首先得交代几条游戏规则。第一，摸的时候眼睛不能看。第二，每人连续摸 4 次，摸出来之前小组其他成员先猜摸出来的是什么颜色的球，再展示给大家看一看。摸出来以后把球放进去搅一搅，再摸第二次。

（学生积极地投入摸球猜球的游戏中，教师巡视并参与到各组的游戏中，直到各组游戏完毕）

教师：同学们摸了这么多次，也猜了这么多次，我想问问大家，你们每次都猜对了吗？

学生：没有。

学生：有时猜对，有时没猜对。

教师：怎么这么多同学都没有全猜对呢？是什么原因呀？小组内讨论一下，想想是什么原因。

（教师巡视并参与讨论）

学生：球装在袋子里，看不见。

学生：里面有白球和黄球，有时摸到是白球却猜成黄球，有时摸到黄球却猜成白球。

学生：里面有黄球和白球，我们可能摸到白球，也可能摸到黄球。

【教学反思】小组内摸球猜球活动，意在使学生体验从袋中摸一个球可能摸到黄球，也可能摸到白球，再次感受这种不确定现象。学生摸得积极，猜得高兴，较好地体会到了事件发生的不确定性。少数学生在数学思考上略显肤浅，教师还需再引导他们从数学的意义上去分析这类现象。

教师：可能从这个袋中摸到黑球吗？

学生：不可能。

教师：可能从这个袋中摸到红球吗？

学生：不可能。

教师：可能从这个袋中摸到除白球和黄球以外其他颜色的球吗？

学生：（频频摇头）不可能，因为里面只有白球和黄球。

教师：同学们真聪明，因为袋中只有黄球和白球，所以呀，我们不可能从中摸到除黄球和白球以外其他颜色的球。

（板书：不可能）

教师：（出示另一袋子）这里还有一个袋子，里面装的也是6个球，谁愿意和老师再玩一个摸球游戏？

（一位学生上台）

教师：不过这次是你摸，老师猜，好吗？

（学生摸出一个球，学刚才老师的样子捏在手上）

教师：白球。

（学生再摸，教师再猜：白球。学生又摸，教师想都不想地猜：白球）（生纷纷举起手来）

教师：怎么了，你们想说什么？

学生：老师知道里面是什么球

学生：里面都是白球。

学生：可能是一种巧合，

教师：很多同学都说对了，老师的确知道里面装的是什么颜色的球。（教师打开袋子，拿出里面的6个白球，展示给学生）

学生：（小声嘀咕）里面装的是6个白球，当然每次摸出来的都是白球了。

教师：里面装的是6个白球，我摸出一个。

学生：肯定是白球。

学生：一定是白球。

教师：如果袋里装的是6个黄球呢？

学生：摸出一个，一定是黄球。

（教师板书：一定）

【教学反思】有了前面小组内摸球猜球的实践基础，再通过此环节的师生交流、讨论以及游戏等活动，学生始终在积极的状态下主动地理解"不可能发生、一定发生"等现象，效果不错。不过在学生谈到教师猜每次都能猜对，只是一种巧合时，教师显得有些急躁。虽然可能性大小是本课的教学目标，但如果抓住这点再稍加探讨，对提升学生的思维水平，拓宽思维空间，以及进一步理解确定或不确定现象会很有帮助。

二、联系生活，拓展应用

教师：老师带了一些果冻，大家看，这是草莓果冻，这是菠萝果冻，这里还有一个空碗，现在我们玩的游戏就叫听要求摆果冻，愿意吗？

学生：愿意。

教师：第一个要求就是在碗里放 8 个果冻，摸一个，一定是草莓果冻。

（一位学生上台从草莓果冻堆里数出 8 个放进碗里，台下学生给予了掌声，表示认同）

教师：第二个要求还是在碗里放 8 个果冻，摸一个，不可能是草莓果冻。

（一位学生上台从菠萝果冻堆里拿了 8 个放进碗里，台下学生又给予了掌声，表示认同）

教师：第三个碗里仍然放 8 个果冻，摸一个可能摸到草莓果冻，也可能摸到菠萝果冻。

（一位学生上台从两堆果冻里各拿出 4 个放入碗里，台下学生再次给予了掌声）

教师：还有别的方法吗？

学生：可以放 5 个草莓果冻，3 个菠萝果冻。

学生：可以放 6 个草莓果冻，2 个菠萝果冻。

学生：可以放 1 个草莓果冻，7 个菠萝果冻。

【教学反思】学生根据要求准确迅速地设计出了各种摆放方式，思维活跃、积极、有深度，对可能、不可能、一定等现象有了相当的认识，学习兴趣高涨。

教师：想一想，在我们生活中，什么事情可能发生？

学生：可能发生地震。

学生：可能发生洪水灾害。

学生：明天可能比今天更热。

教师：那什么事情一定发生？

学生：人一定会老，头发会白。

学生：地球一定在转。

教师：什么事情不可能发生？

学生：煮熟的鸡蛋不可能孵出小鸡。

学生：太阳不可能从西边出来。

教师：好了，同学们，咱们今天就把这个问题作为一个小调查，回去问问爸爸妈妈，查查资料，看看生活中哪些事情可能发生，哪些事情一定发生，哪些事情不可能发生。

【教学反思】学生能举出这些例子，说明他们已充分感受和体会到了事物发生的必然性和不确定性。

评析："可能性"是小学数学新课标中出现的一个概念，也是一个全新的尝试。"可能""一定""不可能"是统计与概率的组成部分之一，加强了"可能性"的教学要求。可以看出，本课围绕解决问题的思路呈现，并有以下亮点值得我们借鉴。

（1）注重联系实际。前面案例通过"摸球""抛硬币"等生活中常见的游戏来感受事物的不确定性。兴趣是最好的老师，生动有趣、直观形象的教学活动，能激发学生的学习兴趣，让学生在生动具体的情境中理解和体验数学。主张鼓励教师深入探究教育教学规律，灵活运用教育策略和方法，根据学生的个性差异实施个性化教育，充分激发学生潜能，在游戏案例中培养学生的创新精神和实践能力[①]。让学生在现实生活中学习，不仅能使学生对"可能性"有初步感受，而且能使学生领悟数学与现实生活的联系，从而产生自己探索的需求，最终情绪高昂地投入学习活动中去。什么事情可能发生？什么事情一定发生？什么事情不一定发生？通过学生的举例："人一定会老，头发会白""明天可能比今天更热""煮熟的鸡蛋不可能孵出小鸡"，说明学生已经充分感受到了事物发生的必然性和不确定性。

（2）体验可能性。体验可能性最有效的办法是让学生投入活动中去。上面案例让学生积极参与到"摸球""抛硬币"等活动中，让他们在活动中感受："每次动作之前，结果无法确定；前一次动作的结果对后一次不产生影响，只有次数足够多时，频率与概率接近的可能性才大。"学生亲身经历了动手操作、收集数据、整理数据、分析数据的全过程，学生体会了如何做数学。

（3）注重联系性。这节课上得出的可能性，都与"抛""摸"联系在一起，即判断是建立在"统计"的基础上的。判断是做决策，决策的前提是充分掌握信息，信息从哪里来？可以从统计来，在这里，统计与概率是一个整体，引导学生了解它们之间的联系，是统计与概率课堂教学要时时注意的方面。[②]

案例二："平均数"教学片段[③]

学校要开展一场"三步上篮"比赛，在三分钟内每投进一球得一分，未进球不得分。于是每个班都开展了一场比赛来选择最优组参加校级比赛。比赛结束后，教师收集了每组比赛成绩，由两组中找出最高成绩（单个数据），接着到哪一组成绩最好（比每组的总分），最后到三组数据（选出成绩最好的组），其中有一组数据人数不一样，引出人数不一样总分高的水平不一定高的结论。

关键问题：出示统计表和统计图，当人数不一样的时候怎么比？哪组的总体水平好呢？经历过程建构概念如下。

一、移多补少、感知平均数

（1）出示第三组数据的统计图，用一数据代表第三组数据的平均成绩。（图8-1）
（2）不能找这一组数据的最大值，也不能找这一组数据的最小值，初步感知平均数介于最大值和最小值之间，让学生通过"移一移"，找出一个数代表这一组数据的整体水平，并进行课件演示移多补少法。

二、求和均分、计算平均数

（1）通过"移一移"的过程感知，移动的时候这一组的总数不变，每个人的成绩

[①] 陈海萍，兰继军：《教育家精神助力教育强国建设的政策 基础、情感价值及实践路径》，《黑龙江高教研究》2024年第8期。
[②] 义务教育数学课程标准研制组：《小学数学新课程案例与评析》，高等教育出版社，2004，第2页。
[③] 范文贵：《小学数学教学论》，华东师范大学出版社，2011，第210页。

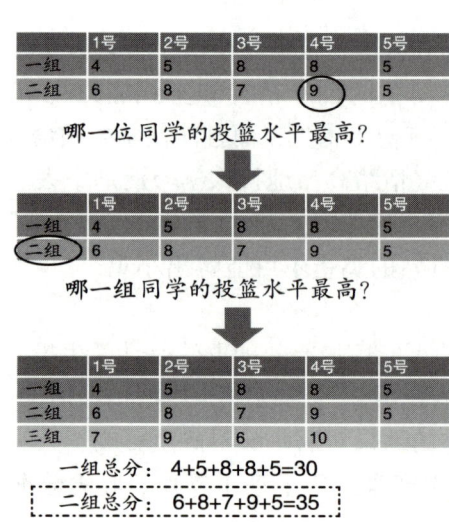

图 8-1

和之前相比是变了的。如果数据很大怎么求平均数呢？

（2）要使每个人成绩看起来同样多，先求和再均分。（平均数＝总数÷分数）

（3）学生用求平均数的方法求出第一组、第二组、第三组数据的平均数。

（4）说一说二组三号的 7 分和平均数的 7 分两者的意思一样吗？如果不一样，那么分别表示什么含义？感知平均数是一个虚拟的数据，它表示的是这一组数据的整体水平。

三、巩固练习、层层递进

通过学生平时的单元测试例子，进一步理解平均数的含义，让学生学会思考辩证，平均数代表的是这一组数据的整体水平，并不是某一个人的成绩，它是一个虚拟的数，所以张——说"我一定比你考得好"是错的。（图 8-2）

图 8-2

四、极值变化、感悟敏感性

(1) 女生组5人和男生组2人,计算出各组的平均数,经比较可知男生组获胜。(图8-3)

(2) 接着男生组小胖也想参加比赛,但是他跳的个数特别少,只跳了20个。现在女生组5人和男生组3人,计算出各组的平均数,经比较发现女生组获胜。

(3) 男生组不甘心,又叫了一名高手小明来比赛,小明跳了102个。现在女生组5人和男生组4人,计算出各组的平均数,经比较发现男生组获胜。

比较刚刚的男生三组的平均数,为什么男生组的平均数就像坐过山车一样总是忽高忽低呢?

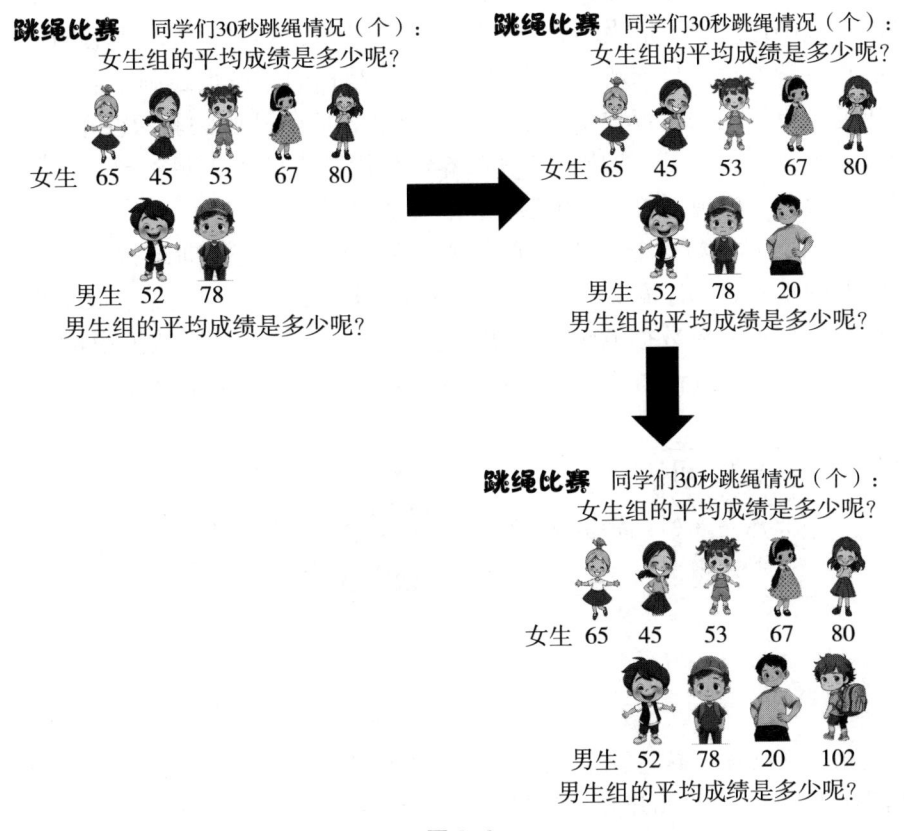

图 8-3

小结:学生对平均数的感觉越来越丰富了,平均数非常敏感,很容易受到一个数据的变化而变化。

见识"三百星"、感受数学价值

借助"三百星"的故事培养学生用数学的眼光观察现实世界,该故事渗透了爱国主义教育,同时也体现了数学在生活以及科学方面的应用。

(授课时,可以查找"三百星"相关视频进行播放)

评析："平均数"这一节课围绕解决问题的思路呈现了"设置情景""建构概念""巩固练习"三环节。此外，本课有以下三个亮点值得我们借鉴。

（1）出发点要落到实处，要让学生真正参与到活动中。寻找公平的比较方法，使平均数这个统计量应运而生。学生通过独立思考、合作学习，借助条形统计图移多补少、求和均分计算等方法得到平均数，并感受平均数的意义。练习环节也是在一次次磨课中舍与取，一次次思考"怎样的练习是有意义的"，让学生探索知识点的同时深化和内化知识点。因此教师不仅要掌握已有的专业知识，还要对本领域的前沿知识有所了解。教育学生不能仅仅讲授书本上现有的知识，而是要以现有的知识激发学生的思考与想象；不仅要以专业知识为基础，还要在教学态度、教学话语、教学设计、教学方法等方面下功夫，能够通过教学手段进一步教育和引导学生，达到启智润心的效果。①

（2）注重联系实际生活。学习素材贴近学生的生活，课堂教学不仅让学生获得了对知识的理解，教师还运用了恰当的教学方法与教学策略，对学生进行思想的启迪，不断培养学生的自主学习意识与创新实践能力。教育家精神的政策也强调，教师应积极开展教育教学研究，勇于探索教育教学新模式、新方法，以创新驱动教育改革与发展②。最后的巩固练习中，"三百星"的故事可以培养学生用数学的眼光观察现实世界，同时也渗透爱国主义教育，体现了数学在生活以及科学方面的应用。

（3）围绕"数据分析"让学生对平均数的理解从碎片化走向结构化，从纯粹的计算到解决问题到真实的统计需要，让学生在经历收集数据、整理数据、表示数据和分析数据的过程中，初步形成数据意识，感悟数据的魅力，养成"用数据说话"的思辨方式，最终实现在统计的过程中发展学生的高阶思维，促进学生统计素养的提升。

 阅读与拓展

1. 徐文彬，陆世奇，彭亮. 统计活动过程视角下小学"统计与概率"教材内容的分析与比较：以"苏教版""北师版"为例［J］. 数学教育学报，2024，33（1）：28-35.

本文从"统计活动过程"视角出发，从统计活动过程的各环节要素对"苏教版"和"北师版"小学数学教材中"统计与概率"内容进行分析和比较。发现两版教材在统计活动过程的各环节上各有侧重，整体上各具风格；两版教材均直接突出对统计基础知识的重视，并间接蕴含着对数据意识的培养，从学科角度厘清"统计"与"概率"的本质关系，整体把握统计活动的全过程，给予学生更多获取直接经验的机会。

---

① 杨兆强：《新时代大力弘扬教育家精神的三维审视》，《中国大学教学》2024年第8期。
② 陈海萍，兰继军：《教育家精神助力教育强国建设的政策基础、情感价值及实践路径》，《黑龙江高教研究》2024年第8期。

2. 宋乃庆，刘彩霞，陈婷. 义务教育新课标"统计与概率"领域的发展变化：基于数据素养培养的视角 [J]. 课程·教材·教法，2022，42（9）：27-34.

本文基于对"统计与概率"领域目标、内容、要求三方面的文本研究发现，《义务教育数学课程标准（2022年版）》确立了从数据意识到数据观念的阶梯式培养目标，设计了体现结构化特征的课程内容，提高了对该领域的整体要求。文章研究发现培养学生的数据素养需要遵循以下原则：以真实问题为依托，提高学生的学习兴趣；要以统计活动为基础，培养学生的统计思维；以数据分析为媒介，发展学生的批判性思维；以测量与评价为驱动，增强学生的数据素养。

3. 陈海萍，兰继军. 新时代大力弘扬教育家精神的三维审视 [J]. 黑龙江高教研究，2024（8）：2.

本文基于教育家精神的六个维度，详细介绍教育家精神的集成，同时根植于教育强国建设内涵式发展的新征程，廓清教育家精神助力教育强国建设的政策基础、情感价值及实践路径，既是回应新时代的师道导向，又从学理层面循证了教育家精神的价值旨归；厘清其政策基础，以规章制度形塑出教育家精神架构，梳理教育家精神的情感价值，使其根植于人民、依靠人民并造福于人民，确证教育家精神的实践路径，以"六教"之法弘扬和践履教育家精神，助力教育强国建设行稳致远。

第九章
综合与实践内容分析与教学研究

> **学习目标**
>
> 1. 理解综合与实践的概念与特点。
> 2. 掌握综合与实践的教学内容。
> 3. 掌握综合与实践的教学策略。
> 4. 初步形成综合与实践教学的能力。

第一节 综合与实践教学概述

综合与实践是数学课程内容的学习领域，在教学实践中能够体现数学的学科特征。想要了解综合与实践的教学，应从其概念、理念、特点及意义入手，认识综合与实践所具备的独特教育价值，以更好促进学生发展。

一、综合与实践的概念

综合与实践是小学数学学习的重要领域。学生将在实际情境和真实问题中，运用数学和其他学科的知识与方法，经历发现问题、提出问题、分析问题、解决问题的过程，感悟数学知识之间、数学与其他学科知识之间、数学与科学技术和社会生活之间的联系，积累活动经验，感悟思想方法，形成和发展模型意识、创新意识，提高解决实际问题的能力，形成和发展核心素养。

综合与实践主要包括主题活动和项目学习等。第一、第二、第三学段主要采用主题式学习，第三学段可适当采用项目式学习。

主题活动分为两类。第一类，融入数学知识学习的主题活动。在这类活动中，学生将学习和理解数学知识，感悟知识的意义，主要涉及量、方向与位置、负数等知识的学习。第二类，运用数学知识及其他学科知识的主题活动。在这类活动中，学生将综合运用数学知识解决问题，体会数学知识的价值，以及数学与其他学科的关联。

由上述可见，《义务教育数学课程标准（2022年版）》进一步丰富了综合与实践的内涵；以培养学生综合运用所学知识和方法解决实际问题的能力为目标，提出了跨学科主题学习、主题式学习和项目式学习等要求；关注情境真实、较为复杂的问题的设计，以及引导学生综合运用数学学科和跨学科的知识与方法解决问题。这些要求与学生学段特点相结合，旨在促进学生在真实场景和跨学科的背景下，综合应用所学知识解决问题，提高学生的数学素养、跨学科素养和实践能力。

二、综合与实践教学的特点

综合与实践教学形式多样、内容丰富，主要具备以下几种特点。

（一）综合性

综合与实践教学的综合性体现在它能够将不同学科的知识进行整合。这种整合不仅是简单的知识堆砌，而是将来自各个学科的知识、技能、方法和经验进行有机融合，形成一个完整的、相互关联的知识体系。这样一来，学生在学习过程中就能够更全面地理解和掌握知识，形成更为完整的认知结构。作为数学学习的一个新领域，综合与实践并不是在数学知识领域之外增加新的知识，也不是对数与代数、空间与几何、统计与概率的简单相加，而是强调数学知识与现实生活、与数学思想方法的交融和综合。① 综合与实践的内容来源主要有学生的实际生活、数学学科知识、其他学科知识等三方面，这三方面相互交叉，贯穿于知识的学习之中。所以在教学过程中，应注重综合性。一方面，小学数学综合与实践各项教学活动的顺利完成，需要综合运用数学学科知识和其他学科知识，不仅要使学生通过这一领域的学习加深对数与代数、空间与几何、统计与概率等领域知识的理解，而且要使学生领会到数学思想方法的运用和其他学科知识的渗透。另一方面，综合与实践内容来源的多样性，决定了该领域的教学需要运用多方面的资源，小学数学综合与实践课程不仅需要充分利用其他学科设施，而且需要校内、校外的多方联系，从而保证课程的顺利进行，促进学生在知识技能、情感态度、能力等方面的综合发展。

（二）实践性

综合与实践教学的实践性是指综合与实践领域的教学注重强调学生亲身经历各项活动，倡导学生在全身心参与的活动中，发现、分析和解决问题。这一核心理念旨在让学生在丰富多彩、形式多样的活动中体验、体证、体认、体悟、体会和感受生活，并将其与课本知识紧密联系，从而实现自身发展和成长。在设计与实施综合与实践活动课程的过程中，教师要引导学生主动运用各门学科知识分析和解决实际问题，使学科知识在综合与实践活动中得到延伸、综合、重组与提升。实践性是综合与实践活动的基本特征，学生在活动中亲身经历实践过程，体验并践行价值信念，获得丰富的实践经验，发展实践能力。要想凸显这一基本特征，就要关注学生的"真实践"，这就要求综合与实践活动的设计要抓住实践的本质。活动设计要注重实践方式，将各种活动的实践要素凸显出来。在考察探究活动中，学生获取的信息均来自自身实践，如野外考察、社会调查、研学旅行等活动，而不是仅仅来自对文献资料的梳理和网络信息的直接获取；在社会服务活动中，学生要在明确服务对象、完成活动计划后，真正开展服务活动；在设计制作活动中强调创意设计并动手制作；职业体验活动则强调实际岗位的演练。四种活动方式的

---

① 王兴福、褚小婧：《数学"综合与实践"的特点及教学要求》，《教育教学论坛》2016年第37期。

实践要素无不体现了凸显实践性的具体要求，活动设计时要注意抓住。

（三）自主性

综合与实践教学的自主性强调学生作为课程的主体，在学习的过程中，应充分体现自主性，这是小学数学综合与实践课程的中心所在。小学数学综合与实践课程的目的就是利用课程的活动性和实践性，学生通过亲身实践来发现问题、解决问题，从而培养动手能力、实践意识。学生只有经过亲身经历才能发展这些能力，其他任何人都代替不了。学生的自主性是整个小学数学综合与实践课程的核心所在。在课程实施的过程中，活动的主体应始终是学生，活动的设计、执行应从学生的兴趣和爱好出发，给学生留足自主活动的时间和空间。经过教师的指导后，学生在活动过程中，应能够自主决定活动的内容，学会自我管理、自我调控和自我评价。要让学生最大限度地发挥出自身的潜能，培养其独立意识和创造能力。强调学生在活动过程中的自主性，并不是否定了教师的主导作用，学生活动的顺利进行离不开教师的精心指导与策划，学生的自主活动是在教师设计范围内的自主，而不是漫无边际的自主。教师应根据学生自身的特点，在给予指导的同时，尊重学生自己的创造，给他们以足够自由的空间，让他们能够独立地活动，让学生体会到自我创造的乐趣，从而培养学生的自主意识和自信心。

（四）生成性

综合与实践教学的生成性是指在综合与实践活动的实施过程中，通过学生的主动参与和教师的灵活引导，使活动不断产生新的目标、新的问题、新的主题，从而最大限度地调动学生的兴趣，促进学生的认识和体验不断加深，创造性的火花不断迸发，使活动更富价值、更富成效的一种动态形成的教学过程。综合与实践活动很少从预定的课程目标入手，通常是围绕某个开放性的主题或问题展开。随着活动的不断开展，新的目标、新的问题、新的主题会不断生成。此外，生成性教学强调学生的主体性和自主性。学生不仅可以选择学习的内容、进度与方式，还可以对自己的学习过程或结果进行评价与反思。因此，作为综合与实践主题活动的组织者，教师应时刻注意活动过程中的生成性。每当活动开展到一定阶段，学生有新的发现或有新的主题时，教师应灵活机动，不要受活动计划的限制，让学生沿着自己的思路与想法，将活动继续开展下去。

三、综合与实践教学的理念

《义务教育数学课程标准（2022年版）》把培养实践创新能力作为重要目标，强化综合与实践领域的学习，这是本次课程标准修订对现实生活客观需要的回应。因此，当下的小学综合与实践教学必须以新的课程标准为基本依据，重新审视本领域的教学理念，具体表现为以下几个方面。

（一）教学目标应兼顾数学核心素养与跨学科素养

《义务教育数学课程标准（2022年版）》在修订原则中，提出了聚焦核心素养、加强课程综合和突出学科实践的要求，重视跨学科主题学习的开展，强调原则上各门课程用不少于10%的课时设计跨学科主题学习。在小学数学课程中，修订后的综合与实践领域不仅是落实数学核心素养的重要载体，更承担起了沟通数学内部、数学与生活、数学与其他学科联系，实现课程统整的跨学科实践的任务，借助其综合性、实践性、开放性、问题性、现实性等特点，推动数学学科育人方式的转变。因此，教师要找准《义务教育数学课程标准（2022年版）》下的小学数学综合与实践的定位，在目标确定上，既要把握其学科逻辑，从数学核心素养的培育出发，关注数学知识技能背后蕴含的数学思想方法及数学文化，明确学生应当掌握的学科关键能力；也要重视跨学科实践下学生共通性素养的培育，重视学生在问题解决过程中学习策略的选择和主体性的发挥，让学生在解决较为复杂的真实问题中发展批判性思维、创新性思维，学会学习与沟通协作。[1]

（二）教学实施应突出跨学科实践活动

《义务教育数学课程标准（2011年版）》对于综合与实践领域，并没有给出明确的内容要求。它仅在问题解决方面提供了宏观指导，体现为笼统的学段要求和较少的示例。例如，在学段要求中，第一学段要求"了解要解决的问题和解决问题的办法"，第二学段要求"感受针对具体问题提出设计思路、制订简单的方案解决问题的过程"等。尽管这体现了学生问题解决能力培养的层次性和进阶性，但缺乏具体的操作性指导。[2] 尽管《义务教育数学课程标准（2011年版）》附录中的案例对此进行了一定程度的补充，如第一学段提供了三个案例，聚焦于分类思想以及对生活中图形的观察与收集以及数据分析意识等数学思想、方法的培养，第二学段提供了五个案例，且关注到学生统筹规划、制订方案和择优选择的能力，多以"小组分工制订方案—集体交流展示—选出最佳方案"的形式实施，契合了课程内容中"有目的、有设计、有步骤、有合作"的要求。但总体来说，缺少实施的明确抓手。相较之下，《义务教育数学课程标准（2022年版）》中综合与实践的内容则更为具体。它从学生的认知特点出发，将综合与实践的课程内容以主题活动和项目学习的形式呈现，并突出了跨学科实践的内容，同时，侧重于现实问题解决背景的实际性、过程的复杂性和完整性，以及培养目标的多样性。在小学阶段，《义务教育数学课程标准（2022年版）》提出以主题活动为主，第三学段可适当采取项目式学习的方式。《义务教育数学课程标准（2022年版）》还对主题活动进行了详细的阐述，从两种类型到具体的活动名称、内容要求、学业要求以及教学建议，力图为教师的实施以及教材的编写提供充分的参考，具有极强的指导性。因此，教师在进行小学综合与实践的教学时，需要注重跨学科活动的设置与安排。

（三）教学评价应展现出整体性和结构化

教学评价是检验教学效果、改进教学质量的重要组成部分，也是教师开展教学的"指挥棒"。《义务教育数学课程标准（2011年版）》并没有单独地提出综合与实践领域的评价要求，而是将其隐含在了第四部分"实施建议"的"评价建议"之中，"评价建议"一共七个部分，具体有：数学思考和问题解决的评价、情感态度的评价、注重对学生数学学习过程的评价等。而《义务教育数学课程标准（2022年版）》在原有的

---

[1] 唐艳：《小学数学"实践与综合应用"的实施现状研究》，硕士学位论文，西南大学，2007。
[2] 范文贵主编《小学数学教学论》，华东师范大学出版社，2011。

"评价建议"基础上，新增了第五部分"学业质量"，并且对这两部分都做出了新的调整。第一，"评价建议"从原有的七个部分整合为"教学评价"和"学业水平考试"两部分，每部分又各从四个方面展开论述。在"教学评价"中，以评价方式、评价纬度、评价主体和评价结果的结构进行论述，将培养目标穿插在各个维度之中。而在"学业水平考试"中，从考试性质和目的、命题原则、命题规划和试题命制四部分提出了要求。尽管这两个部分都是从数学课程评价的整体性角度进行指导的，但其清晰的结构和要求对建立综合与实践领域评价的指标提供了支持。第二，将"学业质量"分为学业质量内涵、学业质量描述两个方面。在对学业质量的总体描述中，提出了要从三个方面展开评价：一是依托于结构化数学知识主题展开对"四基"的评价；二是基于情境和导向进行对"四能"的评估；三是关注学生经历数学的学习运用、实践探索活动所积累的经验进行评估。这些都可以作为综合与实践领域评价设计的依据。而在分学段的具体学业质量标准中，给出了相应的综合与实践领域的学业质量描述。小学阶段将具体的主题内容融合核心素养的主要表现构成了学业质量标准。这一标准的提出丰富了课程评价的内容，增强了课程评价的可操作性，更便于教师从课程内容、核心素养、问题情境、学生完成水平等方面构建核心素养为导向的评价体系。

四、综合与实践教学的意义

综合与实践是学生数学学习上贴近现实世界、培养核心素养的重要过程，也是《义务教育数学课程标准（2022年版）》背景下深化数学课程改革的可扩展内容，能突出小学数学课程的趣味性、可操作性、思辨性等诸多特点，并为学生以后的实践学习提供必要的帮助。因此，小学综合与实践的教学有着重要的价值。

（一）有助于促进学生的全面发展

综合与实践教学强调以学生的经验、社会实际、社会需要和问题为核心，以主题的形式对课程资源进行整合，以有效地培养和发展学生解决问题的能力、探究能力和综合实践能力为目的。不同于单一的以知识传授为基本方式、以知识结果的获得为直接目的的学习活动，综合与实践注重学生多样化的实践性学习。书本知识的学习不是学生知识获得的唯一途径。[①] 可以说，综合与实践活动真正触动了传统的知识至上、知识唯一的教育观，触及了人才培养方式的变革，触及了我国中小学教育长期忽视学生能力发展的要害。综合与实践活动对学生素质全面发展具有拓展、补偿等作用。它要求学校和教师要改变长期以来形成的"学科本位"的课程观，形成实践的课程观，关注学生的全面发展，突出创新意识和创新精神的激发、引导和培育。任何把综合实践活动当作一门具有知识体系的学科来"教"的做法，都不符合综合实践活动课程的基本规定。

（二）有利于实现课程统整的跨学科实践

《义务教育数学课程标准（2022年版）》部分主题活动及项目学习中，数学及其他

---

① 蔡庆有：《数学"综合与实践"内容的课程分析》，《教学与管理》2017年第1期。

学科的知识相互融合，沟通了数学内部、数学与生活、数学与其他学科的联系，顺应了国际数学课程改革的趋势，为实现课程统整的跨学科实践提出了明确的要求和范例。在这样的学习中，学生必须综合应用知识来解决问题，其问题意识、应用意识及创新能力将得以发展。此外，综合与实践教学强调跨学科的整合，将不同学科的知识和技能进行整合和应用。这样的教学方式能够帮助学生建立更为完整的知识体系，提高他们综合运用知识解决问题的能力。

（三）有助于探索数学学科育人方式的变革

学科育人方式的变革既是紧迫的，也是长期的工作。数学的育人价值集中体现在帮助学生形成数学素养上，包括帮助学生"会用数学的眼光观察现实世界，会用数学的思维思考现实世界，会用数学的语言表达现实世界"；也包括促使学生在运用数学思想和数学知识解决问题的过程中，提高发现、提出、分析和解决问题的能力；还包括引导学生在应用中发展良好的数学学习情感、态度、价值观，使学生形成质疑问难、自我反思、勇于探索的科学精神。探索数学学科育人方式的变革，既需要教师树立正确的观念，课程中也需要提供与之匹配的内容。《义务教育数学课程标准（2022年版）》的综合与实践领域提供了综合性、实践性、现实性、活动性更强的内容，教师可参照相关内容，指导学生改变学习方式，积极引导学生经历数学知识发生、发展和应用的全过程，引导学生做到学以启思、学以致用，实现学科育人。

第二节　综合与实践的教学内容

综合与实践以培养学生综合运用所学知识和方法解决实际问题的能力为目标，根据不同学段学生特点，以跨学科主题学习为主，适当采用主题式学习和项目式学习的方式，设计情境真实、较为复杂的问题，引导学生综合运用数学学科和跨学科的知识与方法解决问题。

根据学段目标的要求，四个学习领域的内容按学段逐步递进，不同学段主题有所不同。各学段综合与实践领域的主题如表9-1所示。

表9-1　各学段综合与实践领域的主题

领域	学　段			
	第一学段 （1～2年级）	第二学段 （3～4年级）	第三学段 （5～6年级）	第四学段 （7～9年级）
综合与实践	重在解决实际问题，以跨学科主题学习为主，主要包括主题活动和项目学习等。第一、第二、第三学段主要采用主题式学习，将知识内容融入主题活动中；第四学段可采用项目式学习			

一、小学数学综合与实践的内容要求

小学阶段综合与实践的教学内容以主题活动为主线，按学段进行划分，具体如下。

（一）第一学段（1~2年级）

第一学段综合与实践的主题活动，涉及"认识货币单位，认识时间单位时、分、秒，认识东、南、西、北四个方向"等知识的学习，关注幼小衔接，帮助学生积累数学活动经验。

主题活动1：数学游戏分享

在具体情境中，回顾自己在学前阶段经历的与数学学习相关的活动，唤起数学学习的感性认识和学习经验，激发进一步学习数学的兴趣，尝试运用与数学学习相关的词语，逐步养成学习数学的良好习惯。

主题活动2：欢乐购物街

在实际情境中认识人民币，能进行简单的单位换算，了解货币的意义，具有勤俭节约的意识，形成初步的金融素养。

主题活动3：时间在哪里

在生活情境中认识时、分、秒，结合生活经验体会并述说时间的长短，了解时间的意义，懂得遵守时间。

主题活动4：我的教室

在日常生活情境中，会用上、下、左、右、前、后描述物体的相对位置；认识东、南、西、北四个方向。形成初步的空间观念。

主题活动5：身体上的尺子

运用学过的测量长度的知识，发现自己身体上的一些"长度"；利用这些"长度"作为单位，测量空间或其他物体，积累测量经验，发展量感。

主题活动6：数学连环画

结合自己的生活，运用学过的数学知识记录自己的经历，或述说一个含有数学知识的小故事，表达对数量关系的理解，感受数学知识与现实生活的联系。

（二）第二学段（3~4年级）

第二学段综合与实践的主题活动，涉及"认识年、月、日，认识常用的质量单位，认识方向"等数学知识的学习，在活动中综合运用数学和其他学科知识解决问题。

主题活动1：年、月、日的秘密

知道24时计时法；认识年、月、日，知道它们之间的关系；能运用年、月、日的知识解释生活中的问题，提高初步的应用意识。了解中国古代如何认识一年四季，了解中华优秀传统文化。

主题活动2：曹冲称象的故事

以"曹冲称象"故事为依托，结合现实素材，感受并认识克、千克、吨，以及它们之间的关系，感受等量的等量相等，发展量感和推理意识，积累数学活动经验。

主题活动3：寻找"宝藏"

在生活情境中，认识东北、西北、东南、西南四个方向，了解"几点钟方向"，会描绘物体所在的方向，发展空间观念。

主题活动4：度量衡的故事

知道中国在秦朝统一了度量衡，指导学生查阅资料，理解度量衡的意义，知道最初的度量方法都是借助日常用品，加深对量和计量单位的理解，丰富并发展量感。

（三）第三学段（5～6年级）

第三学段综合与实践包括主题活动和项目学习，涉及"了解负数"等数学知识的学习，在活动中综合运用数学及其他学科知识解决问题，提高应用能力。

主题活动1：如何表达具有相反意义的量

在熟悉的情境中了解具有相反意义的数量，知道负数在情境中表达的具体意义，感悟这些负数可以表达与正数意义相反的量，进一步发展数感。

主题活动2：校园平面图

在实际情境中，综合应用比例尺、方向、位置、测量等知识，绘制校园平面简图，标明重要场所；交流绘制成果，反思绘制过程，形成初步的应用意识和创新意识。

主题活动3：体育中的数学

收集重大体育赛事的信息、某项体育比赛的规则、某运动员的技术数据等素材，提出数学问题，设计问题解决方案；在问题解决的过程中，形成发现、提出、分析、解决问题的能力。

项目学习涉及以下几个方面。

项目学习1：营养午餐

调查了解人体每日营养需求，几类主要食物的营养成分，感受合理膳食的重要性；调查学校餐厅或自己家庭一周午餐食谱的营养构成情况，提出建议；开展独立活动或小组活动，设计一周合理的营养午餐食谱；形成重视调查研究、合理设计规划的科学态度。

项目学习2：水是生命之源

调查了解生活中人们使用淡水的习惯及用量，结合淡水资源分布、中国人均淡水占有量、城市生活用水的处理等信息，发现、提出并解决问题；制订校园或家庭节水方案，尝试设计节水工具或方法，提高环保意识，形成初步的应用意识和创新意识。

通过对三版课标中综合与实践部分的内容进行梳理及比较可以发现，前两版课标将综合与实践领域定位为"以问题为载体、以学生自主参与为主"的学习活动，在活动中加深对数学其他领域内容的理解，体会数学各部分内容之间的联系。基于这个定位，前两版课标中综合与实践领域虽然与其他三个数学内容领域并列，但该领域"课程内容"的描述并未指向任何具体的知识点，因此这个领域在实施中并不承担学习新的数学知识的任务；前两版课标对综合与实践"课程内容"的表述，主要指向了获得数学活动经验、进一步理解数学内容等，都强调了综合与实践的内容设计与实施应有利于学生综合应用学科内各领域知识经历问题解决的过程。

《义务教育数学课程标准（2022年版）》的综合与实践内容在延续"应用数学知识、理解数学知识间联系"的基础上，做了全新的设计，具体表现如下。

（1）增加了部分数学知识学习的内容。综合与实践领域是学生开展数学思考、实践、探究、交流、表达的重要内容载体，这与其中是否包含数学新知识的学习无关。《义务教育数学课程标准（2022年版）》将部分数学新知识的学习纳入该领域，主要有"常见的量、基本方向、负数"等，明确了该知识在活动中的学习目标，要求这些数学知识的学习以实践、探究等活动方式展开。

（2）增加了跨学科主题学习的内容。按照《义务教育数学课程标准（2022年版）》的整体要求，数学学科设置的10%课时"跨学科主题学习"主要在综合与实践领域。这并不是要在数学学科知识学习与应用的基础上增加新的内容，而是在强调数学知识的整体性和现实性的同时，注重将数学的现实背景与其他学科的联系。《义务教育数学课程标准（2022年版）》设计了若干个具体的跨学科主题案例，分布在各个学段，供教材编写和教学实践参考。在跨学科实践活动中，学生将在现实的背景中综合应用数学和其他学科的知识、方法，感受数学的价值，感受各学科知识间的联系。

（3）内容要求以主题式学习和项目式学习的方式展开。主题式学习是指在一个或者系列主题下，学生通过操作、探究、交流等具体活动，进行数学知识的学习或应用。主题式学习可以在一个中心主题统领下，由若干个小的主题构成，每个小的主题还可以由几个具体的活动组成。项目式学习是以问题为驱动，学生在真实的、多样的情境中，应用包括数学知识在内的多学科知识，使用适切的策略、方法，在探究、实践中解决情境中的问题，获得发展。以主题式学习、项目式学习的方式进行数学学习，学生将在真实的问题情境中，综合运用所学的数学和其他学科的知识与方法，发现、提出问题，设计解决问题的方案，探索解决问题的路径，实现问题解决的目标，感受数学学习的乐趣和价值。主题式学习、项目式学习等具体方式的选择，可以根据主题内容、学生经验及学校条件等的不同来确定。建议第一、第二、第三学段主要采用主题式学习，第三学段可以适当采用项目式学习。在主题式学习、项目式学习中，可以综合考虑学生的年龄特征及主题内容特征，进行灵活多样的具体活动设计，如游戏、对抗赛、模拟体验、角色扮演、成果发布、"产品"推荐等，激发学生的兴趣，使其积极参与到活动中来。

二、小学数学综合与实践的学业要求

学业要求主要明确学段结束时学习内容与相关核心素养所要达到的程度。因此，从学习的角度来说，它回答了学得怎样（学会什么）的问题。从教育的角度来说，它回应了培养到什么程度（教育质量）的问题，由此可见"学业要求"的重要性。同时，它与内容要求、教学提示三者从三个维度构成了相对完整的课标内容逻辑体系。

（一）第一学段（1~2年级）

能够积极参与活动，在活动中能主动表达，并与他人交流，加深对数学知识的理解，感悟数学知识与现实生活的联系，发展对数学的好奇心，提升学习数学的兴趣，初步获得一些数学活动经验。

1. "数学游戏分享"的学业要求

能比较清晰地描述幼儿园和学前生活中的数学活动内容，比较准确地表达自己对数、数量、图形、方位等数学知识的理解；能说明或演示自己玩过的数学游戏内容和规则，在教师的协助下能带领同伴一起玩这些数学游戏。

2. "欢乐购物街"的学业要求

积极投入模拟购物活动，能清晰表达和交流信息，认识元、角、分，知道元、角、分之间的关系；会在真实或模拟的情境中合理使用人民币；在教师的指导下能够反思并述说购物的过程，积累使用货币的经验；形成对货币多少的量感和初步的金融素养。

3. "时间在哪里"的学业要求

认识时、分、秒，能说出钟表上的时间；了解时、分、秒之间的关系，能结合生活经验体会时间的长短；能将生活中的事件与时间建立联系，感悟时间与过程之间的关系；形成对时间长短的量感，懂得遵守时间的重要性。

4. "我的教室"的学业要求

会用上、下、左、右、前、后描述现实生活中物体的相对位置；会用东、南、西、北描述物体所在的方向；给定东、南、西、北四个方向中的一个方向，能辨别其余三个方向；了解物体间位置、方向的相对性，形成初步的空间观念。

5. "身体上的尺子"的学业要求

能运用测量长度的知识，了解身体上的一些"长度"；能用身体上这些"长度"测量教室以及身边某些物体的长度；能记录测量的结果，能与他人交流、分享测量的经验，发展量感。

6. "数学连环画"的学业要求

能简单整理学过的数学知识，思考如何运用数学知识记录自己的经历；能结合生活经验或者通过查阅资料，编写含有数学知识的小故事；能用自己的语言表达数学连环画中数学知识的意义及蕴含的数量关系，能理解他人数学连环画中的数学信息及关系，学会数学化的表达与交流。

（二）第二学段（3~4年级）

能够积极参与活动，在活动中能独立思考问题，主动与他人交流，加深对数学知识以及数学与其他学科关联的理解；经历解决简单实际问题的过程，提高应用意识，积累数学活动经验，感悟数学的价值。

1. "年、月、日的秘密"的学业要求

知道24时计时法与钟表上刻度的关系，能用24时计时法表示时间；知道年、月、

日之间的关系，以及相关的简单历法知识；知道一年四季的重要性，了解中国古代是如何通过土圭之法确定一年四季的，培养家国情怀。

2. "曹冲称象的故事"的学业要求

知道"曹冲称象"的故事，形成问题意识。能结合现实素材，感受并认识克、千克、吨，能进行简单的单位换算；理解"曹冲称象"的基本原理是等量的等量相等，能针对具体问题与他人合作制订称重的实践方案，并能在执行方案的过程中不断反思，丰富度量的活动经验。

3. "寻找'宝藏'"的学业要求

（1）在认识东、南、西、北的基础上，能在平面图上认识东北、西北、东南、西南四个方向；能描绘图上物体所在的方向，判断不同物体所在的方向，以及这些方向之间的关联；能把这样的认识拓展到现实场景中，在简单的实际情境中正确判断方位；进一步理解物体的空间方位及物体之间的位置关系，发展空间观念。

（2）了解用"几点钟方向"描述方向的方法及其主要用途，能在现实场景中尝试以站立点为正中心（圆心），以钟表盘 12 个小时的点位来说明方向。

（3）能尝试设计符合要求的藏宝图，能从他人的藏宝图中发现、提取信息并解决问题，提高推理意识。

4. "度量衡的故事"的学业要求

会查找资料，理解度量衡的意义，提升学习的意识与能力；了解最初的度量方法都是借助日常用品，理解度量的本质就是表达量的多少，知道计量单位是人为规定的；了解计量单位的发展历史，知道科学发展与度量精确的关系；在教师的指导下，能对不同的量进行分类、整理、比较，丰富并发展量感。

（三）第三学段（5～6 年级）

能够积极参与活动，在活动中能独立思考问题，主动与他人交流，经历实地测量、收集素材、调查研究、解决问题的过程，提升思考问题的能力，积累根据解决问题的需要合理选择策略和方法的经验，形成模型意识与初步的应用意识和创新意识。

1. "如何表达具有相反意义的量"的学业要求

在真实情境中，通过具体事例体会相反意义的量，如温度、海拔等，能表达具体情境中负数的实际意义，能通过对多个事例的归纳、比较，感悟负数可以表达与正数相反意义的量。

2. "校园平面图"的学业要求

结合本校校园的实际情况，能制订比较合理的测量方案和绘图比例；能理解所需要的数学和其他学科的知识，在教师指导下，积极有序展开测量；能按校园的方位和场所的位置，依据绘图比例绘制简单的校园平面图；能解释绘图的原则，在交流中评价与反思；提升规划能力，积累实践经验。

3. "体育中的数学"的学业要求

能结合自己的兴趣，确定所要研究的关于体育的内容与范围；会查找相关资料，提出有价值的数学问题；在教师指导下，能与他人交流合作，运用数学或其他学科的知识解决问题；能积极参与小组间的交流，说明自己小组的问题解决过程，理解其他小组所解决的问题和问题解决的思路；感悟数学在体育中的作用，提高学习数学的兴趣。

4. "营养午餐"的学业要求

在对人体营养需求和食物营养物质的调查研究中，进一步理解百分数的意义；会用扇形统计图整理调查结果，分析如何实现营养均衡；经历一周营养午餐食谱的设计过程，感悟在实际情境中方案的形成过程；形成重视调查研究、合理设计规划的科学态度。

5. "水是生命之源"的学业要求

能合作设计生活中用水情况的调查方案，并展开调查，在调查中进一步优化方案；会查找与淡水资源相关的资料，从资料和实地走访中筛选需要的信息，提出问题，确定解决问题的思路，提高应用意识；根据问题解决中的发现和收获，制订节水方案，尝试设计节水工具或方法，培养创新意识；在问题解决中加深对水资源保护等社会问题的关注与理解。

综合对以上三个学段的学业要求的梳理，可以看出《义务教育数学课程标准（2022年版）》对综合与实践部分提出了更高的要求。基于以上对综合与实践学业要求的分析，教师在每个主题活动中要根据以下几点来设计落实学、教、评各个环节，让学科素养真正体现在教学中。

（1）以标准为导向，确定活动内容，设计学习活动。每一个活动的设计要从标准出发，活动内容要以能达成标准为首要目标，活动的开展要符合目标达成的规律。

（2）以学科知识为基础，聚焦问题解决。活动的设计要融入数学知识的学习和运用，在综合运用知识解决问题的过程中感悟知识的意义，体会数学的价值。

（3）从数学的角度发现、提出及解决问题。活动的开展要引导学生以数学的眼光发现问题，提出问题，综合应用数学和其他学科知识解决问题。

（4）关注学生活动经验的获得和情感态度的发展。活动不仅要关注数学知识要求，还要关注学生活动经验的获得和情感态度的发展。要将学生积极参与活动，主动表达与交流，形成活动经验，获得情感体验作为教学目标。

（5）活动的实施要有利于学生的参与和体验。活动要面向全体，让所有学生都在参与过程中有所收获，活动要有具体的、可操作性的指导。

第三节　综合与实践的教学策略

在明晰了当前小学数学综合与实践领域的现状问题，根据前文对小学数学综合与实践主题式教学的应然形态进行分析后，本部分将以此为基础探讨小学数学综合与实践主题式教学的策略，进一步阐明小学数学综合与实践主题式教学活动实施的整体规划、师生协同、教学整体设计以及教学评价探索。

一、加强教学主题的整体规划，促进教学实施的全域性

小学数学综合与实践主题式教学需要加强教学的整体规划，以使教学能够实现统筹设计，推动综合与实践活动的创新性发展。第一，学校要建立相应的教学制度，推动教师观念的转变以及教学活动的生成；第二，教师应统整小学数学三个学段的教学目标，在进阶式设计中推动学生核心素养的发展；第三，教师应合理选择教学主题，整合不同领域以优化数学课程结构。

（一）加强教学制度建设，推动教学主题的生成与创新

《义务教育数学课程标准（2022 年版）》对小学数学综合与实践领域进行了新的教学改革，更加强调数学综合与实践的教学应该注重学生学习能力及素养的提升。核心素养是知识、技能、情感态度的交互作用，只有用综合思维统整学习内容，才能真正发展学生应对复杂多变的社会需要的素养[①]。而教学主题作为切入小学数学综合与实践活动的重要抓手，学校应加强相应的教学制度建设，为教师选择教学主题提供相应的依据和保障。

为保障教师对教学主题的选取和创造具有一定合理的依据，学校可以从以下角度促进教师教学的实践与探索。首先，学校需要建构小学数学综合与实践主题式教学的课堂教学规范。在建立课堂教学规范的初期，学校可在充分考虑教学情况的基础上，结合本校的基本情况，去制定相关小学数学综合与实践主题式教学的基本规范，包括教学主题的类型、教学主题的难度、综合与实践教学设计流程、综合与实践的评价、课程的实施次数，等等。由于综合与实践课程不是只存在于数学学科中，更是小学阶段每个学科都涉及的内容，因此从小学数学综合与实践出发，学校在制定相关教学规范时，既要明确不同学科综合与实践的相关要求，同时也要体现小学数学学科在综合与实践领域的独特作用和优势。其次，学校应建立小学数学综合与实践主题式教学的集体备课制度。集体备课制度是集体备课顺利开展的前提和保障[②]。最后，学校可以定期举行小学数学综合与实践主题式教学的赛课活动，让教师在定期的赛课中发挥自己的教学能动性，对数学综合与实践主题式教学进行创新。

（二）统整三个学段目标，实现教学主题进阶式设计

《义务教育数学课程标准（2022 年版）》中将小学数学综合与实践领域分为三个学段，且每个学段学习内容的侧重点有所不同，同时不同学段学生的认知发展和思维发展的层次和水平也有所不同，要注意把握综合与实践的教学主题设计的层次性和进阶性[③]。

梳理小学数学综合与实践主题式教学的活动内容以及学业要求，可以看出在小学阶段，不论是知识融合，还是对学生能力的要求，都随着学段的升高，从低阶素养到

---

① 何茜、罗生全、李臣之、辛继湘、曾文婕、陈霜叶：《义务教育新课程方案和课程标准笔谈》，《湖南师范大学教育科学学报》2022 年第 3 期。
② 周新霞、王秀梅：《"研教合一"文化映射下集体备课的应然样态》，《教学与管理》2019 年第 22 期。
③ 吴立宝、刘颖超：《比较视域下的"综合与实践"学习领域解析》，《数学教育学报》2022 年第 5 期。

高阶素养进行过渡。由此，小学数学综合与实践主题式教学的目标也需要进行统整，需要关注学段目标之间的衔接性和进阶性，从而实现教学主题的进阶式设计。在第一学段中，由于这一学段是幼儿园阶段到小学阶段的过渡，因此小学数学综合与实践主题式教学呈现出低水平活动形态，具体表现为知识迁移、主体交互、活动开放等层面处于低水平状态，对学生能力的要求并不高，学生可以通过观察、测量等要求较低的活动进行操作，以形成数学知识与现实生活之间的联系。这一阶段是综合与实践活动的初始阶段，在这个阶段，教师除了要关注常见的量的教学知识，还应该注重在活动中培养学生的学习兴趣，为之后学段活动的开展奠定知识、兴趣等方面的基础，使学生能积极主动地参与到活动中来。在第二学段中，学生除了学习"认识年、月、日，认识常见的质量单位，认识方向"等数学知识，还应学会综合运用数学和其他学科知识解决问题。这一学段综合与实践教学主题的综合性比第一学段的要强，并且涉及的数学文化比第一学段更丰富，从内容上来说综合性也更强。因此，教师在设计这一学段的教学目标时，不仅要注意与第一学段相关目标之间应该是螺旋上升的关系，同时也要注重培养学生解决问题的能力、数学应用意识、跨学科思维的发展等等。在第三学段，学生除了学习"了解负数"等数学知识，还应学会综合运用数学及其他学科知识解决问题。这一学段对学生的知识和能力要求相较于前两个学段来说要更高。同时，这一学段也将处于小学数学综合与实践主题式教学的深层整合形态，教学整体性、文化育人性、知识迁移性、主体交互性、活动开放性等等都呈现高水平状态，对教师和学生的要求也会更高。

（三）合理选择教学主题，优化数学课程结构

小学数学综合与实践领域中主题的确定需要教师立足于数学课程内容本身，提炼出学生共同关注并且需要突破的问题，而主题的核心价值在于超越数学课程内容本身，挖掘教材知识背后的价值、态度、情感等主题意蕴。因此，数学课程内容为主题教学提供了指导方向，帮助教师从更开阔的视域去理解主题，同时将主题中包含的知识、情感、态度、能力等等进行统整提升，使数学核心素养落到实处。教学主题是统领小学数学综合与实践主题式教学的重要抓手，教学主题的选择不仅统领整个教学过程，同时由于教学主题具有综合性和实践性，其在课程中的实际落实，也会进一步优化数学课程结构。

在以往的数学教学中，小学数学被分割为数与代数、图形与几何、统计与概率、综合与实践这四大领域，前三大领域的知识被模块化地区隔，综合与实践领域则有效地融合了这三大领域的知识，将教学主题融合起来。因此，小学数学综合与实践领域主题式教学中，教师将面临教学主题的选择以及相应的课程结构的安排。

教师对于教学主题的选择可从以下三个方面进行。第一，教师需要立足于数学教材和课程标准本身，通过对教材和课程标准中数学知识和符号的深度考察，明确在此阶段学生在其他三大领域学习的知识范围，建立初步的知识范畴，并明晰这些知识背后渗透的情感、态度、价值观等，将数学课程内容主题化，形成初步的教学主题。第二，教师需要从平时的教学活动中观察学生的具体表现，明确学生在生活中遇到的突出问题，将这些问题与知识层面的教学主题相整合，提炼出在教学主题中帮助学生解决问题的学习

要素，筛选出适合学生学习和发展的知识材料。第三，教师可以从学校的校本资源中进行选取。由于综合与实践主题的广泛性和综合性，教师可根据这一阶段的数学知识结合学校的校本资源对相关的内容进行改造。

在小学数学中，教学主题分为两类：一类是只涉及小学数学学科三大领域融合的教学主题，另一类是跨学科的教学主题。教学主题不同，相应的课程结构也会有所不同。从三大领域融合的教学主题来说，如第三学段的主题活动——校园平面图，在这一主题活动中，学生需要综合应用比例尺、方向、位置、测量等知识，将三大领域的知识通过这一主题统整起来，进行校园平面图的绘制。在主题活动后期，可将学生绘制的校园平面图进行展览，形成应用意识和创新意识。这个主题活动包含明确任务、实地测量、组织展览等活动，一个课时是不够的，教师可以对课程结构进行优化，通过长程的活动，将学习任务分解，同时结合课内课外的时间，实施教学活动。

二、促进教学主体共生合作，形成教学要素的联动

教师和学生作为小学数学综合与实践主题式教学中的双主体，在教学活动中将进行持续性的交互，通过教学主体的共生合作，实现教学要素的联动，要注意以下几点。

（一）明确双主体理念，促进师生共同发展

小学数学综合与实践主题式教学是由教师的教和学生的学构成的双边交互活动。平衡教师的引导和学生的自主探究是评价教学效果的关键。在小学数学综合与实践主题式教学中，要注重教师和学生之间的良性互动，才能保证育人效果。在小学数学综合与实践主题式教学中，虽然更强调学生的自主学习，但是教师的有效引导是学生进行自主学习的先决条件，因此，教师需要明确师生共同发展的双主体理念，平衡教师的引导和学生的自学，为综合与实践主题式教学的有效运行提供内在活力。

（二）搭建学习小组，促进异质群体交流合作

在小学数学综合与实践中，教学主题具有开放性及主体协作性，需要学生之间组成合理的学习合作小组，在共同的任务引领下，共同解决主题问题。而在小组合作中，学习者之间进行合理分工是有效解决问题的关键。在小学数学综合与实践主题式教学中，学生与学生之间以及教师和学生之间都可以形成学习共同体，学习的空间则应是开放性的学习场域，学习共同体对主题内涉及的知识先各自研究、再交流讨论，通过主体间的知识碰撞，对所研究的结论进行调整并验证，最终促进学生核心素养的提升。教师在组织合作学习时，要明确以下几个方面。首先，教师要对学生进行科学分组，根据"组内异质、组间同质"的原则，以及学生的学习能力、学习兴趣等要素进行合理的分配，确保每个小组都能积极投入问题解决的过程中，从异质合作中促进共同发展。小组的划分并不能一成不变，要根据不同的活动类型，组建不同的学习合作小组，以此来焕新小组成员组织，让学生能够有机会和其他小组的学生合作交流。其次，教师要明确小组成员分工，小组内的每个成员都要有自己的目标和任务，通过相互之间的合作，在完成个人目标的同时也能持续推进小组任务，注重培养协作精神，避免出现因分工不合理而造成任务迟迟不能推进的现象。最后，教师要明确每个小组的目标指向，通过小组的目标设

定，让小组朝着这个方向一起努力，确保每个小组都能有所收获，有所成长。

（三）变革备课组织，以"大集体"实现跨学科交流

小学数学综合与实践领域的教学主题具有开放性，对数学教师的综合能力提出了较高的要求，而且教学内容具有广泛性，单一的教师个体难以有效应对。因此，小学数学综合与实践主题式教学的顺利开展，需要数学学科教师之间甚至不同学科教师之间组成教师共同体，将教师之间的合作变成有预期的、具有包容性的、真实的和持续的行为[①]。而备课组织作为教师的日常教学生活，是实现教师共同体交流的重要组织制度。虽然小学数学综合与实践领域已存在很长时间，但是相对于其他三个领域而言，依然是发展不够成熟的教学领域，并且由于其综合性较强，所以势必需要用教师集体的力量来整合碎片化的教学内容，以使其形成整体化教学形态，从而抵消单一的教师个体由于综合能力不足而产生对综合与实践主题式教学的无力感。从集体备课入手，变革备课组织，将原本以学科为界限的教师备课"小科组"变为综合教研的"大集体"，具体要做到以下几点。

（1）变革备课组织，重构教研顶层设计。目前，我国备课组织整体上还是按相应学科划分的，各个学科教研组彼此独立，互不往来。新课程及《义务教育数学课程标准（2022年版）》视域下的新教研需要大教研的横向统整、纵向贯通。由于在新课改背景下，各个学科都在强调综合与实践活动，因此，大教研组可以依托综合与实践活动将各个学科教研组整合起来。不同学科之间的交流和合作，能够为小学数学综合与实践领域贡献其他学科知识的力量，同时也能为小学数学综合与实践活动积蓄不同学科的课程资源。小学数学教师通过在大教研组的集体备课，对小学数学综合与实践领域有了更多的了解和认识，并根据学校的特色和资源，总结出更合理的主题教学类型、教学方法等，以集体的力量形成小学数学综合与实践领域的教学智慧。

（2）教师集体备课应走向跨界整体备课。学校应组织教师利用假期的时间，对一学年、一学段的教学设计进行积极讨论和交流。因为不论是小学数学综合与实践领域还是其他学科的综合与实践活动，都需要开发自身学科的课程资源。对一学年、一学段的教学内容进行提前备课，有助于数学教师纵向理解课程内容，同时也能借鉴其他学科的内容来对数学综合与实践活动的内容进行衔接。通过年级间、学科间的整体备课，不同学科教师可以进行相互点评。

（3）精选优秀教学设计，共享教学资源。邀请相关专家进行点评，选出优秀教学设计，作为综合与实践活动的教学资源，供不同学科的教师参考。

三、"五化"推进教学实施，统筹教学设计的整体性

在实施综合与实践主题式教学时，教师需要关注《义务教育数学课程标准（2022年版）》中的要求，实现教学过程的一体化设计，将教学看作一个整体。袁顶国提出主题式教学机制[②]，明确整个教学过程围绕以下五个部分展开，即课程内容主题化、主题

[①] 王曼、吕建强：《数字时代的教师：身份转换与价值重塑》，《当代教育科学》2021年第9期。
[②] 袁顶国：《从两极取向到有机整合：主题式教学研究》，博士学位论文，西南大学，2008。

内容问题化、问题解决互动化、知识运演结构化、知识及能力活性化，具体如下。

（一）以数学核心素养为概念群，实现课程内容主题化

教师在设计小学数学综合与实践主题式活动时，第一个环节，从数学核心素养为主的概念群入手，使课程标准以及教材中体现的课程内容统筹为教学主题。由于教学主题是对接学生生活的，而学生生活是无边界的，因此要突破学科领域内部的知识壁垒，甚至是不同学科知识之间的壁垒，以形成促进学生整体性发展的教学主题。需要注意的是，教学主题并不是随意选择的，而是以《义务教育数学课程标准（2022年版）》及阶段性的数学课程内容为依据，对已有的教学主题进行优化甚至是二次创造。不同于小学数学课程中的其他三大领域，综合与实践领域更强调学生解决问题及实际应用的能力。因此，在这一领域中，我们不再局限于数学知识的教学，而是将目光对焦到学生数学核心素养的发展上。在将课程内容主题化的过程中，我们需要以数学核心素养为主建立大概念群，其他学科核心素养为辅补充大概念群，辅助数学核心素养发展，通过教学主题将数学核心素养贯穿整个教学过程。

（二）以数学问题序列为逻辑链，实现主题内容问题化

小学数学综合与实践主题式教学，只有依托具体的问题，才能够使教学主题发挥其应有的价值。而且问题不能只有一个，教学主题中的问题应该形成相关联的问题序列，环环相扣，使学生在有逻辑的问题序列中，逐渐发展数学核心素养，教师需要根据教学主题的内容以及教学目标，设计问题序列，让学生经历探究—综合—整理—提炼的过程。以"校园平面图"这一主题活动为例。首先，教师需要明确这一主题活动中需要发展的数学核心素养有哪些（量感、运算能力、空间观念、应用意识等），并以此为基础建构概念群，落实到之后的问题序列中。其次，教师明确概念群以后，需要用问题序列将其落实到教学中。在"校园平面图"这一主题活动中，需要明确以下的问题序列。问题序列1：我们应该怎样绘制校园平面图？问题序列2：具体测量方案是什么？问题序列3：如何将测量所得的数据转化成绘制平面图所需的数据？问题序列4：我们在生活中什么时候需要绘制平面图？在问题序列1中，教师将问题抛给学生，让学生通过对如何绘制校园平面图进行讨论，以明确测量和绘制的任务、准备什么工具、会遇到什么问题，以及怎样解决问题。这一过程加深了学生对比例尺的理解。问题序列2则通过学生合作以及质疑探究，将学生的思维具体体现到方案中，体现学生解决问题的能力。问题序列3通过对比例尺的具体运用，实现深化理解。问题序列4将比例尺抽象到生活情境中，对知识产生迁移。当然在这些问题序列之下，还存在各个子问题，这就需要教师根据学情灵活设计。在明确了各个问题之后，教师应注意明确所涉及的数学核心素养在每个问题阶段中发展的程度，以促进学生思维发展的进阶化。最后，在设置完这些内容之后，教师需要明确各个问题序列所处的情境。

情境的设置需要把握经验性原则、整合性原则及适切性原则[①]。经验性原则强调教师在设置问题情境时，需要结合学生的生活经验，使得情境化问题具有真实性。整合性

---

① 张晶、夏小刚：《数学问题情境化设计中的认知偏差及任务靶向》，《数学教育学报》2022年第6期。

原则强调将问题中的概念及关系要素组织到经验性情境中，情境并不是空洞的，而是能够促进学生数学化思维的发展。适切性原则强调情境要素要与数学的关系和结构相关，不能是单纯的无意义的教学情境。因此，问题序列的设计不仅要能将教学主题问题化，以使教学主题能够落实到教学中，而且教师还要注意将问题序列情境化，使学生通向数学素养发展的大门。

（三）以证实和证伪为互动条件，实现问题解决互动化

小学数学综合与实践主题式教学以开放性的问题促进学生主动进行问题探究，强调用问题探究的方式去解决问题。学生通过小学数学三大领域课程的学习，已经了解并掌握了相关的知识。因此，在综合与实践主题式教学活动中，学生可以根据原有知识，理解分析当前教学主题中所涉及的问题，并整合运用先前学过的知识解决问题，促进知识的迁移。而在问题解决的过程中，学生势必会经历两个必要的过程，即证实和证伪[1]。在小学数学综合与实践主题式教学中，学生将经历从知识的不确定性到知识的确定性。而通过问题探究的过程，学生会逐渐明晰数学知识的确定性，这个过程必将经历证伪和证实。通过证伪的批判性思维以及证实的逻辑思维，可以实现主题式教学的育人价值。首先，学生在进入小学数学综合与实践主题式学习时，会面临一个综合化的教学主题，以及问题序列的逻辑线索。学生在着手解决问题时，就会面临数学知识的不确定性，这一阶段就是提出问题阶段。虽然教师已经设置好了问题序列，能起到教学引导作用。但是每个序列下又会分布一些子问题，而这些子问题就是学生在面临问题情境时提出来的。在此问题提出阶段，学生将面临不确定的数学知识，此时学生通过探究、质疑的证伪活动，来使数学知识清晰化。以"营养午餐"为例，学生一开始需要解决这样一个问题：我最近的午餐营养搭配是否合理？对此，首先，学生需要明确什么样的营养搭配是不合理的，并探究运用什么样的数学方法去证明其是不合理的。如果学生一开始就知道了什么样的搭配是合理的，那么学生已经得到答案，就失去了主动学习的意义。这个阶段就是证伪的过程。其次，学生在明确什么样的营养搭配是不合理，并能根据一定数学知识去证明的时候，就初步确定了数学知识的明确性。最后，学生利用数学知识对营养搭配进行证实，明确什么样的搭配是合理的，依托数学知识的逻辑去证明其科学性。在证伪和证实的过程中，学生经历解决实际问题的过程，并通过百分数等数学知识来解决现实生活中不确定的问题。因此，证伪和证实是实现问题解决互动化的必要条件和经历，证伪和证实相结合使学生在师生互动以及生生互动的过程中解决问题。

（四）以学科融合形成知识网络，实现知识运演结构化

在小学数学综合与实践主题式教学活动中，学生主要通过完成指向相应问题的任务，运用数学学科以及其他学科的知识综合解决问题，形成结构化的知识网络。这一过程中，学生将通过合作、交流、质疑和探究的方式完成任务，同时教师也要为学生提供用以完成任务的各种支架，从而促进学生知识的迁移。以"水是生命之源"这一主题活

---

[1] 喻平、徐时芳：《核心素养指向的数学教学过程设计》，《数学通报》2022年第3期。

动为例,这个活动旨在引导学生从数学的角度研究社会问题,即调查中国淡水资源分布、可用水量以及人均淡水占有量、现实生活中人均用水量等信息的调查,培养学生对数学的应用意识。在实施这一主题活动时,首先,教师要明确第一环节的核心素养概念群。在这一活动中,涉及的数学核心素养主要有数感、运算能力、推理意识、数据意识、应用意识、创新意识等。聚焦这一主题,光用数学学科的知识方法其实是解决不了实际问题的,还需要运用科学学科的知识和方法。学生需要知道水资源的储备、水循环的方法、节约用水对国家、社会、个人的意义,等等。核心素养概念群还需要以科学观念、科学思维、态度责任、探究实践来补充。因此,在第一环节确定核心素养概念群时,就已经将学科融合的内容渗透到教学之中。其次,在进行教学设计时,教师要关注在横向年级中,有没有可利用的跨学科资源。教科版五年级小学科学教材中的"珍惜水资源"一课就与数学课本中"水是生命之源"息息相关,该课程的教学中已经让学生运用适宜的统计方法来统计数据,为"水是生命之源"课程的教学打下数据应用的基础。因此,在准备综合与实践课程教学时,教师可以关注其他学科中是否有可利用的跨学科资源,实现教学内容一体化育人。通过任务簇的解决,学生也在学科融合知识的运用中,形成了自身独特的知识网络。

(五)以数学人文价值为引领线,实现知识及能力活性化

在传统的教学活动评价中,教师关注的是学生数学知识和技能的相关情况。《义务教育数学课程标准(2022年版)》提出了学业质量标准,意味着数学学习评价由关注知识技能的学习转向通过知识技能的获得而形成核心素养。小学数学的四大领域中,综合与实践领域是在其他三个领域学习的基础上,融合知识从而解决生活中的问题。因此,相对比其他三个领域而言,综合与实践领域的评价内容更应凸显数学核心素养。在小学数学综合与实践主题式教学这一强调发展学生核心素养的教学活动中,教师应以数学人文价值为引领线,强化数学人文价值对数学教育的引领作用,实现数学知识能力在小学数学综合与实践主题式教学活动中的活性化。小学数学综合与实践主题式教学活动需要体现哪些数学教育人文价值呢?比如,通过"度量衡的故事"这一主题活动,学生能够意识到数学对人类文明的发展具有很重要的作用,数学提供了一种思维方法让学生认识世界,求真意识则让学生能够去尊重客观事实。该活动通过证实与证伪,通过逻辑和演绎,激发出学生追求真理的勇气和信心。批判和创新意识则是让学生能够在不断批判的同时进行创新,就如在"水是生命之源"这一主题活动中,学生将在自主学习探究中,不断地批判现有的方法,同时又创新方法,来设计出节约用水的可行方案。在小学数学综合与实践主题式教学中,教师既要引导学生回顾历史,同时也要让学生面向未来。回顾历史即让学生能够继承数学前辈们的人文精神,知数学知识之来源;面向未来则是让学生能够守正创新,利用数学知识解决未来生活中不可预测的生活难题。数学人文价值作为教学教育中不可或缺的一部分,教师应以其为引领线,促进数学知识能力活性化。

四、完善教学评价体系,保障教学成效的聚合性

小学数学综合与实践主题式教学的教学评价更关注学生核心素养的生长,因此,学

校应做好教学评价的顶层设计，转变教师评价观念；教师应建构教学评一体化，将教师的教和学生的学紧密结合，关注评价的综合效能。同时，教师也应针对教学主题的不同，探索多元多维的评价方式，注重学生核心素养、数学品格和价值观的发展。

（一）转变教学评价观念，回归育人实质价值

小学数学综合与实践主题式教学的实施与其评价观念密切相关。评价观念引导着教师评价行为的方向，树立正确的教学评价观是实施小学数学综合与实践主题式教学的当务之急。为深化小学数学教师对于综合与实践主题式教学的认识，不仅需要教师摒弃以分数为本的评价观，而且需要学校将小学数学综合与实践领域的评价和教师日常教学工作融合起来，提高教师的评价意识。小学数学设置综合与实践领域是为了打破"唯分数"的评价体系，这一领域的内容是实施素质教育的重要组成部分，关注学生的综合发展和动态发展。而从考试的视角出发，虽然并没有对这一部分内容的教学考核做出明确要求，但是观察各地的考试卷不难发现，小学数学的试卷内容越来越注重综合性知识，这更从侧面凸显了小学数学综合与实践领域的重要性。因此，要发展学生核心素养，小学数学综合与实践领域是一个很重要的突破口，而小学数学的综合与实践主题式教学则是实现学生核心素养的重要抓手。其次，树立正确的教学评价观，学校要将小学数学综合与实践主题式教学的评价与日常教学工作融合起来，使得这一领域的评价成为教学常态化评价。需要明确的是，小学数学综合与实践主题式教学的学生评价并不是在教师教学之外强加的任务，而是日常教学中教师应该要做的常规工作。只有这样，教师才能够主动实施这一领域的内容，并逐渐将教学评价重视化、规范化。因此，在小学数学综合与实践主题式教学实施中，学校要做好教学的顶层设计和宏观管理，使得小学数学综合与实践主题式教学的评价能够常态化实施。只有这样，小学数学综合与实践主题式教学的评价才不会集中突击、随意应付。

（二）构建教学评一体化，关注评价综合效能

由于小学数学综合与实践主题式教学的教学整体性，教师的教与学生的学是相辅相成、浑然一体的。因此在教学活动中，教师应通过"学、教、评一体化"来纠正重知识轻能力的实践偏差。从政策导向上来看，五育融合的教育理念强调教师关注学生的学习过程及核心素养进行评价。从具体的课堂教学中来看，教师的教、学生的学以及教学评价活动要以学生的核心素养为根本旨要，学、教、评三者相辅相成、相得益彰[①]。因此，小学数学综合与实践主题式教学活动作为发展学生核心素养和关键能力的重要活动场域，应以"学、教、评一体化"贯穿学生的学习过程。小学数学综合与实践主题式教学的"学、教、评一体化"融合评价理念强调从"针对教学的评价"转向"为了教学的评价"。"针对教学的评价"只是为了强调去改进教学的过程，而"为了教学的评价"则是强调小学数学综合与实践主题式教学中，教师和学生在活动中取得的发展。因此，在设计小学数学综合与实践主题式教学的"学、教、评一体化"时，首先要明确的就是教师和学生作为教学的双主体，在实际的教学中有什么样的互动以及应该实现什么样的

---

① 黄友初：《小学数学综合与实践教学的内在逻辑与实施要点》，《数学教育学报》2022年第5期。

发展目标。因此，小学数学综合与实践主题式教学的"学、教、评一体化"的评价功能从甄别、选拔转向促进教师、学生和课程共同发展。以前文提出的"五化"教学流程为例，首先从教师教学观察层次来看，教师教学主要包括课程内容统整、主题内容激活、问题情境创设、现实任务设置、人文价值渗透。从学生成果观察层次来看，"五化"包括课程内容主题化、主题内容问题化、问题解决互动化、知识运演结构化、知识能力活性化。综合教师观察层次和学生观察层次，小学数学综合与实践主题式教学在两者的互相融合中形成了整体性的教学和评价，可观测目标实现精准教与学。

（三）探索多元多维评价，满足多元价值需求

小学数学综合与实践主题式教学中，由于主题的广域性及活动的综合性，采用单一的、只顾及数学知识获得的教学评价不能够从综合性的活动中评测学生从中获得的实际发展。小学数学综合与实践主题式教学互动不仅仅涉及学生数学知识的获得，还涉及学生数学能力的发展以及数学品格的发展。由此，小学数学综合与实践主题式教学的评价应该是多元多维的，且能够照顾到学生成长和发展的。小学数学综合与实践主题式教学不能只局限于结果性评价，而应通过学生在活动中的持续性表现，建立多元的教学评价，以促进学生在教学中的实际成长。从结果性评价上来说，小学数学综合与实践主题式教学可以从创意制作、田野调查、图画表现等物化结果来进行评价；从过程性评价上来说，教师不仅要关注学生核心素养的发展情况，同时也要关注学生数学品格与价值观的形成情况。首先，从学生核心素养的发展情况来看，教师可以在上课之前根据这节课的教学主题设计核心素养评价量表（此处借助喻平学者设计的考试评价框架来制定评价量表）[①]。此表将每个核心素养划分为几个侧重点，教师可根据学生在不同方面的表现在相应的水平下画勾。以"寻找宝藏"这一主题活动为例，这一主题活动所涉及的最主要的核心素养为"空间观念"，那么教师在第一环节明确核心素养概念群之后，就可以初步设计这种核心素养评价量表（表9-2），明确不同水平的学生表现。在教学过程中，教师根据此量表及时对学生的发展情况进行评价。除此之外，教师还应注重学生数学品格及价值观的发展情况。喻平等学者确定的数学品格及价值观要素包括以下几项：数学价值观念、数学思维品格、数学学习态度、学会数学学习。

表9-2　小学数学综合与实践主题式教学的核心素养评价量表

核心素养	两个方面	三个水平			三个内容		
		情境与问题	水平1	水平2	水平3	数与代数	图形与几何	统计与概率
空间观念	情境与问题						
	知识与技能						
	思维与表达						
	交流与反思						
……	……						

[①] 喻平：《核心素养指向的数学学习评价设计》，《数学通报》2022年第6期。

第四节　综合与实践的教学案例

前文我们已经对小学数学综合与实践教学基本内容、特征以及实施策略进行了系统的揭示和阐述。那么在一线教学中应该如何具体落实小学数学综合与实践主题式教学？如何验证前文对小学数学综合与实践主题式教学的基本观点？本节将从一线教学出发，收集典型案例，根据小学数学综合与实践主题式教学的特点和一般化流程，对东北师范大学附属小学教师设计并实施"绘制校园平面图"这一案例进行评析[①]，为小学数学教师提供更为具体的建议和启发。

"绘制校园平面图"教学片段如下。

案例片段1：

环节1：在现实场景中明确任务

教师：同学们，再过一个月，大家就要离开陪伴我们六年的学校校园了。咱们一起再仔细地逛一遍校园，认真观察校园的每一个角落，看看哪些地方和脑海中的一样，哪些地方是你原来没有注意到的，和你脑海中的不一样。用你的眼睛给校园拍个全景图，牢牢地记在心里，也可以用本子简单地画一画。

要求：

（1）一定要用心观察，不要说话。

（2）可以带纸和笔，可以用数学的方式简单记录一下你的所见。（师生逛校园，观察校园的各个角落。）

教师：看完校园，给大家一个任务，动手为学校画一张校园平面图，作为毕业礼物留给学校。等同学们过十年、二十年再回到学校，看到这份承载着我们对母校爱意的礼物，就能回忆起我们在学校里生活学习的点点滴滴，是不是特别有意义？

环节2：在讨论中确定活动步骤

（师生讨论：一张科学、准确的校园平面图应该是什么样的？）

学生：图上画的形状和建筑的形状是一样的。

学生：图上画的形状大小得科学，数据得真实。

学生：图上建筑物的确切位置、建筑物之间的相互关系得准确。

教师：这张平面图上应包含哪些基本信息？

学生：方向标、比例尺、建筑物的轮廓图。

教师：关于这个比例尺，有什么需要注意？

学生：既然在平面图上要标注比例尺，就说明平面图一定是非常科学、准确的。我们在画图的时候不能随便画一个图形代表教学楼，或者凭感觉画一个图形代表教学楼，

[①] 丁雪艳：《小学数学"综合与实践"主题式教学研究》，硕士学位论文，华中师范大学，2023。

或者凭感觉画一个差不多的长方形代表教学楼，画图的数据一定是有来源的，不能凭感觉也不能猜测，这样才能达到科学、准确。

学生：在图上，各种图形和面积都应保持与实物完全一样，各个方向的比例尺统一。

教师：现在大家拿出笔来，在本子上画一画，找一找感觉，如果现在就让你科学、准确地画出"我的学校"，你要分几步？

（师生共同讨论，明确思考和实践的几个步骤：画什么—画多大—画出校园）

此教学片段分为两个环节。第一环节是教学的导入环节，在此教学片段中，该教师选取的是《义务教育数学课程标准（2022年版）》中已给出的主题活动，将"比例尺""方向""位置""测量"等课程内容融合为一个教学主题，以主题的形式将课程内容呈现给学生，实现课程内容主题化。第二个环节则是让学生着手绘制方案的初级阶段，即先规划方案的具体步骤。教师通过带领学生重点讨论"一个校园平面图上应该有什么"，进而引导学生将问题焦点指向"平面图上画什么"，明确了基本的建筑、建筑物关系以及比例尺等基本信息之后，再引导学生思考"如何画出校园"的问题。通过逐步的引导，学生逐渐明确活动的具体步骤，实现主题内容问题化。综合两个环节来看，此教学片段设计具有以下亮点。

（1）从真实情境切入真实问题，学生真实参与其中去解决问题。从教学任务的设计来说，"科学、准确地画出我的学校"这一教学任务设计不仅切合《义务教育数学课程标准（2022年版）》在综合与实践领域提出的"学生将在实际情境和真实问题中，运用数学和其他学科的知识和方法，经历发现问题、提出问题、分析问题、解决问题的过程。"这一具体的要求。同时这一任务的设计，让学生通过真实的情境亲身参与其中，学会从生活中发现问题，并提高综合运用知识解决实际问题的意识和能力，这体现了教师能依据学生的生活实际，结合真实情境，打破学生学习和日常生活之间的壁垒，启迪学生智慧，引导学生注重知识在现实生活中的运用，将目光从课堂学习放至更广阔的生活环境。

（2）以问题序列为逻辑链条，实现主题内容问题化。在教学片段中，衔接上一个教学任务，即"科学、准确地画出我的学校"，紧接着通过一步一步的问题引导，让学生逐渐清晰所要设计的方案步骤，从问题序列中，引导学生积极有序地参与到活动中来，并发挥自己的主观能动，对于即将设计的方案有自身的认知和行动。通过一系列的问题引导，使学生深度参与主题活动设计，以学生的力量推动教学活动不断发展。教师能结合《义务教育数学课程标准（2022年版）》的具体要求进行学习任务的设计，体现了教师勤学笃行、求是创新的躬耕态度。

（3）以主体交互对话的形式，促使教师和学生成为主题式教学活动的双主体。在此教学片段中，教师并没有直接给学生灌输解决问题的知识和相关步骤，而是通过不断对话，使学生自己提出解决问题所需要的关键信息；通过教师有逻辑的引导，使学生能够将自己的思维表达出来并加以重新建构，最终形成自己的答案。因此，双主体的交流互动更能营造师生平等的交流环境，也更能让学生的思维得以表达。除此之外，需要补充且注意的是，对于每一个关键问题的设计，教师都需要明确问题所处的情境。只有明确问题所处的情境，并且将情境性的问题呈现给学生，学生才能结合具体的情境和自身的经验去解决实际问题。

案例片段 2：

环节 3：在思考中明晰方案细节

教师：确定了要画什么，接下来就应该思考如何获得数据了。请同学们先独立思考，再小组学习。（学生根据个人意愿，组成若干个小组）

独立思考（4 分钟）

提示：可以借助之前绘制的草图来思考问题。

（1）"得到数据"要考虑哪些问题？你是怎样想的？具体怎样做？要注意哪些细节？

（2）"画出校园"要考虑哪些问题？要注意哪些细节？

小组学习（10 分钟）

逐一讨论问题，确定考虑的问题和具体的细节。

选择一名记录员，一边讨论一边在小组学习卡（图 9-1）上快速且有条理地记录。

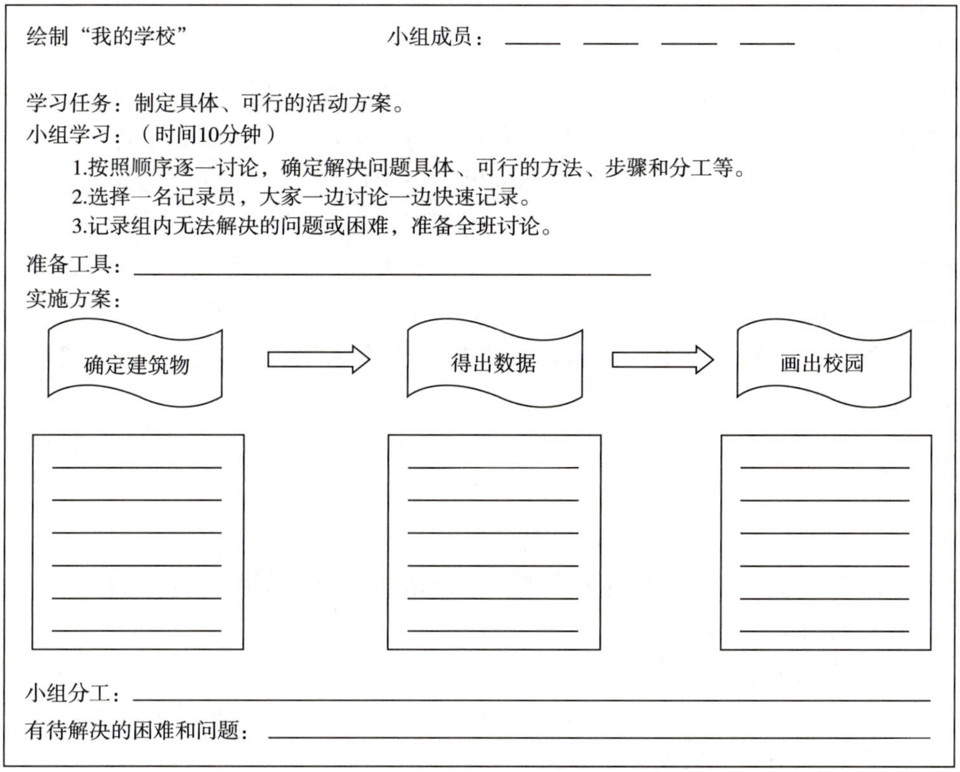

```
绘制"我的学校"              小组成员：____  ____  ____  ____

学习任务：制定具体、可行的活动方案。
小组学习：（时间10分钟）
    1.按照顺序逐一讨论，确定解决问题具体、可行的方法、步骤和分工等。
    2.选择一名记录员，大家一边讨论一边快速记录。
    3.记录组内无法解决的问题或困难，准备全班讨论。
准备工具：_____
实施方案：

  [确定建筑物] → [得出数据] → [画出校园]

  ┌─────────┐   ┌─────────┐   ┌─────────┐
  │         │   │         │   │         │
  │         │   │         │   │         │
  └─────────┘   └─────────┘   └─────────┘

小组分工：_____
有待解决的困难和问题：_____
```

图 9-1

记录无法解决的问题或困难，准备全班讨论。

（学生独立思考及小组讨论后，教师组织全班汇报。要科学、准确地画出学校，需要知道哪些长度？请学生结合校园俯瞰图指一指。提示学生注意校园轮廓及南、北教学楼的间距，提示学生要画出南楼半圆的部分，应测量哪些长度。）

教师：是的，刚才我们思考的步骤看似很详细，可还有没有考虑到的情况，下面请各组同学继续完善方案。我们在解决问题的时候还可能会遇到一些预想不到的情况，就需要我们随时针对遇到的问题想办法、找策略，不断地进行完善，优质高效地完成任务。

在这一教学片段中，教师通过设置独立思考和小组合作的学习方式，让学生在个体思考和学生群体交流中，明确方案的各个细节；通过不断地证实和证伪，让学生最终合作完善好实施方案，在小组内和小组间成员的不断交流、碰撞中实现问题解决互动化。

该教学片段具有以下亮点。

（1）在小组合作前为学生留出独立思考的空间和机会。当前，义务教育阶段学生的数学学习，强调学生学习应具有自主性和探索性，学生的独立思考能够让其参与到学习过程中，让学生在探求知识的过程中得到思维训练和发展。而在小组合作之前先让学生进行独立思考，能够让学生在进行讨论之前，对问题有自主的思考和判断。等到小组合作时，学生是具有一定思维准备的，是带着自己的观点进行讨论的。这不仅能够让学生形成主动探究新知的能力，而且能让学生更好地参与小组合作，充分尊重了学生的主体地位，贯彻因材施教的育人智慧。

（2）设置小组合作，让学生在合作交流中解决存在的问题。教师让学生自行组建异质合作小组，让学生自行确定解决问题的具体可行的方法、步骤和分工等，将解决问题的过程交给了学生。学生通过不断地提出问题和解决问题，达至异质化互动。在这一教学片段中，需要斟酌的是，小组合作成员的设置，是否让学生自行组织？在小学阶段，小学生的合作倾向与年级、性别、成就动机水平有着密切的联系，而且学生的合作意识和合作能力还未稳定形成。因此，在此主题式教学活动中，应该由教师让学生组建异质小组，尽量实现组内异质、组间同质，再由每个小组学生自行分配任务，进行任务分制，以实现结果整合。

案例片段3：

环节4：在实践中"试误"与调整

教师：请小组按照方案中规划的步骤及注意事项，根据草图上标注的测量位置合理分工，准备实地测量。提醒学生：

（1）可以边测量边调整草图。

（2）注意测量细节（尺子保持水平、不要弯曲），以保证测量的准确性。

（3）及时、清晰、准确地记录数据。

（4）爱护卷尺，不要一次拉出太长，用时轻拉，及时卷起。

（5）有问题随时找老师沟通。

（6）注意安全。

（学生分组展开实地测量与记录。测量与画图过程中，教师提醒学生，随时记录遇

到的问题）

测量中学生记录的问题包括：
（1）每一条边线是不是都要量？时间不够，量不完怎么办？
（2）南楼、北楼之间的距离比较远，用卷尺一次量不完怎么办？

绘图中学生记录的问题包括：
（1）用校园的长边确定比例尺，画了一半之后，发现画不下了，怎么办？
（2）画完教学楼，发现校园画不下了，怎么办？

学生总结的解决办法包括：
（1）把需要测量的长度划分区域，自主"加班"，分区解决。
（2）寻找规律，测算结合。

环节5：在反思中总结活动经验

学生小组修改完善了平面图之后，教师指导其反思回顾，准备汇报分享。教师给出汇报提纲的参考建议：
（1）测量的时候用到了哪些数学知识？
（2）用到了哪些测量数据的方法？
（3）测量的时候遇到了哪些之前没有预料到的问题或困难？是怎么解决的？
（4）反思整个测量过程，你觉得还有哪些细节是可以做得更简单、省力的？
（5）你有哪些收获？

教师组织学生以小组为单位进行交流分享。

在环节3中，教师组织学生分组合作，通过真实的活动操作，让学生开展有目的、有设计、有步骤、有合作、有反思的实践活动。在此过程中，让学生融合学科知识，在实践中实现知识运演结构化。

此教学片段具有以下亮点。

（1）让学生开展实地测量，在真实的实践中综合运用知识解决实际问题。在此教学片段中，教师让学生在分组制定好实施方案之后，到校园中对所要绘制的校园平面图中的各个建筑实地进行测量，让学生们在实践活动中，对照目标，依据方案，尝试调整方案，经历自主解决问题以及合作解决问题的全过程。从传统的课堂学习到实地测量，教师贯彻了教书育人的方针，引导学生学以致用。

（2）让学生们在测量和绘图的实践过程中，随时记录遇到的问题及解决问题的方法。在让学生记录问题和相关解决方法的过程中，经历"尝试—反思—修正—再尝试"的过程。此过程不仅提升了学生提出问题以及解决问题的能力，同时也让学生对各个领域甚至不同学科的知识进行融合，在不断地试误中实现知识运演结构化。需要注意的是，由于此主题式教学活动是长程活动，在让学生自行实施方案时，教师应把握好教学时间的分配，并根据教学情况，合理利用课内时间和课外时间让学生展开实地测量。除此之外，在此数学实践中，对于学生素养发展来说，过程比获得结论更为重要。因此，教师应在学生的探究过程中，及时给予学生启发和引导，并且将过程性评价贯穿学生自主探究的全过程。

在环节4中，学生完成校园平面图之后，教师对汇报和反思给出建议，让学生在完善平面图之后，以小组为单位进行汇报分享。这有助于学生进一步思考解决问题的策略和方法，归纳经验、教训。同时，在让学生反思交流时，教师并没有局限于数学知识的获得，而是面向学生的成长和发展，关注数学人文价值，以实现知识能力活性化。

此教学片段具有以下亮点。

（1）在反思中衔接上一阶段问题的提出和解决，让学生对解决问题的经验进行分享。此教学片段的设计，将学生反思贯穿活动的全程，让学生不论是在实践活动的准备阶段、实践活动的实施阶段还是实践活动的反思阶段，都能够带着问题和思考去进行实践活动，并在合作交流中一遍一遍经历推翻—重建的过程，从而深入理解所学的知识，提高解决问题的能力，激发创造力。

（2）设置汇报分享环节时，不只是局限于数学知识分享，更关注学生的成长。在让学生进行汇报时，该教师并不是让学生随意汇报，而是设置了汇报提纲。这使得学生在汇报时能够兼顾汇报内容的各个方面，并能有逻辑地组织自己小组的实践内容。同时，该教师对汇报提纲的设置，并不局限于数学知识的分享。学生反思的内容指向数学知识、数学思考、规划与设计、团队合作等多个方面，其中涉及的并不只是数学知识的获得，还有数学核心素养的提高，以及数学人文价值的领悟。

回顾所有教学片段，"绘制校园平面图"这一主题任务贯穿整个教学，以此主题为中轴，实现整体化教学。第一，将课程内容主题化，此课程内容由比例尺、方向、位置、测量等构成，涉及数与代数、图形与几何两个领域的内容，该主题将这些课程内容进行统整，让学生在主题任务中学会融合及应用相关知识。第二，将主题内容问题化，通过一系列的问题序列，引导学生逐渐明确活动的具体步骤，在教师和学生的双向交流互动中，让学生勇于表达自己的思维和想法。第三，将问题解决互动化，通过设置小组交流互动，让学生通过个体思考和群体交流，在不断地交互对话中，最终明晰实施方案的各个细节。第四，将知识运演结构化，放手让学生自行分组合作进行测量、绘图等，融合学科知识，让学生根据方案开展有目的、有设计、有步骤、有合作、有反思的实践活动，在不断地试误中将学科知识联系起来，建构起知识框架。第五，将知识能力活性化，通过设置反思提纲，让学生小组对自己的作品以及实施过程中的困难等进行反思，指向学生数学思考、团队交流、数学人文价值的体悟等内容，关照学生在数学活动中的整体发展。

总之，东北师范大学附属小学宋冰、王春英等老师设计并实施的"绘制校园平面图"这一案例，充分体现了主题式教学的整体化教学思想，在案例设计中凸显教学整体性，在活动深化中体现知识迁移性，在有效利用课内外时间以及室内室外场地中体现活动开放性，在师生、小组合作中体现主体交互性，同时在评价和反思环节上体现文化育人性。该案例为小学数学综合与实践主题式教学提供了更为具象化的一线教学视角。通过对这节课的评析，期望为小学数学教师实施小学数学综合与实践主题式教学活动提供帮助与借鉴。

思考与练习

单项选择题解析

 阅读与拓展

1. 刘喆．数学"综合与实践"学习领域的表现性评价研究［J］．数学教育学报，2023，32（06）：60-66.

本文就如何开展综合与实践学习评价这一亟待解决的课题，认为表现性评价对综合与实践学习领域具有适切性。综合与实践表现性评价是指：让学生在真实的情境中，整合运用数学和其他学科知识和方法解决数学综合问题或完成跨学科主题学习任务，以应用评分规则对学生的过程表现与学习结果做出判断。在构建起综合与实践表现性评价体系的基础上，以初中数学综合与实践为例，针对表现性评价设计阶段，阐释了"目标—任务—规则"三要素的设计过程与方法，以期表现性评价在综合与实践教学决策链中发挥重要作用，能够更有效地促进学生的学习和发展。这对小学数学综合与实践的教学有一定的指导意义。

2. 郭宇凡．素养导向下小学数学跨学科综合实践活动的思考与实践［J］．中国教育学刊，2023（S2）：56-57+82.

本文认为，跨学科学习既是发展核心素养的内在要求，又是培养学生批判意识和自由人格的必要条件，它以发展学生的跨学科理解为直接目的。跨学科学习设计既要关注学生的年龄心理发展特征，又要关注学生的个性发展需要，还要关注社会生活特点。在确定跨学科主题之后，要围绕跨学科概念进行系统设计，并与各门学科学习形成有机联系，使二者相得益彰。我们在设计数学跨学科实践活动时，要在新课标精神的引领下，基于概念性理解及核心素养而设计，充分发挥整体育人优势，使学生真正走向深度学习。

3. 张旸，刘燕妮．教育家精神的理论逻辑、时代创新及弘扬路径［J］．中国教育学刊，2024（08）：40-47.

教育强国背景下的教育家精神研究，要义在于洞悉教育家精神的理论逻辑及时代创新，进而在理论与现实、历史与趋势多重维度中认识教育家精神的本质特征，构建教育家精神的弘扬路径。教育家精神内含"报国弘道"的教育家精神价值论、"垂范奉献"的教育家精神目的论、"启智笃行"的教育家精神方法论。教育家精神的时代创新体现在马列主义教育思想中国化的理论创生、中华传统师道思想现代化的文化焕新、中华民族教育强国战略化的实践出新。教育家精神引领下的教师队伍建设与教育强国建设，应强化宏观系统行政治理职能、具化中观系统组织培养职责、深化微观系统自我成就需求。

4. 赵智．"教育家精神"的四重属性及其融入教师队伍建设的实施路径［J］．教育科学探索，2024，42（04）：12-18.

教育家精神是有内在逻辑的完整体系，它包含的六个方面的内容分别反映了教育家精神的四种属性，即政治属性、道德属性、职业属性、文化属性。教育家精神养成主要有五种机制：一是原发性驱动，构建"身份认同"机制；二是认知性驱动，构建"体验反思"机制；三是需求性驱动，构建"职业发展"机制；四是行政性驱动，构建"规范约束"机制；五是环境性驱动，构建"感染浸润"机制。教育家精神融入教师队伍建设的实施路径主要有：一是课程化，增强教育家精神养成的系统性；二是研修化，强化教育家精神养成的体验性；三是生活化，强化教育家精神养成的契合性；四是制度化，强化教育家精神养成的规范性；五是项目化，强化教育家精神养成的参与性。

第十章
小学生数学核心素养的培养

学习目标

1. 理解并掌握关于数感、量感、符号意识等 11 个小学生数学核心素养概念。
2. 掌握对数感、量感、符号意识等 11 个小学生数学核心素养的培养策略。

数学核心素养的特征

第一节 数感的培养

《义务教育数学课程标准（2022 年版）》明确指出，小学阶段，核心素养主要表现为：数感、量感、符号意识、运算能力、几何直观等，其中数感排在第一位。数感已经成为小学生数学综合素养的重要体现。数感的培养和形成不仅能帮助学生理解和解释现实问题，提出解决问题的想法，并尝试解决问题，还有助于学生形成解决数学问题的良好思维。因此，在进行小学数学的教学过程中，教师要弄清数感的含义，掌握培养小学生数感的策略，进而有效培养学生的数感。

一、数感概述

数感是数学的基本素养，在小学阶段，学生若想学好数学，灵活应用，必须具备良好的数感。基于数感的重要性，以下内容主要从两部分展开：一是数感的概念；二是数感的主要表现。

（一）数感的概念

《义务教育数学课程标准（2022 年版）》指出，数感主要是指对数与数量、数量关系及运算结果的直观感悟。这句话既界定了"数感"这项数学核心素养概念的内涵，更突出"直观"。数感的形成离不开认数和运算的学习。

在日常生活中，人们经常会和各种各样的数字打交道，并有意识地将一些现象与数量关系建立起联系。比如，对一位新老师，可能在她到来之前，学生就会猜想：这位老师有多大，她有多高？比如，学生去学校的体育馆观看某个比赛时，一进馆时就会想：这个馆的面积有多大，可以容纳多少人等。诸如此类的问题，虽然不用进行具体的运算，但这实际上是数感在起作用。当人们把一些实际问题与数联系起来时，这就是一种数感。

每个人都有数感，就像人们平常所说的方向感、语感一样，是一种对于事物或现象、属性方面的敏感性，而数感就是对数与运算的一般理解。它是人的一种基本的数学素养，是建立明确的数的概念和有效地进行计算等数学活动的基础，是将数学与现实问题建立联系的桥梁。

（二）数感的主要表现

小学阶段的数感主要表现在以下三个方面。

（1）能在真实的情境中理解数的意义，能用数表示物体的个数或事物的顺序。在数与代数领域，自然数、整数、小数、分数等概念是小学生首先要学习的重要内容。这些概念本身比较抽象，需要教师为学生创设可感知的生活情境，这样学生才能真正理解数的含义。最终，学生能将这些数的概念与它们所表示的实际含义联系起来，并能在现实情境中加以应用和理解，才算是真正理解了数的概念，同时也为建立数感奠定了坚实的基础。在常规教学中，教师利用与生活情境相关联的问题开展教学。教师通过具体模型或实践活动协助学生认识数与运算的关联：知道学校礼堂的主席台上无法站立 2000 个人；一般人无法背起 200 千克的重物，或一般的教室无法站立 1000 个人。

（2）能在简单的真实情境中进行合理估算，作出合理判断。这强调了估算在解决问题中的重要性。例如，能够利用计数单位进行估算或者比较数的大小；能直观理解"出入相补"原理在计数和估算中的作用和意义；能用不同的方法产生一个"大树"；知道 π 是一个确定的数，3.14 只是它的一个近似值，等等。教学中，教师要善于捕捉教育的契机，为学生提供一些具有发散性和拓展性的问题，培养学生进行合理估算、合理判断的意识和能力。

（3）能初步体会并表述事物蕴含的简单数量规律。例如，能够利用天平、线段等具体模型感悟数的相等关系与不等关系；能利用模型直观感知数运算的规律，为形成推理意识提供感性经验；能在具体情况下用数字表达事物的数量规律；能根据给定的例子发现和表示事物的变化规律，等等。

数感是所有数学概念的基础。在小学阶段，帮助学生形成和发展数感对整个中小学数学学习都十分重要。学生在数感的基础上，可以逐步发展数学直觉。

数感的核心成分是对数量关系的感悟与理解。一方面，学生在处理各种数量关系的过程中逐步形成和发展数感；另一方面，建立数感有助于学生理解或表达具体情境中的数量关系，理解现实生活中数的意义，初步感受数学表述的简单与精确。小学阶段的数量关系主要包括数量之间的对应关系、数量之间的相等关系、数量之间的大小关系。

二、小学生数感的培养策略

（一）让学生在情境中体验数感

小学阶段的学生年龄较小，课堂集中注意力的时间较短，一个良好的、适应学生心理需求的教学情境，能让学生注意力集中，思维活跃，积极参与数学课堂，使抽象的数学具体化。因此，数学教学应让学生在真实情境和已有知识经验中体验和理解数学，也可以让学生参与到数学情境的创设与探究思考过程中，发挥主观能动性，积极感知数学的魅力。教师在教学过程中可以借助多媒体技术为学生创设生动丰富的学习情境，让学生乐在其中。

例如，在教学"小数的初步认识"这部分内容时，为帮助学生更好地感知和理解，可创设情境并抛出问题：你现在要去书店买书，买童话书和绘画书需要花多少钱？让学生进入买东西的情境中："大家会读标签上的价格吗？是几元几角几分呀？"

又如，以"10 以内加减法"为例，教师在教学过程中可以为学生创设这样的故事情境："小白兔 3 岁啦，森林中的小动物都赶来为她庆祝生日，小熊和小白兔是好朋友，他早早就来到了小白兔的家，为其送上了 6 根胡萝卜。小猴送了 4 根香蕉。小羊空着手来，什么都没送，还吃了小熊送的 3 根胡萝卜。小白兔十分生气。大家可以帮小白兔计算一下她收到的礼物的总数吗？最后还剩了多少呢？"学生听完故事后表现得十分活跃，并在最短的时间内将答案算出：小白兔收到礼物的总数为 10 个，最后剩下 7 个。然后教师给予学生鼓励，让其仿照这种方法编故事，并用算式计算出来，也可以让学生以小组合作的方式展开讨论，这样能够让学生充分感受学习的趣味性，进而顺利掌握相关知识。

（二）让学生在解决问题中强化数感

具备良好的数感不仅可以帮助学生深入理解知识，还可以提高学生的数学思维水平，提高学生解决问题的能力。培养学生的数感需要借助教学的实际，关注不同数学问题的设置，让学生在学习数学知识的同时加深对数感的认识，进而培养和发展学生的数感。因此，要想更好地培养学生的数感，必须让学生对现实问题有更多的理解和接触，并有意识地将数量关系与现实问题联系起来。

比如，在教学余数的除法时，教师先用学生最感兴趣的话题创设情境："同学们，春天到了，在这个季节里你们最想做的是什么事情呢？""春游！""在春游过程中，我们会遇到哪些麻烦问题？"学生们纷纷提了很多问题，有买票问题、租车问题、租船问题等，并从多方面考虑，设计了许多种解决问题的方案。其实这就需要数感。最后大家选择了借助划船出游。有 37 名同学和 1 名教师要划船出行，每一条船最多可以坐 6 个人，那么需要几条船？有的学生脱口而出，需要 6 条。那么剩下的两个人怎么办？学生在思考后，决定租 7 条小船出游。通过让学生联系实际问题去分析研究，学生能够运用自己原有生活的经验和知识基础，不断地完善对原有知识的理解，对知识基础的认识，从而提升解决问题的能力，并在分析问题和解决问题的过程中加深对数学的认识，强化数感。

（三）让学生在实践操作中发展数感

动手操作是一种特殊的认识活动，是感知的源泉和思维的基础。[①] 数学知识具有抽象性、概括性和逻辑性的特点，而通过让学生实践操作，如称一称、数一数、掂一掂、倒一倒等，可让学生发现一些数学问题，找到一些数学规律，学会用数学的语言符号进行交流，亲身体验数学知识形成的过程。在这个过程中，学生眼、耳、口、手、脑等可协同动作，感知数学问题。自己动手操作不仅是小学生认识概念、理解和掌握知识的重

[①] 谢凤珍：《核心素养下学生数感培养的策略》，《西部素质教育》2022 年第 23 期。

要途径，也是促进他们积极参与课堂活动、培养创新精神的重要方法。因此，在培养与发展小学生的数感时，一般都需要进行动手操作，这样才能提高学生的学习效率，提升学生的学习能力。

例如，在学习"生活中的数"时，可以为学生设计一个教学活动。教师在引导学生学习 100 以内的数时，可以设计一个数 100 根小木棒的活动，并将学生的速度进行比较。学生会出现不同的情况。例如，逐一进行数数、分组进行数数、以 10 根为单位进行数数等。当学生们将 100 根小木棒数完后，教师可以提出问题："同学们，通过今天的数数活动，你们有什么发现？"数感较强的学生回答："我们可以以 10 根为单位进行数数，速度很快。"与此同时，教师可以根据学生对数的感悟，对其进行深度挖掘以及整理，并且让学生对以 10 根为单位进行数数的行为进行讨论。学生在这样的学习过程中可以不断认识数，加快学习数学知识的速度，并不断提高自己的数感，从而提高数学素养、学习效率以及学习能力。将抽象的数的概念寓于动手操作，给学生以形象的体验，可使学生在生活背景下感受体验、有所领悟，内化所学知识，习得数感。①

（四）让学生在反思中提升数感

学生数感的提升不是一蹴而就的，而是需要在长期锻炼的过程中逐步提升。对此，教师一定要让学生在数学学习的过程中，养成良好的反思习惯，并且能够记录下学习过程中的问题，不断进行反思，以此来提升数感。开展反思教学，让学生对自主思考的问题进行总结。学生通过自主学习，能够很好地将所学到的数学知识运用到实际生活中，并且解决相关问题，提升综合能力。②

例如，在进行六年级上册"圆柱和圆锥"这一部分的学习时，学生首先会学习面的旋转，然后了解表面积的运算公式，随后学生会学习圆柱的表面积以及圆柱的体积。在学习完这些内容之后，教师需要引导学生进行认真的反思。由于这一部分涉及了数与形的结合，对学生的空间想象能力和思维能力都有较高的要求，许多学生在推导圆柱表面积和体积公式的时候都容易出现问题。为了提升学生的数感，教师应引导学生进行总结，并且复习梳理推导过程。在随后圆锥的体积这部分内容的教学过程中，教师应鼓励学生学会质疑、敢于质疑，为数感的提升提供思想基础。有一部分学生在学习的过程中，能够对圆柱和圆锥进行有效的区分和总结，并且在学习圆柱的表面积和体积的基础上进行圆锥体积的运算推导和证明。

第二节　量感的培养

量感是《义务教育数学课程标准（2022 年版）》新增的数学核心素养，也是数学眼光的表现形式之一。量感的形成和发展有利于学生用定量的眼光认识和解决问题，提高数学应用意识和抽象能力。

---

① 谢凤珍：《核心素养下学生数感培养的策略》，《西部素质教育》2022 年第 23 期。
② 杨玉清：《小学数学学习数感培养策略探究》，《科学咨询（教育科研）》2021 年第 9 期。

一、量感概述

以下内容主要从两方面展开：一是量感的概念；二是量感的主要表现。

（一）量感的概念

在小学数学教学中，量是一个重要元素，是现实世界一个最普遍、最基本的属性，是形成数概念的经验基础，与之相对应的是量感。《义务教育数学课程标准（2022年版）》立足数学学科特点，将量感作为数学核心素养的具体表现，要求教师在实施数学教学时要着力培养学生的量感。量感主要是指对事物的可测量属性以及大小关系的直观感知。就是说，量感是对量的一种直觉感悟，是对物体的轻重、多少、大小、厚薄等属性的一种感受力。

（二）量感的主要表现

根据《义务教育数学课程标准（2022年版）》，小学阶段的量感主要表现在以下三个方面。

1. 知道度量的意义，能够理解统一度量单位的必要性

例如，在实际情境中感悟事物的各种可测量属性；对各种实际度量的"大小"建立初步的直觉，这种源自直觉的量感在日常生活中十分有用；在各种"量"的比较过程中，感悟统一度量单位的必要性；感悟长度作为基本量在实际生活和数学中的意义；体验度量工具的作用与意义，初步感悟直观经验的局限性和测量工具的重要性。

2. 会针对真实情境选择合适的度量单位进行度量，会在同一度量方法下进行不同单位的换算

例如，能够根据实际面积的大小选择合适的面积单位，当描述一张纸的大小时可以用平方厘米，但要说明我国的国土面积时则应该用平方千米；理解度量单位的意义，在同一单位下才能比较度量的结果和计算；能够对同一个度量系统下的不同度量单位进行换算，知道同一度量系统中设置不同单位的必要性与意义，知道不同单位的数值之间具有比例关系。

3. 初步感知度量工具和方法引起的误差，能合理得到或估计度量的结果

通过各种实际测量活动，逐步感悟现实生活中的物体实际上是"测不准"的；感悟近似计算在测量中的意义和误差的可接受范围；由于现实生活中的测量结果都是一个近似值，因此需要根据实际需求选择一定的精确度；知道影响测量误差的因素有很多，包括度量工具、度量的过程与方法、测量数据的运算或者公式的使用等；在解决实际问题时需要初步了解近似计算的基本原理；能合理、有效地运用估计策略解决实际问题。

建立量感不仅有助于学生解决日常生活中的各种测量问题，而且有助于学生养成用定量的方法认识和解决问题的习惯，是形成抽象能力和应用意识的经验基础。为此，在实施小学数学教学时，教师要高度重视量感的培养，依据教学需要，应用多种策略满足学生的量感发展需求，使学生扎实掌握相关数学知识。

二、小学生数学量感的培养策略

(一) 创设情境，调动量感需求

调动量感需求是指激发学生的探究兴趣。在探究兴趣的支撑下，学生会体验多样活动，感悟"量"，建立量感。众所周知，数学学科与现实生活联系密切。在体验现实生活之际，学生也随之获取了量感素材，建构了量感认知。因此，在课堂上，教师可以结合教学内容和学生的生活经历创设教学情境，借此使学生迁移生活经验，产生认知冲突，建构积极的学习情感倾向，自主体验教学活动，建构对量的感悟，夯实量感发展基础。创造现实情境，联系生活实际，利用生活资源，更容易使学生融会贯通，对于"量"也会形成基本的认知，有助于量感的培养。[1]

例如，在教授人教版数学教材中"长度单位"的相关知识时，教师可以在课前预习环节让学生收集有关长度单位的资料。比如，你了解长度单位的历史发展吗？生活中或者其他学科知识中你发现有哪些长度单位？等等。让学生通过收集资料的过程发现生活中的度量，感知身边的度量，激起学习兴趣和求知欲。在教学中，教师可以通过联系生活和学生之前所学的知识进行导入，如先展示一些物体的图片、提问学生图片中物体的数量，之后教师利用学生身边的物品进行提问。比如，一根铅笔的长度是多少？一本书的边长是多少？引导学生用不同的方法对物体进行初步测量。通过教师与学生、学生与学生间的互动，引导学生发现测量一个物体时需要使用度量工具并且需要统一的、合适的度量单位，度量单位之间可以进行换算。此时教师就可以引导学生比较两种度量工具的不同，区分两种度量单位。由此，学生开始感知度量，获得度量的概念并尝试估测一些物体的长度和使用度量单位、初步形成量感，为之后度量的学习奠定基础。

(二) 组织活动，丰富量感体验

丰富的量感体验是学生建立量感的关键。《义务教育数学课程标准（2022年版）》提出"实施促进学生发展的教学活动"的课程理念。教学活动是学生主动学习的依托。通过体验教学活动，学生会应用多样的学习方式，探究学习内容，发展数学核心素养。对此，教师要紧抓量感培养，围绕教学内容组织多样活动，促使学生丰富量感体验。

例如在"组合图形的面积"的教学中，教师可以首先采用"估一估"的方式，让学生先估测不规则图形卡片的大小，思考应该用什么度量工具、度量方法和度量单位；其次运用"测一测"的方式，先让学生动手操作运用不同的度量方法对卡片进行初步测量，在交流讨论之后让学生运用度量工具对卡片进行再次测量，验证所得结论，并用合适的度量单位进行表达；最后通过"找一找"的方式让学生初步尝试估测生活中不规则图形的面积，使学生逐步形成应用意识。对于生活中不常见或比较抽象的度量单位，比如毫米、秒、吨等，可以采用"分一分""堆一堆"等方式。"分一

---

[1] 周丹：《小学生数学"量感"的培养路径》，《数学管理与教育研究》2023年第9期。

分"就是对大单位的物品进行切割，通过物品变小的过程感知度量单位间的换算关系及估测抽象度量单位的实际大小。"堆一堆"就是将多个同样的物品放在一起进行测量，得到较为准确的测量结果，感受其大小或重量，之后通过度量单位之间的关系，获得对较抽象的度量单位的感知。教师通过设计多样化的操作活动，引导学生不断实践探究和对比验证，促使学生在动手操作中进一步感受"量"、理解"量"，由表及里逐步形成量感。

（三）帮助学生建构知识体系，促进内化量感

量感的建立是有前提条件的，即要充分把握不同量的本质区别，建立对不同量的清晰认知。比如，很多学生在学习了"周长"和"面积"的知识后，不仅对不同的计量单位了解不够，而且容易混淆。例如，学习"体积单位"一课时，学生第一次接触三维空间单位，这种计量单位比长度单位和面积单位更抽象。如果分不清长度单位、面积单位和体积单位的区别，学生的"单位制"就更混乱了。因此，在教学"体积单位"的知识时，教师应将其与之前的计量单位知识联系起来，帮助学生明晰其中的区别，抓住各自的本质。在具体的教学过程中，教师可以以"两本书"问题为媒介，通过设问，逐步带领学生认识计量单位。一问："假如要比较两本书的厚度，应该用哪种计量单位？"二问："如果要比较两本书封面的大小，应该用哪种计量单位？"借助实物，学生可以迅速回忆起长度单位和面积单位，并明确长度单位和面积单位分别是测量线的长短和面的大小的。然后，教师可以进行三问："应该用什么单位来比较两本书的体积的大小？"有了前面问题的铺垫，学生就不会再想到用长度单位和面积单位了。这时候教师就可以自然地把新课引入教学。通过这三个问题，教师可以帮助学生初步识别不同维度的三种计量单位，并在不同类型单位的比较之中帮助学生建立量感。

（四）引导学生探究学习，强化量感

学生量感的培养离不开各种问题情境的辅助，通过构建问题情境的方式，让学生在发现问题、分析问题和解决问题的探究过程中主动判断和感悟，从而逐步掌握感知事物数量、大小的能力和方法，并将其带入数学知识中进行合理地量化，让学生在探究活动中真实地感受到"量"的应用和意义，在感知量、应用量的过程中逐步发展和强化量感。例如，在教学人教版数学教材四年级上册"路程、时间与速度"的解决问题相关内容时，教师可以引入课本中"汽车行驶"的问题，并基于巧妙设问的方式逐步活化学生的学习思维："我们已经学习了路程、速度和时间之间的关系，请问课本中的 70 是怎么得来的？它的单位是什么？课本中的 280 和 4 分别代表的是什么？它们的单位分别是什么？"通过逐层递进的导学问题，引领学生的学习思维逐步深入，学生在思考后纷纷举手发言："70 表示速度，它是米除以分得来的，即 280÷4，所以它的单位也应该用'米/分'表示。""我认为应该用'米—分'表示"等等。在学生七嘴八舌的回答中，对于速度的单位学生给出了米—分、米÷分、分÷米、米/分等不同的表示方法。基于此，教师就可以进一步引导学生进行对比和思考，最终得出"米/分"这一标准单位。通过巧妙设计的探究活动，学生在自主解决问题的过程中经历了质疑和释疑的过程，并在教师的启发下对速度单位有了一个更为全面的认识，强化

了对单位量感的认知。

第三节 符号意识的培养

数学符号是数学的重要组成部分，也是数学概念的基本要素，揭示了数学对象的本质，为数学理解提供了载体。形成符号意识，能让学生更好地感知、理解与应用符号。在教学中培养学生的符号意识，有利于促进学生对数学符号的启蒙与理解、应用与评价，从而促进学生相关数学思维与高阶学习思维的培养；同时还将促进学生符号应用能力的提升，帮助学生运用符号意识完成实际数学问题的运算或推理等，以此促进学生综合实际应用能力的提升。[1] 因此，在小学数学教学中注重学生符号意识的培养，对于学生的高效数学学习以及整体教学质量提升都有着十分重要的应用意义。

一、符号意识概述

符号意识是数学抽象的心理基础，形成符号意识是小学阶段的一个学习难点。以下内容主要分两部分展开：一是符号意识的概念；二是符号意识的主要表现。

（一）符号意识的概念

符号意识是指对各种符号的认知和运用能力。《义务教育数学课程标准（2022年版）》提出，符号意识主要是指能够感悟符号的数学功能。知道符号表达的现实意义，能够初步运用符号表示数量、关系和一般规律；知道用符号表达的运算规律和推理结论具有一致性；初步体会符号的使用是数学表达和数学思考的重要形式。符号意识是形成抽象能力和推理能力的经验基础。从某种意义讲，我们生活在一个被"符号化"的世界。例如，一个普通的数学公式 $S=\pi r^2$，我们都知道它表示圆的面积，数学的符号化语言能够不分地域到处通用，符号就是数学存在的具体化身。所谓符号，是从具体事物和情境中抽象出来概括出的一种简明的记号。小学数学中的符号有数字符号、运算符号、关系符号、图形符号及字母符号等。符号是数学的语言，是人们进行表示、计算、推理、交流和解决问题的工具。在数学中，各种量的关系、量的变换、量的推导以及量的演算，无一不是凭借数学符号的形式进行的，其极大地简化和加速了思维的进程。符号本身就具有抽象性、概括性，用符号能简明扼要地概括出事物的本质和变化规律，以及事物之间的数量关系。所以，发展学生的符号意识是发展学生抽象概括能力的重要途径，对于学生在现实生活中从错综复杂的问题中抓住关键、发现规律，并找到解决方案有着重要的指导意义。

（二）符号意识的主要表现

根据学生的年龄特点和数学思维能力、小学数学知识内容及数学符号意识的内涵，小学阶段学生数学符号意识主要表现在以下几个方面。

---

[1] 顾思：《小学低年级学生数学符号意识发展特点与培养对策研究》，《吉林省教育学院学报》2022年第6期。

1. 认识常用的数学符号

在小学数学中,有很多关系符号、运算符号和计量单位符号等。关系符号如">""<""="等;运算符号如"+""−""×""÷";计量单位符号如"cm""m""kg""g"等。认识常见的数学符号是培养小学生数学符号意识的第一步。

2. 理解并牢记数学符号及其意义

让学生认识常用的数学符号是培养小学生符号意识最基础和最关键的一步,而要真正形成符号意识,还需要正确理解并牢记这些数学符号和及其意义。例如,公式 $s=ab$ 和 $s=vt$,尽管这两个公式都有相同的符号字母 s,但它们所代表的意义完全不同,前者表示面积,后者表示路程。清楚理解并牢记数学符号及其意义对小学生形成数学符号意识极其重要。

3. 运用数学符号分析数量关系、进行数学表达

运用数学符号并进行表达是指要学以致用,面对现实生活,能够从数学的角度提出问题,并运用自己所学到的数学知识去解决问题,这是数学符号意识发展的终极目标。学生能否从具体情境中发现并识别出隐藏的数学符号信息,能否运用数学符号来分析数量关系,能否使用适当的数学符号解决问题并正确有效地进行表达等,这些都是学生在数学符号应用与表达方面的具体表现。

4. 在具体情境中选择最恰当的符号

符号多种多样,形式千差万别,恰当的符号和表达方式在很大程度上影响解题的效果,具有良好符号意识的学生在符号选择上表现出极大的灵活性和预见性,他们果断机敏,能够依据题意选择较为简洁且适当的方法解决符号所表示的具体问题;同一问题出现多种符号的表达方式时,能够主动放弃不适宜的符号表达;解题速度和效果更好。

二、小学生数学符号意识的培养策略

(一)合理创设数学情境,引导学生感知符号

教师单纯地教授数学符号对学生来说是枯燥乏味且难理解的。但数学符号一旦与具体的现实生活情境融合在一起,立马就会变得鲜活起来。小学生自身的认知能力水平及思维发展特点使得他们对抽象数学符号的学习理解存在一定的难度。因此在进行数学教学活动时,教师可以合理创设符合学生认知能力和学习习惯的数学情境,吸引学生的注意力,为学生搭建生活知识与符号认识之间联系的平台。鼓励学生运用符号描述和表征事物,使学生在符号表达中感受到符号的意趣,在多样化、个性化的表达中,有效培养学生们的符号意识。[①]

比如"1~5的认识"的教学,利用课件动态演示"农家小院"的生活情境图来诱发学生的数学学习兴趣,引导学生对情境图中的人和物进行有序观察、数数,并概括抽

---

① 王燕:《培养学生符号意识提升学生核心素养》,《华夏教师》2022年第22期。

象出 1～5 各数，建立对应关系，感知数字符号的属性，激发学生的数学符号意识。具体如数字"2"的认识，先引导学生通过观察情境图中的 2 只白鹅、2 个盘子、2 个竹篮，概括出它们都有一个共同的特点即数量都是 2，我们就可以用数字"2"来表示；接着引导学生找一找、说一说我们身边的哪些物体的数量也可以用数字"2"来表示，使学生体会到只要物体的数量是 2 就都可以用数字"2"来表示。在学生从具体情境中抽象出 1～5 各数后，引导学生进行数小棒，分别数出数量是 1 根、2 根、3 根、4 根、5 根的小棒，同时引导学生动手摆一摆。

（二）明确符号的内涵和实质，让学生理解符号的本质特征

学生在数学学习中常常会遇到一些数学专业术语和数学符号。掌握数学专业术语和数学符号的本质特征是正确理解题意进而解决问题的前提，深刻理解数学符号内涵和实质是增强学生数学符号能力的内容。每个数学符号都是抽象的物质载体，在引入新符号时，教师一定要讲清楚和该符号相关的重要知识点。对于一些符号，讲清楚它的由来是非常必要的。例如符号 π，教师在新授时讲清楚它的来源和含义，一方面能够引起学生学习新知识的兴趣，另一方面能够消除学生对新符号的陌生感，同时能增强学生对于符号的记忆。

（三）结合生活实际培养学生符号意识

数学符号在日常生活中有着广泛的应用，对深化数学思想非常重要，因此培养小学生的符号意识是很有必要的。在实际培养的过程中，有的教师以课本知识为主，与生活联系不紧密，这使得本已抽象的符号更加抽象，大大增加了学生的理解难度，不利于学生符号意识的形成。教师应将生活化的教学引入符号教学，以减少学生理解符号的困难，让学生切身感受符号的魅力与应用价值，从而提高教学效率。

例如，在"时、分、秒"相关内容的讲授中，教师在向学生介绍时（h）、分（min）、秒（s）的时候，可以先给学生介绍与时、分、秒对应的英语的书写，促进学生深化对英文字符的感知。在此基础上，教师可以联系生活实际，提出相关问题，营造生活化的教学情境，让学生能进一步掌握 h、min、s 的含义及应用。在培养学生符号意识的过程中，教师一定不能忽视与生活实际的联系，要合理运用生活化教学有效渗透数学符号，让学生更好地掌握数学符号的本质。

（四）运用数学符号解决实际问题

能够运用相关数学符号灵活地解决在实际生活中遇到的多变的具体问题，是学生在学校里接受数学学科教育、学习数学知识所要达到的理想目标。

教师在培养学生符号意识的过程中，可以通过引导学生巧妙使用数学符号，深入分析问题，从而找到最佳的解决方法。例如，在"长方形、正方形的面积计算"这部分知识的讲授中，教师可以结合教学情况向学生提出相应的数学问题："正方形都有什么特征？如果选择你们喜欢的颜色对正方形进行涂色，那么如何求出涂色部分的面积？"在提出一系列问题之后，教师顺势导入教学主题，并写出 $s=a^2$（a 为正方形边长），引导学生在解决实际问题中加深对数学符号的理解。最后，教师可以让学生通过小组合作的方式探究长方形的面积应该如何计算，其面积公式应该如何使用字母进行表示，继而深

化学生的符号意识。

第四节 运算能力的培养

一、运算能力概述

数学运算是数学学习的一项基本功。培养学生的数学运算能力是义务教育阶段的一个基本目标。要想培养学生的数学运算能力，首先要理解运算能力的概念，然后要认识运算能力在小学阶段的几种表现。

（一）运算能力的概念

运算是数学学习中非常关键的一个环节，学生运算能力的强弱对其数学成绩有着直接影响。《义务教育数学课程标准（2022年版）》指出，运算能力主要是指学生根据法则和运算律进行正确运算的能力。学生能够理解算法与算理之间的关系，能选择简洁的运算策略，并能够进一步推动数学推理能力的发展。运算能力并非一种单一的数学能力，而是运算技巧与逻辑思维、推理能力等的有机整合。运算能力的培养是一项持续性的工程，要经历从简单到复杂、从具体到抽象、从单一到综合的往复循环的活动过程。《义务教育数学课程标准（2022年版）》指导下对于运算能力的追求更重在正确、灵活、合理和简洁。

义务教育阶段的运算能力主要涉及以下三个问题。

（1）"如何算"，即对算法与运算程序的运用，表现为运算的熟练性。

（2）"为什么可以这样算"，即对算法的理解，表现为运算的合理性。

（3）"怎样算得更好"，即对算法的优化，表现为运算的灵活性。

（二）运算能力的主要表现

运算能力的表现主要包括以下四个方面。

1. 能够根据运算律、运算法则和运算程序熟练地进行数的四则运算

具备简单数字的心算能力。能够熟练地进行自然数的四则运算：在横式运算中，能够熟练地运用运算律对运算过程进行重组和化简，得到不同的算法；在竖式计算中，能够熟练地依据运算法则进行程序化的操作，并对运算结果进行检验。能够熟练地运用分数的运算法则进行简单的分数运算，能够熟练地运用小数点的运算律把小数运算转化为自然数的运算；能够运用估算策略对运算结果进行估计，并在实际情形中进行近似计算。

2. 理解运算对象、运算律与算法之间的关系，感悟运算的一致性

理解运算律是数运算的自然规律，通过具体的计数活动和日常经验感悟运算律的形成过程；理解运算律是形成各种运算法则的依据，能灵活运用运算律进行运算；理解运算单位的意义，感悟运算的一致性；理解不同运算之间的关系。

3. 能够通过运算解决数学问题和简单的实际问题

例如，能在实际情境中发现数量信息，明确运算的问题与目标，理解与解释运算结果的意义与合理性；能根据实际需求合理选择适当的计算工具、方法与策略，正确、自信和恰当地利用运算获得结果；懂得心算、笔算、计算器和计算机的优势与缺点，并能利用各种策略缩减计算过程、优化计算方法、检验计算步骤、估计运算结果等。

4. 能够通过运算探究、发现简单的数量关系与规律

主要包括：通过具体自然数的运算归纳出数的一些特殊性质，如"偶数+偶数"还是偶数；通过运算发现一些简单的数量变化规律，如可以把 24 拆成两个自然数的和，这两个数越接近，它们的乘积就越大；知道通过加减法与乘除法都可以把一个数变大或变小，但变化的"幅度"有所不同，如 60-2 与 60÷2 都把 60 变小了，但后者变小的"幅度"要大得多。

在义务教育阶段，进行一定量的运算训练是必要的。但如果训练量过大，或者对学生的运算速度和准确性提出过高要求，反而不利于学生对数学的理解与核心素养的发展，因此，应提高运算教学的有效性与效率。要提高运算教学的有效性和效率，除了提倡精致化练习，理解算理和运算的一致性是一个关键。

二、小学生运算能力的发展策略

（一）培养学生良好的运算习惯

数学运算能力的培养需要长时间的坚持和努力，运算习惯的养成与运算能力息息相关，学生的审题习惯、书写习惯、计算习惯等都会直接影响到运算的结果。小学阶段是培养学生好习惯的最佳时期，也是重要时期。小学数学教师在教学的过程中，要引导学生养成良好的运算习惯。比如，学生运算完以后，要学会自我检查和验算，验算无误后，再交卷，这样做不仅能够提高运算的准确率，还能防止有的学生出现马虎或者运算不认真的现象。再如，教师在批改学生作业或者批改试卷的时候，对学生出错率比较高的题目做好记录，再出试卷，给予学生针对性的练习，让学生不时地查阅及思考。这样做不但可以加强学生对问题的记忆，而且能够帮助学生避免犯同样的错误。除此之外，教师还要引导学生在运算的过程中，养成打草稿的好习惯，并且要保持草稿纸上字迹书写工整、步骤清晰明确，并保持草稿纸的整洁，这样也能够使学生的运算准确率得到提升。

（二）合理渗透多种数学思想

运算能力的培养需要提高学生的运算速度和运算准确度。教师要重视对学生思维的引导，根据数学知识间的联系，将不同类型的问题整合起来，让学生融会贯通、积极思考，构建更加完善的数学知识结构，从而有效提高运算速度和运算准确度，促进数学运算能力的提升。[①] 数学学习中蕴含着多种数学思想，教师要在教学中合理渗透数学思想，帮助学生转变思考方式，发展思维能力，通过多种方法引导学生解决问题，有效降低运算难度，以全方位提高学生的数学运算能力。

---

① 林志英：《发展小学生数学核心素养之我见：论如何提高小学生的运算能力》，《天津教育》2021 年第 29 期。

(三) 加强学生对运算法则的记忆

运算法则的记忆是学生学习数学运算的基础。教师在讲解运算法则时，一定要做到细致、准确，并将其与旧知识进行连接，将新知识与旧知识进行对比，实现教学思路和方法的迁移，引导学生理解数学运算的本质，由浅入深实现逐步深入，强化学生对相关运算法则的记忆，防止后续知识混淆，让学生能够从整体上把握运算法则体系，构建结构化与整体化相统一的运算思维。小学数学教师要在学生准确记忆基本运算法则的基础上强化对相关知识点的训练，让学生能够在不断强化练习的过程中熟练掌握和运用运算法则，为学生数学运算能力的提升奠定良好的基础。

(四) 加强口算、估算练习

口算、估算是小学数学运算学习过程中极其重要的组成部分。对学生进行适时的口算、估算练习是提升学生整体数学运算能力必不可少的环节。学生口算、估算能力不过关，将会直接影响整体的数学运算速度及正确度。因此，相关教师在开展日常教学时一定要注重加大学生口算、估算训练的力度，为后续数学运算的学习奠定良好的基础。首先，教师可以结合学生的实际情况与现有的教学目标来制定有针对性的日常练习机制，组织学生每天进行口算、估算练习，逐步提升学生运算能力。此外，教师可以充分发挥小学生竞争意识较强的特点，定时或不定时开展相关的口算、估算比赛和游戏，让学生在相对愉悦、轻松的环境中开展相关练习，从根本上提升学生数学运算能力。

第五节　几何直观的形成

《义务教育数学课程标准（2022年版）》提出，几何直观有助于把握问题本质，明晰思维的路径。因此，教师要进一步加强对几何直观的认识，将几何直观运用于小学数学教学，以提升数学教学质量，发展学生数学核心素养。

一、几何直观概述

学生要想对几何直观有所认识，首先要理解几何直观的概念，然后认识几何直观在小学阶段的几种表现。

(一) 几何直观的概念

直观一词，从字面意思来看，是指"直接地观察"，通常是指"通过对客观事物的直接接触而获得的感性认识"，即人们在实践中对客观事物的直接的、生动的、具体的反映。[①] 直观包括感性直观与理性直观。感性直观涉及知觉，与逻辑思维的联系较少；理性直观需要进行理性分析，因此与逻辑思维密切联系。几何直观的培养需要建立在感性直观与理性直观的基础上，结合思维经验，运用图表等直观方法进行分析和解决问

---

① 曹培英：《跨越断层，走出误区："数学课程标准"核心词的解读与实践研究》，上海教育出版社，2017，第54页。

题。《义务教育数学课程标准（2011年版）》对几何直观的定义为：几何直观主要是指利用图形描述和分析问题。相比较《义务教育数学课程标准（2011年版）》，《义务教育数学课程标准（2022年版）》明确将几何直观归属于学生的核心素养，指出"几何直观主要是指学生运用图表描述和分析问题的意识与习惯"。一是从"图形"变为"图表"，使得"几何"所表示的意义更加广泛，适用范围也更加广泛；二是添加了"意识与习惯"，这里突出了小学阶段以及初中阶段核心素养的不同，小学阶段更加侧重学生对核心素养"意识"的培养。几何的研究对象是图形的形状、大小与位置关系。图形是对事物空间形式的一种视觉抽象，具有整体、直观、形象、多维的特点，能够反映事物的空间结构与关系。几何直观就是利用图形的这些特点去探究、描述、分析和洞察事物或问题的结构与关联，感悟事物的本质。这种观察与思维方式在抽象程度很高的数学及数学学习中尤为重要。

（二）几何直观的主要表现

小学阶段的几何课程内容虽然只是从整体、直观的层面认识和处理与图形有关的概念与问题，但由于现实生活中随处可见图形形状（如建筑物的轮廓、家具的造型等）和图表（如教室的座位表、拼搭玩具的结构示意图等），因此学生已经具备了一定的直观经验。我们的教学目标是在学生已有直观经验的基础上，帮助他们形成带有数学特征的几何直观。

几何直观的主要表现包括以下四个方面。

1. 能够用几何模型理解与解释数及其运算，建立数与形的联系

能够利用直观模型理解与解释数的相关概念，这种直观表示有助于学生对概念形成过程及意义的理解，也有助于学生用数学概念解释现实情形中相关问题的实际意义；能够利用直观模型理解与解释数的运算律和运算法则，这种直观表示不仅有助于学生对运算的理解，而且有助于学生通过运算的几何意义理解相应的几何概念（如距离、面积等），建立数形之间的联系；能够利用直观模型理解数量关系，如可以利用天平模型理解等量代换与等式的基本性质。

2. 能够感知各种几何图形及其组成元素，描述和分析图形的特征与性质

通过观察，能够直观感知图形的组成要素，依据图形要素对图形进行分类；通过测量、实验，能够直观感知图形要素之间的关联及图形要素对形状的影响；能够克服视觉的不足，使几何直观逐步建立在逻辑的基础上。

3. 能够直观理解图形的运动，发现变化中的不变性

通过观察，能够发现自然界及日常生活中的各种对称现象，能将这些对称现象与图形的变换建立联系，用图形的变换解释对称性；通过实物操作，能够直观解释三种几何变换之间的联系与区别，理解图形变换前后的对应关系，初步感悟图形的变换是由对应点确定的。

4. 能够利用简单的图表分析问题，探索解决问题的思路

能够尝试利用图表直观表示问题中的数量关系；能够运用图表列举简单情况，归纳

发现其中的规律；初步体验用几何模型解决问题的方法。例如：用拼凑小方块的方法求 1+2+3+…+9+10，解释倒序相加的方法；利用树状图计数；利用方框或圆圈表示两类对象的包含关系（如三角形、锐角三角形、等腰三角形之间的关系）。

虽然对空间与图形的视觉属于人的一种本能，但几何直观需要更多的图形性质与逻辑推理的支持，因此几何课程是培养学生几何直观的基本途径。在构建几何图形、形成几何概念、推断几何性质、解决几何问题的过程中，学生的几何直观将会得到不断发展。此外，几何直观也是一种数学学习与问题解决的工具，在其他数学领域的学习中有广泛的应用。要加强这方面的应用，就需要建立数与形的联系。在教学中，教师要通过各种数形结合活动，帮助学生养成利用图表表示数的概念、运算及关系的习惯，引导学生利用图表描述问题的本质、分析思维的路径。

二、小学生几何直观的形成策略

（一）数形结合，使数学学习更直观

数学家华罗庚曾说："数以形而直观，形以数而入微。"由此可见，数形结合在解决数学问题的过程中发挥着重要作用，几何直观教学亦是如此。几何直观教学不仅可以使小学生的理解能力逐渐增强，还可以使学生在数形结合的过程中更加形象化。在小学数学教学中，如果能够利用几何图形向学生传递形象化的数学语言，那么，学生学习起来就会轻松很多。用合适的图形推导出的公式或者定理，更具有说服力，逻辑性也更强，这能够在无形中增强学生的数学感悟能力。在具体的小学数学课堂教学中，教师可以引导学生采取边读题边绘画、边思考边构图的形式解决各种数学问题，化难为易，在清晰直观的学习中解决实际问题。

例如，在"有余数的除法"教学过程中，教师可以采取数形结合的教学策略，使学生能够在形象与抽象的融合中感悟数学学习的乐趣。在这道题目中，教师可以采取这样的教学策略："在一条长 50 米的道路上栽种树木，每 3 米栽种一棵，那么最多能栽种多少棵树呢？"学生对这样的问题并不陌生，但是解题时却有很多学生都出错。为什么？这是因为学生对数字与图形之间没有建立起联系。教师引导学生："同学们，你们可以画出这条路，仔细思考树木栽种的规律，再解题。"在教师的引导下，学生都画出了简易的图形，在绘画的过程中，学生都懂得了除法计算以及运算的规则，很多学生脱口而出：16 棵，因为 $17 \times 3 = 51$，而在绘画后明白了，第一棵树并没有计算在内。这种数形结合的方法让学生在遇到问题时能形成几何思维，能对复杂的数学问题进行直观推导，将抽象数学问题背后的直观形象通过几何思维推导出来。

（二）动手操作，使学生学习更有趣

在具体的课堂教学环节，教师可以让学生在动手实践中体验几何直观教学，使其在自主动手的过程中发现问题进而解决问题。只有学生真正动手实践了，才能在脑海中加深学习印象，为日后运用数学思维来解决实际问题打好基础。

例如，在"圆柱与圆锥"教学过程中，教师可以开展课堂实践活动培养学生的学习兴趣，促进学生数学素养的形成。在这节课上，教师可以让学生准备好纸张、小剪刀和

胶棒，自己动手制作圆柱和圆锥。在制作的过程中，学生积极动手，很快便熟悉了这两种图形。而在计算圆柱和圆锥的表面积和体积的时候，教师可以引导学生将制作好的图形展开或者在制作好的图形中填充物品，从而感受到体积和面积的变化，进而更好地掌握公式和定理。这种在自己的动手实践中推导出来的理论更有利于学生记忆和理解。在学生动手实践的过程中，教师也要给予一定的讲解，不能完全将课堂交给学生，要让学生在恰当的引导下完成实践，从而提升数学素养。

（三）重视画图指导，培养学生良好的直观能力

几何直观，其中几何指的就是图像、图形。对小学生而言，要提高几何直观能力，结合图形描述与分析问题，首先要能画出直观的图像和图形。这就需要提高学生的画图能力。因此，教师在教学时应教给学生正确的画图方法。

例如，在教学"乘法与加法"这部分内容时，教师要注重指导学生画图：先是要求学生画出一个长方形表示桌子，之后画出 2 排桌子，每排 3 张，让学生求出一共有多少张桌子？此外，应用同样的方法合起来画出 2 与 3，通过画图感知并应用加法列出算式"2+3=5"。这个过程中，学生经历了从实物到图形的抽象过程，体会了从实物表征过渡到图形表征的过程，有效培养了学生良好的几何直观能力。

（四）创设教学情境，巧妙引入几何直观

创设合适的教学情境一直是大幅度提高课堂教学质量的有效方法之一，教师通过创设合理的教学情境，可以激发学生的学习兴趣，从而让学生的思维始终能够跟随着教师的步调前进，促进教学效率的提高。几何直观是一种通过利用实际的图形或模型解决抽象问题的方法，因此在进行几何直观的教学时，教师可以创设教学情境，让学生能够将现实生活当中的实际概念与几何直观的抽象概念结合起来，从而提高学生对几何直观这一概念的理解，促进课堂教学效率的提高。

例如，在进行长度单位的教学时，当教师讲解到"米""尺"等单位时，除了向学生讲解日常生活当中几种常见的测量工具，还可以让学生借助自身身体，如臂展、腿距等单位进行长度的测量。比如，教师可以让学生先测出自身臂展的长度，然后让学生通过双臂环绕树木一周大体测量出树干一周的周长。通过这种情景互动式教学，可以让学生充分地感受到几何数学就在自己日常生活的方方面面中，与学生的距离近在咫尺，从而加深学生对几何直观概念的认识。

第六节　空间观念的形成

空间观念的形成是义务教育阶段教师数学的必要目标之一，是培养学生空间想象力的基础。形成空间观念，学生才能在数学几何课程中得心应手。在小学阶段的数学教学中，空间思维的发展至关重要，它直接关系到学生今后学习数学的方法和思想。

一、空间观念概述

教师在培养学生空间观念过程中，需要进一步理解空间观念的概念及具体表现，为

此以下内容主要从这两部分展开，以帮助教师更好地认识小学数学空间观念。

（一）空间观念的概念

《义务教育数学课程标准（2022年版）》对空间观念的定义：空间观念主要是指对空间物体或图形的形状、大小及位置关系的认识。也就是对表象中物体的形状、大小、位置关系等数学性质进行理解分析和归纳总结以及形成对几何图形与物体相关数学性质的识别、理解、判断和重现的能力。

（二）空间观念的主要表现

小学阶段的空间观念主要表现在对空间与图形的整体感知、操作与测量方面，具体包括以下九个方面。

（1）能够通过感知、描述与想象三维物体的整体形状与几何特征抽象出几何图形。对空间实物的表征一般有三种方式：一是具体的实物或模型；二是经过数学化的直观图形；三是前两者的内化结果——表象。无论哪种方式都带有大量的视觉信息，如形状、大小、颜色等，因此需要对这些信息进行筛选与处理，排除无关的信息，聚焦物体的空间形式与度量关系，用图形给出直观表示。例如，从几何角度描述一座建筑物时，要求学生分辨出建筑物的轮廓形状所对应的立体图形，表面形状所对应的平面图形，以及这些图形的位置关系与度量大小。这类活动，通常涉及对物体与图形的识别、匹配、分类、排列与组合，是一种综合性的视觉与想象活动。

（2）能够根据语言描述或图形想象出实际的物体或景象。例如，由"空间任意四点"想象四个点的各种排列位置：四点共线、三点共线、构成四边形、构成四面体等。

（3）能够对几何图形进行整体表征、解释、转换，并生成新的图形。例如，能够用七巧板拼成各种形状的图案；能够通过剪拼得到三角形、等腰三角形、直角三角形或等边三角形；能够在复杂的背景中识别简单的几何图形；能够在方格纸或钉子板中画出面积相等的图形；等等。

（4）能够在头脑中操作、旋转、分解与组合简单图形的表象，获得新的表象。例如，能够在头脑中把一个长方形分割成两个直角三角形，把一个一般的三角形分割成两个直角三角形；能够在头脑中再现三条线段首尾相接构成一个三角形的过程；能够想象两条直线在远处相交的情景。

（5）能够用空间定位的方法描述一个实际景象或者物体的空间结构。例如，能够向别人描述自己所住房间的结构、形状、布置等，能够在头脑中再现某个景点的观光路线、景观等，能够画出学校建筑的平面图。

（6）能够利用长度、角度描述方位或者两个物体的相对位置。例如，A市位于B市北偏东30°、距离70千米的位置；在我的"11点方向"有一座宝塔；从火车站南门出来，向西走300米，再向北走100米就是地铁站。

（7）能够从不同角度想象物体之间的位置关系。例如，一个易拉罐从正面看是一个长方形，从上面看是一个圆；两根电线从这个角度看是相交的，但如果换一个角度看就不相交；一棵树尽管看上去比另一棵树矮，但其实它更高，因为它的距离远；看到校园里旗杆在阳光下的影子就知道大概几点了。

（8）能够初步感悟点、线、面、体之间的关系。例如，能够分辨长方体的顶点、棱与面；能够把一个长方体展开成平面图形，也可以把一张长方形的纸片剪去四个角折成一个无盖的长方体。

（9）能够在头脑中对图形进行变换与比较。例如，在拼图游戏中，能够通过想象判断哪些部分可以交换位置，并能够用平移、轴对称和旋转描述交换的过程；能够利用平移、轴对称和旋转进行简单的图案设计；能够用小正方块搭成各种立体图形。

由于数学学习中需要用二维平面图形表示三维空间图形，这种维度上的差异容易造成视觉上的偏差或错觉，会对小学生造成一定的认知障碍，因此小学阶段的空间观念主要是一种直观的感悟和整体的操作。

二、小学生空间观念的形成策略

（一）鼓励学生动手操作，培养空间观念

小学生的思维模式相对简单，他们往往喜欢实际行动。为了让学生掌握空间观念，教师必须积极引导学生动手操作，帮助学生掌握具体规律。[①] 在小学数学教学中，教师可以利用体验活动课程，让学生有更多的体验机会。同时，小学生对物体的认识建立在观察的基础上，当他们识别一个图形时，必须能先观察这个图形，然后才能进行更深入的理解。小学数学教师在开展图形认识教学时，有必要根据图形的特征提供一些工具和材料，让学生从不同的角度观察，这样学生对图形的概念和特征就会有很好的理解，有利于学生正确识别和区分图形。

小学数学中的许多几何图形都与生活息息相关，在学习过程中，学生可以结合日常接触到的图形，通过动手实践来加深对图形的理解。例如，在学习长方形、正方形、三角形等图形时，学生可以在课下使用积木、小棒等学习工具来摆出不同的图形，通过自主实践加深对空间概念的理解。这样，学生不但可以创造出更多的图形，而且能锻炼创新能力和实践能力，为将来的学习奠定坚实的基础。再如，在苏教版五年级"多边形面积"教学中，教师可以先从生活开始，向学生介绍现实中常见的物体图形。在需要测量物体的面积时，教师可引导学生以拼接和裁剪的形式，将多边形面积的计算转换为所学的长方形面积计算，培养学生良好的几何意识。在制作图形时，学生可以灵活理解图形之间的联系，探索图形的基本特征，明确知识点的具体细节，快速掌握关键点，构建图形知识系统，形成相应的空间观念。

（二）巧用多媒体技术，培养空间观念

小学数学教学过程中，教师以多媒体为支持，通过计算机进行三维演示，能够有效实现动静结合，促进课堂教学成效的改善。不仅如此，运用多媒体技术教学还可以帮助学生树立空间观念。理解点线面的运动等知识对成人来说是容易的，但小学生要想理解和灵活使用还是困难的。例如，在教授六年级"圆柱和圆锥的认识"时，教师可以使用多媒体技术向学生展示：圆柱体是由两个圆形和一个卷曲的长方形组成的；圆锥体是由

---

① 徐江莲：《小学数学教学中如何培养学生的空间观念》，《西部素质教育》2017 年第 20 期。

一个圆形和一个卷曲的三角形组成的。与枯燥的描述相比，形象地演示图形的运动过程可以给学生留下深刻印象。教师可以展示各种平面图形和立体图形的形成过程，通过改变数字、移动路线来展示不同的结果，促进学生的类推能力。例如"圆的面积"的教学，圆的面积的推导少不了转化：需要把圆平均分成若干小扇形，然后思考这些小扇形可以拼成一个什么图形。教师事先可以让学生动手剪拼，但分的份数越多，就会越费时费力，教师可以顺势借助"几何画板"，通过设置参数，演示将圆平均分成4份、8份、32份等更大的份数。参数越大，则份数越多，最后拼成的图形就越接近长方形。结论是长方形的长相当于圆周长的一半，宽则是圆的半径，从而推导出圆的面积公式。多媒体演示可以为学生表达很多抽象的内容，这样学生可以准确指出立体图形的长度、宽度、高度等，很好地理解体积和表面积的计算公式。

多媒体技术与数学课堂的相互融合，不仅为教师的教学提供了极大的便利，还有效调动了学生的学习兴趣，活化了学生对空间观念相关知识的掌握。

（三）开展观察教学，构建空间意识

几何图形具有重要的学习意义，能为后续的几何知识学习夯实基础。几何图形是小学数学中难度较大的学习内容，不同的几何图形的特点不尽相同。若想让学生对几何问题形成深度认知，就要运用观察的方式，让学生观察不同的几何图形，以巩固学生对几何图形的认知能力。教师还应引导学生分析不同几何图形的特点，并进行对比，以此提高学生的几何图形分析、理解能力，拓展学生的思维，并达到循序渐进地帮助学生构建空间意识的教学目的。

例如，学习"等边三角形"知识点的过程中，等腰三角形和等边三角形具有一定的差异，相似性也较强。因此，教师可以利用多媒体分别向学生展示等腰三角形和等边三角形，鼓励学生仔细观看上述两种图形，提高学生的观察能力，并引导学生对两种几何图形的相同点和不同点进行分析。通过这种比较法，让学生认知空间概念，培养学生的空间思维。此外，教师还应在此基础上引导学生分别计算等腰三角形和等边三角形的面积，并对两种三角形角的度数进行认知。这种体系化图形认知模式，能让学生从更加立体的角度理解三角形的概念，提高学生的空间学习理念，使学生能从多维角度学习，也强化了学生的发散思维能力，帮助学生更好地完成形象思维向抽象思维的转换。[1]

（四）利用生活经验，树立空间观念

小学数学教学离不开图形，教师可以利用日常生活中常见的图形引导学生构建空间结构，使学生逐渐养成空间思维习惯，以此提升学生的数学空间思维能力，扩展其空间图形学习的范围。[2] 因此，教师可以在数学教学中引入生活经验，以便于学生通过表象和经验更好地理解数学知识，促进其空间观念的形成和发展。

例如，在"长方体和正方体"的教学活动中，教师将日常生活中的魔方和铅笔盒等作为教学活动的素材，使学生切实感受生活中的长方体和正方体，提高学生的空间感知能力，让学生充分了解长方体和正方体，并从外观上区分长方体和正方体。学生

---

[1] 冯娟：《小学数学空间观念的培养策略》，《智力》2021年第22期。
[2] 卢锋：《发展空间观念提升思维能力：以小学数学教学为例》，《教育理论与实践》2012年第11期。

通过观察长方体和正方体的外观，构建空间立体思维观念，能培养良好的空间思维能力，为更深入了解实际生活中的立体事物奠定基础。学生对"长方体和正方体"空间感知效果较好，空间思维能力获得了发展。通过与日常生活中事物的联系，学生构建了基本的空间观念，更加立体、多元化地了解生活中的事物。再如，以教学"体积的意义与体积单位"这部分内容为例，为了强化学生对体积的认识以及对空间观念的理解，教师可以这样说："同学们，现在将书包里的书以及书包里的东西都放在抽屉里，有什么感觉？"有一位学生说："抽屉都装满了。"教师继续说："请同学们将抽屉里的东西都拿出来，有什么感觉？"学生说："抽屉空了。"教师问："为何出现这种情况呢？"学生答："与文具相比，书本占据的体积比较大。"如此，学生通过比较，从自己熟悉的生活中获取感性认识，从而感受到了体积就是物体所占空间的大小。对于学生来说，"体积"是一个抽象的概念，教师将学生的生活经验激活，让学生从生活经验中理解哪些物体体积大，哪些物体体积小，从而更加深刻地理解了体积的含义，这对学生形成良好的空间观念具有促进作用。

第七节 推理意识的培养

推理是思维的一种基本形式，是数学学科的一个本质特征，是数学思维的基本表现形式。《义务教育数学课程标准（2022年版）》把推理意识作为核心素养在小学阶段的主要表现之一。推理伴随着数学的整个学习过程，只是不同学段的要求与表现形式有所差异。

一、推理意识概述

以下内容主要分为两部分：一是推理意识的概念；二是推理意识的主要表现。

（一）推理意识的概念

推理是数学的基本思维方式，也是人们学习和生活中经常使用的思维方式。人们通过推理，能够深刻地理解数学研究对象之间的逻辑关系，并且可以用抽象的术语和符号清晰地描述这种关系。因此，通过推理形成各种命题、定理和运算法则，可以促进数学的发展。《义务教育数学课程标准（2022年版）》将《义务教育数学课程标准（2011年版）》中的"推理能力"分成了推理意识与推理能力两个维度。意识是指人们对外界和自身的觉察与关注程度，能力则是指完成一项目标或者任务所体现出来的综合素质。如果说能力指向"能不能做好"的行为表现的话，那么意识便指向"自觉不自觉地去做"的行为状态。《义务教育数学课程标准（2022年版）》提出，推理意识主要是指对逻辑推理过程及其意义的初步感悟。推理意识一般是指一种数学思维形态，指推理或讲理的自觉意识，是数学的逻辑严密性的反映。它表现为遇到问题时自觉推测、寻根问底、据事论理。推理意识包括演绎推理、归纳推理、类比推理的自觉意识。

（二）推理意识的主要表现

根据《义务教育数学课程标准（2022年版）》的界定，小学阶段的推理意识主要包括以下十个方面的表现。

（1）关注数的概念、运算与关系的形成过程，了解其中的前因后果。例如，知道为什么要引入分数、小数，解释异分母分数加减时需要"通分"的原因，能够用自己的语言解释为什么 0.2<0.3 等。

（2）能够依据一定的规则对数量、图形进行分类，知道部分与整体的关系。例如，能够依据形状、颜色、大小等对玩具积木进行合理分类；知道形状和大小是数学的研究对象，在分类时需要先明确判断形状、大小的规则。分类是形成概念的前提，也是推理的基础。

（3）知道数学中的判断有真有假。如果是真的，就需要"给出理由"；如果是假的，就可以用实例来反驳。例如，判断"偶数加偶数，和还是偶数"是真的，学生可以"说出道理"给别人听；"能被 3 整除的数的一定是奇数"是不对的，因为 12 能被 3 整除，但 12 不是奇数。

（4）初步感悟数学中的对错是由一定规则决定的。从计数、运算开始逐步理解数学规律与结论的客观性，自己检验运算结果的正确性，敢于质疑别人的观点。

（5）能够通过简单的归纳或类比，猜想或发现一些初步的结论。例如，在自然数的四则运算中，能够通过具体的实例归纳出各种运算律，再根据运算律归纳出一般的算法；在测量活动中，发现周长一定时面积有大有小，周长相等的长方形中越接近正方形的面积越大。

（6）能够根据给出的实例找出其中的规律，能够说明规律的一般性，并利用一般规律解决简单的问题，体会一般规律的意义。例如，在月历的探究活动中，发现横向两个日期之间差 1，纵向两个日期之间差 7，并由此给出两个日期的数量关系。

（7）能够用化归的方法形成局部的演绎推理。例如，把分数的运算或大小比较问题化归为整数的运算或大小比较问题；把小数、比例的问题化归为分数的问题；把求一般三角形面积的问题化归为求直角三角形面积的问题，再化归为求长方形面积的问题，而长方形的面积可以利用单位正方形进行度量。

（8）能够理解数学问题的条件与结论，在简单的问题情境中发现和提出有意义的数学问题。例如，依据教室情境提出各种测量与几何问题：黑板的面积大致是课桌面积的几倍？如何安排课桌才能保证它们相隔 1 米距离……

（9）能够基于直观经验和所学的数学知识对简单命题的真假给出自己的判断，并说明理由。例如，判断"$\frac{1}{2}$ 块饼和 $\frac{2}{3}$ 块饼哪个大"时，知道需要考虑这两块饼是否来自同样的饼；如果来自同样的饼，那么可以通过比较分数的大小得出结论。

（10）能够理解别人的思考（包括推理）过程，提出自己的疑问或评价。例如，在课堂上提出自己的疑问，对别人的观点进行概括与总结等。

二、小学生推理意识的形成策略

形成推理意识是学会思考的主要表现。推理意识有助于养成讲道理、有条理的思维习惯，能增强交流能力，是形成推理能力的经验基础。

(一)创设问题情境,激发推理意识

问题情境教学在小学数学课堂中扮演着重要的角色,它可以有效地增强学生的学习兴趣,引导学生主动探究。将这些学生感兴趣且容易被学生理解的情境运用到教学课堂,学生就会有更强烈的代入感和参与感,就会更积极主动地参与到推理过程中,从而达到培养学生推理意识的目的。在教学过程中,教师应当创造出具有科学性和合理性的教学情境,以激发学生的好奇心,并为他们勇敢猜测提供适当的条件。在创设情境时,教师首先要对所教授的内容和教材有一个整体的了解,对学生的认识和思路有一个基本的认识,并能给出一个与课本内容接近、能让他们理解和掌握、富有挑战性和趣味性的问题情境,从而激发学生的好奇心和探究欲望。

例如,在"三角形的内角和"教学中,教师在课堂导入环节设计了这样一个情境:"同学们,课前大家准备了三角形卡片,现在请拿出卡片,利用量角器测量你准备的三角形的每个角的度数,并标出来。老师有个神奇的能力,只要你们将其中两个角的度数告诉我,我就能很快说出第三个角的度数,你们相信吗?"教师话音刚落,学生兴趣高涨,纷纷开始测量三角形中三个角的度数,等着考一考教师,他们先说出三角形卡片中任意两个角的度数,让教师说出第三个角的度数,然后判断教师说得是否正确。经历这样的教学环节后,学生很快就会发现:教师知道三角形中任意两个角的度数以后,能够快速说出第三个角的度数。于是学生产生推理猜测:"三角形三个角的度数之间是否隐藏着什么规律?是否存在一种特定的关系呢?""当教师知道了三角形任意两个角的度数以后,就能得出第三个角的度数,那么三角形的三个内角加起来的和是不是固定不变的呢?"这样的教学情境创设对培养学生的推理意识是有效的,教师能够借助情境促使学生大胆猜想、主动推理。在此过程中,学生将数学知识与实际问题相联系,这样能更好地生成推理意识。并且,在解决实际问题的过程中,运用逻辑思维进行分析,更有助于培养学生的推理意识,学生对推理意识的感受也更加直观。这样的学习方式不仅可以增强学生的推理应用能力,还能锻炼学生的问题分析能力和创造性思维。

(二)鼓励推理猜想,形成推理意识

没有大胆的猜想,就不会有伟大的发现。猜想是数学学习的常用方法,科学的猜想不但可以帮助学生正确理解题意,还能够使其在不断地猜想与探究中进行深入学习。在形成推理意识的过程中,教师要有意识地为学生创造猜想的时机与空间,引导学生自主探究与思考,并结合已有的知识经验进行合理猜想。教师在课堂中充当的是引导者、组织者、合作者,需要在适当的时候对学生进行引导、点拨和提点,再让学生通过实践操作来验证自己的猜想,使学生学会综合性地推理,逐步形成推理意识。

例如,在教学"圆柱侧面积"这一课时,教师先引导学生猜测圆柱的侧面展开会是一个怎样的图形。对此,同学们各抒己见,有的说是长方形,有的说是正方形,有的说是平行四边形……对于学生的回答,教师没有直接给予肯定或否定,而是让学生按照自己的猜想动手剪一剪。学生带着疑问和思考,自主进行推理和探究,通过不断尝试交流,得出了各种方案,全班进行交流。突然有个学生提出:"同样沿着高来剪,为什么

我得到的是正方形？"此时，教师顺势利导，让学生继续推理验证。学生会发现，当圆柱的底面周长等于高时，侧面展开得到的是一个正方形。所有的知识和答案都是在学生不断碰撞出思维的火花时得到的，学生不断地经历推理、猜想、验证的过程，逐步形成了推理意识，为更好地发展核心素养打下基础。

（三）挖掘推理深度，激发推理潜能

学生推理思维的培养，主要是在原有认知的基础上进行的进一步迁移，便于学生理解和掌握数学知识之间的联系。同时教师可以根据自身的教学水平，适当地挖掘推理的深度，进而达到激发学生推理潜能的效果。

例如，在教学"20 以内的进位加法"这一课时，教师让学生自主探索 9+5 = （　　）。学生根据已有知识之间的联系，从不同层面、不同角度进行推理，找出问题的答案。有的学生说："根据数字的顺序，从 9 往后依次再数 5 个数就可以得到 14。"有的学生根据数的有序性，通过摆小棒的方法进行推理，即先摆出 9 根小棒，再往后摆 5 根，继续数，就得到 14。有的学生借助新旧知识之间的联系，进行合情推理，即通过 10+5 = 15 得出 9+5 = 14。还有的学生利用"凑十法"，把 5 分成 1 和 4，9+1 = 10，10+4 = 14。学生通过不同层面的说理与挖掘，逐步抽象出数的运算。

第八节　数据意识的培养

数据意识是小学阶段数学核心素养之一，小学阶段的数学教学要培养学生收集、整理和表达数据的能力，让学生在处理数据的过程中感悟数据的随机性，养成用数据说话的习惯。随着信息技术的飞速发展，数据已存在于各行各业之中，对人类的生产和生活产生了巨大的影响。利用数据获得相应的信息，形成良好的数据意识，是每个现代公民应具备的素养。在小学数学教学中培养学生的数据意识，教师需要设计学生能够理解、想要解决的真实问题，鼓励、引导学生探究，产生收集和分析数据的需要，进而生成收集和分析数据的各种具体方法。

一、数据意识概述

要有效培养学生数学数据意识，首先要对小学阶段数学数据意识有一个明晰的认识。以下内容主要包括两个方面：一是数据意识的概念；二是数据意识的主要表现。

（一）数据意识的概念

《义务教育数学课程标准（2022 年版）》将《义务教育数学课程标准（2011 年版）》提出的 10 个核心词之一的"数据分析观念"，演化为分小学和初中两个阶段递进培养的数学核心素养"数据意识"和"数据观念"，小学阶段核心素养更偏向于经验的感悟，初中阶段核心素养更偏向于概念的理解。《义务教育数学课程标准（2022 年版）》将数据意识定义为：数据意识主要指对数据的意义和随机性的感悟。在这里它包含以下两个层面的含义：一是对数据意义的感悟，感悟数据蕴含着信息，感悟通过数据

可以发现规律，感悟根据问题背景合理选择数据的表达方式；二是对数据随机性的感悟，感悟通过观察、调查、试验等方式，每次收集到的数据可能不同，具有随机性。形成数据意识有助于学生理解生活中的随机现象，逐步养成用数据说话的习惯。

（二）数据意识的主要表现

依据《义务教育数学课程标准（2022年版）》对数据意识的界定，以及小学阶段统计与概率领域的课程内容与要求，小学阶段学生数学数据意识主要表现在以下七个方面。

（1）感悟数据的意义。知道数据与数量的区别，数据是统计的语言，统计是靠数据来说话的；知道数据一般都具有实际意义，是用来分析某种随机现象和解决问题的；知道数据是各种各样的，但不管是哪种数据，数据的来源与真实性都是最重要的。

（2）体验数据收集的过程。知道对不同的问题需要收集不同的数据，对同样的问题也可以收集不同的数据；知道数据是抽样、测量与试验的结果，而不是推理或猜想的结果，抽样、测量与试验的方法都会影响数据的质量，进而影响对数据的分析。

（3）感悟数据的变异性。知道导致数据变异的原因很多，如不同的抽样会得到不同的数据，相同的抽样也会因为测量误差而导致数据不同，但只要有足够的数据就可能从中发现规律，而且数据越多，所发现的规律就越可靠。因此，基于数据的推理是一种归纳推理。

（4）感悟数据整理的意义。会对物体、图形或数据进行分类，初步了解分类与分类标准的关系；能够依据数据的特点进行分组或者排序；能够对那些异常的数据做出初步的解释或判断；知道如何呈现数据整理的结果。

（5）通过对数据的简单分析，感受数据蕴含的信息。能够初步理解平均数的统计意义，知道平均数反映了一组数据的集中趋势，容易受极端值的影响；初步理解百分数的统计意义，知道百分数可以将一组排序后的数据定位，对数据分组；能用平均数和百分数解决有关的简单实际问题。

（6）感悟统计图表的意义。认识条形统计图、折线统计图和扇形统计图；能够读懂报纸、杂志、电视、互联网等媒体中的简单统计图表；能够依据数据的特征合理选择统计图表，并用统计图表合理表示和分析数据，解释所表达的意义。

（7）初步感悟概率的意义。知道概率是对不确定事件发生可能性大小的度量；能在实际情境中，对一些简单随机现象发生可能性的大小做出定性描述。

二、小学生数学数据意识的培养策略

（一）与教材内容相结合，在课堂中培养数据意识

教材是小学生进行数学学习时接触最多的材料，同时，数学课程在小学学段的课时占比较大，因此教师在培养学生数据意识时必然要突出对教材内容的挖掘和利用，以教材内容作为有关教学工作实施的核心。然而在实际教学中，相当一部分小学数学教师对数据意识的概念和培养策略没有形成完备、清晰的认识，所以在讲授课程的过程中，未能从科学的层面体现出数据意识和具体内容的有机结合。对此，教师不妨在讲解一些例

题的过程中，进一步开发其中蕴含的数据成分，带领学生深入理解数据的含义及其具体呈现方式，以帮助学生在听讲、做题的环节中建立数据意识。

例如，教师在教授人教版数学四年级上册"公顷和平方千米"这部分知识时，便可以向学生提出问题："大家有谁知道 1 平方千米大概有多大呢？"引导学生通过对具体数据的口述对"平方千米"形成一个基本的抽象认知。学生在之前已经接触过"平方米"和"平方厘米"的概念，具备了相应的认知基础。而在学习"公顷"概念时，由于"公顷"在表述方式上与之前的面积单位没有直接联系，而且数学表达的概念也不尽相同，很多学生在学习时难以完成思维的快速调整。那么在这个步骤中，教师可以结合"平方千米"的概念对"公顷"做类比描述，从定义上做一个明确区分，还可以相机引入一些换算方面的题目，进一步强化学生的数据转化意识。然后，教师便可以引入实际层面的土地面积计算等数据运算题目，进一步强化学生的数据转化意识。

（二）与生活中的数学知识相联系，在生活中培养数据意识

在小学阶段的数学课程学习中，学生只有形成较好的逻辑思维能力，才能够有效吸收知识。所以不妨将具体的数学知识转化为学生所熟悉的生活元素，以具象化的方式来达成有关数据意识的培养和强化，同时在客观上促进学生"学以致用"的思维在数学学习方面的有效建立。此外，在培养学生对标"生活应用"的数据意识的过程中，学生的数学解题能力、数据认知和运用能力、计算能力也会在与生活信息的联系中得到强化，从而以更加灵活的状态来应对多方面的数据应用问题。小学数学教师要积极促进学生利用已经掌握的数据知识和计算策略来完成一些实际任务，使学生摆脱对教师的过度依赖；构建富有个性色彩的数据综合素养体系，为教师有关引导成果的实质性巩固、扩大和优化提供强劲助力。

例如，在引导学生学习基础的"加法与减法"这部分内容时，教师便可以先为学生讲述"+"和"-"这两个运算符号的具体含义。这个阶段的小学生由于受智力发育水平的限制，普遍不具备成熟的认知能力，在进行涉及"加法"和"减法"的数据运算时往往会暴露出各种问题。对此，教师可以通过一些现实生活中的事例展开类比讲解，比如教师可以询问学生："假如你拿了 10 元钱去买笔记本，一共花费了 8 元，现在手里还剩下多少钱呢？"从之前教师讲解的概念中学生不难捕捉到"花费"和"剩下"这两个关键词，从而意识到这里应当用"减法"做数据处理。此外，教师还可以利用有关"认识人民币"这方面的课程内容构建生活维度下的数据意识养成课堂，鼓励学生说一说自己在生活中都遇到过哪些有关"钱"的数据识别、运算场景，如观察商场中商品的价签，计算自己的身高增长情况，或者帮助父母算算这个月家里的用电量等。

（三）数学知识与实践相结合，进一步强化数据意识

数学知识，尤其是涉及"数据"部分的数学知识中有很多比较难懂的内容，小学生在接受晦涩难懂的知识的过程中大概率会出现倦怠心理，而实践课堂的设立则给学生带来一种新的学习方式，为学生依托自身的数据联想和概念想象进行数学模型的构建开辟出一条路径，还可以为学生借助数据方面的知识和技能解决现实问题提供足够的平台，这些都能够有效强化学生的数学学习和数据意识自主强化的积极性，达到在课堂中有效

培养数据意识的目的。具体而言，小学数学教师在引导学生进行数学模型的构建工作时，要结合目标课程主要成分以及有关的数据意识培养方案，准备足够的材料和工具，还要适当提高相应数据模型的搭建难度和要求，让学生在一次次的挑战中渐进生成数据意识。

例如，在"长方体和正方体"这部分内容的教学中，教师可以让学生先观察身边的长方体和正方体各有什么特点，再让学生动手折出一个正方体或长方体，并数一数正方体或长方体各有几个面，每一个面各有什么特点。完成这个步骤后，教师就要鼓励学生为这些几何体的边长添加不同的数据，而后融入如"计算水箱容积"或"测量粮仓储量"等实际问题，帮助学生进一步完善对正方体和长方体的体积计算公式，以及具体的数据计算应用策略的理解和运用，继而形成完善的数据意识。

第九节　模型意识的培养

为体现核心素养的整体性、一致性和阶段性，《义务教育数学课程标准（2022年版）》将原有的模型思想细化成模型意识和模型观念。小学阶段侧重于培养学生的模型意识，而初中阶段更侧重于培养学生的模型观念。

一、模型意识概述

以下内容主要分为两个部分：模型意识的概念和模型意识的主要表现。

（一）模型意识的概念

《义务教育数学课程标准（2022年版）》指出模型意识主要是指对数学模型普适性的初步感悟。了解模型意识首先要了解什么是数学模型？数学模型代指数学语言、符号、图形和算法等能够概括或表述实际问题的主要特征及主要关系的数学结构。从广义上说，基本的数学概念、代数符号、几何图形、数量关系等数学结构都是数学模型。例如，从具体情境中抽象出的分数、小数、百分数、负数等数学基本概念就是数学模型。普适性就是指模型具有一般性。初步感悟就是指对数学模型普适性、理性的认识。比如对"正比例关系"的理性的认识过程就是在培养学生们的一种模型意识。

（二）模型意识的主要表现

小学阶段模型意识具体表现为以下五个方面。

（1）感悟模型是数学与外部世界联系的基本方式。例如，数字"2"可以看作对"两个人""两头牛""两支笔""两个国家"……的共同数量特征的抽象结果，数字"2"就是一个简单的数学模型，用它可以表示任何数量特征为"2"的事物（集合）。在比较两个牧民谁拥有的牛更多时，只需比较其对应的数的大小，而不必把两家的牛赶到一起去一头一头地数。

（2）知道数学中的许多概念、运算、数量关系都是实际经验数学化的结果，可以用具体的模型来解释各种概念、运算及数量关系。例如，可以用天平表示相等与不等关系；用五等分的线段长度表示分数 $\frac{1}{5}$，$\frac{2}{5}$，$\frac{3}{3}$，$\frac{4}{5}$，比较 $\frac{1}{5}$ 与 $\frac{3}{3}$ 的大小；用黑板的形状来理解长方形。

（3）知道在解决一类问题时往往可以找到一个典型的模型（样例），解决同类问题时可以转化为这个模型。例如，在计数活动中，可以把"一条直线上的四个点可以构成多少条不同的线段"作为一类计数问题的典型模型，从而把"四个人两两握手，总共握了几次手"化归为典型模型。

（4）在实际情境中发现和提出有意义的问题，并在解决问题后用数学结果解释现实的情境，通过"问题提出→公式计算→结果解释"的过程初步感悟建模的意义。例如，去比萨店购买比萨饼，就可以提出许多有实际意义的问题："比萨饼的尺寸为什么用直径长度来确定？""买两个 6 寸的比萨饼与买一个 12 寸的比萨饼哪个划算？"在计算了 6 寸比萨饼与 12 寸比萨饼的面积后发现，后者是前者的 4 倍，但是否划算还要看两种比萨饼的定价；另外，不能只看面积，因为两种比萨饼的厚度也可能不一样。

（5）在公式、法则的推导过程中感悟模型的普遍意义。虽然公式、法则的推导过程不一定涉及现实情境，但其思维过程类似于建模活动，因此有助于模型意识的培养。数学建模是一种相对复杂的数学应用活动，在小学阶段不宜提过高的要求。特别是建模的过程有较高的难度，因而可以多关注一些已知的、简单的数学模型的应用，以及数学化的过程。

二、小学生数学模型意识的培养策略

（一）利用数学原型，感知模型意识

教师应结合课堂教学内容，开发和整合相应的数学原型，从而引导学生感受其中的数学模型的特点，发展学生的数学思维。教学内容生活化是小学数学学科教学的一大特点，各年级、各章节的数学知识都能在实际生活中找到对应的数学原型，教师要重视利用生活资源，将与课时教学内容相关联的生活素材引入课堂教学，并通过创设生活情境实现数学新知与生活场景的有机融合，让学生在真实、具体而又不失新奇、生动的数学场景中积极运用已有生活经验分析和理解课堂新知，促使学生从直观的生活现象中提出数学问题，归纳数学概念，帮助学生更好地感受和认识数学模型。

（二）组织深度探究，感悟模型意识

在数学课堂上组织深度探究可以让学生在探索知识的过程中建立更多的感性认知，为把握数学模型的结构特点、感悟数学模型意识提供丰富素材。小学数学教师要合理设计探究学习课题，在贴合课堂教学重点和教学难点的基础上，把控好探究课题的难度，提高课题的开放性，充分发挥学生探究学习的主动性。[1] 在探究过程中，教师要扮演好学生思维引导者的角色，引导学生在活跃的思维状态下开展自主探究和合作学习，对探究材料、探究方法和探究发现进行归纳总结，并结合学生得到的探究成

---

[1] 王永春：《小学数学与数学思想方法》，华东师范大学出版社，2014。

果或出现的问题衍生出多个探究方向,加深学生对感性认知素材的理解,促进学生形成感悟模型意识。

例如,在教学人教版六年级下册"圆锥体积计算公式"这部分内容时,教师可以同时展示底面和高都相等的圆柱和圆锥,让学生大胆猜想:两者的体积会不会存在一定的关系?教师鼓励学生对两者体积之间的关系进行假设,小组合作讨论猜想的合理性。学生此时给出的猜想和制定的方案都较为盲目,与客观规律相去甚远。在探究过程中教师适时引导,为学生提供一盒沙子,组织学生通过实验的方式展开探究。学生联想到在学习长方体和正方体时出现的水池、泳池问题,很快想出在圆柱体内注满沙子再倒入圆锥中进行探究的方法。学生发现 1 个圆柱内的沙子刚好能注满 3 个圆锥,由此得出"圆锥体积是等底等高的圆柱体积的三分之一"的结论。通过探究活动,教师在帮助学生巩固已学知识的同时,还教会学生对固有模型进行想象,探究学习新知识的数学方法,增强了学生新知建构的效果。

(三)解决实际问题,树立模型意识

组织学生灵活运用所学知识,对已有的数学模型进行分析并解决实际问题,能够巩固和深化学生对课堂知识的理解,让学生认识到数学模型的实用价值,能够培养学生的数学应用意识和对数学信息的综合处理能力,使学生体会数学学习的意义。教师可以挑选典型的数学习题,联系学生生活实际问题,让学生的课堂学习经历由具象生活现象到抽象模型建构,再到实际应用的思维过程,从而锻炼学生的数学思维能力;也可以立足课堂教学重点、教学难点和学生思维的薄弱环节自主编创一些生活问题,提高问题设计的针对性和生成性,引导学生在实际应用中查漏补缺,内化所学知识,构建完整的数学认知体系。[①]

例如,行程问题是小学阶段基本的数学问题类型之一。在教学速度、时间、路程三者的数学关系后,教师先设置"一辆汽车以每小时 40 千米的速度行驶了 3 小时,共行驶了多少路程?"这样的基础题目,可以巩固学生对基本数学模型的认识和应用。接着进行不同难度的变式训练:一辆汽车 5 小时共行驶了 300 千米,9 小时可以行驶多少路程?一辆火车的平均速度是每小时 150 千米,若该火车于 7:30 从始发站出发,16:30 到达终点站,则始发站到终点站的全程距离为多少千米?通过用不同的问题表述形式考查学生对同一数学模型的实际应用,促进学生树立模型意识。

第十节　应用意识的培养

小学数学是基础教育的基础学科,是培养与提高人的文化素质和科学素质的重要组成部分,具有高度的抽象性、严密的逻辑性和广泛的应用性。数学应用意识是联系数学与生活的重要纽带,也是沟通数学与其他学科的重要桥梁。因此,小学数学教育必须重视数学应用的教学,将应用意识的培养和应用能力的发展放在重要的地位上,使学生具

[①] 张昆:《培育模型意识核心素养的教学研究》,《中小学教师培训》2022 年第 11 期。

有适应生活和社会的能力。

一、应用意识概述

以下内容从小学阶段数学应用意识的概念和应用意识的主要表现两个方面展开。

（一）应用意识的概念

应用意识是"会用数学的语言表达现实世界"核心素养的主要表现之一，《义务教育数学课程标准（2022年版）》指出：应用意识主要是指有意识地利用数学的概念、原理和方法解释现实世界中的现象与规律，解决现实世界中的问题。应用意识有助于用学过的知识和方法解决简单的实际问题，养成理论联系实际的习惯，发展实践能力。

从数学学科的特征看，数学的高度抽象性带来的是应用的广泛性。数学是自然科学的重要基础，在社会科学中也发挥着越来越重要的作用，数学的应用渗透到现代社会的各个方面，直接为社会创造价值，推动社会生产力的发展。现代信息技术（包括大数据和人工智能）的发展，对数学提出了强有力的挑战，也为数学的发展创造了机遇，使数学研究与应用的领域得到极大拓展。

从中小学数学学习过程来看，数学的应用包括两类：第一类是数学内部的应用，即用所学的数学知识与思想方法解决数学本身的问题，这种应用对数学知识的理解、技能的巩固、思想方法的感悟都是十分必要的；第二类是数学外部的应用，包括日常生活、职业场所中的应用和跨学科的应用。传统上，我国中小学数学教学比较关注第一类，因此《义务教育数学课程标准（2022年版）》希望加强第二类，特别是跨学科的应用。虽然"应用意识"是中小学所有学科的基本要求，但在不同学科中的表现形式并不完全相同。

（二）应用意识的主要表现

在义务教育阶段的数学学科，应用意识主要表现在以下三个方面。

（1）意识到数学是认识、理解与表达现实世界的一种基本方式。知道现实生活中蕴含着大量的与数量和图形有关的问题，可以用数学的方法予以解决；能够主动发现、提出、分析和解决现实生活中的数学问题，感悟数学思想方法的简约性、条理性与严谨性。

（2）意识到数学与现实世界有着密切的联系。知道数学中的绝大多数概念、原理和方法都源自现实世界中的现象、规律及人类的经验；反过来，现实世界中的绝大多数现象、规律及人类的经验又可以用数学的概念、原理和方法来解释、分析与洞察。

（3）愿意参与跨学科的综合与实践活动，了解数学在其他学科中的应用。例如，知道物理中的杠杆原理可以用简单的数学公式表示，欣赏对称在艺术、建筑设计中的运用，知道海王星的发现是数学计算的结果，了解神奇的计算机和网络靠的是数学原理的支撑等。

从某种意义上说，中小学生的应用意识比应用能力更为重要，因为中小学生能够解决的真正数学应用问题数量极少，而应用意识可以激发他们的数学学习兴趣与热情，促使他们去学习更多的数学知识，进而解决更多的实际问题。

二、小学生数学应用意识的培养策略

（一）科学构建教学情境

良好的课堂教学环境，往往能够起到带动作用，让小学生在潜意识中对知识产生深刻印象并逐步内化，实现课堂教学效益最大化。从小学教学的实际情况来看，情境创设的方法多种多样，而不管是哪种方法，均能起到引导作用，使小学生的注意力快速集中在教师讲授的内容上，学会如何提出问题、分析问题、解决问题，并探寻最佳解决方案。在获取答案后，小学生很容易获得自我成就感与满足感，应用意识也会潜在形成。这也就要求教师应尽可能围绕小学生学习现状、教材内容，合理创设情境，在生活与数学知识间构建联系，以便于学生掌握应用诀窍。呈现给学生的情境，只有是其生活中常见的、熟悉的，学生才有兴趣。把数学和日常生活有机地融合在一起，作为素材提供给学生，他们才更有动力去学习、去应用。

比如，教师在讲授"克与千克"知识内容时，就可以将食物引入课堂，创设一个相对真实且贴近于生活实际的场景，带动学生的学习积极性，加深学生印象。在课前，教师可提前准备好饼干、火腿、袋装盐等一些带有明确重量标识的物品，然后在课上带领学生称量这些物品，感知重量，使学生通过真实感受去理解知识点，感受到"克与千克"不再是书本上的文字与数量变化。商品外包装上给出的提示，也可以被作为重要的学习素材。小学生也能够在观察中切实了解到，原来生活中竟然隐藏了这么多数学知识，并对数学知识产生深刻印象，应用意识随之形成。

（二）融入实践，培养应用意识

实践出真知，在数学教学中，教师既要通过培养学生的应用意识锻炼其数学问题解答能力，使学生的创造性思维得以发散，也要积极开展课程探究与实践活动，为学生多元化发展拓宽有效路径。因此，教师要通过开展趣味性的数学教学活动，带领学生挖掘数学知识的本质与内涵，提高学生对知识要点与重点的掌握能力和应用能力，培养学生的数学实践能力。

例如，在"统计表与条形统计图"的教学中，教师在教授学生掌握相应的知识重点时，就可以开展实践教学活动，通过给学生安排相关的实践任务，来促进学生更好地掌握本堂课的学习内容，有效体现学生的学习主体地位。比如，让学生以小组为单位，对班级全体成员的身高、体重进行调查和统计，自行设计一张统计表或统计图。在此之后，教师可以设立奖励机制，哪个小组完成的情况最好，哪个小组就会获得一定的奖励，从而最大限度调动学生的积极性。教师可以在创设任务主题时增添一定的趣味性，激发学生开展调查统计的积极性。在学生完成调查统计活动后，教师可以通过观察学生的统计图，来了解学生的学习情况和调查结论。随后教师再对各小组的调查统计情况进行详细的分析与评价，让学生意识到这部分知识的重要性。运用这种教学方式，可以有效培养学生的应用意识。

（三）深化教学，促使学生了解应用价值

教师要创新教学模式，让学生通过实践来掌握数学学习的方法和技巧，形成数学学

科核心素养。因此，教师要帮助学生了解应用意识培养的意义，带领学生在数学知识学习与应用融合的学习模式下，提升数学学科综合能力，为学生全面发展打好基础，促使其在未来学习中拥有较好的数学思维。

例如，在"长方体和正方体"的教学中，教师在向学生简单介绍长方体和正方体之后，可以向学生提出这样一个有意思的问题：牛奶为什么采用正方体或长方体的盒子进行包装？长方体和正方体在生活中的应用优势有哪些？在问题导入教学模式下，培养学生深度思考的意识；通过深化教学过程，提高学生对长方体体积与正方体体积知识点的探究能力，促使学生逐步形成应用思维。比如，在对牛奶的包装采用长方体或正方体这一问题进行探究时，教师要引入长方体和正方体的体积公式，让学生进行对比学习，了解长方体与正方体体积的特点，以及长方体和正方体在生活中应用的便捷性和多样性特征，帮助学生明确长方体和正方体在生活中的实际应用价值，培养学生的数学应用意识。此外，教师还可以引入类似的案例进行说明，转变学生思维，让学生感悟数学的应用价值，进一步培养学生的数学应用意识。

第十一节　创新意识的培养

随着现代化教育方式的不断进步，单纯的应试教育已经不能满足当今教育需求，教师应以现代化思维规划教学章程，以引导学生学习为主要思想，以激发学生学习兴趣为教学方略，以培养学生的创新意识为根本立场。小学阶段学生个体可塑性最强，是学生接受教育的最佳时期，小学生在数学学习中需要脑力与动手能力相结合，数学学习对小学生创新意识的培养具有重要意义。通过数学学习来培养小学生的创新意识，对促进学生的思维灵活性和发展学生的发散思维，以及培养学生的综合能力等都有重要作用。

一、创新意识概述

创新意识是数学核心素养中数学眼光的主要表现之一，是唯一跨学科、跨学段的素养。以下内容从小学阶段数学创新意识的概念和创新意识的具体要求两个方面展开，以帮助教师更好地认识数学创新意识。

（一）创新意识的概念

创新是一个民族的灵魂。培养创新意识是中小学教育的基本任务，也是现代数学教育的基本任务，应体现在数学教与学的过程之中。创新意识的培养应该从义务教育阶段做起，贯穿数学教育的始终。

《义务教育数学课程标准（2011年版）》把"创新意识"作为10个核心词之一。《义务教育数学课程标准（2022年版）》进一步将"创新意识"作为核心素养在义务教育阶段的主要表现之一，以及对整个义务教育阶段提出的跨学科的要求。《义务教育数学课程标准（2022年版）》指出，创新意识主要是学生主动尝试从日常生活、自然现象或科学情境中发现和提出有意义的数学问题。创新意识的特征是自觉性和创造性，创新意识有助于学生形成独立思考、敢于质疑的科学态度与理性精神。

（二）创新意识的具体要求

下面我们从数学学习的特点出发，阐述义务教育阶段对创新意识的具体要求。

（1）对数学及数学学习有好奇心。能够在数学学习过程中逐步养成刨根问底的习惯，提出充满想象力的问题。例如，为什么用 0~9 这十个数字就可以表示所有的数？有最大的自然数吗？大象一次可以喝掉多少水？无限不循环小数为什么叫作无理数？生活中有无理数吗？为什么任何一个三角形的三条中线都交于一点？海王星是通过数学计算发现的吗？

（2）乐于在数学探究中提出猜想与问题。能够在简单情形中进行数学探究活动，通过特例寻找规律，提出猜想或命题；能够根据自己的兴趣和思路提出猜想或问题，并在解决自己提出的问题的过程中感受数学探究与发现的乐趣。

（3）愿意尝试不同的方法与策略。了解数学表征的多样性及数学方法的灵活性，愿意主动尝试不同的解题方法，从不同的角度考虑问题，而不是仅仅为了完成任务。

（4）能够独立思考，具有质疑问难的批判精神。在独立思考的基础上对自己得到的结论有信心；不盲目接受自己不理解的观点与结论，敢于质疑，提出与他人不同的观点；在数学问题解决过程中不怕犯错、勇于认错、认真纠错；能够对自己及他人的数学表现给出客观的评价。

（5）感悟和欣赏数学的神奇与美。知道数学中的数字、符号、表达式都是不断简化的结果，一个简单的数学公式往往具有丰富的含义，感悟数学的简单美；知道对称是数学中的研究对象与方法，可以从数学角度理解、解释自然界中许多美的现象的原理；知道不管是自然数、分数、小数的运算，还是有理数、代数式的运算，其算理都是一致的，初步感悟数学的统一性。

对学生的创新意识的评价应该遵循两条原则：一是满意原则，学生的能力水平有高有低，但只要他们愿意尝试创新就应该感到满意；二是"爬梯子"原则，即要创设阶梯式的数学任务，有的学生只需完成其中的 1~2 步，能力强的学生可以一直向上"爬"，不同能力水平的学生都有机会达到自己的高度。

培养学生的创新意识，让学生在学习数学的过程中勤思考，这有利于学生数学思维的形成和心智的开发，对学生未来的学习和发展有着重要的意义。除此之外，《义务教育数学课程标准（2022年版）》明确要求培养学生创新能力和意识，为学生未来的发展打下坚实的基础，因此，培养学生的创新意识，是对新课标改革促进学生全面发展基本理念的具体落实。

二、小学生数学创新意识的培养策略

（一）积极营造自由轻松的课堂氛围

教师应该在课堂教学中努力营造一种充分发展和激励学生创新性思维的课堂气氛。学生在活动中自己去发现新的知识、新的问题、新的手段和方法。在轻松、自然、和谐的课堂气氛中，学生如果能够积极主动投入学习，就会产生强烈的好奇心，就能激发自己的兴趣和求知欲，进而养成创新的意识。要想给学生营造一个创新性学习的良好课堂氛围，教师要充分尊重每个学生，用爱培育爱，学生们在自由轻松的课堂氛围中能充分发挥他们的聪明才智与创新能力。教师要鼓励学生大胆地发表意见，互相交流思想，鼓励他们积极地探索多种解题的思路。乐教爱生、甘于奉献的仁爱之心是教育家精神的炽热情怀。教育是一项爱的事业，教师是用爱感染爱，用心灵召唤心灵，爱是教育活动的情感基础。因此，教师要将爱融入课堂，营造温馨的课堂氛围。

（二）鼓励学生大胆质疑，并给予更多肯定的鼓励

传统的课堂中很多学生都是被动地接受教师所讲授的各项知识和内容，没有真正发挥自身的综合能力。面对学习过程中出现的一些疑问和困惑，他们也没有及时和教师进行沟通，从而容易影响到最终的学习效果。创新意识的培育需要学生积极发现问题并大胆质疑，这样才能更好地探究知识、发现新知。在开展小学数学教学活动的具体过程中，教师需要注重培养学生的问题意识和质疑能力，让学生能够根据实际知识的学习情况大胆地质疑教材和教师所讲授的一些内容，让学生能够凭借自身的思考来分析和解决问题，促使学生形成良好的自主学习能力和实践创新能力。

（三）引导合作学习，提高学生创新意识

在小学数学课堂教学中，教师要重点培养学生讨论合作的意识，从而促进学生进行思想交流，进而促进学生创新意识的培养。在合作学习的过程中，学生之间的讨论能够让学生从多个角度了解问题，进行多方面的思考和分析，并且在观点碰撞中打破思维局限，拓宽思维领域，启发创新思考。学生通过小组协作的方式讨论问题，能够更快更好地找到解决问题的方法。创新思维方式的培养为创新意识的培养奠定了基础，在建立创新思维的基础上，学生也会对数学学习产生极大的兴趣。在小学数学教学中，创新思维需要通过有效的手段和方式进行培养，如逆向思维训练，能够让学生更迅速地解答一些问题；联想思维的训练，能够提高学生从多个方面思考问题的意识，进而提高其学习质量，并且联想思维也能开拓思维的广泛度和深度。

（四）注重开放式教学，培养学生的创新能力

在小学数学教学中，教师要想有效培养学生的创新能力和意识，应充分利用数学教材中的开放性问题，有意识地结合教学内容设计开放性习题，并将其渗透在教学活动中，从而既可以促进学生对数学知识的理解和掌握，又可以促进学生创新意识和能力的培养。首先，一题多问。只给出已知条件，让学生自主探究问题的答案。例如，在人教版二年级数学"加法和减法"教学时，教师可以根据已知条件育才小学有21名男教师和38名女教师来提出数学问题，如男教师比女教师少多少名？一共有多少名教师？等等。这种方式可以让学生不断发散思维，从而有利于其创新意识的激发和创新能力的培养。其次，一题多解，注重思维的发散。针对同一问题，在思维方式和分析角度不同的情况下，会得出不同的解法。在教学中，教师应鼓励学生对问题进行深入剖析，并获得多种解法。这种方式可以帮助学生深入理解和掌握知识，有效培养学生的思维能力，从而为学生创新意识和创新能力的培养夯实基础。

（五）激发想象力，培养学生的创新思维

丰富的想象力是培养学生创新意识的基石。在小学数学课堂教学中，教师要根据教

学目标和教学内容激发学生的想象力,从多层面、多角度进行思考和探究,进而增强学生的创新意识,促进学生思维的发展。例如,在讲解"认识线段"一课时,巩固练习的设计可以采用"猜一猜"的形式加强学生对线段特征的理解,进一步激发学生的想象力。

一是"露"一个端点,尾巴部分是弯曲的。一问:多媒体上的图形探出了小脑袋(一个端点),猜猜看它是线段吗?这时学生的意见不统一,但能根据想象阐述理由。二问:那你想象中的藏在里头的那部分是长什么样的?能上来比画一下吗?学生再次展开想象,并合理地给出所想象图形的解释。三问:不能确定里面的部分到底是直的还是弯的,该怎么办?学生提议再探出一部分,学生根据探出的部分再一次进行想象和思辨,直到"露"出全部。

二是"露"两个端点,中间部分是弯曲的。问:探出了两小脑袋(两个端点),是线段吗?那你认为这里面是长什么样的?深化了学生对线段"直"的特点的认识以及各种可能性的判断,使他们清晰认识到线段不仅要有两个端点,还必须是直的。

三是猜两点间线段的条数。问:猜一猜,连接这两点能画出几条线段?学生根据自己的想象,动手画一画来验证自己的猜想。在此教学过程中,学生的想象是有凭有据的,教师带领学生进行想象和辨析,促进创新意识的培养。

阅读与拓展

1. 朱立明,秦丹.新课标下小学生数学核心素养的架构研究[J].课程·教材·教法,2022(07):12-18.

该文从新课标出发,从操作层面对数学核心素养内涵进行深入阐释,并从不同视角、不同的学段、不同的内容对数学核心素养的构成要素进行析取,由此建立、阐释数学核心素养的理论架构。

2. 任建宝,康文彦.基于核心素养的中小学数学教学研究[J].教育理论与实践,2024,44(11):61-64.

该文首先讲述当前阶段数学核心素养是中小学数学教学的应然指向的原因;然后指出当前中小学数学教学中存在教学目标与数学核心素养的联系不紧密、教学过程难以支持学生数学核心素养的发展和教学评价偏离数学核心素养的评价标准等问题;最后提出了指向核心素养的中小学数学教学的优化策略。

3. 王炳林,曹雨萌.教育家精神的形成逻辑、内涵要义与弘扬路径[J].新视野,2024(03):15-26.

建设教育强国是中华民族伟大复兴的基础工程。新时代新征程,大力弘扬教育家精神是建设教育强国的必然要求。中国特有的教育家精神的形成具有严密的理论、历史和现实逻辑，它根源于马克思主义教育思想，植根于中华优秀传统师道文化的深厚土壤，承继于党领导教师队伍建设的宝贵历史经验，立足于新时代建设教育强国的现实需要。该研究从教育家精神的形成逻辑、内涵要义和弘扬路径三方面来阐释。

4. 张济州. 教育家精神的理论内涵和实践要求［J］. 课程·教材·教法，2024（02）：9-13.

教师是教育强国的基础要素和关键。习近平总书记在第39个教师节来临之际致信全国优秀教师代表，鼓励广大教师以教育家为榜样，"弘扬教育家精神"，并深刻阐释了新时代中国特有的教育家精神的丰富内涵和深刻意义。深入学习习近平总书记关于教育家精神的重要论述，锚定新时代教师队伍高质量建设的精神坐标，从而激发广大教师对崇高教育家精神的追求，将新时代教师队伍打造成为强国之师。

第十一章

小学数学教学评价

学习目标

1. 理解小学数学教学评价的内涵。
2. 掌握小学数学学习评价的功能。
3. 掌握小学数学评价的分类。
4. 理解小学数学课堂评价的内涵与原则。
5. 掌握小学数学课堂评价的方法。

第一节 小学数学教学评价的概述、分类与发展趋势

教学评价是整个教学活动不可或缺的组成部分。有什么样的评价理念就会有什么样的教学过程。在新课程改革的进程中，评价是人们普遍关注的焦点。《义务教育数学课程标准（2022年版）》指出，要发挥评价的育人导向作用，坚持以评促学、以评促教。基于《义务教育数学课程标准（2022年版）》的要求，教师应该以落实"立德树人"根本任务、发展学生数学核心素养为目标，依托多样的评价主体、多维的评价内容以及采取多元的评价方式等，循序渐进地改进教学评价，更好地发挥教学评价的作用。

一、小学数学教学评价概述

教学评价是对教师教和学生学相统一的活动的评价，一般包括对教师、学生、教学内容、教学方法和手段、教学管理、学生学业成绩和教师教学质量等多方面的评价。教师和学生是教学活动中能动的主体，是整个教学活动中最活跃、最积极的因素，因此教学评价对学生的学习以及教师的教学有十分重要的意义。小学数学教学评价作为教学过程的重要环节之一，需要我们从内涵、功能以及理念等方面整体把握。

（一）小学数学教学评价的内涵

小学数学教学评价是指评价主体根据一定的标准，运用可操作的科学的方法和手段，系统收集有效的教学信息以及对教学信息进行整理、分析，对教学活动的过程和结果做出价值判断的过程。数学教学评价主要包含对教与学两方面的评价，它是数学教学工作经常性的重要课题。例如，总结教学经验、观摩教学的评议、教学评优、检查与讲评学生作业、课堂提问、各种形式的测验与考试等，都是对教学的评价。

（二）小学数学教学评价的功能

教学评价是教学活动的一个重要环节，在教学过程中发挥着多方面的作用，从整体上调节、控制着教学活动的进行，保证着教学活动向预定目标前进并最终达到该目标。小学数学教学评价的功能主要表现在以下几个方面。

1. 诊断功能

诊断功能是指通过评价了解小学数学教学活动的整体情况：课程计划是否合理，教材选用是否恰当，教师教学是否有效以及学生学习水平如何。对得出的评价结果进行科学的解释，指出评价对象值得肯定的内容、存在的问题以及对评价对象的改进建议。就学生学习水平而言，就是了解学生已经形成的知识、能力、情感和学习行为习惯等发展状况并做出合理的评价，解释学生学习中存在的问题及相应的原因。总之，通过教学评价能对教学现状进行全面诊断，从而促进教师调整教学策略，改进教学措施，有针对性地解决教学中存在的各种问题。

2. 导向功能

导向功能是指评价对小学数学教学活动起到指挥棒的作用。评价者所采用的评价标准对于评价对象来说就是指挥棒。学生学习的方向、学习的重点及学习时间的分配，往往要受评价内容和评价标准的影响。教学目标、教学重点的确定也要受到评价的制约。如果教学评价的标准和内容能全面反映教学计划和大纲的要求，能体现学生全面发展的方向，那么，教学评价所发挥的导向作用就是积极的、有益的；否则，就有可能使教学偏离正确方向。在教学实践中，要认真研究评价标准和内容，充分发挥评价积极的导向作用。

3. 激励功能

激励功能就是持续地激发学生动机的心理过程，是引起学生个体产生明确的目标指向特定行为的内在驱动力，是每个人的心理需求。小学数学教学评价，不仅能肯定教师的成绩，强化教师的工作动机，还能使教师发现存在的问题，并自觉地在工作中发挥积极性和创造性，以期取得更大的成就。对学生而言，一个赞许的眼神、一句暖人的话语都会激励学生不断进取。在教学过程中，教师对学生表达出赞扬、理解、尊重或体贴等美好的情感都具有激励的作用。研究表明，在一定限度内，经常进行记录成绩的测验对学生的学习动机具有很大的激励作用

4. 调控功能

调控功能是指评价结果提供一种反馈信息，教师能及时知道自己的教学情况，从而为师生调整教与学的行为提供客观依据。教师据此修订教学计划，调整教学速度和节奏，改进教学方法和策略等；学生据此变更学习策略，改进学习方法，增强学习的自觉性。教学评价有利于使教学过程成为一个能随时得到反馈调节的可控系统，使之向着预定的教学目标前进，这也正是教学评价要达到的基本目的。

（三）小学数学教学评价的理念

1. 评价以促进发展为目的

数学教学评价就是运用有效的评价技术和手段，对数学教学活动的过程和结果进行

测定、分析、比较，并进行价值判断的过程，是促进学生和教师共同发展的过程。政策层面要求教育家在人才培养过程中，始终将服务国家发展战略、培养德智体美劳全面发展的社会主义建设者和接班人作为根本任务，从而凸显教育家在国家和社会发展中的战略地位和历史使命[①]。因此新的数学教学评价观认为，数学教学评价不仅要关注学生数学知识与技能的掌握和理解，更要关注学生在数学学习过程中情感态度的形成与发展；既要关注数学学习的结果，更要关注学生在学习过程中的变化与发展，还要关注学生数学学习能力以及正确的价值观的形成；不仅要关注学生今天的学习状况，更要关注学生的学习潜能与明天的发展空间；不仅要描述学生表现出的水平，更要关注学生参与学习过程的所有个体行动，使教师可以有针对性地对学生提出建议，帮助学生谋求进步，并能根据已知信息反省自己的教学行为，制订和改进下一步的教学活动。

2. 评价要体现以人为本的思想

教育的对象是人，教育的出发点和归宿也是人。然而，传统的教育却忽略了这一本质特征，对学生数学学习的评价，只注重知识的掌握程度，而不考虑学生在学习过程中的情感态度和价值观的发展，不考虑学生在学习过程中形成的学习习惯与行为准则，以分数作为评价学生的唯一依据，甚至家长和社会也以分数作为判定学生优劣的标准。对教师教学的评价也仅以学生的平均分、总成绩为标准，甚至以学生的分数作为教师评优、评模的主要指标，而忽略了教师其他方面的综合评价。这种评价从根本上忽视了评价对象作为人的存在，过分夸大分数的作用，其后果是：考分成了刺伤学生的利器，成为学生怕学、厌学的根源。

3. 注重对学生数学学习过程的评价

传统的小学数学教学评价目的重在甄别、选拔，所以只关注数学教育活动的结果，对教育活动过程的关注很少。数学教学主要是考什么教什么，考试决定教学，缺少对思维过程的评价，导致学生只重结论，忽视过程，易形成一些似是而非的认识和习惯，不利于学生养成科学探究的习惯和严谨的科学态度和精神。数学教学中出现的"题海战术"，就是只注重对学生学习结果的评价而忽视对学生学习过程的评价的结果。通过对学习过程的评价，学生可以全面了解自己的学习历程，明确自己的优势，反省自己的不足，以便在以后的学习中弥补这些不足。对学习过程的评价，也为教师全面了解学生的学习状况、反省自己的教学状况、改进教学、提高教学水平以及实施因材施教提供了重要依据。

4. 评价要体现多元性

评价的多元性包括评价主体多元化、评价方法多样化、评价结果呈现方式多样化、评价过程动态化等。

（1）评价主体多元化。新的评价观认为，在评价学生数学学习时，教师是主要的评价者，但不是唯一的评价主体，要建立包含教师、学生、家长、社会等的多元评价体系。学生不是一系列评价的消极应付者，而应该是主动参与者，强调评价过程中主体间

[①] 陈海萍、兰继军：《新时代大力弘扬教育家精神的三维审视》，《黑龙江高教研究》2024年第8期。

的双向选择、沟通和协商，关注评价结果的认同问题。加强自评、互评，使评价成为教师、管理者、学生和家长共同积极参与的交互活动。同时增进双方的了解和理解，形成积极、友好、平等和民主的评价关系，使评价者在评价过程中能有效地对评价对象的发展过程进行监控和指导，帮助评价对象认同评价结果，促进其不断改进，获得发展。需要注意的是，我们不能为了体现评价理念而刻意追求评价主体的多样化，在评价中，首先，评价者（教师、同学、家长等）要明确评价的目标和标准。其次，并不是所有的内容都适合多主体评价，要分清楚哪些内容适合多主体评价，哪些内容不适合多主体评价。最后，学生互评中要淡化等级和分数，淡化学生之间的相互比较，还要防止学生之间因为某些原因而产生的偏见。

（2）评价方法多样化。传统的学习评价方法单一，只运用纸笔测验进行总结性的定量评价。新的数学学习评价方式不仅限于用纸笔测验的定量评价，而是在教学过程中根据实际需要选择多种评价方式，如课堂观察、座谈、调查与实验、作业分析、成长记录袋、数学日记等，并将各种评价方式有机结合起来对学生的学习进行评估和考核，全面收集学生数学学习活动中的各种信息，将量化评价与质性评价相结合，过程性评价与终结性评价相结合，对学生的数学学习活动的全过程做出全面的综合评价，以保证评价的全面、公正和准确。

（3）评价结果呈现方式多样化。从评价结果的呈现方式来看，呈现的内容不仅要有数量化的分数信息，还要有描述性的过程分析与改进建议。呈现的形式上要体现对评价对象的尊重与关怀，无论是书面语言还是口头语言，都要以鼓励为主，要关注评价对象的情绪与需要，构建一种有利于沟通和发展的心理氛围，这样才能最大限度地使评价对象认同评价结果。对于可以量化的部分，应采用量化的方式进行，但要因人而异，要注意学生的个性差异，注重其自身的纵向比较，关注学生掌握的内容和具备的能力，不应简单总结性地打分或划分等级。对于不可以量化的部分，则应采用描述性评价、课堂激励评价等质性评价方式，对学生在学习活动中的表现、知识掌握的情况和能力水平进行表述并给出改进建议。

（4）评价过程动态化。教学评价是要把评价贯穿于教学活动的各个环节，而教学活动是师生、生生互动合作的过程，评价本身也是教学活动的一个重要组成部分。因此，教师要对学生日常学习过程进行评价，关注学生在学习过程中的点滴进步，及时发现学生的不足，并给予评价和反馈。根据"短、小、勤、快"的原则，教师在教学过程中不断口头对学生的发展状况进行评价，从而激发学生的学习积极性。

将日常评价、阶段评价和学期评价有机地结合起来，给予多次评价的机会。对于不同的个体可以有不同的评价准则，目的在于促进学生的转变与发展，只要学生能够说明自己进步的事例，甚至可以更改已经做出的评价。在评价结果呈现方式中，学期成绩应将日常表现、作业、单元测验以及期末考试成绩等各占一定比例进行综合，同时还要有质性的描述性评价与改进性建议，尤其要注重及时评价对学生的激励作用。这些导向可以使学生、家长、社会不再只关注考试成绩，转而注重学生的综合素质发展。

5. 重视以学论教

数学课堂教学要真正体现以学生为主体、以学生的发展为本，就必须改变传统的课堂教学评价观念，以学生的"学"来评价教师的"教"，强调以学生在课堂教学中呈现的状态为参照来评价课堂教学质量。具体从以下几个方面进行评价。

（1）情绪状态。学生是否情绪饱满，对所学知识和探究的问题是否具有好奇心与求知欲，在学习过程中能否长时间地保持兴趣，能否自我调节和控制学习情绪，学习过程是否愉快，学习愿望是否不断得以增强。

（2）注意状态。学生是否始终关注探究和讨论的数学问题，并能保持较长的注意力，学生的目光是否始终追随发言者（教师或学生）的一举一动，学生的倾听是否全神贯注，回答是否具有针对性和目的性。

（3）参与状态。学生是否全员参与数学学习活动，是否积极主动参与讨论和发言，在讨论中是否积极思考，是否自觉地进行练习，是否有充分参与的时间与空间。

（4）交往状态。整个课堂气氛是否民主、和谐、活跃，师生之间、生生之间能否友好、平等地交流与合作；学生能否虚心听取他人的意见，尊重他人的发言，是否善于质疑，遇到困难时能否主动与他人交流解决问题的方法与策略。

（5）思维状态。学生是否围绕讨论的数学问题积极思考并踊跃发言；学生回答问题的语言是否流畅、有条理，能否用生活语言和数学语言阐述自己的观点，能否用数学语言、符号等表达数学问题；学生讨论的结论或见解是否都经过独立的思考且表现出一定的创新意识与能力。

（6）生成状态。学生是否掌握了应学的知识，完成了学习目标；学生的智能、情感得到了一定程度的发展后，是否有满足、成功和喜悦等积极的心理体验，学生是否对未来的学习充满了信心。评价的关注点转向学生求知的过程、探究的过程、努力的过程，关注学生、教师和学校各个时期的进步情况，才能帮助学生形成积极的学习态度、科学的探究精神，激发学生学习的积极性、主动性，才能注重学生在学习过程中的情感体验、价值观的形成，从而使学生实现全面发展。

二、小学数学教学评价的分类

小学数学教学评价根据不同标准，可分为不同的类型：一是根据评价功能来分，有诊断性评价、形成性评价和总结性评价；二是根据评价标准来分，有常模参照评价、标准参照评价；三是根据评价方法来分，有定性评价与定量评价。

（一）根据评价功能分类

1. 诊断性评价

诊断性评价一般在教学设计活动开始之前进行，目的是了解和分析学生的学习准备程度以便确定教学的起点和进度。比如入学时的摸底测验、分班测验就属于诊断性评价。诊断性评价的结果一般只供教师做教学设计的参考，如根据诊断结果设计一些能发挥学生长处或弥补学生不足的活动内容，也可以作为学生学习后确定学生学习效果的依据。

2. 形成性评价

形成性评价是在教学过程中，教师为了解学生学习中遇到的问题、取得的成绩以及教师在教学中取得的效果和可能存在的问题而实施的评价。形成性评价关注的是学生在学习过程中达到教学目标的程度，通常采用观察、交谈、课堂提问、练习、测验以及课外作业等灵活多样的形式。通过形成性评价，教师可以有效地把握学生每一个阶段的学习成效，了解存在的问题和不足，以便及时地调整和改进教学，使教学沿着预定的目标进行。

3. 总结性评价

总结性评价是对一个完整的教育教学过程的总体结果进行评价，也叫终结性评价。比如期中测验、期末测验、毕业考就是这种评价。总结性评价一般次数少，间隔时间较长，对一段时间内的学习结果做全面的总结性评价，其成绩会记入成绩单，作为升级、留级或某种资格认定的依据。在传统教学评价中，总结性评价占据主要地位，其往往只要求学生提供问题的答案、缺少对思维过程的评价，不利于学生养成科学探究的习惯和严谨的科学态度与精神。在新课改中，教学评价不再只关注结果，实现了评价重心的转移，将总结性评价与形成性评价相结合。

（二）根据评价标准分类

1. 常模参照评价

常模参照评价是以个体的成绩与同一团体的平均成绩或常模相互比较，从而确定其成绩的适当等级的评价方法。这种评价用于衡量个体在团体中的相对位置和名次，也称相对性评价。学生在团体中的位置就是以学生个体成绩与常模（团体测验的平均成绩）比较来确定的。常模参照评价重在个人与个人之间的比较，主要作为选拔或编组、编班的依据，要求试题难度适中，能尽量对所有学生都有较强的鉴别力和区分度。

2. 标准参照评价

标准参照评价是以具体体现教学目标的标准作为依据，确定学生是否达到标准以及达标程度如何的一种评价方法。这种评价用于衡量学生的实际水平，即学生掌握了什么以及能做什么，评价学生是否合格，而不考虑学生在团体中的相对位置，也称绝对性评价。参照标准是教学目标，因此，测试题的关键是必须正确反映教学目标的要求，而不是试题的难易和鉴别力。

（三）根据评价方法分类

1. 定性评价

定性评价是根据评价者对评价对象平时的表现和状态或文献资料的观察和分析，直接对评价对象做出定性结论的价值判断，如评出等级、写出评语等。定性评价是利用专家的知识、经验和判断，通过记名表决进行评审和比较的评价方法，强调观察、分析、归纳与描述。定性评价有时会使评价结果模糊笼统、弹性较大，难以精确把握。

2. 定量评价

定量评价是采用数学的方法，收集和处理数据资料，对评价对象做出定量结果的价值判断。定量评价强调数量计算，以教育测量为基础。定量评价具有客观化、标准化、精确化、量化、简便化等鲜明的特征，在一定程度上满足了以选拔、甄别为主要目的的教育需求。

由于教学涉及人的因素且变量及其关系较为复杂，因此为了揭示数据的特征和规律性，定量评价的方向、范围必须由定性评价来规定。定性评价与定量评价密不可分，二者互为基础、互相补充，切不可片面强调一方而偏废另一方。

三、小学数学教学评价的发展趋势

《义务教育数学课程标准（2022年版）》提出了核心素养的"三会"以及"教、学、评一体化"两点要求，一方面要求数学教师培养学生的数学观察能力、数学思维能力以及数学表达能力；另一方面要求数学教师将教学目标、教学方式方法以及教学评价合为一体，共同展示出教学重点，从而让教师和学生都能了解"是什么""为什么""怎么做"。从要求中我们能够看出，在《义务教育数学课程标准（2022年版）》背景下，小学数学课堂的教学评价应当与教学课程展现相同的教学目的，一方面要让学生知道自己学什么、怎么学、学得怎么样；另一方面也要采用教学评价来培养学生的数学核心素养，保证数学能够以培养核心素养为目标，能够将核心素养串联到课堂教学中，能够用评价来培养学生素养。下面介绍小学数学教学评价的发展趋势。

（一）结果评价与过程评价相结合

《义务教育数学课程标准（2022年版）》明确指出：评价不仅要关注学生的学业成绩，而且要发现和发展学生多方面的潜能，了解学生发展中的需求，帮助学生认识自我，建立自信。

现代数学教学注重结果评价，更注重过程评价。过程评价是教学过程的有机组成部分，与教学目标、教学手段是一个循环的关系。在确定教学目标之后，根据目标的要求，选择适宜的教材和恰当的教学方法。教学手段是否恰当要靠评价机制做出判断和反馈，评价的结果又用来验证教学目标制订得是否科学。教学目标、教学手段、评价机制应三者应相互制约，共同作用，完成一个高质量的教学过程，这就需要评价的内容全面、真实地反映学生的学习过程和教师的教学过程。应改变过去那种过分倚重结果评价的做法，而且应更加注重数学学习过程的评价。强调评价是个变化、发展的动态过程，不应仅仅停留在对结果的判断上，应将结果评价与过程评价结合起来，使得教学信息能够得到及时反馈，便于调节和改进教学，使得教学效果得以及时强化和矫正。

（二）评价方式注重多元性与灵活性

基于教育现象和课程与教学活动的复杂多变性，开展多元性评价是教育评价的必然选择。多元性评价主要涉及评价内容、评价主体、评价方法等方面。在评价内容方面，多元性指的是评价不仅要关注对学生知识和技能的评价，更要关注对学生德智体美劳等方面的全面评价。[①]《义务教育数学课程标准（2022年版）》明确指出：注重对学生德智体美劳等方面及其综合的核心素养表现的多元评价。评价关注的不仅是数学知识和技能，而且包括数学过程和方法，尤其是解决数学问题能力、合作交流技能等方面，以及数学学习的情感和态度。评价的方式也是多种多样的，既可以用书面考试、口试、活动

---

① 刘志军、徐彬：《新课标下课程与教学评价方式变革的挑战与应对》，《课程·教材·教法》2022年第8期。

报告等方式，也可以用课堂观察、课后访谈、作业分析、建立学生最佳作品袋和成长记录袋等方式。评价结果的体现也是以定性和定量相结合的方式。同时，评价更注重学生发展进程，将重点放在纵向评价，强调学生个体现在与过去的比较，着重于学生成绩和素质的增值，而不是简单地分等排序，学生能真正体验到自己的进步。在评价主体方面，强调评价主体应该包括教师、学生、家长等，而且强调综合运用这些主体所开展的多元评价。在评价方法方面，更是都主张方法使用的多样性，强调量化评价与质性评价的综合化使用。课标制定是国家事权，它具有统一性和规范性的特征，但为了能更好地与教育教学实际相结合，它又必然需要一定的灵活性，表现在课程与教学评价方面，就是在多元性评价的基础上增强评价的灵活性，如根据不同情况灵活选择评价手段，根据评价需要灵活吸纳不同评价主体的参与，根据评价目标灵活设置评价内容，根据评价内容灵活设计评价情境等。[①]

（三）评价主体注重多元化、交互化

在传统数学教学评价中，评价主体是教师，在评价中处于主动地位；学生则是评价客体，在评价中处于被动地位。主客体之间是一种对立的关系。现代教学评价的一个重要表现就是在评价过程中主体多元化。评价不仅包括教师评价，还包括学生自评和互评、学生与教师互相评价等，其中评价的重点环节是学生自评。《义务教育数学课程标准（2022年版）》指出：数学教学评价中，学生应该成为主动的自我评价者，通过主动参与评价活动，发现自己的进步和不足，自评成为学生自我教育和自我发展的有效方式。教师在评价学生学习时，既可以让学生开展自评和互评，也可以让家长、管理者等有关人员参与评价过程，而不仅仅局限于教师对学生的评价。同时，学生作为评价自身素质发展状况的主体，从有利于提高素质的角度出发，也应该成为评价教师教学的主体。总之，数学教学评价不应是教师对学生的单向刺激反应过程，而应该成为教师、管理者、学生和家长共同参与的交互活动的过程。

发展并拓宽评价的主体，运用多元化的组合评价方式：可以是由教师对学生进行的评价，也可以是学生之间相互评价，还有学生对教师教学的评价，家长对教学的评价，可以采用谈话、观察、书面测试、电话交流、数学日记、成长记录袋等多种形式进行评价。[②] 同时建议，适当增加评价主体，例如，学生之间的同桌互评、学习小组对学生个人的小组评价，甚而可以是学习互助伙伴对学生数学学习的评价，还有家长评价等，加上开放式练习，完整展现学生数学学习的全过程评价。

第二节　小学数学课堂教学评价

在《义务教育数学课程标准（2022年版）》背景下，小学数学课堂的教学评价应当与教学课程展现相同的教学目的，一方面要让学生知道自己学什么、怎么学、学

[①] 伊秀枝：《把握评价时机追求生命课堂——评价在教学中的灵活运用》，《教育实践与研究》2017年第Z1期。
[②] 朱全明：《构建小学数学多元评价体系的实践与思考》，《科学大众·科学教育》2012年第12期。

得怎么样，另一方面也要采用教学评价来培养学生的数学核心素养，保证数学能够以培养核心素养为目标，能够将核心素养串联到课堂教学中，能够用评价来培养学生素养。同时，教学评价还能引导教师对自己的教学行为进行评价与反思，在此基础上不断改革课堂教学活动过程，使教学取得更好的效果。①

一、小学数学课堂教学评价概述

小学数学课堂教学评价是保障教学活动科学有效开展的前提，在帮助学生全面发展的过程中起着重要的作用。科学适切的数学课堂教学评价，不仅有利于引领、规范、促进数学课堂的相关主体更有效地践行、落实基于数学核心素养的课程与教学目标，还能帮助教师改进课堂教学的设计和实施行为，提高教学质量。这对深化课堂教学改革、引领教师专业发展、促进数学学科核心素养在课堂教学中的落地和提高课堂教学质量起到重要的作用。②

以下内容主要从两部分展开：一是小学数学课堂教学评价的内涵，二是小学数学课堂教学评价的作用。

（一）小学数学课堂教学评价的内涵

小学数学课堂教学评价是指教师在小学数学课堂教学过程中，为促进学生学习和改善教师教学而实施的、对学生学习过程与结果的评价。课堂教学评价是全面考查和分析学生在数学学习过程中对知识掌握情况的一种教学活动，直接影响教学质量。

小学数学课堂教学评价指向学生的学习和发展，既关注学习的结果，又重视学习的过程，将评价与教师的教与学生的学有机结合起来。数学课堂教学评价必须依据数学核心素养这一特定的价值标准，对数学课堂教学做出价值性评判，并进行数学教学质量监测。③ 就这个概念而言，数学课堂教学评价既包括对课标落实情况的督查监测，也包括对教师教学过程的评估监测，还包括对学生课堂学习效果的评价，可谓是全链条、全过程、全方位的质量评价。④

（二）小学数学课堂教学评价的作用

科学的课堂教学评价能充分发挥评价的诊断、反馈、导向、激励和调控等功能，对探索小学数学教学规律，发展小学数学教育理论，提高教师的教学水平和学生的学习质量具有十分重要的作用。

1. 诊断教学过程

诊断教学过程，这是小学数学课堂教学评价的首要任务。通过评价发现课堂教学中影响教学质量的主要因素，确保教师以学生学习的促进者、指导者和合作者的姿态出现

---

① 范文贵：《小学数学教学论》，华东师范大学大学出版社，2011。
② 孙元勋、沈有建、赵京波：《数学课堂教学质量评价指标体系（EIMT）的构建与实施》，《数学通报》2021年第6期。
③ 潘小明：《基于数学核心素养的课堂教学评价再认识》，《教学与管理》2018年第6期。
④ 殷玲玲：《小学数学课堂教育质量评价的关键点选择》，《东南大学学报（哲学社会科学版）》2022年第12期。

在课堂上。所采取的教学策略能引导学生积极、主动地参与学习，教师与学生、学生与学生之间保持有效互动，为学生主动建构数学知识提供学习材料、时间及空间，关注学生对自己及他人学习过程和结果的反思，使学生获得对数学知识的真正理解，重视学生终身学习愿望和能力的发展。同时，课堂教学评价还要关注教师和学生在课堂中所获得的情感体验，由此充分发挥课堂教学评价的促进功能和发展功能。

2. 改进教学工作

改进教学工作，这是开展小学数学课堂教学评价的主要目的之一。课堂教学评价有助于发现课堂教学中师生双方教与学行为的不足，找出出现偏差的原因，并充分肯定课堂教学中有利于师生进行教与学的策略，以达到纠正偏差、改进教学、强化好的教与学方式的目的。例如，当在评价中发现教学过程只注重学习结果而不重视学习过程时，就要帮助教师调整教学行为，以目标来管理或评定整堂课中的每一个环节或片段，从而促使教师采取讨论、探究、合作交流等方式，让学生在积极主动的学习活动中更好地理解数学知识的形成过程，加深学生对数学知识的理解，逐步提高学生对数学知识的掌握水平。

3. 提高教学效率

提高教学效率，这是开展小学数学课堂教学评价的根本目的。课堂教学是提高教学质量的主要阵地，课堂教学效率的高低，直接影响整个教学质量的提高。在评价中，我们可以从教学目标的适合程度、教学策略的优化水平以及教学时间的有效利用等方面去衡量小学数学课堂教学的效率和质量。

二、小学数学课堂教学评价的原则

小学数学课堂教学评价的原则是确保教学质量、促进教师专业发展和学生学习进步的重要保障，是评价体系的基石。

（一）全面性原则

全面性原则是指课堂教学评价要多方面、多角度地进行，防止以偏概全、以点带面、以部分代替整体。课堂教学评价应全面考虑学生的学习情况，不仅要关注学生的学习成绩，还要考察他们的数学思维能力、解决问题的能力以及数学学习的兴趣等。评价应涵盖学生的认知、情感和行为等多个层面，以便更全面地了解学生的数学学习情况。

（二）客观性原则

客观性原则是指评价标准客观、评价方法客观、评价态度客观。首先是评价标准客观，避免随意性；其次是评价方法客观，避免偶然性；最后是评价态度客观，避免主观性。这样才能使课堂教学评价如实反映教师的课堂教学效果和质量，才能使课堂教学评价成为指导改进教学工作的有效依据。评价应客观公正，不受主观因素的干扰。评价结果应基于客观的数据和证据，而不是主观的偏见或推测。评价工具和评分标准应具有科学性和客观性，能在不同的教学环境下产生可靠的评价结果。

（三）发展性原则

发展性原则是指教学的方法和进度既要适合学生的发展水平，又要有一定的难度，以便促进学生身心发展。课堂教学评价不能仅局限于对课堂教学情况的优劣判断，而应着眼于学生的学习效率和素养提高、教师的教学改进和专业成长、教学的质量提升和目标达成，强调其形成性作用，注重其发展功能。课堂教学评价应反馈及时、切合实际，在指出教学中存在的长处与不足的基础上，提出建设性意见，促进评价对象发扬优点、克服缺点，不断进步。

（四）主体性原则

主体性原则是指在教学过程中，把学生作为认知的主体，充分发挥学生的主观能动性。对于课堂教学评价而言，最终的目的必须指向学生的主动发展。这是现代教学评价应有的价值取向。课堂教学评价应成为调动学生积极主动参与课堂教学的有效机制，应帮助和促进学生实现自主学习。因此，课堂教学评价应彻底清除教师中心论的影响，必须抛弃以往那种以教师教的技巧为中心的评价，把着眼点从评教师的教转向评学生主动的学。课堂教学评价活动的宗旨在于促进学生主动有效地学习，而不是对教师的教学评优定等。课堂教学评价的核心，应是学生主动参与学习、创造精神和践行能力的培养等内容。

三、小学数学课堂教学评价的方法

恰当的评价方法与策略，是实现评价目的的必要手段。小学数学课堂教学评价从方法的角度，可以分为量化评价方法和质性评价方法两类。量化评价方法主要有测量法、问卷法；质性评价方法主要有观察法、德尔菲法等。

（一）测量法

测量法是历史悠久的一种评价方法，在整个教学评价的发展过程中发挥着重要的作用。从广义上讲，测量是指根据测量学的原理与方法对教育对象及其属性进行数量化研究的过程。它主要包括对学生内在精神属性的测量，如测量学生的学习成绩、智力水平、品德状况、人格特征等。[①] 从狭义来说，测量是指经过学习和训练后，按教育测验的规则，对学生所获得的某些学科知识和技能的测量，又称成就测量、学业成绩测量。所以，测量其实在很大程度上被我们在实际应用过程中窄化了，只把它当成试卷，一场接一场的考试。事实上，只要我们的技术到位，测量可以发挥更大的作用。

测量法按照不同的标准可以分为不同的类型：根据测量的标准化程度，可以分为标准化测量和教师自编测量；根据测量的内容，可以分为成就测量、能力测量和人格测量等不同的类型。在小学数学学习评价中，最常用的就是学业成就测量，其主要用于评价学生的知识技能掌握程度，考试试卷就是其体现。因此，必须选择、编制高质量的试卷。一套高质量的试卷不能只是试题的东拼西凑、随意组合，而必须既符合测量学又符合本学科的特点。无论是平时的课堂练习还是正式的考试，都要根据教学情况和学生的学习情况选择和编制试卷。

编制测量试题的步骤如下。

---

① 胡中锋、李方：《教育测量与评价》，广东高等教育出版社，1999，第6页。

1. 根据小学数学课程目标和内容，确定双向细目表

新课改提出了三维目标，而数学学科则提出了数学学习的知识与技能、数学思考、解决问题和情感与态度等多维目标，所以，传统的单纯让学生掌握知识技能的测量已逐渐淡出历史舞台，新的体现多维目标的测量展现在我们面前。因此，要根据每阶段的教学内容和课程目标确定具体的双向细目表，进行测量试题的编制和选择。以一年级数学期末测量试题为例，双向细目表设计如表 11-1 所示。

表 11-1　一年级数学期末测量试题设计双向细目表[①]

目标领域	知识技能目标			过程性目标	总计
	理解	掌握	运用	经历与体验	
数与代数	23%	16%	12%	14%	65%
图形与几何	4%	4%	2%	3%	13%
统计与概率	8%			6%	14%
综合与实践			4%	4%	8%
总计	35%	20%	18%	27%	100%

2. 根据需要选择或编制测量题目

认知目标、对知识的掌握有不同的程度，选择的测量题目也必须体现出学生知识的层次性，不能都停留在低水平，也不能太高于学生的水平，试题要保证涵盖不同层次的题目，且题目的难易程度及题目的类型也要与各年级的双向细目表对应，不能超出范围，也不能涉及不全。根据新课改的要求以及小学生心理认知特点，测量题目要图文并茂，具有情境性、生活性，让学生体会到数学的实用价值。

3. 确定试卷呈现形式

小学生生性活泼好动，喜欢新奇的事物，好奇心强，测量的题目应该多样化，具体包括以下特征。

（1）主观与客观相匹配。试卷中既要有一定数量的填空题、判断题、选择题、计算题，又要有一定数量的操作题和应用题，尤其是需要学生给出解释、举例、联系、推论的试题。

（2）试卷的指导语和试题标题力求赋予童真童趣，符合各年级学生的心理特点，而且具有激励作用。

①试卷指导语。

下面是几则不同年段的期末测试卷卷首语。[②]

一年级第一学期（卷首语）：亲爱的小朋友，你们在学校里已经度过了一个学期，

[①] 宋乃庆、张奠宙：《小学数学教学概论》，北京高等教育出版社，2008，第 233 页。
[②] 杨玉东、巩子坤主编《小学数学教师专业能力必修》，西南师范大学出版社，2012，第 213 页。

相信你们在数学学习中一定获得了许多新知识和新本领，请展示一下自己吧，祝你成功！

一年级第二学期、二年级（卷首语）：亲爱的小朋友，通过一个学期的学习，收获很多吧！运用你们所学过的知识来检测一下对知识的掌握情况吧，祝你们取得好成绩！

三、四年级（卷首语）：亲爱的同学们，一学期就要过去了，相信你在本学期里学得很棒！只要你有信心地完成，一定能取得好的成绩，下面就看你的了！

五、六年级第一学期（卷首语）：同学们，一学期下来，你又学到了不少的数学知识，想了解一下自己的掌握情况吗？请认真完成下面的每一道题，相信自己，成功掌握在你自己的手中！

六年级毕业测试（卷首语）：同学们，经过小学6年的学习，你一定掌握了很多知识与本领，下面就让我们来"露一手"。今天的试卷并不难，只要你充满信心，认真对待每一道题，就一定能发挥出最好的水平。祝你成功！

②试题标题（表11-2）。

表 11-2　小学数学试题标题①

题型	标 题	
	中低年级	中高年级
填空题	想一想，填一填	用心思考，认真填写
判断题	我是小法官	仔细推敲，洞察真伪
选择题	请你当裁判	反复比较，果断选择
计算题	试一试，我会算啦	看清题目，细心计算
操作题	我是小小设计员	仔细观察，认真操作
应用题	我会解决生活中的问题啦	走进生活，解决问题

（3）鼓励学生运用多种方法解答。

（二）问卷法

问卷法是通过统一、严格设计的问卷收集资料的一种方法。从研究范式来讲，问卷法是定量研究方法；从研究属性来讲，问卷法属于调查研究。问卷法是课程与教学评价研究中应用较为广泛的方法。课程与教学评价的诸多内容，如课程与教学设计评价、教学评价以及学生学习情况评价等，均可以采用问卷法收集资料，并开展相应评价。

1. 问卷的编制

一份完整的问卷包括题目、前言、指导语、问题和结束语五个部分，它的设计与开发需要经过如下程序。第一，建构问卷的框架。问卷框架的确定可以采用分解中心概

---

① 杨玉东、巩子坤主编《小学数学教师专业能力必修》，西南师范大学出版社，2012，第213页。

念、基于已有的成熟理论或者开放式调查等策略。例如，研究者对于"中小学生学习动机问卷"的开发，以成就动机理论为基本框架，将学习动机分为掌握目标和表现目标两类，以此确立问卷的基本框架和维度。第二，草拟问题。依据已经确立的问卷框架，设置可以观测的行为指标，选择适切的问题形式草拟问题。问题是问卷的核心，问题编制是科学性与艺术性兼具的活动，编制问题时需要注意以下几点：表述言简意赅、问题不具有引导性、每个问题表达一个意思、问题不应有歧义、不提评价对象不理解的问题等[①]。第三，形成初步问卷。草拟问题完成后，按照特定的顺序组织问题，完善问卷结构，完成问卷排版。第四，测验并完善问卷。问卷初步完成后，为了保证问卷的信效度，需要通过征求专家意见以及随机选取目标总体的样本进行测试等环节征求意见后形成最终问卷。

2. 问卷法的特点

问卷法可以在较短时间内，获取较大样本数据，能够节省时间、人力和物力；由于问卷经过严格统一的设计，在数据分析时相对简单，并且容易获取数量化的信息；问卷法实施过程中，主试和被试的交流互动较少，获取的数据信息客观性好。恰是因为问卷法具有上述优点，它已成为课程与教学评价中普遍采用的方法。

（三）观察法

与其他一些研究方法相比，观察法较为简便易行且实用性很强，是进行数学课堂教学评价与研究的重要方法。

1. 观察法的含义

课堂观察是一种科学的观察方法，作为一种研究方法，它不同于一般意义上的观察。它是指研究者或观察者带着明确的目的，凭借自身感观（如眼、耳）及有关辅助工具（观察表、录音录像设备等），直接或间接（主要是直接）地从课堂情境中收集资料，并依据资料做相应研究的一种科学研究方法。

2. 课堂观察的基本步骤

不同类别的课堂观察在运作时有不同的过程，但又有一些共同的程序。一般来说，课堂观察分为三个基本的阶段：观察前、观察中和观察后，其中每一阶段又包括一些具体的步骤。

（1）课堂观察前。

首先，要确定观察的时间、地点、次数等。其次，要根据观察的目的确定观察的重点，即确定需要记录的事件和行为。任何一种课堂观察的方法，都不可能考虑到课堂的全部。因此，要根据观察的目的，选择观察的中心，资料的收集要围绕中心进行，从而保证观察的效率。例如，要评估数学课堂上教师提问的质量，那么观察的中心就在教师身上，对教师所提的问题以及学生的反映加以记录。最后，设计或者合适选择观察记录的方式和工具。在观察前，应该根据观察的目的和背景选择一种最为适当的记录方式或者合适的观察表。只有保证记录方法的科学性，才能保证收集到所需

[①] 张莉、王晓诚：《教育研究方法专题》，教育科学出版社，2018，第137-140页。

的信息。

（2）课堂观察中。

课堂观察的实施阶段包括进入课堂，以及在课堂中按照事先拟订的计划和选择的记录方法，对所需的信息进行记录。观察者选择的不同的记录方式决定了他在观察过程中的具体的观察行为。例如，要评价课堂中的互动行为、学生的发言参与次数等可以采用观察表进行定量记录；观察对象的一些行为描述以及观察者的现场感受，可以采用田野笔记法进行记录。

（3）课堂观察后。

课堂观察结束后，最好能在近期内对所收集的资料加以整理和分析，避免因时过境迁而发生偏差。通过课堂观察收集的资料，一般有定性和定量两种分析方法。这两种方法的目的都是通过对所记录的课堂事实进行系统的分析，来揭示课堂行为之间的相互关系，了解被观察行为的意义。比如在一次三角形面积的教学中，学生发言参与次数为36次，而有23次集中在4个人身上。通过这种定量的观察，可以看出课堂教学关注每个学生的情况还有待改进；在推导三角形面积公式时，教师试图让学生动手"做数学"——建立三角形面积与平行四边形面积的联系，从而推得三角形面积公式。为此，教师为每组学生各准备了两个完全相同的锐角三角形、直角三角形和钝角三角形，并出示问题：怎样把你手中的三角形变成平行四边形？之后进行小组汇报（学生拼剪的方法有十余种），推导出公式，再巩固练习。课堂整体感受前松后紧，通过对教师提出问题的表述的记录分析，课堂问题的产生与教师问题设置表述不明确有直接关系，致使学生活动、汇报浪费时间较多。资料分析是一项复杂而重要的工作，它关系到对原始资料的有效利用和对结果的准确解释。对资料进行分析和整理之后，即可以从系统的资料中归纳推论出研究结论。

课堂观察法是一种使用广泛的评价方式。该方法简单易行，尤其是在小学阶段，学生警惕性不高，不会因为观察者的进入而刻意去表现一些不同于平常的行为，而且课堂观察不需要太高的技术，小学教师也可以自己在课堂中进行简单的观察。教师可以对各个方面进行观察。下面是某小学的课堂观察表（表11-3）。在对课堂进行全面的观察与考察设计的基础上，通过这个量表，能及时了解课堂教学的基本情况，并给出一定反馈信息。教师也可对课堂教学中学生的某个方面进行观察，从而形成对学生全面科学的认识。

表11-3 课堂观察表[①]

评级项目	评价内容	评价等级				亮点或建议
		A	B	C	D	
导学设计	有明确的学习目标					
	问题层次分明，符合绝大部分学生的认知起点					
	能激发学生的学习动力					

---

① 杨传冈：《触摸数学》，漓江出版社，2013，第82页。

续表

评级项目	评价内容	评价等级 A	B	C	D	亮点或建议
准备度	完成预习作业，课前准备到位					
	预习反馈，看学生的预习收获或困惑					
	学生进入学习状态早					
	学生对学习重点与难点有思考					
兴趣度	学生有好的听课习惯，求知欲强					
	学生在学习过程中情绪高					
	学生有进一步学习的愿望					
	教师使用多种方式调动学生学习的兴趣					
参与度	所有学生都全程参与学习活动					
	小组合作有序，分工明确，操作有效					
	学生关注自己的学习行为					
	学生积极参与小组研讨活动，大胆展示自己					
	学生认真听伙伴发言					
	注意力集中，认真听讲，积极思考，大胆质疑					
达成度	学生善于总结提炼，及时巩固消化					
	学生善于反思学习行为，及时调整学习策略					
	学生应用已掌握的新知识解决实际问题					
	当堂练习正确率高					
我的看法						

观察总体结果：优秀□　　良好□　　一般□　　待提高□　　观察人：

运用上面的观察量表时，必须遵循的原则依旧是"一切从实际出发"，不可生搬硬套，要根据学生的特点和教学情况进行适当的改编。除此之外，教师也要做一个有心人，在教学中善于把自己的教学经验上升到理论的高度，如自己设计观察表。如果效果不错，那就推广开来，让更多的人受益。

（四）德尔菲法

德尔菲法是一种采用匿名函询方式，向一组专门选择的专家反复征求意见，经过几轮反馈和修正，使专家意见趋于一致，从而对评价对象做出判断的方法。德尔菲法能够充分利用专家的智慧和学识，集思广益，获得对研究问题的一致性认识。确切地讲，德尔菲法是一种定性与定量相结合的方法，其适用于课程与教学计划评价和教科书评价。

（1）德尔菲法的具体做法。德尔菲法是一种预测性的集体调查法，通常的具体做法如下：第一，针对调查问题写出明确的调查提纲，分别送给选取的专家，请他们以书面形式作答；第二，专家们在不沟通、不见面的情况下独自作答，并以匿名方式反馈；第三，研究者收集整理专家意见，并将统计结果反馈给专家；第四，专家根据反馈意见，或进行调整，或坚持己见，然后以书面形式反馈[①]。这样，经过几轮循环反馈，最终达成一致意见。

（2）德尔菲法的特点。从上面的具体做法可以看出德尔菲法有如下特点。一是匿名性。研究者和专家之间、专家与专家之间以书面形式联系，一般都是匿名的。二是反复性。专家咨询没有次数的限制，一般专家的意见趋向一致即可。三是集体性。研究者不仅关心每位专家的个人评价，更重视若干专家的集体意见。

（3）派生德尔菲法。德尔菲法较好地避免了面对面调查中无关社会因素的干扰，能更加准确地获取相关领域专家的集体评价，但在使用过程中也暴露出一些缺点。比如专家因对背景信息了解不充分而难以作出评价；或者一些专家在获取反馈意见后，在再次评价时表现出趋中的趋势等。为了克服上述缺点，派生德尔菲法应运而生。派生德尔菲法主要在以下方面做了改进：一是在提供评价意见表的同时，为专家提供专门的背景材料，使其对研究背景和目的更加明确；二是仅在部分征求意见过程中实行匿名制；三是专家意见反馈时不再提供中位数；四是收集方法不仅限于书面通信，还可以通过电子邮件等形式。

四、小学数学课堂教学评价的策略

课堂教学是将文本课程与先进的教育理念转化为实践、转化为学生发展的现实渠道，课堂教学质量和效果是决定学生学习效果的至关重要的因素。因此，通过课堂教学评价调整与改进教学就显得尤为重要，这里我们介绍小学数学课堂教学评价的策略。

（一）建立目标多元、方法多样的课堂评价体系

在核心素养背景下，数学学习的总目标对数学教师的教学活动提出了具体的要求，教师在教学过程中不仅需要培养学生的数学学习素养，还需要提高学生适应生活、适应社会的能力，进一步帮助学生将课堂上学到的知识应用到自己的日常生活当中，丰富和发展学生的数学学习体验。因此，在这种情况下，教师在进行课堂评价的过程中需要以学习评价作为根本的评判标准，在这个基础上建立多元化的课堂评价目标，这样既关注了学生的课堂学习发展情况，又可以关注到学生之间的差异。为了更好地实现学生的个性化发展，发挥学生的主观能动性，数学教师在引导学生学习基础知识的过程中，可以

通过采取灵活多样的课堂评价方法，将定量评价与定性评价相结合，以定性评价的方式为主，这样既可以满足不同基础的学生的学习需求，又可以调动学生的课堂学习积极性和主动性，打造高效的数学课堂。

（二）因材施教，重视学生的情感态度

在引导学生进行课堂学习的过程中，教师必须注意因材施教。只有做到因材施教，教师才能关注到学生的课堂学习状态，才能针对不同的学生提出不同的教学方案。

---

① 周璐：《社会研究方法实用教程》，上海交通大学出版社，2009，第170页。

教育家精神政策中同样提出"启智润心、因材施教"的育人智慧，这是教育家精神的躬行之法，"因材施教"的育人智慧揭示了"立德树人"、培养"全面发展的人"的教育根本任务。强调育人工作要关注学生的主体性，"因材施教"强调注重教育方法的艺术性。教师要在教育实践中不断丰富学识、涵泳学养，以自我学术造诣启迪学生智慧，达到"春风化雨、润物无声"之效[①]。因此教师在进行课堂评价的过程中，重视学生的学习情感与态度，可以帮助学生树立课堂学习的自信心，培养学生的数学学科核心素养。由于每个学生都是独立的个体，所以每个学生的数学学习基础都是不同的。在这种情况下，数学教师需要根据学生的学习情感与态度，有针对性地为学生落实课堂的教学评价目标，让学生在课堂学习的过程中不断地探究数学知识，增强学生学习数学的自尊心和自信心。与此同时，教师还需要给予学生肯定与鼓励，顺势发散学生的思维，激发学生的课堂讨论热情，随后帮助学生更好地解决在课堂上遇到的问题，这可以有效缓解数学教师的授课压力和授课负担。

（三）注重评价的阶段性反思

教师之所以为学生开展学习评价，主要目的就是激发学生的数学学习兴趣，更全面地了解学生在课堂上的学习成果，激励学生进行课程知识的学习。根据学习评价方法在数学课堂上所发挥的不同作用，可以将学习评价分为预设性评价、跟踪性评价和总结性评价三个部分。预设性评价是指教师在备课环节针对学生做出首要的规划，让学生明确本节课学习的重点和难点，确保教学计划稳步进行。例如，教师在引导学生学习"三角形面积"时采取预测性评价的方法，既可以帮助学生更好地掌握和应用三角形的面积公式，又可以帮助学生举一反三。跟踪性评价是指教师在课堂上针对学生课堂学习状态以及目标的完成情况，有针对性地再次设计课堂的评价方法。在这个阶段，教师需要采取以描述性评价为主的方法，进而有效地提高学生的数学课堂学习积极性，培养学生良好的学习习惯。良好的课堂评价方法不仅需要关注学生的成长进步，还需要挖掘学生的数学学习潜能，培养学生举一反三的能力。总结性评价是指教师以自己预设的教学目标为基础，当学生完成了教师预设的教学目标之后，教师对所呈现出来的学习结果做出评价。与此同时，教师需要给予学生自我评价和评价他人的机会，这样就可以让学生看到自己的不足与他人的进步，从而可以让学生学习其他人良好的学习习惯，以适应学生的个性化发展。

（四）关注学习兴趣，做到童趣评价

绝大多数教师在对学生进行评价时都会采用习惯性的评价用语。为了活跃课堂教学气氛，教师可以更改课堂评价的方式，采取师生互评、教学评价、课堂表现评价、作业评价等多种方式，来改变学生对传统教学课堂的认知。小学是培养学生情感的重要时期，小学数学教师所选用的课堂评价方法将直接影响学生将来的成长与发展。小学数学教师采取积极的课堂评价方法，可以促进学生产生积极的情感态度。所以，教师应该主动关注学生、了解学生，针对这个年龄段学生的学习环境及学习特点，有针对性地对学

---

① 张旸、刘燕妮：《教育家精神的理论逻辑、时代创新及弘扬路径》，《中国教育学刊》2024年第8期。

生进行评价,实现评价方式的多样化。教师在课堂上可以与学生展开积极的交流与互动,活跃数学课堂氛围,通过组织一些有趣的课堂评价方法,引导学生主动融入教师所创设的教学情境中。这样不仅可以烘托课堂的教学气氛,还可以让学生在兴趣的引导下主动探究数学知识,帮助学生更快速地实现自身的综合发展。

第三节　小学数学学习的评价

小学数学学习评价是小学数学课程评价的核心,其评价内容包括知识与技能、过程与方法以及情感态度与价值观等方面。数学学习评价也是教师反思和改进数学教学的有力手段。本节对小学数学学习评价的内涵、原则和基本方法做具体介绍。

一、小学数学学习评价概述

小学数学学习评价是为了全面了解小学生的数学学习历程,促进小学生在数学上获得更大的发展;提供反馈信息,帮助学生发现解题策略、思维或习惯上的不足,有效地改善教师的教和学生的学;改善学生对数学的态度、情感和价值观,等等。下面介绍小学数学学习评价的内涵及原则。

(一) 小学数学学习评价的内涵

小学数学学习评价是指有计划、有目的地收集有关学生在数学知识上的学习情况,使用数学的能力和对数学的情感、态度与价值观等方面的材料,并根据这些材料对学生的数学学习状况或某个课程或教学计划做出结论的过程,[①] 是对小学生的数学学习情况的一种综合性评价,是小学数学课程评价的核心。

(二) 小学数学学习评价的原则

小学数学学习评价的原则,要从评价目的、评价过程、评价主体、评价方式四个方面考虑,具体如下。

1. 评价目的应具有发展性

数学学习的评价不应一味追求等级性和竞争性,将评价的指标主要集中在知识与技能的理解与掌握上,却忽视对数学思考、解决问题、情感与态度等的评价;不应在知识的测验中主要集中评价学生能否记住数学概念以及计算的速度和准确性,而较少关注对数学知识本身的理解和在理解基础上的应用。评价目的应旨在激发学生主动参与数学探究活动的兴趣和自信心,让学生学会数学思维,逐渐增强从事数学活动的基本能力和基本素养,应具有发展性。因此,小学数学学习评价是一个有层次、有节奏、重参与、重发展的动态评价模式。

2. 评价过程应具有整体性

数学学习活动具有一定的整体性和连续性,从提出问题、分析思考、推理调节、寻

---

① 崔克忍主编《中学数学教学论》,北京师范大学出版社,2010,第308页。

求解答，到回顾反思、表达交流、延伸拓广等各个环节都有必要根据反馈的信息进行优化和调整。这就使得数学学习活动有必要遵循全过程评价的原则：重视对学习过程的评价和在学习过程中的评价，既关注学生数学知识与技能的理解与掌握，又关注学生情感与态度的形成和发展；重视在整个数学学习过程中不断地收集信息和数据，将评价和学习紧密地联系在一起。而且，评价的指标要立足于过程知识和技能、活动体验的丰富、探究态度和能力的进步，淡化对学习结果的总结性评价。

3. 评价主体应注重多元化

在评价学生的数学学习时，教师是主要的评价主体，但不是唯一的评价主体，除教师外还可以让学生开展自评和互评，可以让家长和社区有关人员参与评价过程。评价主体的多元化有助于避免单一的评价带来的误差，从不同角度、不同侧面、不同主体对学生的表现进行评价，可以更全面地了解学生的发展。评价主体的多元化也有助于学生的自我认识和自我评价能力的发展。学生年龄越小，自我评价能力越弱，他们往往以别人对自己的评价作为标准，特别是教师这样有权威性的人的评价对学生的影响更大。

4. 评价方式应具有多样化

常用的评价方式可以分为两类：科学主义评价模式和人文主义评价模式。前者注重评价的标准、程序、量化、客观性等；后者注重评价的自然背景、真实性、定性化、个案调查等。两类评价方法各有利弊，根据数学学习的特点，宜将两者综合起来、取长补短，才能发挥良好的作用。

二、小学数学学习评价的基本方法

传统的强调量化的测量方法已不能满足现代评价的需要，因为过程、情感、态度和价值观等没办法用单纯的纸笔测验进行测量，即使能进行测量，评价结果也会大打折扣。而且这种评价方法在将其量化的同时还可能把这些原本内在的、复杂的心理活动简单化，这样会对学生的健康发展带来无法预计的不良影响。[①] 所以，在《义务教育数学课程标准（2022年版）》的指导和引领下，小学数学学习评价方法也必须做出相应的改变。下面介绍几种小学数学学习评价的方法。

（一）数学日记

数学日记提供了学生对自己所学的数学知识和方法进行总结和反思的一种自我评价方式。数学日记通过引导学生毫无顾忌地把自己学习的感受、困难之处、感兴趣之处等实际情况写出来，既发展了学生反省认知的能力，又提供了评价学生实际学习情况的第一手资料。

学生一开始会觉得写数学日记既新奇，又不知所措。教师要先给学生示范，告诉学生写数学日记的要点：不必把数学日记看得过于神圣，就当作写平常的日记，只不过是变成了自己怎么学习数学、解决数学问题的日记，和别的日记没有什么不同。下面给出一个例子，说明写数学日记的要素，告诉学生从哪些方面进行书写，具体见表11-4。

[①] 张辉蓉主编《小学数学教学论》，西南师范大学出版社，2018，第6页。

表11-4 数学日记表（表格改编自《中学数学教学论》）

日期：
姓名：
今天数学课的课题：
所涉及的重要数学概念：
你理解得最好的地方：
你不明白或还需要进一步理解的地方：
所学的内容能否应用在日常生活中，举例说明：
今天学习数学的过程中，有没有遇到拦路虎，你是怎么解决的？
今天学习数学的过程中，让你最开心的事情是什么？

（二）档案袋

档案袋，又称成长记录袋，即将反映学生学习进步的重要资料记录保存下来，归建成档，可以为学生的发展成长过程提供一个很好的形成性评价。可以记录的资料不拘一格，如最满意的作业、最有意义的探究活动成果、印象最深刻的问题、解决问题的反思记录、阅读数学读物的体会以及数学小论文等。

（三）表现性评价

表现性评价是通过让学生完成实际任务来展现学习成就，从而对学生进行评价的过程。这里的"实际任务"是指具有一定情境的、开放性的问题或操作性活动。这种基于实际任务的评价，是通过向学生提供一个具有一定任务性的具体问题情境或活动，在学生完成任务的过程中收集他们的表现，取得评价性信息。通过这样的评价活动，学生在解决问题的过程中展现出其对知识与技能的掌握程度、思维方式、解决问题的能力、克服困难的态度与信心等。通过这种评价方式获得的评价信息更真实，并能够弥补传统评价方法与评价内容的片面性。

1. 表现性评价的类型

评价对象在完成表现性评价中的任务（暂称为"表现性任务"）时的表现或反应所受限制的程度和范围是有很大差异的。例如，打字测验会完全受限于所打内容的格式和数量；而创作一个雕刻作品的任务，则可能完全不受方法以及艺术作品性质的限制。不过，大多数的表现性任务都处在这两个极端之间。由此，我们可以把表现性任务分成限制性的表现性任务和扩展性的表现性任务两类，进而，也就可以把表现性评价分为限制性的表现性评价和扩展性的表现性评价两种。

限制性的表现性任务通常描述得很明确，结构性更强，所预期的表现更加明确，限制性的表现性任务一般集中在专门技能上。譬如，以下几个表现性任务都是限制性的表现性任务：写一封求职信；用五个塑料小棒组合拼出尽可能多的不同形状的三角形，并记录每个三角形的周长；为两座城市制作一张能够反映一年内月平均降雨量的统计表；说出在两种液体中，哪一种含有糖的成分，并解释得出结论的理由；用图形表示到达学校的路线图。

扩展性的表现性评价则更多地涉及对问题解决、融合多种技能和理解力所进行的评价。扩展性的表现性任务可以要求学生在任务本身所提供的信息基础上，从不同渠道去查找信息。例如，学生可以通过到图书馆查阅资料、做观察、收集和分析实验中的数据、设计一个调查、使用计算机检索等方式搜集资料。学生需要鉴别哪些资料与任务最为相关，教师要观察学生查找信息的过程与程序，这是评价的一个重要组成部分。这一过程产生的结果可以有许多不同的形式，这些作品可以在过程中以及以后的修改和装饰中不断完善。相对于限制性的表现性任务来说，这种扩展性的表现性任务能够使学生充分证明他们选择、组织、融合以及评价信息和观点的能力。譬如，下面是扩展性的表现性任务：准备并发表一个演讲，以劝说人们采取保护环境的行动；设计并进行一个估计加速度的调查研究，研究对象自选，描述所用的程序，呈现所收集的数据并进行分析，陈述你的结论。

2. 表现性任务的设计原则或方法

能有效测量复杂性学习结果的表现性评价才算是高质量的，这要求我们关注任务的设计。以下是表现性任务设计的一些基本原则或方法。

第一，关注那些需要复杂认知技能和学生表现的学习结果。虽然趣味性是任务的重要的一个方面，但仅有这一点还不够，应根据学习内容的重要性来选择和设计任务。由于以表现性为基础的任务一般需要学生投入足够的时间，所以它们应该主要用来测评那些通过费时少的方法评价不了的学习结果。

第二，选择和设计在内容和技能上能代表重要学习结果的任务。同样是问题解决技能，在一个领域和另一个领域之间的内容是不一样的，在任何情况下，内容和技能都是相互依赖的。因此，详细说明学生在完成任务时所涉及的内容和资料的范围是很重要的。对许多任务来讲，允许学生在他们的知识范围之外进行探究是有必要的。在任何评价任务中，为确保能达到预期的结果，学生应对任务的内容有详细的了解。

第三，确保评价任务与评价目的高度相关，要把注意力放在评定的目标上。尽管阅读复杂的文章和交流的能力都是很重要的学习内容，但对于某个特定的评价来说可能不是必要的目标。

第四，为学生提供必要的指导，让学生能够理解任务的具体要求。具有挑战性的任务的要求常常是模棱两可的，学生要完成任务往往需要经历实验、收集信息、形成假设、反思和解决问题的过程。教师在此过程中应提供必要的指导。

第五，设计出使学生能很好地理解任务的指导语。含糊的任务指导语会导致非常不一致的行为表现，以至于不可能用公平和可靠的方式来进行评价。表现性评价在探究用不同方法解决问题和提出新颖问题方面，给了学生足够的自由，但这不能成为没有指导语或指导语含混的借口。

第六，运用评分规则使学生清楚地了解完成任务的预期目标。在评价行为表现时详细说明所使用的标准，能帮助学生澄清任务的预期目标。这不仅可以为学生指明努力的方向，还能够帮助学生抓住学习内容的重点。譬如，画一画当年的气象图，所画的图将从信息和量尺的准确性、符号使用的恰当性以及易读性三个方面被评价。

3. 表现性评价的标准

判断学生行为表现所用的标准对于评价的信度、效度和公平来讲是非常重要的，在选择和设计任务时应该对标准进行详细表述。教师和学生都应该理解这些标准。评价标准可以帮助学生澄清所预期的目标。对完成任务的过程和行为表现的结果进行评价时，可以使用评分细则、等级量表和核查表。

评分细则是一套用来评价学生的反映和表现的标准。典型的评分细则是对行为表现的言语描述，包括学生在高级的、熟练的、半熟练和初始水平上的行为反应。分项评分细则要求对学生表现的不同纬度分别进行评分；整体评分细则是对整体行为表现的不同水平的描述，运用整体的评分细则效率较高，但是它不能给学生提供分项评分中的细致的反馈。

等级量表通常包含不同的水平等级（如优秀、好、一般、差）或频率等级（如总是、经常、有时、从不）。然而，在等级量表中加入一些描述，或将等级量表细分为几种要素或纬度，它和评分细则的区别就不是很明显了。

核查表在形式和用途上与等级量表相似，它们之间基本的区别在于评价结果的类型不同：等级量表有若干等级，可以表明学生表现的程度或频率，而用核查表进行评价得到的只是简单的"是非"判断。显然，当程度和发生频率是评价的重要方面时，使用核查表作为评价的标准就是不合适的。核查表由两部分组成：一是对行为或结果的描述，二是记录肯定或否定判断的地方。

总之，每种评价方式都有自己的特点，必须根据不同的评价内容、评价目标与学生学习的特点综合选择评价方法和手段。而且，这里提供的评价方法也是有限的，其可操作性和实用性尚待实践的检验、探索和发展。

阅读与拓展

1. 任建宝，康文彦. 基于核心素养的中小学数学研究［J］. 教育理论与实践，2024（11）：61-64.

本文指出数学核心素养是中小学数学教学的应然指向，当前中小学数学教学中存在教学目标与数学核心素养的联系不紧密、教学过程难以支持学生数学核心素养的发展和教学评价偏离数学核心素养的评价标准等问题。因此经过研究得出指向核心素养的中小学数学教学的优化路径是，在教学目标设计中分清数学核心素养的主次并将其与教学内容相联系，在教学过程中设置知识生成和应用的情境并优化教学模式，在教学评价中丰富评价途径和明确评价标准。

2. 郑庆全，周友士：透析数学课堂教学："评价原理"的"认识""应用"与"启示"[J]. 数学教育学报，2020，29（06）.

本文讲述在基础教育课程改革背景下，数学课堂教学的评价原理就是引领和指导当前数学课堂教学质量提升的一种代表性理论，其核心内容主要有三个评价原理：分析性评价原理、特征判断评价原理和价值判断评价原理。对数学课堂教学引领和指导主要有两种模式：单节课的数学课堂教学评价模式和同课异构的教学课堂教学评价模式。它对数学课堂教学实践探索和理论研究有重要的启示意义。

3. 潘小明. 基于数学核心素养的课堂教学评价再认识［J］. 教学与管理，2018（06）：85-87.

本文讲述当下的数学课堂教学改革必须将数学课堂教学评价指向数学核心素养。构建与数学核心素养目标连贯一致的数学课堂教学评价，无论在理论层面还是在实践层面都很重要、必要、迫切，尤其要关注数学课堂教学评价方式、数学课堂教学评价内容、数学课堂教学评价活动准备性与数学核心素养教学要求的对接。

4. 王永斌. 教育家精神的理论逻辑、时代创新及弘扬路径［J］. 西北师大学报（社会科学版），2024（61）：104-106.

本文讲述当下教育家精神是强国建设的重要思想资源和精神动能，大力弘扬教育家精神是新时代教师队伍建设的根本所在。马克思主义教育理论是其生成的理论逻辑、中华优秀教育传统是其生成的历史逻辑、中国共产党百年奋斗教育成就和经验是其生成的实践逻辑。新征程弘扬和践行教育家精神，要强化思想引领，筑牢教师队伍建设的思想根基；坚持目标导向，健全中国特色高质量教师教育体系；完善制度保障，构建弘扬教育家精神的长效机制；营造尊师重教良好风尚，真正让教师成为令人羡慕的职业。

参 考 文 献

蔡金法，2020．数学教育研究手册［M］．北京：人民教育出版社．

曹培英，顾文，2022．跨越断层，走出误区：小学数学深度学习教学研究［M］．上海：上海教育出版社．

曹培英，2006．"图形与位置"的备课与教学［J］．人民教育（Z2）：54-59．

曹一鸣，张生春，王振布，2017．数学教学论［M］．北京：北京师范大学出版社．

曹一鸣，2020．数学教学论［M］．北京：高等教育出版社．

曹一鸣，2022．新版课程标准解析与教学指导（小学数学）［M］．北京：北京师范大学出版社．

曹一鸣，刘冰，2022．《义务教育数学课程标准（2022年版）》修订的基本原则［J］．教育评论（5）：17-23．

曾小平，2023．小学数学课程与教学［M］．北京：中国人民大学出版社．

陈向明，2003．实践性知识：教师专业发展的知识基础［J］．北京大学教育评论（1）：104-112．

程五霞，李雄剑，杨火保，2021．小学数学课程与教学［M］．南京：南京大学出版社．

代钦，2018．数学教学论新编［M］．北京：科学出版社．

东洪平，2020．小学数学教学与研究［M］．兰州：兰州大学出版社．

弗赖登塔尔，1995．作为教育任务的数学［M］．陈昌平，唐瑞芬，等编译．上海：上海教育出版社．

傅敏，刘燚，2005．论现代数学教师的能力结构［J］．课程·教材·教法（4）：78-82．

范文贵，2023．小学数学教学论［M］．上海：华东师范大学出版社．

高向斌，2011．小学数学教学与研究［M］．北京：人民教育出版社．

郭要红，2007．数学教学论［M］．合肥：安徽人民出版社．

郭衎，曹一鸣，2022．综合与实践：从主题活动到项目学习［J］．数学教育学报，31（05）：9-13．

巩子坤，史宁中，张丹，2022．义务教育数学课程标准修订的新视角：数的概念与运算的一致性［J］．课程·教材·教法，42（06）：45-51+56．

哈蒂，费希尔，弗雷，2022．可见的学习（K—12数学版）［M］．徐斌艳，王鸢雨，等译．北京：教育科学出版社．

何茜，罗生全，李臣之等，2022."义务教育新课程方案和课程标准"笔谈［J］.湖南师范大学教育科学学报，21（03）：1-18.

胡典顺，徐汉文，2012.数学教学论［M］.武汉：华中师范大学出版社.

赫斯特，雷丁，2019.教师的专业素养：第3版［M］.赵家荣，译.上海：上海教育出版社.

洪早清，吴伦敦，2011.教师职业素养导论［M］.武汉：华中师范大学出版社.

黄甫全，2006.现代课程与教学论学程：下册［M］.北京：人民教育出版社.

黄友初，2019.教师专业素养：内涵、构成要素与提升路径［J］.教育科学，35（3）：27-34.

金成梁，刘久成，2013.小学数学课程与教学［M］.南京：南京大学出版社.

教育部教师工作司，2013.小学教师专业标准（试行）解读［M］.北京：北京师范大学出版社.

柯朗，罗宾，2020.什么是数学［M］.左平，张饴慈，译.上海：复旦大学出版社.

奎因，富兰，加德纳，等，2021.深度学习2：重新定义未来教育的学习模式［M］.盛群力，朱秋禹，等译.北京：机械工业出版社.

孔凡哲，史宁中，赵欣怡，2022.《义务教育数学课程标准（2022年版）》的主要变化特色分析［J］.课程·教材·教法，42（10）：42-47.

孔凡哲，史宁中，2022.《义务教育数学课程标准（2022年版）》教学活动标准解读［J］.天津师范大学学报（基础教育版），23（6）：21-25.

孔凡哲，赵欣怡，2023.义务教育数学课程标准（2022年版）百问百答［M］.长春：东北师范大学出版社.

孔凡哲，赵欣怡，2022.培养核心素养中小学"一以贯之"：《义务教育数学课程标准（2022年版）》的基本特点［J］.教育科学研究（9）：43-48.

孔凡哲，赵欣怡，2022.义务教育数学课程标准（2022年版）的结构特点［J］.福建基础教育研究（7）：4-8.

孔企平，2016.小学数学课程与教学［M］.上海：华东师范大学出版社.

李刚，吕立杰，2018.大概念课程设计：指向学科核心素养落实的课程架构［J］.教育发展研究（15）：35-42.

李光树，2014.小学数学学习论［M］.北京：人民教育出版社.

李光树，2010.小学数学教学论［M］.北京：人民教育出版社.

李中杰，2022.小学数学教学实践多视角研究［M］.长春：吉林人民出版社.

李淑文，史宁中，张悦，2018.日本新订小学数学学习指导要领述评［J］.课程·教材·教法，38（09）：128-133.

卢锋，2012.发展空间观念 提升思维能力：以小学数学教学为例［J］.教育理论与实践，32（11）：58-60.

刘志军，徐彬，2022.新课标下课程与教学评价方式变革的挑战与应对［J］.课程·教材·教法，42（8）：4-10+24.

刘睿媛，张增田，2024. 中小学教师数字素养的本体意蕴、现实困境与提升路径［J］. 湖北社会科学（3）：144-151.

刘晓玫，2005. 小学数学教学研究［M］. 北京：首都师范大学出版社.

陆书环，傅海伦，2004. 数学教学论［M］. 北京：科学出版社.

龙宝新，2021. 教师专业发展与职业道德修养［M］. 2版. 西安：陕西师范大学出版总社.

马云鹏，2013. 小学数学教学论［M］. 北京：人民教育出版社.

马云鹏，吴正宪，2022.《义务教育数学课程标准（2022年版）》案例式解读（小学）［M］. 上海：华东师范大学出版社.

马云鹏，吴正宪，2023.《义务教育数学课程标准（2022年版）》50问（小学）［M］. 上海：华东师范大学出版社.

马云鹏，2015. 关于数学核心素养的几个问题［J］. 课程·教材·教法（9）：36-39.

马云鹏，王艳玲，2023. 小学数学课程标准与教材研究［M］. 2版. 北京：高等教育出版社.

马云鹏，2022. 聚焦核心概念 落实核心素养：《义务教育数学课程标准（2022年版）》内容结构化分析［J］. 课程·教材·教法（8）：35-44.

马云鹏，2022.《义务教育数学课程标准（2022年版）》的理念与目标解读［J］. 天津师范大学学报（基础教育版），23（5）：1-6.

梅耶，亚历山大，2022. 学习与教学：理论研究与实践意蕴（第二版）［M］. 庞维国，梁平，皮连生，等译. 上海：华东师范大学出版社.

邝儒军，2022. 小学数学教学方法创新与研究［M］. 长春：吉林人民出版社.

宋乃庆，徐斌艳，2019. 数学课程导论［M］. 北京：北京师范大学出版社.

宋乃庆，王诗梦，罗士琰，2021. 小学生空间观念：内涵、价值及表现形式［J］. 教育与教学研究，35（6）：20.

史宁中，2015. 数学思想概论：数学中的归纳推理［M］. 长春：东北师范大学.

史宁中，曹一鸣，2022. 义务教育数学课程标准（2022年版）解读［M］. 北京：北京师范大学出版社.

史宁中，2022.《义务教育数学课程标准（2022年版）》的修订与核心素养［J］. 教师教育学报，9（3）：92-96.

史宁中，2022. 核心素养统领的数学教育：《义务教育数学课程标准（2022年版）》修订的理念与要点［J］. 小学教学（数学版）（C1）：4-12.

史宁中，2022. 数学课程标准修订与核心素养［J］. 教育研究与评论（5）：18-27.

唐彩斌，王罗那，徐斌艳，2022. 义务教育数学课程标准修订的新视角：指向小学数学图形与几何领域的素养及其达成［J］. 课程·教材·教法，42（08）：33-38.

涂荣豹，王光明，宁连华，2023. 新编数学教学论［M］. 2版. 上海：华东师范大学出版社.

威金斯，麦克泰格，2017. 追求理解的教学设计（第二版）［M］. 闫寒冰，宋雪莲，赖平译．上海：华东师范大学出版社．

魏戈，陈向明，2017．如何捕捉教师的实践性知识："两难空间"中的路径探索与实践论证［J］．教育科学研究（2）：82-88．

吴正宪，张秋爽，2016．数学学科核心素养的内涵、价值与落实建议［J］．基础教育课程（17）：8-12．

王永春，2014．小学数学与数学思想方法［M］．上海：华东师范大学出版社．

王永春，2021．小学数学核心素养教学论［M］．2版．上海：华东师范大学出版社．

王艳玲，吴正宪，马云鹏．跨学科主题学习设计与实施 小学数学［M］．北京：教育科学出版社，2023．

王曼，吕建强，2021．数字时代的教师：身份转换与价值重塑［J］．当代教育科学（9）：35-41．

王艳玲，2022．小学数学综合与实践领域的变化解析［J］．小学数学教育（11）：28-29+47．

汪刘生，郭要红，1997．小学数学教学研究［M］．合肥：安徽大学出版社，1997．

吴立宝，刘颖超，2022．比较视域下的"综合与实践"学习领域解析［J］．数学教育学报，31（05）：19-23+40．

吴正宪等，2014．小学数学教学基本概念解读［M］．北京：教育科学出版社．

荀光玲，姜宏彬，冷有梅，2018．小学数学课程与教学案例分析［M］．济南：山东教育出版社．

义务教育数学课程标准修订组，2022．聚焦核心素养 指向学生发展［J］．基础教育课程（5）：12-18．

喻平，2010．数学教育心理学［M］．南宁：广西教育出版社．

喻平，2010．数学教学心理学［M］．北京：北京师范大学出版社．

喻平，2024．数学教师素养发展的路径［J］．中学数学月刊（7）：1-4．

杨庆余，2010．小学数学课程与教学［M］．北京：中国人民大学出版社．

杨豫晖，李铁安，2022．《义务教育数学课程标准（2022年版）》案例式解读（小学分册）［M］．上海：华东师范大学出版社．

邹循东，梁宇，肖炜清，2024．小学数学课程与教学论［M］．杭州：浙江大学出版社．

张奠宙，宋乃庆，2004．数学教育概论［M］．北京：高等教育出版社．

张奠宙，孔凡哲，黄建宏，2021．小学数学研究［M］．2版．北京：高等教育出版社．

张定强，裴阳，2023．义务教育阶段三版数学课程标准中课程目标的变化、发展与创新［J］．中国数学教育（5）：4-10+17．

张辉蓉，2018．小学数学教学论［M］．重庆：西南大学出版社．

张旸，刘燕妮，2024．教育家精神的理论逻辑、时代创新及弘扬路径［J］．中国教育学刊（08）：40-47．

郑毓信，2023. 数学教学的关键［M］. 上海：华东师范大学出版社.

郑毓信，2022.《义务教育数学课程标准（2022年版）》的理论审思［J］. 数学教育学报，31（6）：1-5.

周文叶，2019. 促进深度学习的表现性评价研究与实践［J］. 全球教育展望，48（10）：85-95.

中华人民共和国教育部，2022. 义务教育数学课程标准（2022年版）［S］. 北京：北京师范大学出版社.